科学技术部创新方法工作专项项目（2007FY140800）资助

科学方法大系

地理学思想与方法丛书

# 地理学方法论

蔡运龙 叶 超 陈彦光 阙维民 著

科学出版社
北京

# 内 容 简 介

　　哲学和纯思辨性的概念对于从事严谨的科学研究而言非常重要。本书从方法论的高度，论述了地理学中若干对立统一的相对概念，包括科学与人文、空间与时间、还原论与整体论、主观与客观、归纳与演绎、可能与现实、静态与动态、微观与宏观、例外与普适、思想与历史、传统与创新等；在此基础上，回顾和总结了中西方地理学创新的历程，提出了未来中国地理学创新的源泉和途径。

　　本书可供地理学研究人员、大专院校教师、研究生和高年级本科生阅读，也可供相关学科关心哲学和方法论的学者参考。

**图书在版编目(CIP)数据**

---

地理学方法论 / 蔡运龙等著 . —北京：科学出版社，2011
（地理学思想与方法丛书）
ISBN 978-7-03-030888-7

Ⅰ. 地⋯　Ⅱ. 蔡⋯　Ⅲ. 地理学—方法论　Ⅳ. K90—0

中国版本图书馆 CIP 数据核字（2011）第 073533 号

---

责任编辑：李　敏　王　倩　张　菊／责任校对：张　林
责任印制：赵　博／封面设计：黄华斌

**科学出版社** 出版
北京东黄城根北街 16 号
邮政编码：100717
http://www.sciencep.com

中煤（北京）印务有限公司印刷
科学出版社发行　各地新华书店经销

\*

2011 年 9 月第 一 版　　开本：720×1000 1/16
2025 年 6 月第八次印刷　　印张：22
字数：438 000

**定价：128.00 元**
（如有印装质量问题，我社负责调换）

# 《地理学思想方法》丛书编委会

主　　编　蔡运龙

副 主 编　（按姓氏笔画排序）

王　铮　　刘卫东　　齐清文　　许学工
李双成　　周尚意　　柴彦威

编　　委　（按姓氏笔画排序）

马　丽　　王红亚　　王远飞　　叶　超
乐　群　　刘云刚　　刘志林　　刘林山
刘鸿雁　　刘　筱　　汤茂林　　李有利
李蕾蕾　　吴　静　　张百平　　张　明
张振克　　张晓平　　张景秋　　陈彦光
陈效逑　　赵昕奕　　保继刚　　姜莉莉
贺灿飞　　夏海斌　　徐建华　　郭大力
唐志鹏　　曹小曙　　彭　虓　　童　昕
蒙吉军　　阙维民　　潘玉君　　戴尔阜

# 总　　序

　　"工欲善其事，必先利其器。"科学思想和方法就是科学研究的"器"，是推动科学技术创新的武器。科学技术发展历程中每一次重大突破，都肇始于新思想、新方法的创新及其应用。科学思想和科学方法上的创新意识与系统研究的不足，已经制约了我国科技自主创新能力的提高。加强科学思维、科学方法和科学工具的研究与创新，是建设创新型国家的必然选择。因此，"推进学科体系、学术观点、科研方法创新"被写入了党的十七大报告。

　　科学技术部原拟从编制《科学方法大系》入手来贯彻和推进中央的这个精神，并拟先从《地球科学方法卷》开始，但后来的思路大为扩展。2007年5月29日《科技日报》发表了地理学家刘燕华（时任科学技术部副部长）的题为"大力开展创新方法工作，全面提升自主创新能力"的文章。2007年6月8日，我国著名科学家王大珩、叶笃正、刘东生联名向温家宝总理提出"关于加强创新方法工作的建议"。2007年7月3日，温总理就此意见批示："三位老科学家提出的'自主创新，方法先行'，创新方法是自主创新的根本之源，这一重要观点应高度重视。"遵照温总理的重要批示精神，科学技术部、国家发展和改革委员会、教育部、中国科学技术协会于2007年10月向国务院呈报了《关于大力推进创新方法的报告》，中央有关领导人批转了这个报告。2008年4月，科学技术部联合国家发展和改革委员会、教育部、中国科学技术协会发布了《关于加强创新方法工作的若干意见》（国科发财〔2008〕197号），明确了创新方法的指导思想、总体目标、工作任务、组织管理机构、保障措施。

　　《关于加强创新方法工作的若干意见》部署了一系列重点工作，并启动了"创新方法工作专项"。主要工作包括：加强科学思维培养，大力促进素质教育和创新精神培育；加强科学方法的研究、总结和应用；大力推进技术创新方法应用，切实增强企业创新能力；着力推进科学工具的自主创新，逐步摆脱我国科研受制于人的不利局面；推进创新方法宣传普及；积极开展国内外合作交流。其中"加强科学方法的研究、总结和应用"旨在"着力推动科学思维和科学理念的传承，大力开展科学方法的总结和应用，积极推动一批学科科学方法的研究"，这就是《科学方法大系》要做的事。

　　作为国家"创新方法工作专项"中首批启动的项目之一，我们承担了"地理学方法研究"重点项目。项目的总目标是"挖掘、梳理、凝练与集成古今中外地理学思想和方法之大成，促进地理学科技成果创新、科技教育创新、科技管理创新"。我们认为这是地理学创新的重要基础工作，也是提高地理学解决实际问题的能力、更好地满足国家需求的必要之举。我们组织了科研和教学第一线的老、中、青地理学者参与该项目研究。经过四年的努力，做了大量工作，取得了丰富的成果，包括发表了一系列研究论文、凝聚了一支研究团队、锻炼了一批人才、举办了多次研讨会和培训班、开发了一批软件、建立了项目网站等。而最主要的成果就是呈现在读者面前的这套《地理学思想与方法丛书》，包括专著、译著和教材三大系列。

《地理学思想与方法丛书》专著系列包括《地理学方法论》、《地理学：科学地位与社会功能》、《理论地理学》、《自然地理学研究方法》、《自然地理学研究范式》、《经济地理学思维》、《城市地理学思想与方法》、《地理信息科学方法论》、《计算地理学》等。

《地理学思想与方法丛书》教材系列包括《地理科学导论》、《普通地理学》、《自然地理学方法》、《经济地理学中的数量方法》、《人文地理学野外方法》、《地理信息科学理论、方法与技术》、《地理建模方法》、《高等人文地理学》等。

《地理学思想与方法丛书》译著系列包括《当代地理学方法》、《地理学生必读》、《分形城市》、《科学、哲学和自然地理学》、《地理学科学研究方法导论》、《自然地理学的当代意义：从现象到原因》、《经济地理学指南》、《当代经济地理学导论》、《经济地理学中的政治与实践》、《理解正在变化的星球——地理科学的战略方向》、《空间行为的地理学》、《人文地理学方法》、《文化地理学手册》、《地球空间科学与技术手册》、《计量地理学》等。

"地理学方法研究"项目的成果还包括一批已出版的著作，当时未来得及列入《地理学思想与方法丛书》，但标注了"科学技术部创新方法工作专项项目资助"。它们有：*Recent Progress of Geography in China：A Perspective in the 21st Century*（The Commercial Press，2008 年）、《地理学思想经典解读》（商务印书馆，2011 年）、《基于 Excel 的地理数据分析》（科学出版社，2010 年）、《基于 Mathcad 的地理数据分析》（科学出版社，2010 年）、《地理数学方法：基础和应用》（科学出版社，2011 年）、《世界遗产视野中的历史街区——以绍兴古城历史街区为例》（中华书局，2010 年）、《地理学评论（第一辑）：第四届人文地理学沙龙纪实》（商务印书馆，2009 年）、《地理学评论（第二辑）：第五届人文地理学沙龙纪实》（商务印书馆，2010 年）、《地理学评论（第三辑）：空间行为与规划》（商务印书馆，2011 年）、《我国低碳经济发展框架与科学基础》（商务印书馆，2010 年）等。

　　科学思想和科学方法的不断总结对于推动地理学发展起到不可小视的作用。所以此类工作在西方地理学中历来颇受重视，每隔一段时期（5～10年）就会有总结思想和方法（或论述学科发展方向和战略）的研究成果问世。最近的一个例子是美国全国研究委员会2010年发布的《理解正在变化的星球——地理科学的战略方向》。中国地理学者历来重视引进此类著作，集中体现在商务印书馆出版的《当代地理科学译丛》和以前的一系列译著中（甚至可上溯到20世纪30年代出版的格拉夫的《地理哲学》）。但仅引进是不够的，我们需要自己的地理学思想和方法建设。有一批甘坐冷板凳的中国地理学者一直在思索此类问题，这套《地理学思想与方法丛书》实际上就是这批人多年研究成果的积累；不过以前没有条件总结和出版，这次得到"创新方法工作专项"的资助，才在四年之内如此喷薄而出。"创新方法工作专项"的设立功莫大焉。

　　学科思想和方法的建设是一项长期的工作，伴随学科本身自始至终，这套丛书的出版只是一个新起点。"路漫漫其修远兮，吾将上下而求索。"

蔡运龙<br>2011年4月

# 前　言

　　"地理学方法论"是一个"形而上"的命题，似乎与现实相去甚远；中国地理学界当前以国家需求为导向，基本上不愿甚至无力顾及这种探究。但这种探究是科学精神的一部分，于学科的发展不可或缺。

　　克拉瓦尔在总结地理知识与社会需求的关联时，特别注意到西方学术地理学（academic geography）的作用：

> 社会需求的引发并不全然属于经济或政府等功利，人们对地理的好奇心也是一种动机。学术地理学发展的主要资源在大学体制内。其知识探究的倾向常超过与社会的关联①。

　　学术地理学是出于真正的求知欲而发展起来的地理学，或称学院派地理学。另一方面，克拉瓦尔将应实际需求而产生的研究称为"大科学（big science）"：

> 支付"大科学"的代价不菲，其知识环境却比大学较少激发想象力和创造力②。

　　西方的这种情况，使我们想到中国知识界的两大传统：探究"天人之际"和谋求"经世致用"。而前者在当下的中国地理学界已在相当程度上被忽视，致使缺乏在科学思想和科学方法上的创新，也制约着解决实际问题的能力。其实，中国现代地理学开山大师竺可桢在《科学之方法与精神》一文中已指出：

> 提倡科学，不但要晓得科学的方法，而尤贵在乎认清近代科学之目标。近代科学的目标是什么？就是探究真理……也就是科学精神……不盲从，不附和，依理智为归……只问是非，不计利害……不作无病之呻吟，严谨毫不苟且③。

　　"依理智为归……只问是非，不计利害"，说出了我们在中国地理学处处以"国家重大需求"为马首是瞻形势下，还有点"不识时务"地要探究"形而上"问题的理由。

---

①② 克拉瓦尔. 2007. 地理学思想史. 郑胜华，刘德美等译. 北京：北京大学出版社.
③　竺可桢. 1979. 竺可桢文集. 北京. 科学出版社.

但这种探究与"经世致用"并不对立。"工欲善其事，必先利其器"是学问之道，不仅有用而且有趣。看看"庖丁解牛"：以无厚的刀刃，入有空的骨节。"提刀而立，环顾四周，为之踌躇满志，善刀而藏之"。

然而，先哲也指出"君子不器"。用在这里，是指不要停留在"器"的层面，还要从科学和哲学高度，对多种多样的具体方法加以梳理、概括、总结和提升，这就是方法论。

本书是关于地理学方法论的一些思考。地理学不仅关注学术前沿和国家需求，也关注生活世界。这就导致地理学探究的领域极其广泛，其主题、所用方法、所持哲学及伦理立场也呈现出丰富多彩的局面。地理学者在理解和解释自然世界与人文世界时采纳了多种不同的哲学立场、方法和研究设计，需要在某种研究背景上理解这种多样性。地理学探究的广阔范围是令人振奋和激励的源泉，关键在于驾驭这种多样性而不是被其淹没。从本质上讲，地理学研究比任何其他人文学科或自然学科领域都要求更多的思想。哲学和纯思辨性的概念对于从事严谨的科学研究而言非常重要。科学研究的质量控制在很大程度上来自外部（也来自科学内部）的哲学审视[①]。

这样一种"研究背景"、"关键"和"哲学审视"，需要从地理学本体论、认识论、方法论上来探究，涉及一系列对立统一的相对概念。回顾地理学史上的争论，这种对立统一的相对范畴（二元论）似乎已成为地理学的一种固有传统。大而言之，首当其冲的是人与自然的二元论，相应地有人文地理学与自然地理学的二元论；还有地理学作为描述性学科与作为解释性学科的二元论，系统地理学与区域地理学的二元论，地理学是科学也是艺术的二元论，演绎法与归纳法的地理学方法二元论。"事实上，地理学论著可以放在所有这些范畴之内，这就打破了二元论的合理性。"[②]

事实上，我们还可以列举出如下一系列地理学中的对立统一概念：科学与人文、空间与时间、格局与过程、还原论与整体论、分析与综合、整体与局部、全球与地方、将今论古与以古论今、传统与创新、背景与内容、事实与解释、经验与理论、理论与实践、研究对象与研究方法、一般性与特殊性、普适与例外、客观性与主观性、决定论与可能论、因果与互动、内因与外因、确定性与不确定性、简单性与复杂性、分析性思维与规范性思维、归纳与演绎、原型与模型、定性与定量、模拟与虚拟、集总式与分布式、微观与宏观、形而上与辩证法、稳态

---

① Clifford N J, Valentine G. 2003. Key Methods in Geography. London：SAGE Publications Ltd.

② 马丁. 2008. 所有可能的世界：地理学思想史（第四版）. 成一农，王雪梅译. 上海：上海人民出版社.

与动态、量变与质变、渐变与突变、极限与适应、原因与结果、历史与未来，如此等等。够"形而上"，够广泛，似乎杂乱无章。然而，按照科学逻辑的原则和历史批判的原则审视之，就不难把握其脉络。

以科学逻辑的原则，可以筛选和梳理出如下不同层次的范畴。

导论（第 1 章）。

科学与人文（第 2 章）：自然地理现象与人文地理现象，科学方法与人文方法。

空间与时间（第 3 章）：空间世界与时间世界，空间尺度与时间尺度，本土与异域，过去与现在。

还原论与整体论（第 4 章）：分析与综合，局部与整体，区域分析与系统分析，简单与复杂。

主观与客观（第 5 章）：科学研究的客观性与目的性，价值判断与科学方法。

归纳与演绎（第 6 章）：定性与定量，具象与抽象。

可能与现实（第 7 章）：真理与模型，模拟与虚拟，地理学与标准科学。

静态与动态（第 8 章）：对称与对称破坏，演化与变异，确定变动与随机变动。

微观与宏观（第 9 章）：微观时空与宏观时空，微观视野与宏观视野，微观研究与宏观研究。

按照历史批判原则，并以案例研究法对其作历史评价和反思，可以筛选和梳理出如下范畴。

例外与普适（第 10 章）。

思想与历史（第 11 章）。

传统与创新（第 12 章）。

最后进行一个总结和展望：创新地理学（第 13 章）。

这就构成了本书的框架。需要指出，这里有意避开本体论、认识论、方法论之间关系的界定，将上述范畴统归为方法论。

本书的写作分工如下。蔡运龙拟定了全书的研究和写作大纲，并执笔前言，第 6 章 6.1 节，第 12 章 12.3.1 小节、12.4 节，第 13 章；叶超执笔第 1 章，第 5 章，第 10 章，第 11 章，第 12 章 12.1～12.2 节、12.3.2～12.3.4 小节、12.5 节；陈彦光执笔第 4 章，第 6 章 6.2～6.4 节，第 7 章，第 8 章；阙维民执笔第 2 章，第 3 章，第 9 章。全书由蔡运龙统稿定稿。

地理学方法论是一个宏大的论题，也是一个需要不断探索的论题。我们已经意识到，诸如格局（pattern）与过程（process）、空间（space）与地方（place）、区位（location）与联系（connection）、场所（site）与位置（situation）、尺度

（scale）与标度（scaling）、层级（hierarchy）与网络（network）、结构（struc-
ture）与功能（function）、区划（regionalization）与类型（classification）、全球化
（globalization）与地方化（localization）等，既是地理学的核心概念，也是地理
学方法论的重要范畴，但这次尚未顾及；本书中已讨论的若干范畴，也有待修正
和深化。所以本书的出版还只是"万里长征第一步"，只希望起到抛砖引玉的
作用。

蔡运龙

2011 年 4 月

# 目　　录

# 第 1 章　导　　论

方法论是任何学科都在不断探索的重要问题，地理学也不例外。纵观地理学发展史，地理学的任何重大突破都离不开方法论的支持。中国正在建设创新型国家，科技和学术创新至关紧要。"自主创新，方法先行"，方法论研究是实现中国地理学自主创新的重要途径。

## 1.1　方法与方法论

方法的重要性，在从日常生活、工作到学术研究的广泛领域都得到认可。我们的先人对此早有总结，所谓"工欲善其事，必先利其器"，"授人以鱼，不如授人以渔"。因此也产生了对"器"和"渔"的研究，这就是方法论。方法论是关涉一门学科的性质和发展走向的关键问题，也是难点问题。不同学科的学者因其理论基础和哲学立场不一，方法论主张也不同，因此很难达成共识。困难还在于，人们往往容易混淆方法论和方法，并产生困惑。辨明方法论与方法的区别和联系很有必要。

### 1.1.1　词源学的探讨

方法论（methodology）与方法（method）有着必然的渊源和紧密联系。无论是从中文还是从英文构词来看，都可直观地看出"方法论"一词源自"方法"。《牛津现代高级英汉双解词典》中，method 有秩序（orderliness）和做事之道（way of doing something）两个意思，"logy"这个后缀意为某门学问，如 biology、sociology 等（张芳杰，1988）。所以，单从构词的角度看，方法论就是专门的、关于方法的学问，是方法的学科化；而学科的英文对应词 discipline，也有"纪律"之意，实际上就是更为严格的规则。这意味着"方法论"与普遍意义上的"方法"存在着专与泛、宽与严的区别。当一些知识趋于专门和严格，它也就贴近或符合"科学"的基本含义。

从词源学的角度看，方法的中外文含义有相通之处。"方法（method）一词源于希腊语'沿着'（μετα）和'道路'（οδος），即 meta 和 hodos 的合成，其本意是'沿着某一道路'或'按照某种途径'，后意指达到某目标或做某事的程序或过程"（李醒民，2008）。由此可见，"方法"不但是一种理论上的途径（"道路"，可引申为规则），而且是一种实践活动（"沿着"）。在中文中，关于

"法"的本意,《说文》指出,"灋(法),刑也。平之如水。从水,廌所以触不直者去之,从去,会意",也就是公平如水或像神兽解廌一样去除不正直的人,所以其本意是律法或法度。"方"的含义和"方法"一词最早见于《墨子·天志》:"今夫轮人操其规,将以度量天下之圆与不圆也。曰:中吾规者谓之圆,不中吾规者谓之不圆。是以圆与不圆者可得而和也。此者故何?则圆法明也。匠人亦操其矩,将以度量天下之方与不方也。曰:中吾矩者,谓之方;不中吾矩者,谓之不方。是以方与不方,皆可得而知之。此其故何?则方法明也。"由此可见,"方"的原意就是合乎"矩";最初的"方"、"法"两字联用,是作为区别于度量"规"的"圆法"的度量"矩"的"方法"。中文中的"方法"一词,其核心意思是"符合"(某种规则的)"法度"。

总之,中文和西文中的"方法"都包含"规则"的引申意,并都有"方向"或"正确"这一价值或目的指向。其不同之处在于,西文中的方法指示并强调方法也是一种行动"律令",而中文中的方法则强调了方法是一种评判标准。

## 1.1.2 从方法到方法论:培根与笛卡儿

"方法"概念由来已久。而"方法论",从根源上讲,因其是方法的学科化或科学化(某种意义上也可说是哲学化)[①],所以显而易见是近代科学和哲学发

---

① 哲学和科学的关系是与方法论相关的重要问题。科学在起源时被包括在哲学中(如苏格拉底、柏拉图、亚里士多德等都以哲学家著称,但他们同时也是最初的科学家),近代科学也并未将科学与哲学清楚界分,培根、笛卡儿、康德(Immanuel Kant, 1724—1804)等都是哲学家,但他们也是(自然和社会)科学家;更重要的是,他们都坚持一种科学与哲学统一和联系的观点。比如,笛卡儿(1991)曾指出:"我们必须相信,一切科学彼此密切联系,把它们统统完整地学到手,比把它们互相割裂开来,更为方便得多;因此,谁要是决心认真探求事物的真理,他就必须不择某一特殊科学;因为,事物都是互相联系、彼此依存的。"现代哲学家维特根斯坦(Ludwig Wittgenstein)则认为"哲学不是自然科学之一(哲学一词所指的东西,应该位于各门自然科学之上或者之下,而不是同它们并列),哲学的目的是从逻辑上澄清思想。哲学为自然科学划定可以在其中进行争论的范围"(维特根斯坦,1996),"或者"一词,表明哲学与科学之间的关系仍然很难说清。

英国著名哲学家柯林伍德(Robin Collingwood)对科学与哲学关系的论述非常经典:"对自然事实的具体研究常称为自然科学,或简称为科学。对原理的反思,不论是关于自然科学的还是其他方面的思想和行为的,一般均称为哲学。……但是,这两样东西联系得如此紧密,以至于没有哲学的开始,自然科学就不能走出多远,并且哲学通过启发科学家在工作中对新原理的进一步意识而为未来提供新的信念和一贯性,并以此反作用于它由以生长出的科学。由于这个原因,把自然科学规定为只属于一个称为科学家阶层的人,而哲学属于称为哲学家的阶层就不合适了。"在此基础上,柯林伍德还对19世纪形成的科学与哲学分化成两个团体并很少沟通和谅解的现象进行了批评(柯林伍德,1999)。这些认识对科学和哲学区分严格的现今时代仍具有启示作用。

如果不考虑具体的情境,从整体以及认识事物本身的目的出发,哲学与科学应该是相容和互通的,甚至可以按照古典时期到近代科学的传统,将自然科学视为自然哲学,将社会科学视为道德哲学。因此,方法论是方法的科学化或哲学化这两种提法虽有差别(尤其以现代观点看),但其基本义相同,也就是都含有方法论是方法的系统化和专门化的意思。

展的产物。培根（Francis Bacon）和笛卡儿（Rene Descartes）正是凭借他们所宣称和强调的"新"方法开启了近代哲学（和科学）的大门。

培根和笛卡儿不但继承了"方法"概念起源时蕴含的"道路"和"行动"的核心思想，还强调了正确的方法是科学、哲学研究以及认识和改造世界的必然途径，这就为方法的科学化或哲学化，也就是"方法论"概念，打下了坚实的基础。培根认为缺乏正确的方法会使科学毫无结果，因此，他寻找一种新逻辑和新工具，并主张一种把实验和理性能力结合起来的归纳法（梯利，1995）。培根（2007）将合理的方法视为完成一切工作所需的三个基本条件的核心①，并打了一个形象的比喻：

> "一个跛足的人如果沿着正确的道路前进，也可以超过一个善跑但偏离了正确方向的人……创造或选择一种合理的方法比蛮干苦干更有效。"

笛卡儿（2004）在其关于方法的著作中，表达了与培根相似的观点：

> "我们的意见之所以分歧……只是由于我们运用思想的途径不同……行动十分缓慢的人只要始终循着正道前进，就可以比离开正道飞奔的人走在前面很多"；"宁愿先付出充分的时间为自己所要从事的工作拟出草案，为认识自己力所能及的一切事物寻找可靠的方法"。

培根和笛卡儿将方法提升到一个前所未有的地位。虽然笛卡儿并没有提出methodology这个词汇，但是他的"方法"概念已经明细化、系统化，并更为"科学"，因而成为一种实质上的方法论概念。比如他把方法简明地定义为"确定的、容易掌握的原则"，认为它是探求真理的一大指导原则，是必须遵行的，并强调"方法，对于探求事物真理是（绝对）必要的"，（通过它能）"逐步使学识增长不已，从而达到真正认识心智所能认识的一切事物"（笛卡儿，1991）。他还将方法发展为21个原则的体系。其中，首要原则，也就是方法研究的目的，是指导心灵使其对一切事物形成确实的判断，而全部方法的实质在于"为了发现某一真理而把心灵的目光应该观察的那些事物安排为秩序"（笛卡儿，1991）。

### 1.1.3 以康德的科学概念考察方法论与方法

既然方法论是方法的科学化，那么，理解"科学"概念就成为理解方法论

3

---

① 三个基本条件是：丰厚奖赏（促使人努力）、合理指挥（防止错误）、各方配合（弥补意志薄弱）。培根认为最主要的是第二个。

的必要前提。但是，"科学"概念也是众说纷纭，没有定论。就连写作了《科学究竟是什么?》一书的科学哲学家查尔默斯（Alan Chalmers），最终得出的结论也竟然是"不存在一种关于科学和科学方法的普遍主张，它可以适用于所有科学和科学发展的所有历史阶段"（查尔默斯，2007）。在所有关于科学的界定中，德国大哲学家，同时也是地理学者的康德的定义是最具影响力和代表性的一种，有科学哲学家认为康德对科学的定义至今仍然"给我们提供了一个非常有用的对科学的共同理解"（波赛尔，2002）。康德（2003）指出：

> "任何一种学说，如果它可以成为一个系统，即成为一个按照原则而整理好的知识整体的话，就叫做科学。……只有那些其确定性是无可置辩的科学才能成为本义上的科学，仅仅只是具有经验性上的确定性的知识只能在非本义上称之为学问（wissen）。那种成系统的知识总体正因为成系统，就已经可以叫做科学（wissenschaft）了，但如果把知识联结在这一系统中的是某种因果关系，那么它甚至可以称为理智的科学。"

在这个定义中，最值得注意的是康德指出了知识—学问—科学—理性科学划分的依据。简单地说，学问是经验确定性的知识，科学是有原则性和整体性的学问，理性科学重在解释因果关系。

方法论既然是方法的科学化，那么将康德的科学定义应用于方法与方法论就可以明显看出二者的区别。方法就是确定的、具体的、可以依循的解决问题的途径、程序或某种逻辑，方法论就是原则性和整体性的方法，并力求解释或论证科学或学科的内在逻辑（这反映了严格性）。在借助"科学"概念辨析方法和方法论的基础上，我们可具体探讨二者关系。

## 1.1.4　方法论与方法的关系

首先，方法论不仅是方法集，不仅是技术手段，也不仅是前人思想的堆积或思维灵感的片段，方法论的整体性意味着方法相互关联而形成一个有机整体。

其次，方法侧重操作性和技术性（如何?）；方法论的原则性意味着考虑准则或原理（为何? 凭何?）。

再次，方法是研究过程中具体的实现程序；方法论是贯穿学科或研究过程始终的哲学立场和逻辑线索，对于论证和解释学科或研究工作的合理性必不可少。

最后，作为一种特定知识，方法的范围比较宽泛；方法论则属于哲学层面，受本体论（ontology）和认识论（epistemology）的双重制约。

综合来看，虽然广义的方法概念可以包含方法论，但随着各学科及其方法的专业化，方法论问题也开始独立成为一门学问（学科），方法论与方法就成为有着不同层面和侧重点的两个概念。对它们的关系就必须予以区分，但这种区分应视具体情形而定，因为方法与方法论研究也是辩证互动的。不论是从学科还是从一项研究计划的层面来看，方法论都不仅与本体论和认识论密切相关并受其制约，而且是论证和支持研究合理性的主要凭借。

## 1.2 地理学中的方法论

### 1.2.1 本体论、认识论与方法论

本体论、认识论和方法论是哲学的三大范畴，但对于它们的概念内涵也存在着各种不同的认识。在地理学中，比较普遍的一种观点是：本体论是关于"存在"和什么可知的理论；认识论包括四方面内容，即信念、知识类型（亲身体验还是别人的经验）、知识所反映的客体及认识的起源；而方法论则是一套指示研究与争论将如何在学科内进行的规则和程序，即如何收集和组织信息（约翰斯顿，2000）。另一位地理学者大卫·哈维（David Harvey）的认识论和方法论概念却不同于此。哈维认为认识论是"寻求解释知识何以可能的程序与条件"（Harvey，1973），相对于约翰斯顿将信念只看成认识论的一个重要方面，哈维则简约化地将信念直接等同于哲学，这种简化不一定全面和正确，却便于人们理解和抓住哲学或认识论的核心。他认为，"我们研究的任务建立于其上的信念，形成我们的哲学，形成我们个人的生命观和生活观。所以，通常将地理学工作中这些信念的表示指定为地理学的哲学"（哈维，1996）。因此，哈维的哲学概念也就是认识论中的信念和价值观这一层面。在哈维看来，

> "哲学家和方法论者的任务很不相同。前者关心的是理论思索和价值判断，以及什么值得和什么不值得的内心质疑。后者主要关心解释的逻辑，和保证我们的论证是严格的，推论是合理的，以及我们的方法内在联系是前后一贯的……适当的方法论为解决地理学问题提供某种必要条件，哲学则提供充分条件；哲学提供操舵机制，方法论提供动力使我们接近目的地。没有方法论我们将躺着不动，没有哲学我们会无目的地乱转。"（哈维，1996）

哈维（1996）认为地理学者及其群体的不同正来自于他们的认识论不同，虽然认识论可以转变，但它并非一个逻辑问题（方法论却是关于"逻辑"合理性

5

的论证），

> "由于各有自己的价值观念，因此不同的地理学者和地理学者集团就有不同的任务。假设我们希望转变一个人的地理任务观使之同我们自己一样，我们唯有通过转变他的信念才能达到。"

对本体论、认识论、方法论三个概念的内涵和外延仍有许多争议，但本质上，方法论的主要作用是充当本体论与认识论之间的桥梁。这也导致方法论讨论必须考虑本体论和认识论，将这三者完全分离或割裂开来进行研究是不可能的。因此，方法论研究只能（甚至不能）做到相对独立。哈维（1996）虽然自认为《地理学中的解释》主要是方法论著作，但最后还是承认他不能避免其中所涉及的哲学（认识论）问题。

## 1.2.2 地理学方法论

关于什么是地理学，也像科学的概念一样，有着诸多不同甚至大相径庭的定义。正如理查德·哈特向（Richard Hartshorne）所说："地理工作者对他们自己的学科所下的定义，从来没有完全一致过，并且还时常迥然不同"（哈特向，1963）。法国地理学者保罗·克拉瓦尔（Paul Claval）指出，"地理学"名词系由古希腊人所创，意思是对"大地"（geo）的"描述"（graphein）（克拉瓦尔，2007）。这个含义被后来的大多数地理学者继承和发扬，如哈特向（1963）认为地理学是"企图对作为人类世界的地球提供科学描述的研究"，他所代表的区域学派则把地理学视为一门空间科学，并认为其研究焦点应集中于区域差异（赫特纳，1983；哈特向，1963，1996）。赫特纳（Hettner）在其《地理学：它的历史、性质和方法》这一方法论巨著中曾满怀欣喜地引用康德关于地理学是一门空间科学的经典论述，并三番五次地强调："地理学不应是关于各种不同事物的地区分布的科学，而应是关于充填空间的科学。它是空间科学，正如历史学是时间科学一样。"（赫特纳，1983）麦金德（Halford Mackinder）则认为"（地理学的）主要职能是探索人类在社会中的相互作用，以及在局部发生变化的环境中的相互作用"（麦金德，1985）。英国地理学思想史家大卫·利文斯顿在研究地理学思想史后，认为"地理学传统是适应不同的社会和学术环境而演化的结果，尽管有一些较为确定的主题和问题，但地理学自始至终反映着不同时空人群的不同利益和目的"（Livingstone，2003）。有人认为地理学定义难于统一的原因在于它的知识结构横跨社会科学和自然科学（基钦和泰特，2006）。

地理学是什么以及如何有一个统一且确定的主题，也就是地理学的性质和范围的问题，在许多地理学者看来，实际上就是一个方法论的问题。虽然赫特纳、哈特向和哈维等对方法论并没有明确界定，但是他们都将方法论视为明确学科性质、任务和范围的工作。比如，赫特纳（1983）将其关于地理学历史、性质和方法的著作视为自己终生致力于地理学方法论研究的总结，认为方法论研究的目的就是明确学科任务和划清其界限①。哈特向（1963）也指出：

> "不管我们对地理学的性质和范围怎样看，大家都会同意它的目的是为了增加人类对现实的认识。方法论对这个认识并不增加什么，只是帮助我们对这个知识的了解……方法论著述的目的并不是肯定某些意见或某些争辩，而是对双方有关问题的澄清。"

在地理学中，明确地界定方法论是什么并且产生较大影响的是弗雷德·舍费尔（Fred Schaefer）。在他的那篇引起激烈争论的论文——《地理学中的例外论：方法论的检视》（*Exceptionalism in geography：a methodological examination*）中，他开门见山地指出：

> "一门学科的方法论不是一个专门技术的工具包。在地理学中，这种技术如制图、教学方法或者学科发展的史实等常被误认为方法论……方法论就是要明确一门学科在整体科学系统中的地位和范围以及学科概念的特征和本质。"（Schaefer，1953）

这个论断一方面指出地理学方法论不是方法；另一方面指出学科方法论具有论证清楚学科地位和核心概念的任务。尽管在地理学方法论的内容和重点上，舍费尔强烈反对赫特纳、哈特向强调区域差异的观点，但是在关于方法论是什么和要做什么这一问题上，可以看到，舍费尔与区域学派的观点基本一致。

从整体学科的角度看，地理学方法论就是要明确地理学的性质、范围和任务。由此也可见方法论研究在地理学中至关重要的地位。方法论创新是地理学发展最为关键的途径。是否提出新的方法论，往往也是地理学理论是否为"新"的主要标志。很多地理学者之所以会对地理学产生深远的影响，正是因其在方法论上的贡献。比如，赫特纳（1983）终生倾力于地理学方法论的研究，并着重指出"比划清科学任务的界限更重要的是关于科学的方法论研究"。哈维（1996）也坚称他"对地理学最根本的观点是方法论与哲学二者必须兼顾"。

地理学方法论与地理学研究方法论之间存在着差别。地理学方法论是对地理学学科的性质、范围和任务的整体考察，集中关注学科的核心概念，与学科基础

7

---

① 这种明确是通过批驳那些轻视和贬低方法论研究的人的观点而体现的。

密切相关。地理学研究方法论则侧重于就某一问题（或专题），探讨如何有效地组织知识和素材，论证整个研究过程是否合理，此时的方法论是贯穿一项研究始终的逻辑线索。另外需要注意的是，某种程度上，方法论的划分是僵硬和刻板的，而实际的一项研究可能综合好几种方法论。

## 1.2.3　方法论与实践

与西文中"方法"一词本身意味着一种实践过程相对应的是，方法论与实践的关系也被许多哲学家和地理学者所强调。如德国哲学家阿·迈那（1991）认为："方法论不是严格的形式科学，而是实用科学，就是说，它与人的活动有关系；它给人某种行动指示，说明人应该怎样树立自己的认识目的，应该使用哪些辅助手段，以便有效地获得科学认识。"

在最新版（第5版）的《人文地理学词典》（*The Dictionary of Human Geography*）中，"方法论"被作为一个重要词条予以阐释，它与实践的关系也被加以强调：

> "方法论就是那些支持构建和分析信息时所选择技术的原则和假定。它不应该和方法混同：方法论是用哪种方法、怎样用概念的合理性解释。方法论将一项运用恰当技术进行的研究与其潜在的哲学和概念的基础汇集并联系起来。因此，好的方法论应该与它如何将世界概念化的本体论研究，以及它宣称如何对世界认知的认识论紧密结合……方法论是关于所研究问题适用技术的元问题（meta-level issue），而不是简单的方法学习……方法论也与相关概念的研究实践的组织有关。没有单一的实践方法，方法论也不是方法的简单应用。它通过那些一个研究计划必然地不同于另一个计划的相关概念、论题、信息收集和展示的联系而考察它们。"（Crang，2009）

地理学是一门非常重视实践（主要体现为现场考察和"经世致用"）的学科。现场（野外、市内）考察在地理学中有着悠久的传统。法国地理学思想史家保罗·佩迪什（1984）曾指出："地理考察和哲学是哺育希腊地理学成长的两位'奶母'。"美国地理学者哈特认为，成功的区域地理学始于野外，野外考察是最基本的技能，不像其他学科专注于有限的变量，地理学者对地方的总体状况感兴趣；只有经过亲身考察和检验，地理学者才能理解一个区域（Hart，1982a）。在中外地理学中，不乏大地理学者进行野外考察的典型事例。地理学者和探险家的野外考察活动曾极大地拓展了人类对自然、地球、世界和文化的认识，从而促进了人类文明的发展。在高度信息化和全球化的当今时代，人们虽然可以通过"百度"、"谷歌"等搜索引擎的搜索和对文献资料的查阅迅速掌握一个国家、区域的概况，但是这种反映只是大概的、局部的、刻板的、单一的，更为重要的是其只是"他者"的、虚拟的，而野外工作则提供给"我们"更为具体、真切、生动、复杂的地理现象。从传统地理学的研究对象——地方、景观、空间，到后现代地理学的"实体"，地理学的核心概念的内涵意蕴发生了很大变化，一个主要原因就是即使面对同样的景观和地方，人的感受和认识却可能不一样，甚至大相径庭。这个时候，通过亲身体验和实地调查，才能验证和辨识别人以及文本中言论的正确性与可靠性，从而形成自己的地理认识（叶超，2010）。另外，即使是地理信息系统、遥感等技术也并不能替代现场工作（实地勘察、野外速写和素描等）。信息技术的发展大大提高了野外工作的方便性和精准性，但并不能替代现场考察。

## 1.2.4　方法论与现场方法

方法论与现场方法的关系是地理学中的一个关键问题。国内地理学中关于现场考察的系统性方法论著比较少见，能够将方法联系和上升为方法论的则更为稀少。西方地理学中可能也存在这样的情况。比如，美国地理学者哈伦·巴罗斯（Harlan Barrows）在他的被奉为经典的论文——《作为人类生态学的地理学》中批评了地理研究忽视现场工作而过于书斋化的倾向，指出现场是地理学者的实验室，认为当时对地理学现场工作的严谨、科学的方法研究还处于初始阶段，迫切需要建立一种全面有效的现场工作技能（Barrows，1923）。由爱尔兰地理学者基钦和泰特所著，2006 年被译介至我国（英文版 2000 年出版）的《人文地理学研究方法》一书虽然详细介绍了定性和定量数据生成与分析的方法（基钦和泰特，2006），但是根据该书英文标题 Conducting Research into Human Geography：Theory，Methodology and Practice 及其内容来看，理论和方法论篇幅相对很少（只有一章），而且与以后章节的方法介绍缺乏有机的联系，野外考察只是在定性数据生成一章中有涉及，并未独立予以介绍。这实际上暴露出中外人文地理学界共同面临的一个问题：如何辨明方法论与现场方法的关系并使它们有机地结合？

周尚意（2010）在其主编的《人文地理学野外方法》一书中，力图把人文地理学的方法论与现场方法二者结合进行阐述，是一项积极有益的探索研究。与大多数地理学（野外）方法著作有所区别的是，该书 1/4 的篇幅（将近 100 页）集中讨论了人文地理学现场工作的方法论，并对每种方法论都辅以典型案例进行了深入剖析。其中尤以对人文主义地理学现场工作方法论特点的介绍最为出色，比如她所归纳的"我向性"思维、诉诸情感、人对地方的感悟等确实是人文主义方法论应用于野外考察的要旨。相比之下，另外三种方法论的"野外"工作特点的梳理和挖掘就不如此深刻。这提示我们需要对方法论、方法、现场方法三者的关系进行更深入的思考。

正如方法的词源含义所揭示的，方法论必然涉及（学科或研究的）实践。方法论并非单纯的理论原则的抽象演绎，而是关注实践活动并以实践活动的合理有效组织为研究重点或目标的一项活动。方法是在具体操作程序和技术上对方法论的细化，是方法论在应用和操作层面的实现；而现场方法，则是关系研究者与"现实"世界之间的直接经验和实践的路径。之所以现场工作需要考察方法论、需要方法论的指导，既是因为方法论本身涉及对学科实践这一环节和过程的关切，也是因为人们对现实世界的直接经验、切身体验和考察总有某种预先的价值观或哲学立场，它对现场考察具有相当大的影响。因此，现场方法不但不能脱离方法论，而且应该以它为基础。相对于被动地、偶然地处于某种方法论立场或场景之中的现场考察，主动地、有意识地发现和探寻现场实践背后以及过程中蕴含的不同方法论，显然是处理方法论与现场方法关系的积极态度和正确方法。

方法与方法论研究是辩证互动的关系，它们的界限和区别要视情形和场合而定。在一些情况下，需要严格区分二者；在另一些情况下，要把它们视为相互联系、互相参照和互动的整体。具体来讲，对学科的上层目标（比如发展一种理论）来说，方法研究要上升到方法论的层次，使方法研究整体化、理论化、系统化；对学科的基础（初学者、实践工作者）和学科之外（其他学科、政府、大众等）而言，方法论研究要普及和应用到方法层次，以夯实学科基础、获得更广泛的认知和扩大社会影响。因此，方法论与方法、现场方法实际上就是涉及不同层面却紧密联系、必须联合予以考察的三个概念。

## 1.3　地理学方法论研究的方法

方法论研究本身也需要研究方法的创新。进入 21 世纪以来，快速变化的自然和社会环境提示我们，对中国地理学者而言，不但需要了解地理学方法论演变的确切历史、条件和因果关系，而且也需要突破性的、前瞻性的和本土化的方法。其中，科学逻辑和历史批判是两个普遍原则，思想史研究和案例研究是两种重要方法。

## 1.3.1 地理学方法论研究的原则

方法论研究并非轻而易举之事。哈特向（1996）曾批评了那种认为方法论是心血来潮的人随意涉足的主张，并且提出了他的两个原则，笔者把它归结为科学逻辑和历史批判两个原则。

科学逻辑原则指的是"方法论研究所需要的学识标准，其严格程度不亚于实质性著作应有的学识标准，包括细心检验假设，有可靠的证据，严格的逻辑推理，及与别的学者对同一问题的发现作广泛的对比"（哈特向，1996）。实际上就是要求研究者在方法论研究过程中，在论点、论据、论证以及结论和讨论等各环节都做到逻辑严谨、论证扎实和一丝不苟。这实际上也是任何学术研究的普遍要求。

历史批判原则指的是依据可靠的经典文献，对它们进行梳理挖掘、比较印证和评价反思，得出关于地理学性质、范围、方法等的可靠论述（哈特向，1996）。这个原则实际上点出了思想史和案例研究是地理学方法论研究的主要途径。

## 1.3.2 思想史研究法

思想史研究是地理学方法论研究的必经路径和重要凭借。通过追溯学科思想史来研究方法论，这在地理学者中也比较普遍。尤其是一些著名地理学者，如赫特纳、哈特向、阿努钦（Vsevolod Anuchin）等都采用这种方法来得出他们各自的方法论主张。对这种历史研究的重大意义，赫特纳（1983）在其著作的开篇就指出：

"要完全理解现在，永远只有从历史出发才有可能。同样，要充分理解一种科学，也永远只有详细研究它的历史发展，才有可能。倘若我们在方法方面考察地理学的性质和任务时从未忘却这条通例，不打算先验地去确定它们——这种尝试不论如何聪明却不曾有结果，那么我们可能已经避免了许多无益的弯路和许多的争论，节省了许多的精力。因为各种科学的形成，每种科学所提出的问题，都不是随心所欲的，乃是出于每个时代所特有的需要，每个时代所具有的知识和能力。随着这些因素的增加或者减少，科学的内容也就会丰富些或者贫乏些。有倒退的时期；但是，从整个看，科学却是前进的。这种进步和整个文化的进步是密切联系着的。"

赫特纳的这段话犹如黄钟大吕，其深刻的洞见和严肃的告诫仍然值得现代人深思和记取。作为他的方法论主张的继承和发扬者，哈特向不但秉持并反复强调这种经由思想史研究方法论的主张①，而且认为思想史研究有双重功效：既可以帮助理解学科性质，又能提供早期学者对当前关心问题的解释（哈特向，1996）。

## 1.3.3 案例研究法

在方法论研究中，除了纵向追溯的思想史研究，也可以选取某个横断面进行剖析比较。对后者，可以采用案例研究法。这种案例可以是地理学理论与方法论演进过程中的某个重要事件、某个人物、某篇经典文献、某个重要的学术活动等。"重要性"则视其对地理学发展历史的影响程度而判定。

在博士、硕士论文或很多研究中，研究者必须阐述一项研究的方法论。但是目前中国的地理学博士、硕士论文很少着力于方法论思考，一个主要原因是不知道方法论为何物，教学研讨也缺乏这方面的内容，甚至很多专业人士自身对方法论也不甚了解。采用案例研究方法，一方面，可以使我们将抽象的理论和方法论与现实事例对应起来，使方法论讨论不至于过分僵化和枯燥；另一方面，通过选取地理学思想史上重要而典型的案例进行剖析，可以从点上深入和聚焦，从而达到"窥一斑而见全豹"的效果（叶超和蔡运龙，2010a）。

在明确案例研究法的定义和意义的基础上，要使其可行和易操作，需要考虑其路径和步骤。

### 1. 案例研究的一般路径

首先，陈述选择某案例的理由，也就是对案例在学术史以及当前研究中的意义和价值的判断。

其次，介绍案例的背景（包括涉及的重要地理学者、文献、事件及学术活动等），分析影响该案例中方法论演变的社会、制度和政治要素等，这实际上涉及科学社会学、科学政治学和科学心理学等方面的考察，现代科学（哲）学越来

---

① 比如哈特向指出："任何科学分支，其知识的累增，主要不是依赖其逻辑证明为合理的范围，而是依赖其古往今来生命的延续。"（哈特向，1996）他在该书第 11 页（更正与补注）批评了美国地理学界以及许多方法论著作不考虑别人以及前人论述的做法。他进一步强调："如果我们要避免因经常改变方向而浪费精力，就必须了解并估计发展到现在为止的地理学轮廓。……当我们通过思想史的研究，发现所谓的新概念实际上几十年前甚或一个世纪前就已经有了，并已发觉其错误了的时候，这种学术上的损失就更显得没有意义了……提出新观点的人，如果首先评价前人的思想和工作，就不但为他们自己和读者节省许多时间，并且能更好地推进那些合理的革新。"（哈特向，1963）

越重视这些方面的研究。由于地理学本身的综合性，将地理学方法论放到这个宏观（科学和哲学发展）和微观（个人心理与学术历程）背景之下去理解，将会获得更好的关于方法论演变原因的启示。

再次，根据国内外对该案例的研究情况，从方法论角度评价该案例的主要内容，阐述、评价和反思所选案例在方法论变革中的地位、作用以及影响等。

最后，联系中国地理学发展的背景条件、历史与现状，比较中外方法论发展的异同之处，并总结该案例对中国地理学理论和方法论发展的启示。

**2. 案例研究的步骤**

第一步，选择主题。这种选择应从主客观结合的角度进行。主观方面，从研究者对该问题的兴趣出发进行选题和选材；客观方面，选择那些有重大影响的、具有方法论讨论价值（或者有争议的）但对它的研究尚需深入的主题。方法论研究选题是否恰当，不以"新"或"旧"作为判断标准。甚至因其与思想史的紧密关系，"旧"话题也有许多挖掘和提炼的空间。比如，一些问题虽然在西方地理学中已讨论得比较成熟，可能有点"过时"，但其实仍有总结和借鉴的必要，尤其是中国研究者对此一知半解的时候。

第二步，搜集、整理和分析观点与材料。首先，掌握第一手的文献资料，尽可能依据原典。其次，对这些材料进行归纳和整理，比如有些能提供研究者所讨论主题的背景，有些提供不同的观点，有些涉及不同的方法等，把不同层面的东西进行规整；在阅读文献的同时提出自己的问题，并留意其他人对你所想的问题如何回应，你又如何去逻辑地论述它。最后，对上述内容进行深入思考和分析，乃至批判地评价。不能仅仅作一个介绍，只是讲哪些人做了什么事。特别是，在许多方法论综述文章中，存在以下需要提防和避免的弊病：①有综无述——只是罗列和堆砌知识、人名和参考文献；②有述无论——论述中缺乏自己的思考、分析和评价；③有论无点——没有抓住问题的核心和关键，没有形成自己的观点。

第三步，妥善安排一篇文章的结构。因为所讨论的问题或主题可能很大、很复杂，所以应该有针对性地、有所取舍地、抽出那些别人没有讨论或关注较少的地方重点论述，并在结构上合理布局。若是对国外研究的评价，最好能较多地联系国内状况进行比较分析。

综合来看，与其他研究一样，方法论研究中也需要，或者说更需要至关重要的"思想"（idea）或灵感，但它并不是一开始就能很清晰地得到，可能是在不断思考和分析别人的研究中慢慢浮现出来的。围绕这个 idea，研究者所做的无非是古人所说的义理、考据、辞章三个方面的结合工作。

# 1.4 小　　结

当人们不满足于了解某个具体方法及其应用，他们与生俱来的好奇心可能促使他们继续追问诸如它为什么可以这样用，它与其他方法的关系是什么，哪一种方法更好、更全面等问题时，实际上就由比较单一的方法问题转换到了对方法论的关心。正如这些问题所对应的，在方法论研究中，因果解释、范围界定、比较评判是最主要的三个方面。这或许提示我们：你提出什么样的问题和以怎样的方式提问，在很大程度上决定了你的答案。

提出问题，追索答案，永不满足既定的（哪怕是自己提出的）答案而继续探究，这一过程永无止境。方法论研究也是如此。如果你记住了某种方法论观点，那么这只是一个开始，并不意味着你理解了其含义，掌握了其精髓。而且，正如我们一开始分析方法词源时所提示的，方法（包括方法论）不仅是一个认识或逻辑层面的问题，而且是一个实践问题。对一门学科方法论的全面认识与深刻理解，往往要通过对其思想史和案例的深入钻研，然后以之与学科"实践"相印证，而后才能得出。

科学研究的质量控制在很大程度上来自外部（也来自科学内部）的哲学审视。地理学方法论范畴正是这样一种"哲学审视"，是在"利其器"的同时做"君子不器"式的探究。

就学科层面来讲，地理学方法论就是要明确地理学的性质、范围和任务。这个被许多地理学者所接受的定义显示了方法论概念的复杂性。为了理解和把握这种复杂性，需要从地理学方法论的一些主要范畴，如科学与人文、空间与时间、静态与动态、归纳与演绎、宏观与微观、主观与客观、思想与历史、例外与普适、传统与异端等入手对它进行深入探讨。

与西方地理学界相比较而言，中国地理学理论和方法论发展比较滞后，问题的严重性更在于目前国内学界缺乏思想史研究的意识，对方法论讨论比较淡漠，迫切需要加强方法论的研究。

# 第 2 章　科学与人文

在科学哲学研究领域，自 C. P. 斯诺于 1959 年 5 月在剑桥大学作了题为"两种文化和科学革命"（斯诺，1994）的报告以来，关于科学与人文两种文化之间关系的话题，已有大量的文献讨论，在这一专题的中文文献中，涉及的关键词，除文化外，还有精神（彭纪南，1998）、主义（李侠，2004）、关怀（杨志英，2008）、价值（陈兆利，2007）、理念（范冬萍，1999）、理性（范冬萍，1999）、解释与理解（陈嘉明等，2010）等。

无论是中国还是西方，无论是历史时期还是现代或当代，无论是归属科学文化体系还是归属人文文化体系，在地理学科中，科学文化与人文文化都体现出既各自独立又相互交融的两重属性与综合统一。

## 2.1　地理研究的自然现象与人文现象

地理学研究的对象不仅包括自然地理现象与人文地理现象，还包括自然的人文地理现象或人文的自然地理现象。自然地理学不仅研究自然地理现象，还研究自然的人文地理现象。人文地理学不仅研究人文地理现象，还研究人文的自然地理现象。

### 2.1.1　自然地理现象

地理学研究的自然现象，主要是自然地理现象，即自然地理各要素（包括土壤、植物、动物、水文、气候、地形等）单独或综合变化所产生的各种现象。随着地球自转所产生的昼夜交替和绕日公转所产生的四季变化，地球表层各自然地理要素，在不同的地理纬度带，形成有规律可循的各类土地类型、自然综合体和自然区域。

自然地理现象的表现形式，有自然地理要素变化的整个动态过程，如热带气旋的生成、强化（并形成台风）、移动、强度减弱到最后消失；有整个动态变化过程中的一个阶段，如热带气旋或台风所经地区所形成的狂风、海涛、暴雨、洪水、泥石流等；也有整个动态变化过程所产生的结果，如台风过后所造成的大树倒伏、山体滑坡等现象。

自然地理现象的时间历程，可以长达地质纪年的数亿或数十亿年，如喀斯特地貌的形成过程；也可以短暂至瞬间的数秒，如狂风暴雨前的雷鸣闪电。

自然地理现象的地域范围，有大范围区域的，如全球性气候变暖、火山灰的洲际性影响等；有地带线性的，如有些日食发生时的条带状影响区、候鸟南来北往的迁徙路线；也有小尺度的，如一条河流被另一条河流袭夺的袭夺点、坡地的水土流失等。

自然地理现象的综合效应，有纬度地带性规律、海陆地带性规律和垂直地带性规律对地表的综合作用，如我国长江中下游地区，因西部青藏高原隆起与东南湿润季风的原因，成为全球同纬度地区少有的非沙漠荒漠地区；也有地方的独特性，如不同岩石性质导致的特殊地形和地球化学元素分布。

## 2.1.2 人文地理现象

地理学研究的人文现象，主要是人文地理现象，即由人类活动（生活居住、工作生产、经济贸易、休闲娱乐、内政外交等）产生的各种地理现象。不同地区、不同国度、不同民族的人类活动与相互交往，会产生具有不同国家或不同民族烙印的人文地理现象。

人文地理现象的表现形式，包括人文地理现象变化的整个动态过程、整个动态过程的一个阶段或整个动态过程产生的结果。如聚落地理研究，以杭州为例，可以研究它从浙江渡津、钱唐县治、吴越国都到南宋行在都城再至浙江省城的两千多年的整个聚落变化过程；可研究它作为国都时期150年的南宋城市形态；也可以研究它的当前现状。

人文地理现象的时间历程，有跨越整个人类历史时期的，如饮食服饰文化现象，是全球性的贯穿整个人类历史的人文地理现象；有经历某段历史时期的，如刀耕火种现象，是先进农耕文明产生前人类文明初期的人文地理现象；也有以日为单位的，如个人日常行为轨迹，是行为地理学或时间地理学所研究的人文地理现象。

人文地理现象的地域范围，有全球性的，如2009年以来由美国次贷危机所引发的全球性金融危机；有国际区域性的，如中东地区的宗教冲突；有国家地方性的，如世界各地千差万别的风俗民情；也有路线性的，如以丝绸之路为标志的洲际性中外文化经济交流，以京杭大运河为标志的我国封建时期的南北漕运。

人文地理现象的综合效应，主要体现在人本性、区域性、历时性三个方面。一切人文地理现象，都是人类活动的结果，都发生在或大或小的区域，都经历了或长或短的时间。

### 2.1.3　自然人文现象

　　自有人类活动以来，地球表层的自然状态不断地受到人类的浸侵，纯自然地域范围不断缩小，已几乎不存在未受人类活动干扰的自然环境。因此，自然地理现象必然或多或少地打上了人类活动的印记，包含了人文地理现象。

　　例如，自然地理学所关注的土地研究，包括土地覆被变化及其效应、土地利用、土地整理及荒漠化过程与防治等论题，与人类对土地的观念和态度、土地利用决策和活动密切相关，也与全球气候变化相关联。近年来受到国际关注的全球化大气升温，虽有学者认为是大尺度长时段的正常周期性变化，但更多的学者认为，是人类大规模消耗化石能源、改变土地覆被所造成的。

　　自然地理学所涉及的环境与健康研究，包括化学元素（尤其是污染物）的迁移转化、污染综合防治、土壤水体污染修复、人群疾病和健康的地理分布、医疗保障设施的地域配置等研究专题（中国地理学会，2009）。人类环境的污染，若污染源来自人类，显然与人类活动相关；若污染源来自自然，有时也与人类活动相关。污染源来自人类的环境污染，由诸如生活生产排污、农田施药施肥等人类活动所导致。污染源来自自然的环境污染，由在地球资源开发过程中管理不善或遇突发事件救治不力等原因所导致，如 2010 年美国墨西哥湾海上石油钻井台因爆炸沉没所导致的海底漏油事件，就是一起人为的典型案例，这是美国历史上最大的一次因海底漏油所导致的环境污染灾难。

### 2.1.4　人文自然现象

　　人类生活在自然界，一切人类活动或多或少都受到自然环境的约束。在自然学科中，人类本身即作为自然生物界的一类而成为自然科学的研究对象。

　　人类的生活范围，时时刻刻都在地球大气圈层之内，电视广播的气象预报节目，时刻提醒人们，人类生活在大自然中。

　　人类的农业活动，在科技发展到信息时代的今天，仍然受到自然的强烈制约。例如 2010 年的中国南方数省，春季发生了近百日不雨的严重旱情，而夏季又连降暴雨形成洪涝。面对自然界极端天气造成的灾害，人类还无法有效地抗拒并制止其发生。

　　城市是人类文明的结晶，但城市的发展依然受到自然，尤其是"第二自然"或"人工自然"的约束。城市河道、城市土地利用、城市道路绿化、城市公园布局、城市防洪防涝、城市湿地、城市滨水地带等，都是城市地理所要研究的城市自然地理因素，即城市人文自然现象。

休闲旅游是人类社会经济发展到一定阶段的人文现象。休闲旅游的目的地，无外乎人文景观地与自然景观地。以自然景观地为目的地的旅游者，多以欣赏自然、融入自然为乐事。我国著名的自然景观地，包括世界自然遗产地、世界文化与自然双重遗产地、中国世界生物圈保护区、国家风景名胜区、国家自然保护区、国家地质公园、国家森林公园、国家湿地公园、国家级水产种质资源保护区、国家海洋特别保护区、国家生态功能保护区、国家矿山公园、国家水利风景区等，它们是人类划定的各种自然保护区，最终目的是为了人类更好地可持续发展，在地理学研究中，当属旅游人文自然现象。

历史地理学在中国地理学科体系中，是隶属于人文地理学的三级地理学科。但历史地理学不仅研究历史时期的人文地理现象，也研究历史时期的自然地理现象。从时间视野看地理学科，一切地理学，包括人文地理学与自然地理学，都是历史地理学。

## 2.2　地理研究的科学方法与人文方法

地理研究的方法，即对地理实体与地理现象进行调查（样本）、描述（现状）、复原（历史）、剖析（因果）、判断（趋势）、求索（性质）、探究（规律）、预测（未来）的手段或途径。

中国地理学界探讨地理研究方法暨方法论的期刊文献，主要涉及以下几个专题：西方地理学方法著作的评述（陈仲雍，1983；蔡运龙，1990；晏昌贵，1996）；地理学方法论的科学哲学（钱学森，1991；白光润，1995；叶超和蔡运龙，2009a，2010b；楚义芳，1988）；地理研究的科学方法（王铮等，1991；杨吾扬等，1996a，1996b；刘妙龙和李乔，2000；陈彦光和靳军，2003；陈彦光和刘继生，2004；陈彦光，2009a）；地理研究的人文方法（吴缚龙，1992；杨国安和甘国辉，2003；熊宁，1984；汤茂林，2009；顾朝林和陈璐，2004）；某一地理分支的研究方法论（周忠泽和张小平，2000；冯配岳和沈伟烈，1984；胁田武光等，1983；巴尼可夫等，1958；柴彦威和王恩宙，1997；陈才和刘曙光，1999；徐效坡，1990；李令福，2000；刘曙光，2002；陈雯等，2003；刘继生，1997）；某一地理分支的某一种研究方法（李小建，1999；俞孔坚，1998；菊地利夫，1991）；某一种具体地理研究方法及其应用（刘吉平等，2005；钱新强，1999；周素红和阎小培，2001；郑锋，2002；张捷等，2000；赵勇等，2005）；著名地理学者的研究方法（高泳源，1990；何林福，1993；王英杰等，2009）；等等。

地理研究中的科学方法与人文方法之分，不同于自然地理与人文地理、部门地理与区域地理之分。自然地理研究虽以科学方法为主，但也涉及人文方法；人文地理研究虽以人文方法为主，但也涉及科学方法。部门地理研究视研究对象的不同属性而以相应属性的方法为主，而区域地理研究则必定需要综合运用两种方法。

## 2.2.1 地理研究的哲学渊源

地理研究方法的"科学化、逻辑化和整体化"（叶超和蔡运龙，2009b）即地理研究的方法论，与哲学或科学哲学密切相关。西方与中国的地理研究暨地理学，均诞生于哲学。

古希腊的地理学，"诞生于哲学之中，它得到哲学的哺育，至少在哲学将科学视为自己的研究领域时是如此——这就是爱奥尼亚哲学、柏拉图主义、亚里士多德主义"（佩迪什，1984）。

古希腊地理学者斯特拉波（Strabo）认为"研究地理学是哲学家应有的课题"，其理由有三：

> "第一，那些专心致力于描述地球的人同时也是哲学家。……其次，有了很多方面的知识才能着手研究地理学，而这些知识又是为研究神灵的和人类的事物——关于这些事物的学识叫做哲学——的人们所特有的。最后，地理学的应用是各种各样的，……地理学的这种特性，也是哲学家们及探讨社会的生活艺术和福利的人们所能预想到的。"（斯特拉波，1986）

中国传统地理学肇始于先秦诸子的哲学著作，如《尔雅》的《释地》、《释丘》、《释山》、《释水》等篇章，《周易》的《系辞》篇，《管子》的《地图》、《地员》、《地数》、《度地》等篇。

## 2.2.2 地理研究的科学方法

所谓科学方法，"不外乎观察和实验"（彭加勒，2006）以及数学推理，是西方近代科学的产物，强调自然客观性。大凡隶属于科学体系的学科，尤其是纯自然学科，都有该学科研究的科学方法，其研究成果一般要经得起科学方法的重复验证。

地理研究的科学方法，是指西方近代科学革命以来，受到经典物理学等自然学科方法论的影响而逐渐形成的地理研究方法。

在西方，地理学是隶属于人文社会科学体系的学科。但西方地理学界不断有学者为了证明地理学的科学体系属性而著书立说，提出地理研究的科学方法。从戴维斯的地理循环论（Davis，1899）、亨廷顿与森普尔的环境决定论（Spate，1968；Semple，1903，1911）到索尔的景观论（Leighly，1963），至第二次世界大战以后的"计量革命"（quantitative revolution）（Burton，1963）达到高潮。"科学方法提供我们锋利的工具。但任何工匠将会告诉你滥用锋利的工具时，它能够造成很大的危害。……所以在计量技术和平常的合理论证及推论碰在一起的点上，合适的方法就显得加倍重要"（哈维，1996）。为了解决计量地理方法双刃剑的合理运用问题，1971年哈维以《地理学中的解释》一书，推出了"获得地理理解和知识的各种方法与合理论证及推论的种种标准"（哈维，1996）。而邦奇（William Bunge）稍早于哈维探讨了"把地理学作为一门科学考虑时涉及的两个问题"，即"地理学中描述的作用"与"地理现象的可预测性"；并提出了"不给地理学留下任何不可能达到完全成熟的科学的借口"的方法论，即"把区域地理学和事实（描述）等同起来、把系统地理学和理论地理学等同起来、把制图学和数学等同起来"（邦奇，1991）。

在中国，地理研究从传统向科学的转化进程，与近代西方科学传入中国的过程几乎同步。20世纪20～40年代，一批留学欧美的中国学生已将西方近现代地理学的科学方法与人文方法同时引入中国地理学界。1949年以后，由于与西方社会人文科学的隔绝，至20世纪80年代以前，地理研究的人文方法没有发展，而科学方法得以延续。

20世纪80年代以来，新一代地理研究者对地理研究的科学方法有了新的认识。有学者认为，"地理学对象是实在的，这就指出地理学理论发展要走实证科学的道路，采用实证方法为主体"，强调"向物理学、经济学学习。由经验出发，提出假设（postulate）和概念，并且把这种概念数学化，用数学化的概念表达假设，然后由数学化的假设出发，采用数学家千辛万苦发展来的，有坚实逻辑基础的数学方法，推导出新的结论，最后把这种数学化结果的地理学意义表达出来"（王铮等，1991）。也有学者比较绝对地强调"所有科学的主要任务都是建立数学模型，如果地理学想要发展成为一门标准科学——而不是走'例外主义'的道路，根据简单的逻辑法则可以判断，地理学的主要任务也是建立数学模型"（陈彦光和刘继生，2001），并"总结出地理理论研究方法的一般模式：第一步，根据观测数据建立经验模型；第二步，构造假设、建立理论方程并且求解，求解的结果要与经验模型及其参数一致；第三步，基于第二步的假设条件进行计算机模拟实验，模拟结果要与观测的结果一致"（陈彦光，2009a）。

在科学哲学层面，有学者将地理研究方法分为科学经验方法、科学理性方法、科学臻美方法、横向科学方法与成果表述方法（贾文毓，2008）。还有学者探讨了地理研究科学方法的原则与特点：地理研究科学方法的创新原则暨最高原则是历史与逻辑的统一；地理研究科学方法构建的基本原则是理论与实践的张力、演绎与归纳的统一；地理研究科学方法构建的具体原则是世界观和地理学方法论相结合、综合运用各学科的研究方法、必须满足地理学发展需要；地理研究科学方法的基本特点是方法体系的层次性、实证与思辨的统一性（潘玉君和武友德，2009）。

在地理研究的所有具体科学方法中，地理信息系统方法是最具地理学科意义、最具现代空间信息技术优势、最具学科渗透力的科学方法。

## 2.2.3 地理研究的人文方法

所谓人文方法，相对于科学方法的自然客观性而言，是强调人本主观性的方法，包括历史学的史实叙述、心理学的异域想象、美学的艺术欣赏、社会学的价值判断等。由于研究者个性在学科背景、思维方式、价值取向、利益趋势、情感丰度等方面的差异性，其研究结果不具有唯一性，通常无法重复验证。

地理研究的人文方法，与人文地理研究方法紧密相关，但又不与之等同，在传统地理学中有充分体现。

在西方，传统地理学的集大成者是赫特纳与哈特向。赫特纳的《地理学》阐述的地理研究方法，包括测绘制图方法、调查观察方法、文献综述方法、因果关系方法、空间联系方法、美学研究方法等（赫特纳，1983）。哈特向的《地理学的性质》叙述了"把世界组织为区域的方法"，并强调将系统地理学与区域地理学"合二为一的二元论"（哈特向，1996）。他们的地理学思想与方法，均以区域地理学为基础，在综合研究的前提下，侧重于人文方法。但在近现代地理学强调科学方法、计量方法的阶段，人文方法的发展一度停滞不前。自 20 世纪 40年代始，随着对计量地理方法双刃剑的反省，西方地理学界重科学轻人文的趋势开始得到遏制，人文地理研究得到复兴，地理研究的人文方法得到发展，出现了一批人文地理研究成果。重要著作有，强调地理学人文文化属性的《人文地理学问题》，其提出了人文地理研究方法的三项原则，即"不要认为人文地理学是一种粗暴的决定论，一种来自自然因素的命定论"，"人文地理学者应当依靠地域的基础进行研究"，"为了全面地说明问题，人文地理学者不能局限于只考虑事物的现状"（德芒戎，1999）；还有科学哲学视野的《哲学与人文地理学》（约翰斯顿，2000）。许多人文社会科学的当代话语在入渗地理研究之后，成为当代人文地理的人文方法暨人文地理学方法流派，包括经验主义（May，1993）、实用主义（Dew-

21

ey，1938；Bernstein，1972）、行为主义（Cox and Golledge，1981；Gollege，1981）、现象学（Buttimer，1976；Relph，1976；Yi- Fu，1971；Couch，1996）、存在主义（Samuels，1981）、理想主义（Guelke，1974，1981）、马克思主义（Harvey，1982a）、唯物主义（Sayer，1985，1992）、后现代主义（Griffin，1995；Lyotard，1992；Ley，1989）、后结构主义（Rosenau，1992）、女性主义（Hanson，1992；McDowell，1993a）等（基钦和泰特，2006；顾朝林等，2008；皮特，2007）。

在中国，传统地理学一直是历史学的附属学科，研究方法以知识罗列、史实考据、沿革叙述为主，具有深刻的传统人文学科烙印。明代还出现了王士性这样的以调研社会人文地理及其现象为主的地理学者（王士性，2006）。即使是如徐霞客这样的古代自然地理学者，他所采用的描述自然地理现象的方法与文笔风格，也深受中国人文传统暨古典文学的影响（徐弘祖，1980）。

新中国成立后第一次人文地理学术研讨会于 1981 年召开（李润田，1999），虽然当时尚未探讨人文地理学的研究方法，但随后在回顾中国人文地理学的历史（熊宁，1984）与引介西方人文地理学的发展史暨方法论（顾朝林和陈璐，2004）的过程中，中国学者开始探讨人文地理学的研究方法暨地理研究的人文方法。有学者探讨了人文地理研究方法的新思维，认为新思维体现在"实证方法的主体地位的确立、规范方法与实证方法相分离、中层理论研究的加强、参与能力的强化、服务对象和目的的多元化、政策研究的意义、研究领域的拓展等"方面（吴缚龙，1992）。有学者阐述了中国人文地理研究方法多样化的必要性（人文现象的复杂性、人地互动和社会经济活动的复杂性、与发达和欠发达有关的问题同时存在、国内空间科学传统研究对"人"的相对忽视）和实现方法多样化的对策（学习科学思想史，主动了解世界科学和学科发展情况；加强方法论教学，完整掌握地理科学的研究方法和方法论；提倡学术上的百花齐放和学术宽容；加强学术对话，参与国际学术讨论）（汤茂林，2009）。也有学者论述了中国人文地理研究方法的拓展，认为"需要解放思想，注意在经济学的价值规律、社会科学的社会公平价值规律、自然科学的景观分析方法和历史学的历史分析方法以及数量分析等方面进一步深入挖掘"（顾朝林，2009）。

目前中国地理学者提出的多种人文地理研究方法体系，分别有二、三、四、六、七、八分体系，反映了当前中国人文地理研究方法与思维的多样化。

二分体系：①传统研究方法（野外考察法和社会调查法、统计图表法、地图法、充分掌握与分析资料）；②现代研究方法（计量方法、遥感方法、系统方法）（翟有龙和李传永，2004）。

三分体系：①权威的方法；②理性的方法；③科学的方法（顾朝林，2009）。

四分体系：①调研研究方法（地理社会调查、科技文献资料法、新技术与新方法、区域地理方法）；②空间模型方法（数学模型）；③社会学方法（现象学方法、时间地理学方法、社会生态方法）；④系统分析方法（赵荣等，2000）。

六分体系：①制定研究计划；②搜集资料；③整理资料；④实地考察；⑤提出初步设想并邀请专家咨询；⑥修改定稿并进行成果鉴定和工作总结（陆丽姣，1990）。

七分体系：①系统分析和实地调查；②问卷调查、座谈会和社会统计学方法；③描述法和比较法；④地图方法；⑤数学模拟和经济分析法；⑥地理信息技术、多媒体技术和网络技术；⑦地理计算（杨国安和甘国辉，2003）。

八分体系：①实地调查；②比较与分类；③类比；④分析与综合；⑤应用"老三论"（系统论、信息论、控制论）与"新三论"（突变论、协同学、耗散结构论）；⑥预测；⑦地理信息系统；⑧理论与实践相结合、定性与定量分析相结合（陈慧琳，2007）。

显然，在上述六种人文地理研究方法体系所列的方法中，不完全是人文方法，有些是科学方法（如计量方法、空间模型方法等），有些是人文方法（如传统研究方法、社会学方法等），有些是两者兼具的方法（如实地调查、比较与分类、类比等），这恰恰说明，人文地理研究方法不等同于地理研究的人文方法。地理研究的人文方法，应该是剥离了科学方法的人文地理研究方法，准确地说，是剥离了科学方法的地理研究方法。

在地理研究的具体人文方法中，地理调研、文献综述、分类比较、分析综合、统计图表、地图方法等传统方法，仍然是地理研究的基础方法，通用于人文地理研究与自然地理研究。

## 2.3 地理科学的科学文化与人文文化

地理学的学科属性，在西方传统与现代学科分类中，都归属人文社会学科，即属于人文文化体系。在中国传统学科的四部分类中，地理学是历史学的附庸，属史部地理类，按现代科学体系，属人文社会学科体系。在近代高等教育中，地理学仍属人文社会学科体系，如竺可桢任校长时期的浙江大学设人文学院史地系。而在当代学科分类中，地理学归属自然科学体系，但个别地理学分支学科，却跨属自然科学与人文科学两个体系，如历史地理学，既是中国科学院自然科学体系中地理学的三级学科，也是教育部人文社会科学体系中历史学的二级学科。

地理学的学科属性，并不完全等同于地理学的文化属性。在地理学的研究领域，有关科学与人文两种文化关系的研究专题，主要体现在地理研究的方法或方法论的探讨之中，由地理研究方法的科学文化属性或人文文化属性所决定。但这在学术文献的关键词或题名词的检索中并未充分体现，如据中国学术期刊网，以"科学"、"人文"、"地理"三词进行题名词检索，有效文献仅寥寥数篇（石树杰，2009；赵伟文和朱婉丽，2007；赵仁静，2006；于秀丽，2003），地理核心期刊文章仅1篇（杨志英，2008）。

### 2.3.1 地理科学的文化属性

在科学文化与人文文化相互关系的认识中，存在着五种观点（冯艳，2001）。

1）科学文化为主的观点。以科学史作为科学与人文融合的唯一途径，是以科学为基础的科学与人文的统一。"科学技术活动就其本质而言是一种求真的人文活动，同时也包含着对善和美的人文追求，人们在对科学价值的追求中体现着人文价值的取向。"（邓彦等，2007）

2）人文文化为主的观点。认为科学与人文的融合以"人"为本、为纽带。"只有建立以人文为基础的科学精神才能真正使科学与人文融合，而不至于流于口号和空谈。"（常春兰，2005）"科学精神是人文社会科学研究的必然属性，不是自然科学的专利。"（张华，2007）

3）科学文化与人文文化对等的观点。认为科学与人文是相互影响、相互作用、相互关联的。"科学精神与人文精神是中性的，……两者是互补的，两者缺一不可。"（俞秀玲，2002）"科学精神与人文精神是人类文明整体的两翼，两翼的隔离是人类文明进步的严重障碍，因而需要使两者获得融合与均衡的发展。"（陈刚，2006）"科学文化与人文文化是社会整体文化的两个重要侧面，二者各具特点，相对独立，但又在根本上相融通，尤其是作为两种文化之核心的科学精神与人文精神在本质上高度和谐与统一。"（孙广华，2000）

4）科学文化与人文文化不对等的观点。认为科学文化与人文文化是属于不同层次、不同地位的双方，科学文化与人文文化的"统一"是动态发展的。"科学理性与人文精神其实并非两个对等的范畴。就历史而言，科学理性是西方的产物，而人文精神则为人类所共有。所以，科学理性只能有一种解释，或者说它的内涵是确定不移的；而人文精神却可以有多种内涵与全然不同的解释。就人类而言，科学理性似乎是个偶然，而人文精神却是必然的。人类迄今的历史表明，一个民族可以没有科学理性，却不能没有属于自己的人文精神。这样，在人文精神的内部，就有众多的同类可资比较，而科学理性的内部，似找不到这样的同伴，科学理性是个独生子。"（王晋中，1998）

5）科学文化与人文文化有中介的观点。认为技术文化是科学文化与人文文化的桥梁。

在地理学或地理研究方法的科学文化与人文文化属性方面，也存在着五种认识。

1）以科学文化属性为主。如以科学方法为主导的自然地理研究。

2）以人文文化属性为主。如以人文方法为主导的人文地理研究。

3）具有科学文化与人文文化双重属性。如综合运用科学方法与人文方法的区域地理研究。

4）科学文化与人文文化不在同一层次。地理学科体系分类如以地理现象发生的时间或时期为第一标准，则分为史前时期的古地理学、人类历史时期的历史地理学、人类当今世界的当代地理学，形成"一切地理学都是历史地理学"的局面。在这一地理学科体系分类中，人文文化显然高于科学文化一个层次。

5）科学文化与人文文化之间存在中介。如地理信息系统、遥感等空间信息技术，在地理研究的科学方法与人文方法中，都得到广泛的运用，成为地理研究中联系科学文化与人文文化的桥梁。

## 2.3.2 地理科学的二元统一

从科学哲学的视野看，在地理学的研究中，存在着许多对立统一的辩证关系，如系统地理与区域地理、自然地理与人文地理、空间地理与时间地理、理论地理与应用地理等，而所有这些辩证关系，都直接或间接地显示出科学文化与人文文化的对立统一关系。古今中外的地理学界有识之士，都清楚地认识到，地理学是一门跨越科学文化与人文文化的综合学科。

古希腊的哲学家们几乎对地理学都有所贡献，他们"有两种地理研究的基本传统：数学传统和文学传统。数学传统始于泰勒斯，包括希帕库斯（他创立了利用经度和纬度来确定事物的位置的理论）在内，而由托勒密集其大成。文学传统始于荷马，包括赫卡泰（第一个散文作者）在内，而由斯特拉波集其大成"（詹姆斯和马丁，1989）。

近代地理学的自然地理学奠基人洪堡（von Humboldt）与人文地理学奠基人李特尔（Ritter），"都论证了自然现象和生活现象之间存在着确实的因果关系，但又各自以其独特的方式来构想这种关系。……因此，自然和人类——按李特尔的说法是'自然和历史'——是两个永远结合在一起的条件，地理学者的思考应当时时地向着这两者之间"（德芒戎，1999）。

现代原苏联地理学者阿努钦（1994）认为："地理学缺乏一元论理论。地理界只有'纯'自然地理或'纯'社会地理这种概念限制了综合研究的发展；否定地方志的科学内容和意义，认为它不属于地理学范围，把整个地理学看成是自然科学，以上这些观点都是否定地理学的统一性，否定把地理环境作为整体来认识。"

当代英国地理学者格雷戈里（2006）提出的八项"自然地理学遵循的原则"之六是"知晓一门学科关注自然环境整体性并跨越自然科学与人文科学之间界面的益处"。

当前中国地理学发展的主要问题之一是学科整合不足，"作为自然科学和社会科学桥梁，地理学本来应该在学科交叉以认识和解决复杂问题上作出独特贡献，但中国地理学中自然研究和人文研究的交叉和融合显得不足，真正的综合性成果仍然乏善可陈。还出现了两极端的发展倾向，一是越来越专，一是越来越泛；前者有走入死胡同的危险，后者则可能在不着边际中'消散'"（蔡运龙等，2004）。

上述所谓"数学传统和文学传统"、"自然现象和生活现象"、"自然和人类"、"自然和历史"，"自然地理与社会地理"、"自然科学与人文科学"、"自然科学和社会科学"、"自然研究和人文研究"等表述，词语各异，但实质相同，都是与地理研究相关的对立统一的科学文化与人文文化。

## 2.4 小　　结

地理学科的科学与人文，体现在研究对象、研究方法与学科属性三个层次。

第一层次，是地理学科研究对象所体现的科学与人文。在地理学视野中，没有严格的自然地理现象与人文地理现象之分，因此，地理学研究的对象包括自然地理现象、人文地理现象、自然人文地理现象与人文自然地理现象。

第二层次，是地理学科研究方法所体现的科学与人文。地理学科的研究方法，无论是在西方还是在中国，都具有深刻的哲学渊源。在自然地理研究与人文地理研究中，均采用科学方法与人文方法。因此，自然地理研究方法与运用于地理研究的科学方法、人文地理研究方法与运用于地理研究的人文方法，显然是有区别的。

第三层次，是地理学科学科属性所体现的科学与人文。学科属性即文化属性，地理学科的科学文化与人文文化属性，虽然有多种表现形式，但总体而言，是科学文化与人文文化对立统一的二元统一属性。

# 第3章 空间与时间

正如所有现象都在时间中存在而有其历史一样，所有现象也在空间中存在而有其地理，地理和历史是我们认识世界不可或缺的两个重要视角（Rediscovery Geography Committee，1997）。空间与时间是运动着的物质存在的基本形式。时间是物质运动的延续性、间隔性和顺序性，表明一事物和另一事物、一运动过程和另一运动过程的先后顺序、过程之间的间隔长短、事物存在和过程的延续久暂。空间是物质的广延性和伸张性，是一切物质系统中各个要素的共存和相互作用的标志。空间的存在离不开时间，反之亦然。

除上述哲学定义外，空间与时间，是每一门学科，包括地理学科，都必然涉及的现实存在，是需要考虑的基本对象或基本因素。

## 3.1 内涵与外延

地理科学所涉及的空间与时间，既具有哲学空间与哲学时间的共性，又具有地理科学的特性，可称之为地理空间与地理时间。

### 3.1.1 空间定义

地理学研究的空间范围是地球表层的固体地壳圈、液体水圈、气态大气圈、生命生物圈以及人类社会圈。各圈层之间的界限并不鲜明，互有渗透。地壳圈内有潜水、有空气、有生物，水圈中有生物、有气体、有微尘，大气圈内有飞禽、有浮埃、有雨雪冰雹。生物圈中动物能飞天入海，植物能根植岩崖与水底。社会圈中的人类活动范围极广，借助科学技术，不仅能够遁地潜海，还能穿天越出大气圈而进入茫茫宇宙。

地理学研究中的空间，表现为地球表面的圈层、区域、地方与地点，为了区别于其他学科领域所涉及的空间，可称之为地理空间。而计算机科学将地理空间列为与人体有关的四种标度空间（有形空间、远景空间、环境空间和地理空间）之一（刘亚彬等，2003）。

在地理学界，有学者将地理空间概念划分为经验空间（指借以建造日常生活结构的过程）、开敞空间（指借以建立相互作用的常规通道的过程）、图像空间

（指图像增值以产生对空间新理解的过程）和地方空间（指空间被处理为表露感情潜力与其他具体潜力的方式的过程）（思里夫特，2008）。有学者将地理空间辨析为绝对空间、相对空间与多元空间（张伟等，2006）。有学者将空间总结为感知的空间、构想的空间与生活的空间（石崧和宁越敏，2005）。也有学者将地理空间归纳为地理区域、地理综合体、地理景观、区域地理系统四种地理空间形象思维（即空间意象）模式（鲁学军等，1999）。

地理空间是地理实体的存在形式之一，即地理实体的广延性。世界上没有脱离地理实体的地理空间，也没有不处于地理空间中的地理实体。

地理空间是有限的，依据任何地理要素划分的地表圈层、区域、地方与地点，都是有边有际的地理空间。

地理学关注各种事物在空间中的联系，尤其在空间维度上关注各种事物及其相对位置和相互联系，在空间的框架中对各种现象进行描述、解释和预测。

地理学的空间单元有流域、气团、植物群落、土地系统、社区、企业、聚落、城市、区域等，各种地理单元具有不同的空间尺度，并构成一个具有层次结构的地域系统。地理学聚焦"格局"来进行空间综合、认识空间关系，而要解释格局又离不开时间。地理信息系统和遥感技术的进展为地理学进行空间分析与空间规划提供了有力的武器和新的可能性。

地理空间的地点，具有多位性、多域性、多属性与多意象性。以北京为例，多位性表现为交通线路（航空、铁路、公路）的北京终点站不在同一位置。多域性表现为北京的城区范围与行政管辖范围不同。北京的多属性，体现于社会属性（国家政治行政中心、文化中心、教育中心、交通中心、电信中心等）与自然属性（北温带、山地平原交界带、农牧分界带）。北京的多意象性，体现在能够代表北京形象的古今建筑上，如天安门广场（城楼、人民英雄纪念碑、人民大会堂）、故宫、八达岭明长城、颐和园、鸟巢等。

## 3.1.2 时间定义

地理学的研究对象处于不断变化的过程中，地理学重视研究这种变化的过程——即事物随时间而发生的变化。

地理学研究中的时间，表现为地球形成以来的地质时期、人类出现以来的考古时期、人类文明出现以来的历史时期以及当代社会的年、月、旬、周、日、时、分、秒。为了区别于其他学科领域所涉及的时间，可称之为地理时间。

地理时间可以分为流逝时间与标度时间。流逝时间是指人类通过地理现象（日月升落、江河奔腾、草木枯荣等）而感知的时间，其时间尺度模糊，表示为

"过去"、"现在"与"未来",且具相对性,如"现在"相对于"未来"是"过去",相对于"过去"是"未来"。标度时间是指人类通过传统的天文数理历法、地质考古人类历史学科的历史分期或现代热光电等学科的测时技术对地理现象的发生过程进行度量的时间,其时间尺度相对确定。也有人将地理学中的时间概念分为"物理时间"和"社会时间"。前者是对事物运动、变化之延续性和顺序性的精确度量,物理时间的研究依赖时间序列数据及其分析;后者指社会变化过程,其研究依赖用以界定社会变化性质的社会理论。

地理时间是地理现象的存在形式之一,即地理现象发生发展的持续性和顺序性。世界上没有脱离地理现象的地理时间,也没有不在地理时间中的地理现象。地理时间表现出连绵不断、断断续续、周而复始等几种形式,也体现在地理现象发生的频率与频幅上。地理时间是有限的,起始于地球的形成,终止于地球的消亡。

时间变化的研究涉及变化的状态、变化的驱动力(原因)、变化的机制、变化的后果等方面。地理学特别关注与此有关的"周期"、"发育"、"演化"、"演替"、"平衡"、"循环"、"阈限"、"突变"等概念。时间是推断因果关系的一个重要维度,地理学在这个维度上重构过去,解释现在,预告未来;在此基础上作出规划,规划就是控制和管理变化。时间研究也离不开空间,"全球化和本土性"就是一个典型的时空概念。传统的时间序列以经验分析为基础来解释格局的变化,但时间变化充满不确定性,因此当前特别注重非线性、混沌(chaos)、复杂性、平衡稳定性等方法在时间变化研究上的重要性。

## 3.1.3 时空世界

地理学具有研究空间与时间的传统。有学者将空间传统列为地理学四个传统(空间传统、地域研究传统、人–地关系传统、地学科学传统)的第一传统,包括两个方面,"一方面要追溯到古希腊对事物位置的详尽记录,诸如航行距离、海岸线以及地标等的记录,这些记录材料的不断增长,最后成为公元2世纪托勒密(Claudius Ptolemy)所撰巨著《地理学》的原始材料";"另一方面,是地理事物与地理现象的地图再现,包括几何学与移动。几何学涉及地理事物的定位与布局、区域边界、人口密度、耕地模式、中心地理论等"(Pattison,1964)。也有学者将涉及时间(时期)与空间(地方)的历史地理学视为地理学两个传统(历史地理学与景观研究)之一(Langton,1988)。

以地理学方法论的视野探讨空间与时间,始于近现代地理学。赫特纳将"地表的空间关系"与"地理现象的时间过程"视为重要的"地理事实"(赫特纳,

29

1983）。哈特向直接以空间概念为基础探讨地理区域，认为"时间本身并非地理学中的一种因素"（哈特向，1996），但不得不阐述"地理学中的时间和发生"（哈特向，1963）。索尔特别强调了地理学的时间维度，并认为地理学的研究内容，"如同涉及地点一样要涉及时间，即非一再发生、非循环而不断向前的时间。偏离这一实质方向就会导致无效的结果"（Sauer，1974）。哈维将"空间"视为"地理学解释的模型语言"之一，而将时间视为"地理学中的解释模型"之一（哈维，1996）。

在中文中，除时间、时光外，还有许多衍生的时间词，如时代、时世、时势、时令、时政、时辰、时运、时机、时务等，而最具地理空间意义的时间词是：时区。

在地理学研究中，时空的尺度与转换、空间的本土与异域、时间的往日与今日，以及时空构架的传统与创新，是地理研究者经常涉及的时空问题。

## 3.2　尺度与转换

地理时空是客观存在的，地理时空尺度是地理研究者在地理研究中采用的定性或定量的时空单位，是阐述地理实体在地理时空中的存在特征（范围、形状、质地、密度等）、观测地理现象在地理时空中的过程特征（始终、周期、频率、幅度等）的基准规矩。

地理时空尺度包括两种尺度：①在地理实体与地理现象中客观存在的本征尺度；②地理研究者为了阐述和观测地理实体与地理现象而主观设定的非本征尺度。

无论是否具有尺度意识，地理研究者必定在一定的地理时空尺度中研究相应的地理实体与地理现象，不是有意识地或潜意识地根据已有尺度，就是依据一定的条件与原则另设尺度。地理时空尺度的理想选择要符合科学性、经济性与可操作性三个原则（李双成和蔡运龙，2005）。

地理时空尺度在地理研究中的地位十分重要。"明确界定一定地域空间和时间尺度上的科学问题，尤其搞清不同尺度问题之间的关系"，是地理研究者"可创新和可对全球变化作出独特贡献之处"（蔡运龙，2000a）。

### 3.2.1　空间尺度

地理学研究的空间尺度有不同的划分类型和命名。如地图尺度（用比例尺表示的地图与实际地面之间的关系）、观察尺度（被研究的地理实体所存在的空间范围)、测度尺度(亦称分辨率,指被研究的地理实体或地理要素的最小可分辨部分)、运行尺度(指某种地理现象过程运行环境的空间范围)和解释性尺度(依被研究的地理实体不同而采用不同的空间视野)(Sheppard and McMaster,2004)。又如本征尺度的空间范围(全球尺度、区域尺度、地方及以下尺度)、空间周期(长程型、中程型、短程型、非重现型)、空间相关(关联型、弱关联型、随机型)与非本征尺度的研究尺度和操作尺度(李双成和蔡运龙,2005)。

以空间范围而言,除了在将地球作为整体研究对象时,有时需要采用超越地球空间范围的宇宙空间视野外,所有地理学研究的最大空间尺度,无疑是地球尺度或全球尺度。

全球尺度以下的地理空间尺度,包括由一种或数种地理要素设定的地带或部门自然地理区,以及由综合地理要素设定的综合地理区。

一级尺度的自然地理空间,有据大陆海洋的差异而设定的七大洲、四大洋;有据太阳辐射能差异而设定的自然带;有据气候差异为主而设定的大洋表层自然带、大陆气候自然带、气候区、气候地貌区、大陆气候 – 植被自然带;有据水文条件、动物、植物差异而设定的水文区划、植物区、动物区等(中国大百科全书总编辑委员会地理学编辑委员会,1990)。

一级尺度的人文地理空间,有据国家、洋陆因素而划分的六大洲(欧洲、亚洲、非洲、北美洲、南美洲、大洋洲);有据国家、民族、宗教、洋陆因素而划分的五个地区(欧洲北美地区、非洲地区、亚太地区、阿拉伯地区、拉丁美洲地区);有据国家、经济、军事、宗教等因素而形成的地区(如环太平洋地区、北欧地区、南亚地区、中东地区、东北亚地区、加勒比海地区、环地中海地区)等。

迄今为止,在观察尺度与运行尺度中,地理空间范围的大小量度与等级数目没有统一的标准。从地理学科或部门地理学科的角度划分,多为三级。例如,有以地理景观单元划分的大尺度(几百平方公里以上的地带、自然地区、自然区)、中尺度(几十至几百平方公里的地理区域、景观类型单元、景观类型单元组合)与基本尺度(几至几十平方公里的景观单元、基本功能单元与简单要素属性单元)三级(鲁学军等,2004)。有从地学信息图谱研究角度划分的大尺度(百万平方公里以上,比例尺小于1:100 万的大陆)、中尺度(几千至几万平方公里,比例尺为1:50 万~1:20 万的地区)与小尺度(几十至几百平方公里,比例尺大于1:10 万的地方)三级(陈燕等,2006)。有从水文研究角度划分的对流尺度(数英里[①])、中尺度(5~30 英里)与大气尺度(数百至数千英里)三级(Entekhabi,1989)。

---

① 1 英里(mi)=1. 609 344 公里(km)。

中国的地理空间尺度系统，有自然区划的三级（3 个大自然区域、7 个自然地区与 33 个自然区）、农业气候区划的三级（3 个大区域、14 个带和亚带、39 个地区）、植被区划的四级（8 个区域、16 个亚区域、25 个地带与 4 个亚地带）、土壤区划的七级（土壤气候带、土壤地区和亚地区、土壤地带和亚地带、土壤省、土壤区、土组、土片）、行政区划的法定四级〔省级（省、自治区、直辖市、特别行政区）、地级（地级市、地区、自治州、盟）、县级（市辖区、县级市、县、自治县、旗、自治旗、特区、林区）、乡级（区公所、镇、乡、苏木、民族乡、民族苏木、街道）〕。

在地理案例研究中，还有更为细致明确的空间操作尺度或观察尺度与运行尺度，如城市尺度（于志远等，2007）、社区尺度（王茂军等，2009）、街道空间尺度（杨春燕，2008）、山区县级尺度（张建，2006）、山区村级尺度（彭志良，2008）、乡镇尺度（尹昌应，2009）、院落空间尺度（闫雪，2009）、公路路侧结构物空间尺度（王淑芬等，2008）、农场尺度（张华和张甘霖，2003）、农田尺度（杨玉建等，2008）、田块尺度（赵成义等，2003）、汇水域尺度（程江，2008）、流域尺度（王玉刚，2007）、小流域尺度（王洪杰，2004）、景观尺度（张娜等，2003）、人居环境空间尺度（王德民和黄春华，2003）等。在环境地理学、化学地理学、医学地理学等分支学科中，空间的测度尺度与解释性尺度，可以精细到分厘毫米以下，如水文区划的微观尺度（$10^{-5} \sim 10^{-2}$m）（Wallender and Grismer，2002）。

在空间尺度的标杆下，以空间范围为据而建立的地理学分类体系中，是范围大小依次递减的区域地理学。或是以自然地理实体为界的各级区域地理学，如全球地理学、大陆大洋地理学以及再小范围（半岛、岛屿、边缘海、平原、高原）的区域地理学；或是以行政区划为界的各级综合区域地理学，如世界地理学、大洲地理学、国家地理学以及国家以下范围的区域地理学。

### 3.2.2 时间尺度

地理时间是地理现象的延续性与顺序性。地理现象即地理实体或地理要素的发生、发展与变化的表现。地理时间也分为不同的尺度，从日变化、季节变化、年变化到多年变化。

地理学研究的时间尺度包括本征尺度的时间长短（地质尺度、历史尺度、年际尺度、年及以下尺度）、时间特性（周期性、阵发型、随机型）、时间相关（依存型、弱依存型、随机型）与非本征尺度的研究尺度和操作尺度（李双成和蔡运龙，2005）。也可划分为标度尺度（即标度时间尺度）、观察尺度（被研究的地理现象过程发生的频率、幅度与周期）、测度尺度（亦称分辨率，指被研究的地理现象过程所历时间的最小可分辨单位）、运行尺度（被研究的地理现象过程所经历的时间范围）和解释性尺度（依被研究的地理现象不同而采用不同的时间视野）。地理时间尺度的选择，一方面根据被研究的地理实体、地理要素及其地理现象存在与过程的发生时间和历时长短而定，另一方面根据被研究的地理现象发生的时间特征与分辨率而定。

就地理现象过程的时间范围或时间跨度而言，多采用本征时间尺度。研究人类出现以前的古地理，一般采用地质学以地层所含古生物命名的地质史分期（宙、代、纪）作为时间尺度，时间跨度在数百万年至数十亿年之间。研究人类文明出现以前的史前地理，一般采用考古学以生产工具命名的史前史分期（旧石器时代、新石器时代、青铜器时代、铁器时代）或人类学以生产方式命名的史前史分期（狩猎时代、畜牧业时代、原始农业时代）作为时间尺度，时间跨度在数千年至数十万年之间。研究人类文明出现以来的历史地理，一般采用历史学的历史分期作为时间尺度，时间跨度在百年至数千年之间。研究现当代地理，一般采用历法算学所采用的年季月日的时间分割作为时间尺度，时间跨度在日至数十年之间。研究突发的地理现象，如地震、海啸、飓风、沙尘、洪水、火山爆发等，一般采用钟表仪器的计时刻度作为时间尺度，时间跨度在秒至数日之间。

就地理现象过程发生的频率、幅度与周期而言，多采用非本征时间尺度。地理时间尺度的范围小到秒分刻时，大到千万亿年，在已有的地理研究成果中都已有体现，如毫秒时间尺度（金声震等，1991）、月、季尺度（归佩兰，1974）、年际尺度（杜学彬和谭大诚，2000；李伟平等，2008）、十年尺度（杨保，2001）、年代际到世纪尺度（咸鹏和李崇银，2001；严中伟等，1993）、百年尺度（汪永进，2002；冯松和汤懋苍，1998）、千年尺度（王丽霞，2005）等。

在时间尺度的标杆下，以时间因素为据而建立的地理学分类体系中，一级地理学分支包括古地理学（研究人类出现以前的纯自然地理）、历史地理学（研究人类历史时期的自然人文地理）与当代地理学（研究当代的自然人文地理）。

## 3.2.3 尺度转换

关于地理时空尺度转换的方法论专题，从文献检索的情况看，自 20 世纪 90 年代起，受到越来越多的关注，涉及地理学及相关地学学科的许多研究领域。

1）地理学方法、GIS 或地理空间数据研究（马勇，1997；尹连旺和李京，1999；Atkinson and Tate，2000；Goodchild，2001；Tate and Atkinson，2001；岳天祥和刘纪远，2001；赵文武等，2002；李双成和蔡运龙，2005；孟斌和王劲峰，2005；孙庆先等，2005；梁珺和郑辉，2007；柳锦宝等，2007；墨素娟和秦勇，2007；汪自军等，2007；徐静等，2007；程结海等，2008a；于浩等，2009；张宏斌等，2009；方一平等，2009）；

2）生态或景观生态研究（Turner et al.，1989；Levin and Pacala，1997；Peterson and Parker，1998；Marquet，2000；邬建国，2000；Robert，2001；吕一河和傅伯杰，2001；韩文轩和方精云，2003；邱扬和傅伯杰，2004；陈利顶等，2006；李煜和夏自强，2007；王培娟等，2007；张万昌等，2008；钟山和张万昌，2008；吴江华等，2008；蔡博峰和于嵘，2008）；

3）土地土壤研究（Payn et al.，2000；陈佑启和Verburg，2000；杨存等，2001；王飞等，2003a；郝仕龙和李壁成，2004；刘前进等，2004；杨玉建等，2006；朱晓华等，2007；朱晓华和李亚云，2008；赵磊等，2009）；

4）水文研究（夏军，1993；Bloschl and Sivapalan，1995；Sten and Phil，1998；Lunati et al.，2001；Wallender and Grismer，2002；丁晶，2003；刘建梅和裴铁璠，2003；钟晔等，2005；许迪，2006）；

5）遥感研究（Quattrochi and Goodchild，1997；Wu，1999；Marceau et al.，1999；张仁华和孙晓敏，1999；Gupta et al.，2000；苏理宏等，2001；彭晓鹃等，2004；田庆久和金震宇，2006；万华伟等，2008）；

6）地貌研究（刘纪根等，2004；雍斌等，2007；刘学军，2007）；

7）测绘地图研究（Lam and Quattrochi，1992；陈军，1999；王家耀和成毅，2004；成英燕等，2007）；

8）环境研究（Lau et al.，1999；Stein and Riley，2001）；

9）气象气候研究（Harvey，2000）、旅游研究（蒋文燕等，2007）、农业研究（Wagenet，1998）与海洋渔业研究（季民，2004）。

地理时空尺度的转换，是指将以一种地理时空尺度进行研究而获得的地理数据与地理信息推绎、换算、转化到另一种地理尺度上，是地理研究者多层次、多视野、多方位、多维度地认识和分析地理实体与地理现象整体特征的研究范式，即整体把握地理实体与地理现象的研究手段。依据不同的标准与因素，可以形成不同的地理时空尺度转换类型。现有研究提出了以下三对转换类型。

1）将较小的空间尺度与较短的时间尺度转换成较大的空间尺度与较长的时间尺度，称尺度上推，或尺度扩展，包括分配和聚集；反之称尺度下推，或尺度收缩，包括解集和选择（Bloschl and Sivapalan，1995）。综合尺度上推与尺度下推的转换类型，称自适应尺度系统（李双成和蔡运龙，2005）。

2）在尺度转换模型构建的过程中，将与尺度有关的因素考虑在内的模型，称隐式尺度转换，其模型本身体现了对模型时空粒度进行尺度转换的系统过程。而以数字集成或综合分析为基础的模型，称显式尺度转换。

3）在同一序列时空尺度中，一个时空尺度向相邻时空尺度的转换，称相邻尺度转换；向非相邻时空尺度的转换，称跨尺度转换。

除了上述时空尺度转换类型外，理论上还存在着下列转换类型。

1）混合交叉转换。即较大空间－较短时间的时空尺度与较小空间－较长时间的时空尺度之间的转换。

2）跨序列转换。即不同序列的时空尺度之间的转换。如空间尺度序列与空时尺度序列、时间尺度序列与时空尺度序列之间的转换。

3）跨维度转换。即线性一维、面状二维、立体三维与时空四维之间的尺度转换。换言之，在理论上也存在着空间尺度与时间尺度之间的转换。

地理时空尺度的转换方法或途径，包括传统方法与非传统方法，各地学分支学科有其各自的具体方法，各研究者也有各自采用与总结的具体方法，在方法名称上也略有差异。

在地理学方法论研究中，有传统统计方法、地统计方法、重整化群方法、小波方差、小波熵、二叉树变换等（李双成和蔡运龙，2005）；有数据融合模型、机理模型、等级理论、分形理论、自相关分析、区域化随机变量理论、小波分析、混沌理论、随机解集原理（汪自军等，2007）。

在空间数据研究中，有等级理论、分形理论、区域化随机变量理论、空间自相关分析、自相似分析（孙庆先等，2005）；空间自相关分析法、半变异函数法、局部方差法、直方变差图法（柳锦宝等，2007）；数字模型（空间插值模型、数字地面模型）（岳天祥等，2001）；面域加权法、最大化保留（程结海等，2008b）；小波多尺度分析（于浩等，2009）。

在生态研究中，有图示法、回归分析、半变异函数、自相关分析、谱分析、小波、遥感和地理信息系统技术（吕一河和傅伯杰，2001）。

在水文研究中，有分形理论、小波分析、分布式水文模型、混沌理论（彭立等，2007）；分布式水文模拟方法（子流域离散法、网格离散法、山坡离散法）、分形理论、统计自相似性（标度理论）（刘建梅和裴铁璠，2003）。

在土地利用研究中，有图示法、多元线性回归推绎法、目标规划法（郝仕龙和李壁成，2004）。

在土壤侵蚀研究中，有主导因子更替法、影响因子尺度转换法、泥沙输移比转换法（王飞等，2003b）。

在遥感研究中，有基于像元尺度转换的数理统计、数据融合转换、分类转换（彭晓鹃等，2004）。

地理时空尺度转换并非尽善尽美，在某些专题研究中，还存在着局限性（方一平等，2009）及数据精度损失（赵磊等，2009）的缺陷。

# 3.3　与时空相关的重要地理学概念

## 3.3.1　本土与异域

地理学研究中的本土与异域，其实质是地理空间，也包括地理空间尺度转换。

所谓本土与异域，通常是针对人（地理研究者、研究所涉及的被研究者、研究成果的阅读者）而言的地理空间。凡是一个人所居住并熟悉的地方（出生成长地、学习地、工作地、研究调研地等）即可称之为本土，而未居住且不熟悉的地方则称之为异域。

地理空间可以抽象地概括为点、线、面、体。小尺度地理空间的体，可以转换成大尺度地理空间的面、线、点。同理，大尺度地理空间的点、线，可以转换成小尺度地理空间的面和体。

地理空间"点"的具体地理实体，包括城、镇、村、山峰、码头、航站、建筑、河口、桥梁等。地理空间点与点之间的关系包括相连与间隔，又涉及点与点相互间的方位与距离。

地理空间"线"的具体地理实体，包括公路、铁路、水运航道、空运航线、海岸带、行政疆界、自然山脉等，有环线（如绕城公路、地铁环线、湖泊或岛屿岸线等）与非环线（河流、航线、地震断裂带等）之分。地理空间点与线之间的关系包括点在线上（包括非环线的端点处）、点在线外（包括环线之内或之外）。地理空间线与线之间的关系包括平行（并行、错行、相接、错叠、重合）、交叉（垂交、错交）等。

地理空间"面"的具体地理实体，包括行政区域、自然区域、大陆地表、大海洋面、大气圈层等，有封闭面（如大尺度的全球地表、小尺度的地下空间）、不封闭的褶皱面（如山地、盆地）与平面（如平原、田野）之分。地理空间点与面之间的关系包括点在面上、点在面外、点在封闭面内、点在非封闭面边缘等。地理空间线与面之间的关系包括线在面上、线在面的边缘、线在面外。地理空间面与面之间的关系包括相邻、相隔、交错、包含、重叠等。

地理空间"体"的具体地理实体，包括各种尺度的山体、水体、植物群落、气团等。地理空间点与体之间的关系包括点在体表、点在体内、点在体外。地理空间线与体之间的关系包括线在体表、线在体内、线在体外，也可以从体内穿越到体表甚至体外。地理空间面与体之间的关系包括面在体内、面在体表、面在体外、面包裹体。地理空间体与体之间的关系包括相离、相连、相合、相错、包容或被包容。

本土与异域的地理空间关系,可以是各种尺度的点与点(如村镇与村镇、城市与城市等)、点与面(如村镇与县市、城市与省区或国家等)、面与面(如区域与区域、国家与国家等)的关系。

从理论上讲,一个人的本土地理空间范围,会随着活动范围的不断扩大而扩大,地理研究者可以通过实地考察调研去熟悉异域,并逐步使异域变成本土。但地理空间范围是有限的,换言之,一个人的本土与异域的地理空间范围之和是确定的,即地球空间范围。如果将整个地球作为本土,则与之相对应的异域应该是宇宙中的其他星体,而这种情况已超越了地球空间范围。

## 3.3.2 过去与现在

地理学研究中的往日与今日,其实质是地理时间,包括地理时间尺度转换。

地理时间,即地理学的第四维度(Sauer,1974),探讨地理现象发生、发展与消亡的过程,离不开地理时间要素。

过去与现在的划分,可以年(如年、年代、世纪等)为界;可以国家的历史朝代(如中国的元代、明代、清代)为界;也可以历史事件(如第二次世界大战、工业革命等)为界。严格地讲,只要是过去的时间,都是过去。

地理研究存在着三种对立统一的时间观念:①静止的历表时间与动态的历时时间;②文献记载反映的往日时间与完整的地球时间;③简单的"过去"时间与"过去"、"现在"和"未来"的统一时间。

研究某一时刻或某一时段的地理现象,可以假设地理现象是静止的;但地理现象的变化始终是动态的。在地理时间内,"现在"是暂时的,"过去"是恒久的,在经历一个短暂的时刻或时段后,"现在"即成为"过去"。从此意义上讲,地理学研究的地理现象都是已经发生的过去地理现象,因此,地理学的所有分支学科,都是研究过去地理现象的学科。

在过去地理现象的研究中,分析过去的文献与档案资料十分重要,但文献记载不可能覆盖所有过去时间内的所有地区与所有地理现象。因此,还需要采用树木年轮分析、地表沉积分析、$C^{14}$ 与热释光测年等多种手段。这在研究尚无文献记载的人类历史时期早期的地理现象时,尤其需要。

研究地理现象的过去,能够更好地分析地理现象的现在;探讨地理现象的现在,必须了解地理现象的过去。地理现象不会无缘无故地发生,也不会毫无迹象地消失。因此正确的地理时间观念,应该是动态的历时时间,完整的人类历史时间，以及过去、现在和未来的统一时间。

### 3.3.3 时空交融与地理学构想

地理研究中的传统时空意识或时空观念，会随着科学技术的进步而更新或创新。在地理现实中，虽然两座城市之间的距离不变，但随着交通工具的发展与行程时速的提升，所需交通时间大大缩短，即形成时空压缩现象。在地理研究中，随着地理信息系统的不断完善，许多往日的地理现象可以用计算机模拟系统进行虚拟再现。在空间信息技术硬件的开发方面，人造卫星全时定位系统（如我国正在实施的北斗星计划），从超越地球空间范围的绕地球轨道，对地表的地理现象（如热带气旋与台风的形成过程、城市建设的变化过程、大范围地震等自然灾害的突发过程）进行全时跟踪观察，地理实体的观察精度目前已达到民用 $10m^2$、军用 $1m^2$，在地理研究的空间广度、时间精度、观察深度、记录密度等方面，开拓了与传统地理研究完全不同的全新视野。

在地理时间与地理空间交织的四维地理体系中，时间具有空间的属性，空间也包含着时间。如 1939～1945 年的"第二次世界大战时期"，具有"全球"的空间范围；1966～1976 年的"文化大革命"，其空间范围是"中国大陆"。指代国家地域范围的"美国"，隐含着 1776 年以来的时间范围；而作为自然地理域名的"北美洲"，不仅包含着"发现新大陆"以来的人类历史时期，还可上溯至美洲大陆形成以来的地质年代。地理时间与地理空间的这种交织互含的属性，是永恒的。

地理研究所涉及的地理时空，可以分为四种形式：今日本土、今日异域、往日本土、往日异域。成功的地理研究者，总是从研究最熟悉的今日本土地理现象开始，逐步扩展到今日异域、往日本土与往日异域。

地理研究者可以通过旅行抵达今日异域进行考察、调研，逐步体验并熟悉今日异域，进而使之成为今日本土。但无论是往日本土还是往日异域，地理研究者都无法亲身经历，因而需要地理学构想。

地理学研究中的"构想"意识，其语言结构及其词义均可追溯到古希腊时代，由哲学、心理、艺术、社会等学科逐渐渗透到地理学科中而形成，社会学构想是激发地理学构想的直接对应因素。地理研究中的构想对象，包括地理现实、地理的构想、地理学构想、构想的地理四个部分。在哲学意义上，即现象、感知、认知与表述四个环节。地理学构想中的构想，具有思想、分析、探索、批评、发现、观念、视野、设计、设想等多层含义，是想像或想象、印象与意象的总称。在理论与方法上，地理学构想包括了传统地理学的历史叙述分析方法、现代地理学的科学实证主义方法与当代地理学的人文主义方法。实质上是贯穿了近代科学启蒙主义、现代科学实证精神与后现代人文关怀的地理学研究（阙维民，2010）。

## 3.4 小 结

地理科学所涉及的空间与时间，即地理空间与地理时间，既具有哲学空间与哲学时间的共性，又具有地理科学的特性。

由三维地理空间与一维地理时间所构成的四维地理，是度量、分析所有地理研究对象的地理时空体系。

地理空间尺度与地理时间尺度及其相互转换、地理空间的本土与异域、地理时间的往日与今日、地理时空意识与构架的创新，是地理学研究与发展过程中必然涉及的时空问题。

# 第 4 章　还原论与整体论

科学研究的方法论与世界观存在内在的联系，有什么样的世界观，往往就有什么样的方法论。传统的世界观是牛顿 – 笛卡儿（Newton-Descartes）式的机械论世界观，在这个世界观里，时间可逆，空间平直、无限；传统的方法论是培根 – 牛顿（Bacon-Newton）式的还原论（reductionism），它将问题分解成互不相关的单个，然后逐项线性加和。长期以来，在科学研究中，还原论占支配地位，至今未有重大改观。还原论的方法对科学发展贡献巨大，但问题也十分突出。科学界几度挑战还原论，试图发展基于整体论（holistism）的方法论。第一次挑战是一般系统论的发展（Batty，2000），第二次挑战就是复杂性科学的兴起（Gallagher and Appenzeller，1999；Batty，2000）。

科学界的"大气候"决定了地理界的"小气候"。到目前为止，地理学方法论的主流思想依然是还原论。虽然还原论方法在许多学科中效果显著，但该方法在地理学中似乎不像在其他学科中那么有效。20 世纪 50~70 年代的地理学计量运动时期，系统论思想被引入地理学，这在某种意义上是地理界对还原论的一种反动。但是，这种努力最后不了了之。本章将从分析与综合、局部与整体、区域与系统以及简单与复杂等方面对还原论与整体论的观点展开探讨，目的是解释各种方法的优势与局限，为地理工作者理解地理研究方法论提供一些有益的启示。

## 4.1　分析与综合

### 4.1.1　地理学中的分析与综合

分析方法的方法论基础是还原论，还原法则是当前科学研究中的主流方法。还原思想源远流长。早在两千多年前，古希腊哲学家德谟克利特（Demokritos，约公元前 460—公元前 370 或 356）就曾提出原子论假说，试图将世界还原。可以说，从西方科学产生之日起，人类就借助还原论的方法获取有用信息，以致该方法深深根植于我们的科学文化之中乃至更广泛的文化领域。人们用原子的运动解释物理化学问题，用生物分子的运行解释细胞生物学问题，用细胞体系的相互作用解释生物有机体问题……我们有充分的理由采用这种还原主义的方法，因为它能解决问题（Gallagher and Appenzeller，1999）。在一定时空范围内，在某些学科的分支领域中，还原论的确非常有效，并且产生了有目共睹的科学成就。

物理现象是可以还原的，它们可以分解为原子；化学现象也是可以还原的，它们可以分解为分子；生物现象还是可以还原的，它们可以分解为细胞乃至生命大分子……美国圣菲研究所（SFI）的创建人 G. Cowan 曾说，通往诺贝尔奖的、冠冕堂皇的道路通常是由还原论的思维铺垫的（Waldrop，1992）。但是，还原法并非放之四海而皆准的普遍适用方法，更谈不上是地理研究的不二法门。

地理科学的研究对象是一种不可还原的系统。在地理研究中，还原法的效果大打折扣，这正是地理学落后于物理学、化学、生物学等领域的重要原因之一。中国著名的地理学家陈述彭生前曾经感叹，地理学之所以落后，是因为它未能找到基本的构成要素。他指出，物理学家研究原子，化学家研究分子，生物学家研究细胞，如此等等，重要的学科都找到了系统构成的基本单元，但是地理学没有发现这样的单元。这位地理学家感叹的，其实就是地理系统的不可还原性。在笔者看来，地理学过去没有、现在没有、将来似乎也不可能找到这样的基本元素。不可还原，就意味着不可分析。但是，由于方法论的局限，我们又不得不分析。这就是地理学研究的最大困惑之一。每一个地理学者都会感受到这种困惑，但到目前为止，似乎没有行之有效的解决方法。

分析（analysis）与综合（synthesis）是一对相反相成的研究过程，但目前分析方法要比综合方法成熟得多。从希腊语源上看，分析就是"全部＋解开"，即"拆开"。分析的方法就是分解的方法，将物质分解为组成要素，然后确定其性质（定性分析），或者确定其比例（定量分析）。与分析相对的方法则是综合，综合就是把分开的元素或物质组合成内在一致的整体。从希腊语源来看，综合就是"共同＋放置"，意即"装配"。无论分析还是综合，"在各种科学的学科如数学、逻辑学、经济学、心理学等中，含义相似，都是指一种研究步骤。分析过程就是将物质或者知识的整体分解为部分或者要素，综合则是将分离的要素或者组成部分组合成条理分明的整体"（Ritchey，1991）。就汉语字面意义来看，分析应该与演绎推理有关，综合则与归纳推理有关。可是，在西文中，分析与综合都只与演绎推理有关，但演绎的方式不一样。对于分析的方法来说，结论事先可能已经知道，我们可以构造假设，通过演绎将这个结论证明出来；对于综合的方法而言，前提我们知道，但结论并不清楚，我们通过演绎推理推导出新的结论（表4-1）。然而，在实际操作过程中，综合与归纳总是具有直接或间接的关系。

41

**表 4-1　分析与综合的概念比较**

| 类型 | 分析 | 综合 |
|------|------|------|
| 语源 | 希腊语 analusis（a dissolving – 溶解，消融）[ana-（遍及，全部）+ luein（松开，放松）] | 拉丁文的收集（collection）；希腊文的 sunthesis［sun-（syn – 共同的）+ tithe-nai（to put – 放置）］ |
| 逻辑方法 | 基于演绎推理的证明方法 | 从一般到特殊的演绎推理 |
| 逻辑过程 | 从未知到已知，或从已知到未知 | 从已知到未知 |
| 相关概念 | 求解（solve） | 系统（system） |

　　早年的地理学者提到地理学的基本特性就是区域性和综合性（钱学森，1991）。区域性（或叫地域性）与分析方法存在密切的联系。空间分解是地理学科的第一种也是最主要的分析思路，要素分解是地理学的第二种分析思路。地球是一个完整的体系，为了研究的方便，人们将其分为不同的圈层，其中地理学者研究最表面的那个圈层，即地球表层（earth surface）（Huggett，1985）。地理学被认为是研究地球表层的科学（钱学森，1989a）。地球表面被划分为七大洲和四大洋，七大洲可以分解为不同的国家，一个国家又可以划分为若干等级的不同行政单元。除了行政区的划分之外，还有自然区的划分、经济区的划分……今天还有主体功能区的划分。这样，区域地理学自然形成。除了区域地理学，还有部门地理学。首先，人们将地理系统划分为自然和人文两大单元，其中人文单元划分出工业子系统、农业子系统、交通运输子系统、城市子系统、旅游子系统、文化子系统等，于是产生了工业地理学、农业地理学、交通运输地理学、城市地理学、旅游地理学、文化地理学……自然单元则相应有气象地理学、水文地理学、土壤地理学，如此等等。地理学的庞大体系因为分解而产生。

　　地理系统的分解为地理教学和科研带来了极大的方便，至少减少了地理研究中的工作量。早年中国几所著名师范大学的地理教学和科研就存在区域分工，例如，华东师范大学重点研究西欧、北美，东北师范大学重点研究东欧、日本，华中师范大学重点研究拉丁美洲，河南大学重点研究大洋洲……在高校之间区域分工的基础上，不同的教师选择不同的部门作为自己的教学和科研对象。如果地理学中没有上述条条和块块的划分，则教学和科研的任务很难明确；如果每一位地理工作者都纵观世界、放眼全球，恐怕时间、精力、视野都勉为其难。

　　然而上述分析却不利于地理学者对自然和社会的认识，一个原本血脉相连的大象整体，各个地理学者却只能重点关注鼻子、耳朵、肚子、四肢或尾巴，很有点瞎子摸象的味道。管中窥豹，仅见一斑；只见树木，不知森林。这对地理研究大为不利。于是，区域分解之后，需要综合。综合性成为与地理学区域性并肩的另一种基本属性，综合方法则是地理学者的看家本领。可是，很长时间内，地理学缺乏有效的综合方法。系统科学发展起来之后，系统方法被引入地理学，综合方法在系统思想的指导下得到进一步发展。中国科学家提出的"从定性到定量综合集成"的分析方法（钱学森，1991），就是科学综合法的一种。

## 4.1.2 分析与综合的案例

地理研究的基本过程，可以说，是由分析过程和综合过程两大部分组成的。举例来说，当我们研究一个城市的时候，我们首先想到的就是系统分解，将一个城市划分为不同的组成部分（如中心区、近郊区、远郊区等）以及不同的构成要素（如人口、产业、交通、资源条件等），然后逐项调研，分门别类地记录。通过调研资料的分析，可以揭示城市各个要素的基本属性，得到定性结论；我们还可以了解城市各个要素的组成比例，得到定量结果。譬如，一个区域的城市用地是工业用地，抑或商业用地，还是其他类型的用地，这是定性属性问题。但是，一种用地不可能只有一种功能，工业用地中往往夹杂着其他类型的用地（Kaye，1989）。在一个以工业为主要功能的区域，工业用地的比例是多少？工业用地在整个城市建设用地中的比例又是多少？这是定量分析问题。完成调研之后，就可以从不同的区域、不同的要素的角度开展深入、细致的定性和定量分析，最后将各种分析结论概括起来，形成城市的整体印象，这个过程就是所谓的综合过程。

上述研究过程和思路，每一个有过实际研究经历的地理工作者都耳熟能详。下面不妨给出两个例子，说明相对严格的逻辑框架中分析法和综合法的具体运用。

首先说明综合法，这个例子相对简明。Clark（1951）通过研究欧美的二十多个城市得出结论，单中心城市或者形态上近似为单中心的城市，其人口密度分布满足负指数规律，这就是所谓 Clark 定律。Clark 定律可以表述如下：单中心城市的人口密度服从负指数分布，从中心到周围逐步衰减到与零没有显著差异。进一步外推就是，如果一个城市的形态可以视为单中心，则其人口密度分布具有负指数衰减特征。这是归纳得出的结果，是大前提。有了这个前提，我们就有了演绎推理的依据。进一步地，我们考察某个具体的城市，如 2000 年之前的杭州。1949～2000 年，杭州城市形态可以近似地视为单中心（图 4-1）。由此得出结论：杭州城市人口密度可能服从 Clark 定律，近似满足负指数分布。

上述从一般到特殊的演绎推理过程如下。

大前提：单中心城市人口密度满足负指数分布。

小前提：杭州城市形态为单中心。

43

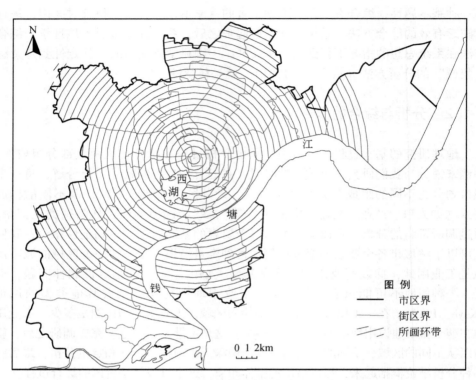

图 4-1　杭州城市形态略图
资料来源：冯健，2002

结论：杭州城市人口密度服从负指数分布规律。

可是，地理系统不同于经典的物理系统。经典物理系统是对称系统，规律是普适的，不允许例外，从而演绎推理的结论是严格而确定的（陈彦光，2008a）。人文地理系统不对称，人文地理规律不普适，有时会出现例外（陈彦光，2009b）。因此上述推理过程需要修改为如下表达。

大前提：单中心城市人口密度通常满足负指数分布。

小前提：1949～2000 年，杭州城市形态可以近似视为单中心结构。

结论：杭州城市人口密度非常可能大体满足负指数分布。

这样，确定的语言变成了有弹性的表达，经验上可以采用统计学的置信陈述。在这种情况下，我们的推理结论是否可靠，需要进一步借助实验的方法进行验证。冯健（2002）借助 1964 年、1982 年、1990 年和 2000 年四次人口普查数据进行计算发现，杭州城市人口密度在 2000 年及其之前的确近似满足 Clark 的负指数分布规律。

上述从一般（单中心城市）到特殊（杭州）、从已知（单中心城市人口密度分布）到未知（杭州城市人口密度分布）的演绎推理过程，是一种综合的过程（至少根据西文词典的定义是如此）；至于推理结论的实际验证过程，则是分析与综合交替运用的过程。

下面我们看一个分析法深入运用的实例，这种方法在科学研究中叫做解析法。如前所述，Clark（1951）通过大量的案例分析归纳出一个结论：单中心人口密度服从负指数分布规律。这是已知的结论。那么，这个分布是如何产生的呢？换言之，城市人口密度分布的动力学基础是什么？人们不得而知。Bussiere 和 Snickers（1970）曾经从 Wilson（1970，1981）的最大熵模型出发，通过类比分析，导出城市人口密度分布的负指数函数。Bussiere 和 Snickers 将 Wilson 的区域城市两两相互作用压缩为一个城市与其他城市的相互作用，这样这个城市的交通流量理论上就服从负指数分布；进一步假定人口密度与交通流量一致，则城市人口密度服从负指数分布（Batty and Longley，1994）。上述论证的缺点在于两个方面：一是间接性，结论来自从交通到人口的外推与类比；二是繁琐性，数学思路不够简洁。

借助解析法，Chen（2008）直接从城市人口空间分布的熵最大化假设出发，构造一种简单的方法，导出了 Clark 的城市人口密度分布函数。基于数字化地图（digital map），考虑一个城市的形态。假定城市由大小相同的元胞（cell）组成（图 4-2）。经验上，这些元胞对应于地图上的像素（pixel）；理论上，这些元胞的面积可以任意小。基于城市元胞，可以构造城市人口空间分布的状态熵函数。假定在人口总量一定以及城市边界人口密度趋于零的约束下，系统熵趋于最大化，则借助 Lagrange 函数可以构造一个数学方程。求解这个方程，得到城市人口密度的负指数函数。这样，Clark 模型的理论演绎工作就完成了，Clark 的发现也从一个经验定律变成了地理学的一个理论定律。

上述分析涉及如下分析过程。

其一，城市形态的分解。在大样本统计平均层面，将城市图像分解为单个的大小一致的元胞。这些元胞实际上并不存在，但它们是我们构造假设的基础，这种分解是一种理论上的处理技巧，并且是一种有用的技巧。不懂得这种技巧，就无法理解地理学乃至整个科学的理论建模思路。

其二，数学过程的分解。状态熵函数的构建、Lagrange 函数的构造、数学变换的运用，如此等等，形成环环相扣的解析环节。

其三，微积分的运用。数学中的微分是典型的分析过程，积分带有一定程度的综合性——分析和综合过程很难截然分开。但是，微积分在方法论的本质上，属于以还原论为主体的分解过程。因此，数学理论中的微积分学后来发展为分析学，这门数学分支主要研究的就是微分、积分、数列、级数，并且涉及极限和收敛。

45

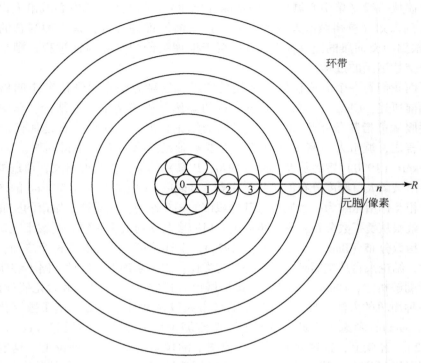

图 4-2　城市空间元胞化示意图
资料来源：Chen，2008

上述分析推理及其结果的地理学意义可以概括为如下几个方面：第一，既然城市人口密度模型可以从最大熵假设中推导出来，那么，从动力学的根源上看，城市人口密度分布主要是熵最大化过程支配。第二，人文系统的熵最大化不同于热力学的熵增过程。熵最大化是个体的公平与整体效率通过对立统一的矛盾运动实现优化配合的自组织（self-organization）过程（陈彦光，2008a）。由此可以判断，城市人口密度服从 Clark 模型意味着一种空间优化。第三，谱分析表明，负指数分布暗示空间相互作用的局域性（locality），不同于负幂律暗示的长程作用（action-at-a-distance）（Chen，2008）。这对城市演化的计算机模拟特别是基于元胞自动机（cellular automata，CA）的城市模拟规则的制定具有有益的启示。

### 4.1.3　分析与地理数学建模

地理学的深入发展离不开数学模型的构建。一般说来，数学建模有两种不同的方法：一是分析法，二是实验法。所谓分析法，就是借助现有的科学理论和定律，根据研究对象的各个组成部分的相互关系和演变特征去构建数学模型的方法。实验法是在一组假设的或者想象的模型中遴选出一个与观测或者实验数据拟合程度最好且解释上不存在逻辑矛盾和困难的模型（赵纯一和詹一辉，1991）。此外，有人根据建模的原则，将数学模型分为机理型和参数型两类。机理型又叫结构型，主要是从系统内在规律出发建立模型。如果系统的内在机制非常复杂，难以理清，就可以通过观测数据建立模型，这样的模型属于参数型（苏懋康，1988）。机理型模型与分析法大致对应，而参数型模型则与实验法具有对应关系（表4-2）。地理数学模型中，大量属于第二种类型，即借助实验法或者参数法建立的经验模型，如城市人口密度衰减的 Clark 模型（Clark，1951）、城市规模分布的 Zipf 模型（Zipf，1949）、城市等级体系划分的 Davis 模型（Davis，1978），如此等等。但也有少数模型的建设方法属于第一种类型。例如 Beckmann（1958）从中心地理论的机理出发，构造了城市规模 – 等级模型。传统的、基于负幂律的地理重力模型来源于实验法，但 Wilson（1970）的空间相互作用模型以及由此演绎出来的、基于负指数函数的重力模型则来源于分析法，Wilson 利用最大熵思想，通过理论分析导出了他的数学模型。城市人口 – 城区面积的异速生长模型来源于实验法，但 Beckmann（1958）的中心城市 – 城市体系异速生长模型却来源于分析的思路。

**表 4-2　地理数学建模的方法分类和实例**

| 类型 | 分析法（理论思路） | 综合法（经验思路） |
| --- | --- | --- |
| 方法分类 | 分析法 | 实验法 |
| 模型分类 | 机理型 | 参数型 |
| 实例 1 | Wilson 的空间相互作用模型 | 传统的地理重力模型 |
| 实例 2 | Beckmann 的中心城市 – 城市体系异速生长模型 | 城市人口 – 城区面积异速生长模型 |

最常用的数学建模方法是回归分析。借助回归分析方法选择模型属于实验建模过程，建立的模型属于参数型。但是，理论建模的结果即机理型模型通常也需要借助回归分析检验其应用效果。线性模型的选择和确定已形成大量的统计学规则，非线性模型的确定相对困难，但也并非毫无规则可寻。非线性模型选择有两条思路：理论思路和经验思路。前者结合分析法，后者实质上就是实验法（陈彦光，2011）。

理论思路与演绎分析相联系。如果我们对一个系统进行了深入的研究，通过构造假设建立方程，通过求解方程得出一个数学模型，这个模型就是理论模型。

如果通过理论模型演绎出新的模型，则新的模型依然属于理论模型。只要一个模型经过理论推导，其参数的数学结构就会非常清楚，因而物理意义也就十分明确。例如城市位序－规模分布的 Zipf 模型，最初是一个经验模型。现在我们可以借助最大熵原理将它推导出来，于是这个模型就变成了理论模型（陈彦光，2008a）。当我们刻画城市位序－规模分布时，我们优先考虑的就是 Zipf 模型。

经验思路与归纳推理相联系。理论模型一旦经过推导和证明，其数学表达形式就是预先知道的，也是确定的。经验建模则不然。经验模型的数学形式我们事先根本不知道，只能根据数据的散点图进行估计、判断和反复的拟合、试验，最后选择一个效果最为理想的模型。

## 4.2　局部与整体

### 4.2.1　线性与非线性

系统的局部性和整体性联系着要素关系的线性和非线性。了解线性与非线性的概念，有助于深入理解局部与整体的关系。借助函数关系说明线性与非线性的区别，更为简明扼要。首先看看什么是线性关系。如果一种函数 $f(x)$ 是线性函数，就会具有如下两个基本特征。

1）加和性和齐次性。加和性可以表作

$$f(x_1 + x_2) = f(x_1) + f(x_2) \tag{4-1}$$

齐次性就是标度指数等于 1 的特殊情况下的标度不变性，可以表作

$$f(kx) = kf(x) \tag{4-2}$$

加和性和齐次性可以综合地表作

$$f(ax_1 + bx_2) = af(x_1) + bf(x_2) \tag{4-3}$$

式中，$a$、$b$、$k$ 都是常数。

2）均匀变化或者匀速增长。对线性函数求导可得

$$\frac{\mathrm{d}y}{\mathrm{d}x} = c \tag{4-4}$$

式中，$c$ 为常数。所以，线性函数的坐标图为一条直线。

如果函数不满足上述加和性、齐次性和均匀变化的特性，就是非线性函数。

非线性是相对于线性关系而言的。当变量数目一定的时候，线性关系只有一种，而非线性关系各式各样，千变万化。传统的科学理论主要是基于线性理论建立起来的，非线性科学的兴起历史并不长久。虽然非线性理论年龄尚幼，但简单

的非线性关系的应用却历史悠久。可以从如下方面理解线性关系和非线性关系的区别（表4-3）。

**表 4-3　线性与非线性的概念比较**

| 类型 | 线性 | 非线性 |
|---|---|---|
| 特性 | 水涨船高，多多益善 | 过犹不及，物极必反 |
| 部分关系 | 彼此独立，互不相关 | 彼此相关，不可分割 |
| 静态特性 | 可加和性、齐次性 | 不可加和性、非齐次性 |
| 动态特性 | 匀速变化 | 变速变化 |
| 部分与整体关系 | 整体等于部分之和 | 整体不等于部分之和 |
| 是否可预测 | 可预测性 | 不可预测性 |
| 是否可还原 | 可还原性 | 不可还原性 |

首先，线性是简单的比例关系，而非线性则是对简单比例关系的偏离。定量分析的基本要求就是明确比例关系，不同的比例关系决定了系统的线性或非线性。在北京大学的一次学术报告中，郝柏林（2004）院士曾经打了一个通俗的比方：线性就是水涨船高，多多益善；非线性就是过犹不及，物极必反。以三次曲线为例，该曲线是对线性关系的局部偏离，科学上称之为"微扰"或者"摄动"。

其次，线性关系表明各个变量之间互不相干，独立贡献，而非线性关系则意味着相互作用。线性关系暗示各个变量可以相互叠加，而对于非线性而言，各个变量不可以简单叠加。因此，线性回归分析要求各个自变量彼此正交（线性无关），因为回归分析的基本算法——最小二乘法——主要是基于线性思想发展的一种参数求解方法。

最后，线性关系意味着信号的频率成分不变，而非线性关系则暗示频率结构发生变化。基于 Fourier 变换的功率谱分析就利用了不同频率的信号相互叠加的思想（陈彦光，2011）。可见线性联系着静态结构，非线性联系着动态结构；线性联系着可预测性，非线性则联系着不可预测性。

## 4.2.2　整体不等于部分之和

线性是可还原性的前提。对于一个线性系统，可以将整体分解为各个部分，各个部分叠加之后可以复原为整体。从某种意义上讲，还原论正是基于这种线性可叠加性发展起来的一种思维方式。系统科学发展以后，人们认识到，有些系统是不可分解从而要素不可叠加的（Bertalanffy，1972）。这样的系统，整体不等于部分之和。Batty（2000）指出，起源于 20 世纪 30 年代生物学和物理学的一般系统论的一个最重要的观点就是："整体大于部分之和（the whole is greater than the sum of its parts）。"这就是所谓整体性公理。系统思想的提出，是对科学研究中还原论的一次反动，"根据 Ludwig von Bertalanffy（1972）的思想，你不可以将部分简单地叠加起来构成一个完整的物体，这种命题成为当时的一种口号，用于反对科学中长期追求的、将每一个事物还原为基本粒子的做法"（Batty，2000）。在发展系统论、反对还原法的浪潮中，生物学首当其冲，因为当时没有人知道，甚至今天也没有人真正知道生物的意识活动是如何通过生命化学的基本运动产生出来的。换言之，生命不是生物分子的简单叠加，从基于还原论的生物化学的角度无法解释生命的形成和演化。

要素是否可以叠加为整体，取决于系统的性质，系统的性质决定了系统是否可以还原。线性系统，整体等于部分之和；非线性系统，整体不等于部分之和。结构健康的非线性系统，整体大于部分之和；结构不健康的非线性系统，整体小于部分之和。整体性公理是基于正常的、不存在结构性弊病的非线性系统发展起来的一种观点。

假定一个区域（如国家）由 $n$ 个次一级的区域构成，则一级区域可以视为一个系统，为整体；次一级的区域可以视为要素或者子系统，代表部分。如果用面积或者人口为测度进行度量，则一定有整体等于部分之和，即

$$X_w = \sum_{i=1}^{n} x_i \qquad (4\text{-}5)$$

式中，$X_w$ 为区域面积或者人口（整体的测度）；$x_i$ 为第 $i$ 个次级区域的面积或者人口（部分的测度）。

可是，如果我们用产值作为测度来度量它们的关系，则存在三种情况。第一种情况，各个次级区域彼此独立，没有相互作用，则此时上述等式依然成立——整体等于部分之和。第二种情况，各个子区域相互作用，建立了一种友好的竞争－合作、协同发展的关系，则一定有整体大于部分之和，即有

$$X_w > \sum_{i=1}^{n} x_i \qquad (4\text{-}6)$$

此时假定用 $X_w$ 代表整体产出，$x_i$ 代表第 $i$ 个子区域与其他区域无关联时的产出（假定这个区域与周边区域没有任何关系）。此时整体的产出大于各个部分独立运作时的产出之和。第三种情况，各个子区域相互拆台、以邻为壑，形成恶性系统结构，则一定有

$$X_w < \sum_{i=1}^{n} x_i \tag{4-7}$$

这意味着，整体的产出小于各个部分独立运作时的产出之和。国际贸易理论的比较优势原理，本质上就是子系统的竞争 – 合作和协同发展思想。

从方法论上看，当整体等于部分之和的时候，可以采用常规的、简单的分析方法开展研究，即将整体分解为各个部分，然后用部分的行为解释整体的行为；当整体不等于部分之和的时候，则不可简单地分析，即不能用区域分解的方法分别研究各个部分，然后用部分解释整体。为了简明起见，不妨考虑一个由三个子系统（部分）构成的大系统（整体）。假定一个国家，由三个省构成。第一个省发展农业，第二个省发展工业，第三个省发展商业，并且这三个省彼此独立，没有物质、能量和信息方面的交流。在这种情况下，我们建立线性回归分析模型

$$y = b_0 + b_1 x_1 + b_2 x_2 + b_3 x_3 \tag{4-8}$$

式中，$y$ 为整体的行为的某种测度（如产出）；$x_1$、$x_2$、$x_3$ 代表各个部分的行为的某种测度（如投入）；$b_0$ 为常数，代表原有的基础；$b_1$、$b_2$、$b_3$ 为回归系数。可以看出，各个部分的贡献是独立的。求导数可得

$$\frac{\mathrm{d}y}{\mathrm{d}x_1} = b_1, \frac{\mathrm{d}y}{\mathrm{d}x_2} = b_2, \frac{\mathrm{d}y}{\mathrm{d}x_3} = b_3 \tag{4-9}$$

显然，回归系数数值越大，表明相应的省（部分）对国民经济（整体产出）的贡献越大。这样，我们可以用各个部分的行为解释整体的行为。对于这类简单的线性系统，无论是模型建设还是参数解释都非常简便，并且容易理解。即便考虑十个、百个子系统，线性解析也不太困难。

然而，在现实中，一个区域的各个子区域不可能彼此无关、各自为政。如果上述三个省份存在空间相互作用，则线性回归模型将会为非线性模型所替代。非线性模型的形式不一而足，形式之一是添加交叉项，交叉项又叫耦合项或者相互作用项，从而有

$$y = b_0 + b_1 x_1 + b_2 x_2 + b_3 x_3 + c_{12} x_1 x_2 + c_{13} x_1 x_3 + c_{23} x_2 x_3 + d x_1 x_2 x_3 \tag{4-10}$$

式中，$c$、$d$ 代表交互作用的强度系数。不考虑随机扰动，求导数得到动力系统如下

$$\frac{\mathrm{d}y}{\mathrm{d}x_1} = b_1 + c_{12} x_2 + c_{13} x_3 + d x_2 x_3 \tag{4-11}$$

$$\frac{\mathrm{d}y}{\mathrm{d}x_2} = b_2 + c_{12} x_1 + c_{23} x_3 + d x_1 x_3 \tag{4-12}$$

$$\frac{\mathrm{d}y}{\mathrm{d}x_3} = b_3 + c_{13} x_1 + c_{23} x_2 + d x_1 x_2 \tag{4-13}$$

由于非线性项即交叉项 $x_1x_2$、$x_1x_3$、$x_2x_3$、$x_1x_2\,x_3$ 的引入，系统的动力学行为将可能非常复杂，出现分叉（bifurcation）和混沌行为。系统的复杂程度取决于参数的数值。

非线性模型的形式之二是广义生产函数

$$y = b_0 x_1^{b_1} x_2^{b_2} x_3^{b_3} \tag{4-14}$$

这是一个对数线性系统，解释过程相对简易，但也比简单的线性系统复杂许多。

方程的结构反映系统宏观层面的信息，参数反映的是微观层面的信息。非线性系统的模型形式确定本身就是一个难题；确定模型之后，如果参数数值特殊，系统的复杂行为不能用常规的解析方法进行分析，这样的系统就不具备通常意义的可分析性质。三个要素的非线性系统尚且如此，如果要素多达十个、百个，分析起来就更加困难。简而言之，当系统存在非线性的时候，整体不等于部分之和；当整体不等于部分之和的时候，基于还原论的分析方法常常失效。在这种情况下，我们需要为地理系统分析寻找新的研究工具。

一般系统论通过整体性公理的研究发现了复杂系统的不可还原性。自组织系统理论对局部与整体的关系开展了更为深入的探索，这些探索结果后来成为复杂性理论的一部分源流。Haken（1986）的协同学的一个重要思想就是：系统的各个部分之间互相合作、协同运动，可以导致整个系统形成一些不见于微观个体层次的新的结构和特征。在某种程度上，这类研究与后来复杂性理论的中心概念之一——突现（emergence）——存在内在关系。

上面的讨论用到了几个简单的方程式，似乎显得高深、抽象。下面我们采用简单的实例来说明系统的整体性问题。近年来循环经济一度成了经济新模式的一个时兴名词。其实，循环经济并不是什么新思想，发展循环经济也不一定需要很高的智商。笔者早年（20 世纪 80 年代后期或者 90 年代初期）曾经读到当时的一则新闻，报道中国农村发展庭院式微型循环经济模式的典型案例。某地有一个精明的农民，在"业"余时间发展庭院"生态农业"，取得良好的效果。这个模式的实施非常简单：在家庭院子中挖一个小小蓄水池养鱼，鱼池上安排鸡笼养鸡，鱼池边种植葡萄。葡萄架搭在鸡笼上为鸡遮阴且为鱼提供部分食物；鸡粪落进鱼池喂鱼；池水深入土壤滋润葡萄（图 4-3）。这样，葡萄、鸡蛋和各种鱼类相互助益，每年下来至少可以创收 1000 多元（20 世纪八九十年代之交的 1000 元是一笔比较可观的收入，因为当时普通高校教师的月工资也就 100 多元）。

我们知道，鸡笼、鱼池和葡萄本是三个互不相干的事物，这个农民却巧妙地将三个子系统营建为一个庭院生态系统。整体大于部分之和，一年下来的收益自然比鸡、鱼、葡萄分别养殖或种植要高得多。

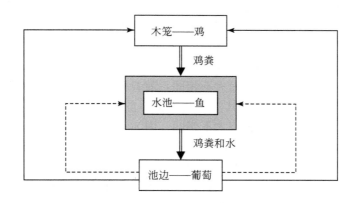

图 4-3　某地农民发明的庭院式微型循环经济模式示意图
（20 世纪八九十年代之交）

## 4.2.3　内部性与外部性

研究地理系统的局部与整体问题，就不能不讨论区域的内部性（internality）与外部性（externality）。内部性与外部性的概念划分源于经济学（Papandreou，1994）。19 世纪末期，Marshall（1890）在其《经济学原理》一书中指出：

> "经济体系中出现的生产规模扩大，或许可以分为两种类型：第一类生产增长依赖于全社会产业的普遍发展，第二类则取决于个别企业自身的资源组织形式及其管理的效率。第一类可以称为'外部经济'，第二类则可称为'内部经济'。"

Marshall 的意思是说，一个经济系统如一个企业，其生产的发展取决于内、外两种因素，内部因素是指企业内部的系统结构是否优良，外部因素则是指环境条件是否有利。经济的内部性和外部性区分从此出现。后来的经济学家进一步发展了有关概念，如 Marshall 的学生 A. C. Pigou 将外部性划分为外部经济和外部不经济：如果外部条件有利于一个经济系统的生产规模扩大，则属于外部经济；相反，如果外部条件对一个经济系统的发展起到负面作用，则称为外部不经济。今天，当个人或者企业在行动时并不支付其行动的全部代价或者不享受行动的全部收益的时候，经济学家就认为存在着某种外部性。如果不付出行动的全部代价，则存在正外部性；如果不享受全部收益，则存在负外部性。

内部性和外部性的关系在人类社会随处可见。有关概念不是纯粹的学术讨论对象。美国前总统尼克松（R. M. Nixon）在其《领导者》一书中指出，有些小国的领导人，非常优秀，很有能力，但无法成为国际政治舞台上的明星，因为国家太小，不足以支持他们发挥自己纵横捭阖的国际事务能力。笔者的一位朋友曾经提到，同一个班级的大学毕业生，一个进入高校，另一个进入中学，10年之后在看待问题的视角等方面大不相同：前者再不长进也是一个大学教师，后者至多是一个优秀的中学生！其实，两千多年前的秦朝丞相李斯就曾感叹，同一个人，摆在不同的位置，影响大不相同，因为资源条件不一样（为此他提出了人类地位的老鼠隐喻）；杨振宁指出，同样智商的研究生，选择的专业不一样，后来的发展大不一样，因为发展步伐不一样；周一星曾经指出，同样水平的大学教师，在不同水平的高校工作，科研成果大不一样，因为平台不一样……在内部条件相同的情况下，外部条件不一样，一个人同样的付出，其结果可能非常悬殊以至于有天壤之别。由此可见，外部性研究对于了解一个系统十分重要。

辩证唯物主义哲学的一个观点就是，事物的发展由内因决定，外因起辅助作用。然而，系统科学告诉我们，任何一个系统，其控制变量只能来自系统外部。哲学的观点与科学的观点似乎存在矛盾，其实关键在于可比性问题。在外部条件相同的情况下，内部因素起主要作用；在内部因素相同的情况下，外部条件起决定作用。早年系统科学认为，系统的结构（内部组织）决定功能（对外影响的能力和属性），功能反作用于结构。后来，人们发现，这种认识是不全面的，准确的表述应该是：系统的结构及其与环境的相互作用共同决定系统的功能，功能反作用于结构以及系统与环境的关系。

经济学的内部性与外部性概念反映的是自然界和人类社会的普遍问题，在地理学研究方法中非常有用。特别是区域外部性问题，目前在中国尤其具有现实意义。如同经济系统一样，区域外部性可以分为正外部性和负外部性。如果区域外部因素对一个区域有积极的作用、正面的影响，则称之为正外部性；反之，如果区域外部因素对一个区域有消极的作用、负面的影响，则可称之为负外部性。正外部性强，可以导致整体大于部分之和；负外部性过强，则会导致整体小于部分之和。区域外部性与Tobler（2004）所谓的"地理学第二定律"有关。该定律指出："一个区域外部的现象影响着该区域内部发生的事情。"东北师范大学的丁四保教授已经将区域外部性作为地理学的一个重要课题来开展研究。内部性问题容易理解，外部性的地理意义则长期被人忽略。下面简要讨论一下地理学的区域外部性问题，主要观点源于丁四保教授有关报告的启示。

丹麦著名物理学家、自组织临界性理论的奠基者Bak（1996）曾经指出："当前的经济发展实质上就是以邻为壑。"以邻为壑，暗示区域负外部性的问题。当然，他所说的是国家之间的问题以及某些资本主义国家的问题。在我们伟大的社会主义国家，不会存在故意的以邻为壑的问题，总体上以区域正外部性为主。然而，毋庸讳言，在我们国家，区域与区域之间、城市与城市之间，在竞争－合作关系中，仍然有各种显性和隐性的矛盾存在。这些矛盾也涉及人地关系。1972年之后的 28 年间，先后有 22 年出现了黄河断流情况，累计断流 1070 天。究其原因，不仅仅是气候条件引起的。黄河上游省份不合理的用水和生态环境的破坏对其产生了重要作用，受害的却往往是下游省份。最后问题的解决也是从抓住上游的用水问题开始。上游的生产和生活给下游地区造成了用水困难，这是典型的区域外部性问题。对下游省份来说，上游省份的不负责行为给它们带来了负外部性。

目前最典型的区域矛盾是河流上游的地区和城市向下游地区和城市转嫁工业污染。上游地区不合理的产业结构和工业布局，对河流造成了严重的污染，而污染的水体流向下游，不仅造成了下游地区用水的困难，而且使下游地区要承受污染物带来的环境破坏。长江上游的大量污染企业对下游形成了极大的危害，国家已经下决心进行治理。但是，淮河等河流的各条支流上的污染问题，至今尚未引起有关部门的足够重视。至于那些较小河流的问题，更是数不胜数。在考察过程中，我们发现，河南新乡污染了淇河，却要鹤壁付出代价；新乡、鹤壁污染了淇河，却要安阳承受后果⋯⋯为了解决许昌的用水问题，河南省不得不于 1997 年将襄城县从平顶山划归许昌，以保证许昌上游的水源。

上述问题是自然的上游影响自然的下游。实际上，经济的上游也会影响经济的下游。总体而言，我国东南沿海地区的经济发达，资源欠缺。这些经济发达地区往往利用了经济落后地区的自然资源和人力资源，却没有形成相应的经济补偿。经济落后地区在与经济发达地区竞争的过程中处于劣势，为了发展有时候饮鸩止渴，以不适当的布局方式到处发展工业企业。当前我国普遍存在的问题之一就是工业企业"遍地开花"——不是红花，而是黑花，即到处制造污染，破坏资源、水源，造成环境的极大压力。这些工业企业的共同特征是起点低，规模小；在空间分布上不讲科学，没有秩序。它们虽然创造了地方上的某些收入，但却给整个自然环境造成了难以估量的危害。它们将负外部性转给了环境，转给了当地居民，转给了后世子孙⋯⋯由于它们分布零散，管理和污染治理都非常困难。一些地方政府部门因为眼前利益，对这些企业造成的危害往往不采取实质性的整顿措施。于是，地方的 GDP 上去了，但环境质量却不断下降。表面看来这些地方发展了，但它们的经济增长却是以牺牲环境和子孙后代的利益为代价的。

区域内部性和外部性的关系讨论对于地理研究方法具有如下启示或者意义。

第一，区域分析问题。区域之间的关系或明或暗、盘根错节，基于简单还原论的研究方法行之无效。例如，我们解释一个区域的发展，采用一个区域内的统计年鉴上的数据开展分析，可能解释变量不足，分析结论不符合实际。

第二，测度的有效性问题。我们对一种事物的认识是从测度开始的。人有身高体重，物有长宽大小，所有这些都涉及测度。在地理研究中，长度、面积、规模、密度等，都是测度。理论研究和实证研究，定量分析和定性分析，如此等等，都是依靠测度联系起来的。

可是，由于区域外部性问题，地理工作中很难取得有效的、可比的社会经济测度。一个区域的 GDP 很高，但其可能隐含着很高的正外部性：它间接剥夺了相邻区域的资源（利用落后地区的廉价劳动力寻求经济增长），暗中透支了后代的财富（通过无节制地破坏生态、污染环境来发展工业），破坏了祖先的历史和文化遗产（把具有考古价值的真古董变成媚俗的假古董发展旅游产业）……总之，超出一定时空范围内的成本没有计算在内。这样，不同区域的发展水平测度没有可比性，从而研究结论也就没有太大的可靠性。

第三，数学建模问题。地理分析包括定性和定量两个方面，缺一不可。有定性无定量，则科学性可能不足（有地无理）；有定量无定性，则地理特色容易淡薄（有理无地）。定量分析包括三个层次：基本层次，基于某种测度刻画比例关系；第二层次，运用统计方法整理数据，分析样本，并以置信表述的形式给出推断结论；第三层次，借助数学方法构造假设、建立模型、发展理论。

为了方便而有效地认识研究对象，人们常常将其抽象为某种模型。模型是人类认识世界的方式，是对现实的简化，是不多不少、恰到好处的简化（Longley，1999）。一个好的模型包括三种尺度：反映微观层面要素相互作用的小尺度、反映模型自身特色的特征尺度以及反映外界环境影响的大尺度（郝柏林，1986）。特征尺度和小尺度反映系统的内部性因素，大尺度则反映系统与环境的相互作用以及外部性因素。如果地理学者对区域外部性研究不够深入，区域之间的相互联系和制约因素未能揭示，则模型不能给出有效的解释结果。

目前地理工作中研究一个区域时很少考虑外部性因素。当人们研究一个区域如河南省的时候，往往借助《河南统计年鉴》给出的数据建立回归分析模型。可是，如果河南省的发展包括来自其他省份的外部性因素，则解释变量不全，以致模型存在结构性的欠缺，反映在统计指标上就是 Durbin-Watson 检验不能通过。一个多元线性回归模型的建设，强调两个方面的基本检验：一是多重共线性检验，用于判断解释变量是否彼此正交，从而判断系统要素是否可以线性分解；二是 Durbin-Watson 检验，用于判断模型的残差是否为白噪声，从而判断模型是否存在结构性的欠缺。模型结构缺陷的原因有多种，将非线性结构简单地线性化（将不可分析的对象分析化），解释变量误选、过度或者不足（包括遗漏区域外部性因素），如此等等，都会引起模型的结构性问题。

当前学术界研究的一个热点问题是全球变化，包括全球升温（Maslin，2004）。全球变暖的真正原因究竟是什么？过去一直以为是二氧化碳导致的温室效应所致。直到 2005 年，机械与航天工程学教授 Socolow 还提出将二氧化碳泵入地下，避免全球变暖（Socolow，2005）。不过，欧洲一些气候学家却提出另外一种观点：全球变暖的元凶不是二氧化碳，而是水蒸气。他们认为水蒸气至少可以解释 75% 的全球变暖。二氧化碳也有作用，但处于从属地位。近年来，物理学家 Scafetta 和 West（2003，2008）却有不同的研究结论。他们借助滤波等技术，利用天文与气象数据分析发现，全球气候变化的曲线与太阳发光变化曲线以及太阳黑子活动变化曲线一致性非常好。因此，他们认为，全球升温、二氧化碳含量、水蒸气含量等都是太阳黑子活动引起的共变反应，二氧化碳不是全球升温的真正原因。如果真的如此，则地理研究不仅涉及区域外部性，甚至涉及地球外部性了。实际上，最早的地理学者如古希腊的埃拉托色尼（Eratosthenes，公元前275—193）就是基于整体论的观点，从天文系统的角度来考察地球和地理现象的。将地理现象与天文因素分割，将不同区域的地理因素分割，是后代地理学者不得已而为之的事情。

## 4.2.4 局域性与长程作用

局域性和长程作用是理论地理学以及地理研究方法应该关注的另外一对对立统一的方法论范畴。在物理学中，所谓局域性，原指一个粒子仅仅影响相邻的粒子，对不相邻的粒子没有影响（Einstein，1948）。长程作用则是指一个粒子不仅影响相邻的粒子，还会影响不相邻的粒子，但距离越远，作用力越小。在地理学中，局域性是指一个地理单元仅仅影响相邻的地理单元，对间隔的地理单元没有影响。长程作用则是指一个地理单元对相邻、不相邻的地理单元都有影响，但距离越远，影响越小（Chen，2008）。长程作用与 Tobler（1970，2004）的地理学第一定律一致，局域性则似乎违背第一定律。在地理发育过程中，有些具有长程作用的系统，会逐步向局域性系统演化，这种现象属于局域化（localization）过程（Chen，2008，2010；Liu and Chen，2007）。"局域化"与经济地理学的"地方化"概念采用相同的英文词汇，相应地，全局化（globalization）则与全球化采用相同的英文单词，故容易引起误解，特此说明。

中国古代智者、两千多年前的老子发现大自然存在两种对立的力量，他将两种力量的源泉归结为"天道"和"人道"。他说："天之道，损有余而补不足。……人之道，损不足而奉有余。"老子提到的是自然界和人类社会处处可见的导致集聚的力量和导致分散的力量。科学家也意识到了这两种对立统一的力量的存在：

> "大自然中似乎存在两种主要的'力'在起作用。第一种力倾向于在空间中拉平事物，导致均一和完全的平均；另一方面，第二种力几乎相反，试图集聚、隔离，导致差异、对比和不平均。或许我们可以论证，第一种力联系着数学概念遍历性（ergodicity），第二种力则令人想到物理概念局域化。"（El Naschie，2000）

早在19世纪以前，物理学家就发现了热力学熵增过程，该过程意味着一种导致均衡的作用力；与此同时，生物学家则发现了导致生命演化的反均衡力，这种力量引起生物和人类社会的进化。在地理系统中，日晒、雨淋导致风化和夷平作用，地球的内部运动又会引起地貌形态的差异；地表形态在逐步夷平（河流越来越直、湖泊越来越少），人口却在向城市集中（城市化）……

局域化是一种力量引起的集中化过程，局域性则代表一种特征和空间行为的属性。了解局域化更容易理解局域性。局域性联系着部分，长程作用则涉及全局性（globality）或者整体性。局域性和长程作用的关系在地理研究中意义重大。举例来说，空间相互作用和空间自相关是地理分析的主要理论和方法。第一种方法是空间相互作用分析。空间相互作用模型的常用形式有两种，一种的阻抗函数（impedance function）是负幂函数，另一种的阻抗函数是负指数函数（陈彦光，2009c）。相应地，地理引力模型形式也不相同。负幂函数暗示着长程作用，负指数函数则暗示着某种程度的局域性（Chen，2008）。因此，两类引力模型代表不同的空间相互作用过程，适用范围也不一样（表4-4）。在城市研究中，基于负幂律的引力模型可能更多地适用于较大尺度的城际地理学（interurban geography），而基于负指数函数的引力模型则更多地适用于较小尺度的城内地理学（intraurban geography）。

表 4-4 两种地理引力模型的比较

| 项目 | 基于负幂律的引力模型 | 基于负指数律的引力模型 |
| --- | --- | --- |
| 来源 | 物理学类比 | 最大熵原理 |
| 引力模型形式 | $I_{ij} = GM_iM_jr_{ij}^{-b}$ | $I_{ij} = GM_iM_je^{-br_{ij}}$ |
| 阻抗函数 | $f(r) \propto r_{ij}^{-b}$ | $f(r) \propto e^{-br_{ij}}$ |
| 来源 | 长程作用 | 局域性，准局域性 |
| 适用范围 | 城际，大尺度空间 | 城内，小尺度空间 |

注：$I$ 表示地理引力，$M$ 表示某种"质量"测度（如城市规模），$r$ 表示 $i$、$j$ 两地距离，$G$、$b$ 为参数

另一个重要的方法是空间自相关。空间自相关分析的关键环节是适当构造空间邻接性矩阵，构造空间邻接性矩阵的前提是明确空间关联形式。空间关联作用大体可以分为四种类型，其递进关系依次为：局域性关联→准局域性关联→准长程关联→长程关联（陈彦光，2009d）。下面按照常用的四种情况具体说明邻接性矩阵的构造方法。

1）局域性关联。简单的二进制邻接矩阵要素由下式定义

$$w_{ij} = \begin{cases} 1 & （当区域 i 和 j 邻接） \\ 0 & （其他） \end{cases} \tag{4-15}$$

2）准局域性关联。给定临界距离 $r_0$，基于距离的二进制空间权重矩阵要素表作

$$w_{ij} = \begin{cases} 1 & （当区域 i 和 j 的距离 r_{ij} < r_0 时） \\ 0 & （其他） \end{cases} \tag{4-16}$$

3）准长程关联（负指数关联）。根据负指数计算矩阵要素

$$w_{ij} = \exp\left(-\frac{r_{ij}}{\bar{r}}\right) \tag{4-17}$$

式中，$r_{ij}$ 表示区域 $i$ 与 $j$ 的距离；$\bar{r}$ 为平均距离。这个式子可以借助最大熵方法推导出来。

4）长程关联（负幂律关联）。根据负幂律计算

$$w_{ij} = r_{ij}^{-b} \tag{4-18}$$

式中，$b$ 为距离摩擦系数（通常取 $b = 1$）。

上述四种方法如表 4-5 所示。空间相互作用模型和空间自相关分析是理论地理学的基本方法，而这两种方法都联系着空间关联形式，因此研究局域性和长程作用具有重要的理论意义和实践价值。具体到一个地理区域，空间关联究竟是局域性的，还是长程相关的，抑或介于二者之间，目前并没有从理论上或者经验上找到判别标准。因此，至今为止，引力模型的阻抗函数和空间自相关分析的邻接性矩阵的构造还是主观性的，不同的研究者根据各自的直观认识决定阻抗函数的选择或者邻接性矩阵的构造方式。正因为如此，更应该开展地理系统局域性和长程作用的分类研究。

表 4-5 局域性与长程关联性的比较

| 系统性质 | 函数类型 | 表达形式 | |
| --- | --- | --- | --- |
| 局域性 | 阶跃函数 | $f(r) = \begin{cases} 1 & （当区域 i 和 j 邻接） \\ 0 & （其他） \end{cases}$ | |

| 系统性质 | 函数类型 | 表达形式 |
|---|---|---|
| 准局域性 | 阶跃函数 | $f(r) = \begin{cases} 1 & （当区域 i 和 j 距离的 r_{ij} < r_0 时） \\ 0 & （其他） \end{cases}$ |
| 准长程关联性 | 指数函数 | $f(r) = \exp\left(-\dfrac{r_{ij}}{\bar{r}}\right)$ |
| 长程关联性 | 幂指数函数 | $f(r) = r_{ij}^{-b}$ |

# 4.3 从区域分析到系统分析

## 4.3.1 系统与地理系统

在西文中，系统（system）与综合（synthesis）具有相同的词源，它们都是源于希腊语的"放置在一起"（syn – 一起 + tithenai 放置）。不同领域的专家对"系统"一词的理解有所差别，但大同小异。系统论的创始人 Bertalanffy 在《一般系统论》（*General System Theory*）一书中对系统的定义是"具有相互关系的要素的集合"（Bertalanffy，1972）。《牛津地理学词典（第二版）》中对系统的定义是"任何相互关联的部分的集合"——"一个系统可以完全由抽象的概念组成，但地理学者偏向于使用生态学、水文学和地貌学领域的概念"。实际上，各种学科正是由抽象概念组成的系统——地理学本身就是一个抽象的概念系统。地理学者哈维在其名著《地理学中的解释》一书中曾从三个层面给出了系统的定义（哈维，1996）。

1）用对象变量属性（variable attribute）来识别的要素的集合；

2）对象属性之间的关系的集合；

3）对象属性之间及其与环境之间的关系的集合。

第二次世界大战期间，为了有效地控制大规模的联合军事行动，科学家们开始研究系统性质，他们的目标是建设一门叫做"系统理论"（theory of system）的数学分支，核心是解决大千世界各种系统——包括交通网络之类——的属性问题（Trefill，1996）。人们的兴奋点一度在于"是否存在某种性质规定着系统"。正如凡是金属都能导电、凡是生命都具有双螺旋 DNA 分子结构一样，是否所有的系统都具有相同的属性？然而，研究的结果令人大失所望，人们并未找到系统的共同属性。令人欣慰的是，虽然系统共同属性的探索结果落空了，但一大批新兴科学理论在系统理论研究的过程中成长起来。

系统科学的发展，形成了新的思维方式，这种思维是对传统还原论的一次反动。人们开始用整体的眼光看待世界，用系统的观念弥补传统分析思维的不足。系统科学的发展，导致了系统地理学以及地理研究中系统分析方法的发展。正是Bertalanffy 与有关学者合作，将系统思维引入地理分析（Naroll and Bertalanffy，1956）。著名城市地理学者 Berry（1964）将城市和城市体系都作为系统来研究。一个区域是一种系统，一条河流、一片森林或者草地，如此等等，都是一种系统。用系统思维研究地理问题，必须强调整体的观点、全局的概念，以及结构－功能关系的视角。

系统方法并不完善，有很多问题，招致了许多批评。一位系统分析学家曾经感叹：系统方法也许不是最好的方法，但是，到目前为止，的确未能找到更好的方法（Miles，1986）。就弥补还原论的重要缺陷而言，系统分析方法在当时是最为可取的处理方法了。直到复杂性理论发展起来，人们没有找到更好的、反还原论的方法论基础。

## 4.3.2　系统分析及其一般流程

对于不可还原的系统，常规的分析方法往往无效，这时可以借助系统分析（systems analysis）开展研究工作。系统分析是一种复杂问题的研究方法，主要是利用系统思想对复杂问题进行分析或设计，其过程包括整、分、合三个基本环节。Krone（1980）认为，系统分析没有统一的定义——"也许有多少个系统分析学家就会有多少种系统分析的定义"，他指出：

> "系统分析可被看做由定性、定量或两者相结合的方法组成的一种集合体，它的方法论源于科学方法论、系统论以及为数众多的有关选择现象的科学分支领域。应用系统分析的目的是要改进公共的和非公共的人类组织系统。一方面，系统分析是一种解释性的理论，另一方面，它又是一种规定性的方法论。"

这是从应用科学的角度对系统分析的解释。作为解释性的理论，系统分析关注系统的现状和行为；作为规定性的理论，系统分析关注系统的目标和优化。在地理科学中，系统分析也不失为一种行之有效的研究方法。

对于常规的分析方法，如区域分析方法，地理工作者都比较熟悉；对于系统分析过程，了解者相对有限。为了比较系统分析与区域分析等方法的区别，从而更好地从地理方法论的角度理解系统分析，不妨简略地介绍一下系统分析的要点。

　　首先说明系统分析的特点和原则。系统分析的特点可以概括为四个方面：①以整体为目标：忽略了整体性原则就无所谓系统思想。②以特定问题为对象：目标和现状的距离决定了所要解决的问题。③运用定量方法：系统的反直观性决定了定量分析方法的必要性。④凭借价值判断：以人为本，因为没有人就没有价值标准，没有进行判断的坐标体系。

　　系统分析的原则也可以概括为四条：其一，时间上，当前利益和长远利益相结合；其二，空间上，外部条件和内部条件相结合；其三，范围上，局部效益和整体效益相结合；其四，方法上，定性分析和定量分析相结合（Krone，1980；Miles，1986；许国志，2000）。

　　其次说明系统分析的要素。虽然不同的学者对系统分析的理解不尽相同，但系统分析的基本要素基本上已经成为共识。系统分析包括如下几个方面的要素：一是目标，即系统演化的整体性趋向；二是可行性方案，即为了实现系统目标而提出的、切实可行的具体计划或者规划；三是指标，即用于方案评价的测度，包括性能、时间、费用、效果等，其中费用和效果是最基本的指标；四是模型，这是系统分析的基本方法，是对问题恰到好处的简化或者抽象；五是评价标准，主要是评价方案好坏的尺度。对系统分析要素还有其他认识，但目标、方案、指标、模型和标准是最为基本的、系统分析学家普遍认可的五大要素。

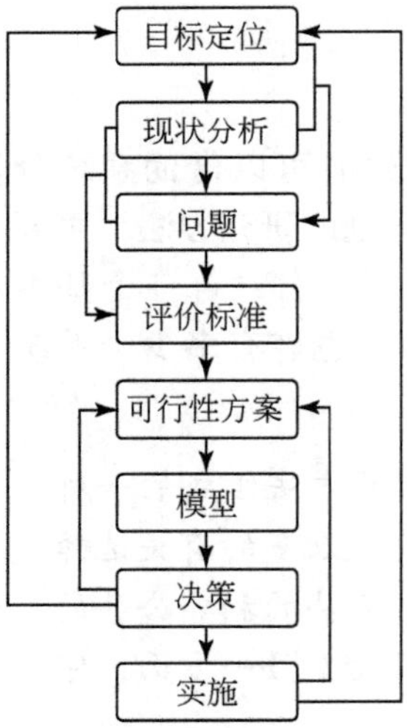

　　接下来概要地介绍系统分析的框架（图4-4）。系统分析可以分为如下几个步骤。

　　第一步，目标定位。基于对象和环境分析提出初步的目标或者目标体系。

　　第二步，现状分析。这一步是要明确系统发展的优势条件和约束条件。通过全面的现状分析阐明系统业已具备的优势，同时彻底揭示系统演化的约束条件，特别是"链条的薄弱环节"。任何系统的优化或者系统目标的实现都是在一定约束条件下进行的，离开约束条件讨论目标和方案都没有意义。

图4-4　系统分析的
反馈-调整流程示意图

　　第三步，明确问题。问题就是系统现状（目前状态）与目标（期望状态）的差距，解决问题就是在约束条件的限定下，尽可能缩小乃至消除现状与目标的差距（Forrester，1968，1969；苏懋康，1988）。

　　第四步，确定准则。根据系统目标、现状分析结果以及存在的问题确定方案的评价标准。在准则确定方面，成本 – 效益分析是最基本的分析方法之一。

第五步，提出方案。针对问题提出解决问题的可行性方案。所谓可行性，就是没有受到任何"木桶短板"的严格限制。

第六步，建立模型。要对方案进行评价，就不能单纯依靠定性分析，而是应定性 – 定量方法相结合。对复杂的方案进行评估，必须借助模型分析和基于模型的模拟实验分析。

第七步，决策，即方案选择。这是一个系统优化过程，即采用一定的分析指标，借助模型和评价标准进行判断，将一系列可行性方案进行排序，从中遴选出最佳方案。如果找不到令人满意的方案，需要返回到第五步，重新制定方案；必要时返回到第一步，调整目标定位。

第八步，实施。执行决策的结果，必要时根据实施情况对方案进行微调。当然，并非所有的问题都可以开展反馈 – 调整工作。因此，前面的每一步工作务必仔细，尽可能避免差错。

如今，系统分析学已经成为一门学科，研究如何确定预期的目标以及实现这种目标的最有效的方法或程序。用于系统分析的具体方法和模型很多，包括层次分析法（AHP 法）、线性规划（LP）、优势 – 劣势 – 机遇 – 挑战（SWOT）分析等。AHP 法包括目标、准则（评价标准）、可行性方案三种要素，并将三种要素布置于不同的层面展开定性 – 定量相结合的分析。LP 包括目标、约束条件、可行性方案三种基本要素，并且暗含成本 – 效益分析的标准。详细、深入的调研是开展 LP 分析的基本前提。SWOT 分析可以作为系统分析的一个小小环节，主要是用于系统的目标和现状分析，并为可行性方案的提出奠定基础。在地理文献中，AHP 法、LP 法、SWOT 法都经常见诸报道。目前看来，地理研究中的系统分析主要还是一种应用分析。不过，系统分析的思维方式同样可以用于地理理论研究（陈彦光，2008b）。

## 4.3.3 广义系统分析及其简明案例

上面从系统工程学的角度讲述了系统分析的特点、概念和一般过程。其实，只要是运用系统思想和整体性概念的分析方法，都可以视为广义系统分析的范畴。其中典型的方法之一是结构 – 功能分析。不妨借助一个简明的案例说明结构 – 功能分析的应用方法①。

---

① 该案例为笔者根据 2006 年 9 月 2 日和 3 日中央电视台第 10 套节目"走向科学"栏目的演播内容整理而得。

　　1991 年，古生物学界发现了有史以来最完整的恐龙骨骼化石之一，外号叫做大艾尔（Big Al）。这是生活在侏罗纪时期的尚未成年的一只异特龙留下的遗物。在大艾尔的葬身地附近，发现了大量的恐龙骨骼化石。在 14 500 万年后，经整理的大艾尔骨骼出现在美国怀俄明（Wyoming）州的地理博物馆里。科学家们发现，大艾尔的骨骼显示出生前受伤的痕迹：有的肋骨折断，有的趾骨受损。于是古生物学家试图推断这头恐龙的死亡原因。

　　为了解释大艾尔如何死亡，首先必须搞清楚恐龙生前的行为特征。例如，对食物是否具有选择性；又如，是否能够长时间的奔跑；如此等等。但是，如今恐龙已经绝迹，无法通过观察活恐龙进行判断。那么，只能利用系统分析的黑箱（blackbox）原理，基于系统的结构 – 功能关系，间接地进行比较和推测了。

　　目前，与恐龙最为接近的动物有两种，一是鸟类，二是鳄鱼。那么，恐龙的行为究竟与哪一类动物更为相似呢？有必要从大脑结构和心脏结构两个方面比较恐龙与鸟、鳄的异同（表 4-6）。首先要比较大脑的结构，因为大脑的结构决定动物的行为特征（结构决定功能）。实验表明，鸟类对食物有选择性，而鳄鱼没有，鳄鱼会盲目地袭取一个橡胶制作的恐龙模具。大艾尔没有留下大脑内部结构的化石，但从颅骨结构特征可以判断大脑的形状，从葡萄牙发掘的另外一些恐龙化石也提供了旁证。比较发现，恐龙的大脑形状与短尾鳄很相似，与鸟类不相似。由此可以判断，恐龙对食物也没有选择性。

表 4-6　恐龙与鸟类和鳄鱼的大脑和心脏结构的比较

| 比较项目 | 比较动物 | | 功能 – 行为特征 |
| --- | --- | --- | --- |
| | 鸟类 | 短尾鳄 | |
| 大脑形状 | 不相似 | 相似 | 对食物没有选择性，盲目攻击 |
| 心脏构造 | 相似 | 不相似 | 恐龙心脏供血充足，可以较长时期奔跑，鳄鱼不行 |

注：根据 2006 年 9 月 2 日和 3 日中央电视台第 10 套节目 "走向科学" 栏目内容整理

　　就心脏结构而言，鳄鱼因为心脏供血不足，不能长期奔跑，只能进行短促出击。恐龙的情况如何呢？借助在葡萄牙发现的恐龙心脏化石的 CT 扫描图片与短尾鳄的心脏扫描结果的比较发现，恐龙的心脏结构与鳄鱼的心脏构型不同，而与能够充分供血的动物的心脏形状相似。由此可以判断，恐龙心脏有能力充分供血，因此可以长期奔跑。

　　通过上面的比较，可以解释一系列问题。例如，为什么在大艾尔的埋骨地附近的一个泥沼里，有那么多恐龙先后死亡在一起——一只因喝水陷入泥潭的恐龙吸引了一只只恐龙前来猎食，于是也先后被困死在那里。大艾尔可能因为通过冷眼旁观发现了问题而没有陷入泥沼。初步推断表明，大艾尔的死亡可能是由于童年时代部分骨骼受损，在接近成年时因为盲目求偶再次受伤，最后因为无法正常猎食而死于非命。

当然，上述研究结论并不重要，有趣的是研究过程，这个过程同时包含有逻辑思维和系统思想等，对读者进一步理解科学研究的分析方法具有启发意义。在这个案例中，比较、类比、结构－功能关系等方法有机结合，综合运用，形成了相对完整的探索过程。

## 4.3.4 简单系统与复杂系统

一般系统理论的继续发展和新近体现是复杂性理论（Batty，2000）。简单说来，复杂性科学是研究复杂系统的理论。那么，何谓复杂系统呢？不同学者对复杂系统有不同的定义。从方法论的角度来看，凡是不能用还原法进行有效研究的系统，都是复杂系统（Gallagher and Appenzeller，1999）。经典物理学研究的系统大都是简单系统，这类系统可以通过部分的行为解释其整体的行为和特性。地理学研究的系统从来就不是简单系统，因为任何一个地理系统，无论是自然系统还是人文系统，都不可以通过还原论的方法来进行有效分析。河流和地貌形态是复杂系统（Rodríguez- Iturbe and Rinaldo，2001；Turcotte，1997；Werner，1999），城市和区域更是复杂系统（Allen，1997；Albeverio et al.，2008；Wilson，2000）。

为了说明地理系统的复杂性特征，不妨从几个基本的方面对比简单系统与复杂系统（表4-7）。

表 4-7 简单系统与复杂系统的简单对比

| 系统特征 | 简单系统 | 复杂系统 |
| --- | --- | --- |
| 要素关系 | 线性 | 非线性 |
| 系统结构 | 良性，机理清楚 | 不良，机理不明 |
| 关键方法 | 静态结构描述 | 动力学分析 |
| 问题解答 | 有最优解 | 没有最优解，只有满意解 |
| 研究方法 | 可还原 | 不可还原 |
| 求解工具 | 解析解 | 模拟解 |
| 规律特征 | 对称（普适） | 对称破坏（不普适） |

第一个方面，线性与非线性。简单系统的要素关系是线性关系，具有可叠加性，整体等于部分之和；复杂系统的要素关系是非线性关系，不满足可叠加性，整体不等于部分之和。复杂系统不能借助简单的比例关系定量地表示其结构特征，复杂系统的刻画需要采用动力学分析工具。

第二个方面，良性与不良结构。在复杂性理论产生以前，系统分析学家往往将系统分为良性结构系统和不良结构系统两大类别。良性结构系统机理明显，可以采用比较明确的数学模型进行描述，而且借助现成的定量方法可以分析出系统的行为特征或寻找到解决问题的最佳方案。与此相反，不良结构系统机理不明确，难以运用数学模型有效描述，只能用半定量、半定性的方法，有时只能用定性的方法来处理问题，甚至要凭借人的直觉来判断、来解决问题。今天看来，良性结构系统包括线性系统、结构简单的非线性系统以及特殊的、可以线性化的非线性系统，它们都可以归结为简单系统一类。不良结构系统则全部属于非线性系统。经典物理学研究的主要是良性结构系统，而地理系统基本上都属于不良结构系统。

第三个方面，静态与动态，或者说结构与动力学。简单系统的描述重在结构分析，复杂系统的研究则重在动力学分析。这种区别也是一般系统论与复杂性理论的差异所在。Batty（2000）指出："一般系统论的当今体现是复杂性理论。但是，较之于系统论，复杂性理论发生了巨大的变化。在系统的内在驱动分析方面，动力学显然变得比结构更为重要，而且，从周期到灾变再到混沌变化，非均衡性已经变成了'常态'模式，系统通常以这种模式运行。尽管系统可以采用静态的方法'描述'，但系统的静态'解释'思想如今似乎没有太大意义。"

第四个方面，有无最优解。对于系统结构优化问题，简单系统有最优解；复杂系统往往没有最优解，只有满意解。

第五个方面，可还原与不可还原。由于简单系统的要素关系是线性的，或者可以近似为线性关系，因此系统整体可以分解为部分，然后将部分分析结果叠加起来还原出整体的特征。可是，复杂系统的要素关系是非线性关系，不可以通过逐步化简的方法解析系统结构，如果强行将系统整体分解为各个部分，通过部分分析的结论也无法借助加和的方式正确地给出整体的信息。

第六个方面，可解析与不可解析。对于简单的良性结构系统，可以建立适当的数学模型并求解析解；对于复杂的不良结构系统，很难建立适当的数学模型，即便建模成功也不能求解析解，目前只能借助计算机模拟实验求模拟解。

第七个方面，对称与不对称。对于科学理论而言，模型的普适性及其参数的恒常性就是对称性，否则就是不对称或者对称破坏。简单系统的规律是对称的，这类系统的规律可以用唯一最佳的数学模型刻画，不存在多种模型同时并用的现象。这叫做宏观对称。而且，模型的参数是恒定的，可以视为常数，这叫做微观对称。可是，复杂系统不一样，模型不是唯一的，在不同的时空条件下可以采用不同的模型进行描述，这是宏观不对称。而且，模型的参数不是恒定的，而是随着时空条件而改变，这叫做微观不对称（陈彦光，2008a；陈彦光，2009b）。

对称性的本质是守恒律，有守恒就有对称，从而有规律的普适性。传统的方法论有三大支柱：牛顿 – 莱布尼兹（Newton-Leibniz）的微积分原理，达朗贝尔（Jean Le Rond d'Alembert，1717—1783）的线性叠加原理和赫尔姆霍茨（Hermann Ludwig Ferdinand von Helmholtz，1821—1894）的守恒原理（何博传，1989）。微积分原理和线性叠加原理的本质都是还原原理，守恒原理则暗示着系统的对称性质（Lee，1988）。可是，基于上述原理的方法论仅仅适用于简单系统。对于复杂系统，我们需要复杂的理论、复杂的世界观，以及复杂的方法论。

## 4.4　简单与复杂

### 4.4.1　超脱还原论：从简单到复杂

科学的起源是人类对自然界和人类社会内在规律的好奇与求知。早期的智者在思考和探索宇宙万物本质的时候，未曾想到分出形形色色、五花八门的各种学科。学术研究的分科是由于人类的眼界、精力和认识能力的局限所致。德国杰出的物理学家普朗克（Max Karl Ernst Ludwig Planck，1858—1947）曾经指出，科学是内在的整体，它被分解为不同学科开展分门别类的研究是由于人类认识能力有局限（白光润，1995）。地理学的发展有两种起源：一是天文 – 地理学，二是历史 – 地理学（陈彦光，2008c；唐晓峰，2009）。地理学不仅与天文学和历史学存在渊源关系，甚至与早期的物理学也没有截然的界限。德国近代杰出地理学者瓦伦纽斯（Bernhard Varenius）于 1650 年出版的拉丁文《地学通论》（Geographia Generalis），在 1672 年由著名英国科学家牛顿（Sir Isaac Newton，1642—1727）进行改版，1734 年才译成英文并将书名改为《一般地理学的综合体系——解释地理学的特征和性质》（Philo et al.，1998）。该著作的基本构架受古希腊托勒密数学地理学思想支配，目标在于从天文学的视角"解释地球的性质和特征"。

但是，地理学最后与天文学、历史学都分道扬镳了。不仅如此，从地理学中陆续分离出众多的学科，其中一些学科如今成为与地理学并肩甚至影响比地理学更大的学科。科学在日益发展的同时，也在暴露人类认识的局限，暴露现有世界观和方法论不足以支持人类正确认识世界并解决令人类困惑的种种问题的局限。

长期以来，人类以简单的方式认识复杂的世界并处理复杂的问题。当我们破坏山林、开垦农田、增加一些农业收入的时候，我们也破坏了生态平衡、影响了气候调节、激发了山体滑坡、泥石流等自然灾害，从长远看破坏了更多的农业用地以至人类生存的基础。当我们在一条江河上建筑大坝的时候，我们津津乐道于人类高超的建筑技术，大肆宣传发电、防洪、灌溉和水产养殖等方面的功能与成就。可是，当时很少有人想到，在水坝提供廉价的能源的时候，却妨碍了廉价的水上运输（如中国长江三峡大坝、葛洲坝）；在水坝近期防洪的时候，却造成了远期更为可怕的水患（如 1975 年驻马店的板桥水库、石漫滩等 26 座大中型水库"连锁"垮坝）；在水库发展廉价水产养殖的时候，却破坏了更为重要的水下生物资源［如埃及尼罗河阿斯旺水坝（Aswan Dam）］；在水库提供有限时空的农业灌溉用水的时候，却因为泥沙淤积、抬高水位而造成了更大面积土地的沼泽化和盐碱化（如中国黄河三门峡大坝、埃及阿斯旺水坝）……当我们踌躇满志、自以为征服了自然而高唱胜利凯歌的时候，我们沮丧地发现，最终我们还是被自然征服！

一言以蔽之，我们在用基于可还原的理论研究不可还原的问题，我们在以线性的方式处理非线性的系统，我们在用规则的几何图式规划不规则的空间系统。不仅仅是地理学，所有的学科都如此；不仅仅是西方人，中国人也不例外。然而人类终于认识到了科学方法论的局限，复杂性科学正在孕育和发展过程之中。1999 年，美国的《科学》（*Science*）杂志出版了一个关于复杂系统和复杂性的论文专辑，目的是突破学科界线，探索复杂系统的方法论基础。两位组织者 Gallagher 和 Appenzeller（1999）以"超脱还原论"（*Beyond Reductionism*）为题发表社论，文章一开始就引用英国著名科学家卢瑟福爵士（Lord Rutherford）的名言"所有的学科，要么是物理学，要么就是集邮"，然后他们强调：

> "如果说我们中有一些，但也很少有人同意如下观点：所有真正的科学难题可以归结为物理学问题。然而，上述引文以勇敢（或许有些极端）的方式关注一个难以解决但却非常现实的问题：不同的科学领域如何相互联系。"

如前所述，当前科学研究中的主导方法论是还原论，还原论也就是简化论。可是，还原论的缺陷也在日益变得明显，主要的问题表现在两个方面。其一是信息超载（information overload）。人们常说"科学家对越来越少的东西了解得越来越多"（know more and more about less and less），这不无道理；至少，分支学科的分支学科的分支学科（sub-sub-subdisciplines）的专门化正在创造信息流通的障碍。其二是过度简化（oversimplification）。这从"基因解释（gene for）综合征"可以看出，人们用"智力基因"（gene for intelligence）解释人类智商，用"性别偏好基因"（gene for sexual preference）解释人类择偶现象，如此等等。这样，对人类某种特性有贡献的基因被用于专门解释人类的该种特性（Gallagher and Appenzeller，1999）。最能反映过度简化问题的，也许是后面将要说明的、模型建设过程中的所谓"球形鸡综合征"（spherical chicken syndrome）（Kaye，1989）。

从某种意义上讲，今天生物学的基因决定论类似于早年地理学领域的环境决定论。地理环境影响人类行为，我们可以找到很多客观的、不容否认的证据支持这种论点。正因为如此，地理学者一度患上了"环境解释综合征"，用地理环境解释社会的行为、经济的增长、民族的兴衰，以及诸如此类的现象。其实，地理环境影响人类行为的观点本质无误。问题在于，地理学者受还原论思维的支配，将复杂的问题简单化了。他们试图在自然环境和人类行为两个集合之间建立自然与人文要素一一映射的简单关系，从而将不可还原的人地非线性关系简化为可还原的线性关系，以致出现一些荒谬的、无法自圆其说的结论。

简单与复杂的标准是什么？不同学者有不同的认识。有人建议采用可还原性作为分界：如果一个系统的性质不能完全通过理解其组成部分来进行解释，这个系统就是复杂系统（Gallagher and Appenzeller，1999）。简而言之，如果一个系统可以借助还原论方法进行研究，那就是简单系统；否则，就是复杂系统了。现实世界可以还原的系统是非常有限的，大部分系统的研究是近似还原或者被迫还原。于是就不可避免地产生错误、荒谬的见解。每一个科学分支领域都有谬种流传，没有人发现好的解决办法。这又回到本节开头的讨论，问题的关键在于人类认识论的局限、方法论的不足。

很多人认识到了还原论的不足，认识到了分析方法的局限，但研究复杂系统的范式尚未形成。一个可行的过渡方案或许是，不同学科的学者放弃成见和偏见，共同交流，协作发展，以期给出复杂世界的一个"全象"图景（Albeverio et al.，2008；Gallagher and Appenzeller，1999）。

## 4.4.2 走向复杂性：地理研究的必由途径

在各门学科中，数学被认为是自然科学的王后，物理学则被认为是自然科学的贵族（Waldrop，1992）。物理学的基本方法论就是还原论。物质被分解为各种各样的原子，原子被分解为强子（包括重子和介子）、轻子（包括电子、渺子、陶子等）、传播子等亚原子粒子，亚原子粒子又被分解为夸克、反夸克、胶子等。于是人们的认识从微观世界进入了渺观世界。然而，这种划分可能是没完没了、永无穷尽的，所谓"一尺之棰，日取其半，万世不竭"。但这种不断分解的还原式方法对我们认识宇宙万物的本质真的必要而且有效吗？可以想见，还原论终将走到尽头，而我们对世界的认识效率并不一定随物理学家对物质的进一步分解而持续提高。

对于发达的学科，其研究对象至少有一部分在一定程度上是可以还原的。对于地理系统，我们找不到真正可以还原的领域。城市系统和区域系统是复杂系统（Albeverio et al.，2008；Allen，1997；Portugali，2006；Wilson，2000），简单的还原论方法行之无效。以城市系统为例，多学科交叉研究是一种新的趋势（Albeverio et al.，2008）。复杂现象的研究需要与之适应的方法，这类方法对于地理学的发展意义尤其重大。

科学界的一个共识就是，整个西方科学有两大基础：一是实证道路（基于系统受控实验），二是数学语言（数据整理、假设建模、逻辑推理、数学变换等）。科学研究从描述开始——首先描述系统如何运行，然后才理解为什么这样运行（Gordon，2005）。数学是精确描述的工具，数学描述是理解系统机制的开端。地理学不是实验科学，而是一门经验科学。在这种情况下数学工具就显得更为重要。如果不采用数学方法，地理学只能走"例外主义"的道路。正是这个例外主义的道路，几乎葬送了美国地理学。20 世纪 50～70 年代的"计量革命"是地理学努力摆脱例外主义影响的一次运动。然而，继地理学"计量革命"后的地理学"理论革命"却不了了之，原因有多种，方法的简单性是关键因素之一。

其他学科对数学的传统应用都是基于简单思维的：规则的几何图式，平滑曲线表示的动力学过程，可叠加的系统建构，正态型的误差分布（表现为对称的钟形曲线），如此等等。诺贝尔奖获得者 Lederman 在一本科普著作中曾讲到一个"球形鸡"笑话："如果一个物理学家着手研究一只鸡，他必须首先给出如下假定：这只鸡的形状为球形。"（Lederman and Teresi，1993）这个笑话在西方工程师之间流传甚广（Morris，1997）。正如生物学家常常感染"基因解释综合征"一样，物理学家常常染上"球形鸡综合征"（Kaye，1989）。"球形鸡综合征"是分析方法的简化症，简化的目的不仅是建模，更多地是为了还原和分析。

既然科学研究从描述开始，将鸡近似为球形，就可以借助微积分进行数学描述。他们可以估算球内的热能扩散，从而分析其生长演变的动力学。虽然将球形用于生物体不合适，但物理学家研究的很多现象的确可以用欧氏几何形态进行近似处理。不过，地理学就没有这么幸运了。如果我们将一个城市近似为一个半圆球，那就比"球形鸡"更为糟糕。

我们知道，各门学科常用的数学工具主要是高等数学，包括数学分析、线性代数以及概率论和统计学。可是，传统的数学分析（主要是微积分）是基于欧氏几何学发展起来的，而地理现象不规则，不能用欧氏几何学描述；传统的代数学是基于线性叠加原理的，而地理过程却到处是非线性，不能用线性方法有效处理；传统的概率论和统计分析主要基于有特征尺度分布（正态分布、泊松分布等），而地理现象主要服从无特征尺度分布（Pareto 分布、Zipf 分布、Mandebrot 分布等），不能用常规的概率论和统计学整理数据（表4-8）。所谓有特征尺度分布，就是中庸型分布：两个极端很少，中间型居多（如人类身高、交通路线）。所谓无特征尺度分布，就是极端型分布：一个极端很少，绝大部分分布于另外一个极端（如人类收入、城市规模等）。

**表 4-8 高等数学的内容、特征及其在地理研究中的局限**

| 高等数学（老三高） | 基础 | 特征 | 地理系统 |
| --- | --- | --- | --- |
| 微积分 | 欧氏几何学 | 平滑、连续 | 分形几何学 |
| 线性代数 | 线性叠加原理 | 可还原、可加和 | 非线性，不可叠加 |
| 概率论和统计学 | 正态分布和 Markov 过程 | 有特征尺度 | 无特征尺度 |

注：高等数学分为所谓"老三高"和"新三高"。"老三高"包括微积分、线性代数、概率论和统计学，"新三高"包括泛函分析、抽象代数和拓扑学

由于上述三个方面的性质不一致，科学理论建设最重要的数学方法——常规的高等数学在地理学中很难发挥作用。这些数学方法虽然研究对象不同，但它们有一个共同的特性，那就是可加和性。微分就是无穷分解，积分就是无穷累加；线性代数主要用到线性叠加；概率论的基础分布——正态分布在性质上具有可叠加性。它们都是基于可还原原理的，因此可以分析。这些特征与地理系统的性质相互矛盾。不过，目前已经出现转机：由于分形几何学（fractal geometry）的兴起以及非线性理论的发展，第一和第二两个问题正在逐步得以解决。但是，基于无特征尺度分布的概率论和统计学尚未发展起来。由此判断，定量方法在地理学中的用途将会大为突出，因为三套"枷锁"目前已经解除了一半，还有一半的定量方法难题有待于数学界的继续努力。

对于复杂性，人们有各种不同的理解，其中之一就是，复杂性的本质就是非线性（郝柏林，2004；李后强和艾南山，1996）。分形几何学则被认为是探索非线性或复杂性的有效工具之一（Albeverio et al.，2008；Frankhauer，1998）。由于多种有效工具的出现，复杂性科学的分支领域——空间复杂性也在地理学界逐步发展起来（Batty，2005；陈彦光，2008a）。

上述讨论也许会导致某种误解，以为研究复杂性或者复杂系统需要采用复杂的方法。其实，方法的运用，既不是越简单越好，也不是越复杂越好，关键是适

可而止、恰到好处。为了研究一个系统，需要描述，需要建模。有时刻画复杂现象的模型出奇的简单。在讨论社会经济系统中的位序－规模现象时，Krugman（1996）曾经感叹：

> "关于经济学理论的通常抱怨是我们的模型过于简化——它们给出的是有关复杂、纷乱现实的过度整洁的图景。可是，有时情况完全相反：我们拥有复杂、纷乱的模型，而现实却是惊人的整洁和简单。"

事实的真相是，在复杂的人文系统如城市体系中，存在着一种简单的结构，那就是标度关系（scaling relation）或尺度关联。城市位序－规模分布正是服从这样一种标度关系。找到了这样的关系，复杂系统的描述就会变得非常简单。

要理解简单与复杂的关系，必须了解"突现"概念，这个概念在复杂性研究中十分重要，在地理分析中似乎尤其重要。Batty（2000）指出：

> "在某种意义上，复杂性理论研究具有突现结构的一类系统。突现性质显然是城市、经济和生态系统的特征，在这些系统中，新、奇的要素在其结构中演化。"

人类思维超越还原论的目标能否实现，关键或许在于突现研究的突破性进展。

### 4.4.3 突现：打破简单与复杂的边界

如前所述，复杂理论是一般系统论的继续发展，该理论是对简单还原论的另外一次反动。一般系统论的重要观点表现为整体性公理。

> "然而，尽管这种观点在当时具有革命性，但同时也引起争议。采用整体性观点并不能保证我们能够解释'部分'（parts）如何合成'整体'（wholes）。诚然，在一般系统论最为活跃的 20 世纪 60 年代，众多定义不明的自然和社会学科沉浸于讨论这种思想如何地符合逻辑，但几乎没有一门学科在解释部分构成整体方面取得进展。"（Batty，2000）

如果不能解释部分与整体的关系，以及部分如何通过相互作用形成整体的结构，就不能突破从而超越还原论。

复杂理论关心的并非是复杂本身，而更多的是复杂与简单的关系，局部与整体的关系，微观与宏观的关系，有序与无序的关系……复杂性研究最感兴趣的问题之一就是，微观层面复杂的、无序的行为如何在宏观层面形成简单的规则和有序的图式，宏观层面的简单规则又是如何支配微观层面的复杂行为的（Bossomaier and Green，1998）。协同学理论早就发现，自组织演化系统的各个部分之间互相协作，导致整个系统形成一些微观个体层面不存在的新的结构和特征（Haken，1986）。以城市为例，我们无法用买者、卖者、管理机构、街道、桥梁和建筑物的变化及其相互作用解释城市的动态模式（Holland，1995）。在这种情况下，系统不具备还原性。

本书第 9 章将专门讨论微观与宏观的关系。要理解局部与整体、微观与宏观的关系，从而理解不可还原系统的本质，有必要了解复杂理论的"突现"概念。

突现对我们理解复杂地理系统具有深刻意义（陈彦光，2008a）。突现，也有学者翻译为"涌现"，其基本含义在于：当系统微观层次经过大量的相互作用之后，会在宏观层面出现一种微观层面所不具备的新的性质、结构和图式。分形、混沌吸引子、对称破坏、局域化，如此等等，都是复杂系统演化过程中"突现"出来的结构或图式（Anderson，1991，1992；郝柏林，2004）。Holland（1998）在其关于"突现"的著作中借助一些日常事例讲述了突现现象，例如一粒种子如何发育成为一棵美丽的葡萄藤。有人将突现的本质解释为"由小生大、由简入繁"，这只是一种表面的理解。突现的关键在于"无中生有"，而不仅仅是大小之别。说葡萄藤与葡萄种子的区别在于大小繁简不同可能没有抓住要领。的确，Holland（1998）所谓的"much coming from little"之类，从字面看来理解为"由小生大"没有什么不妥。问题在于，当系统发育到某个阶段，就会发生 Anderson（1972）所谓的"增加一点就不同（more is different）"的变化。所谓"无中生有"，不是说葡萄藤从虚无中诞生，而是强调葡萄藤具有葡萄种子所不具备的复杂性质和功能（如开花结果）。我们的哲学家可能立即会说，突现就是"从量变到质变"，这我们早就知道。问题在于，科学与哲学不同，哲学上知其然可以不必知其所以然，而科学必须考察其中的演化机制。况且突现过程的"质变"具有一个时间尺度，这是哲学思想所无法代替的。

在某种意义上，突现原理是整体性原理的发展。突现概念强调两个方面：一是整体大于部分之和，二是整体具备部分之和没有的新奇性质（Batty，2000）。突现意味着阈值、相变、无中生有的性质，有"跳过龙门鱼化龙"的味道；突现意味着一种隔离机制，强调高低不同、上下有别。当低级层面的要素通过大量的相互作用而在高级层面形成一个新的景观和秩序的时候，低级层面的要素作用不再能够解释高级层面的景观和秩序。因此，人们无法借助还原论的方法将系统分解成各个部分进行解释（图 4-5）。复杂系统之所以复杂，突现过程的隔离机制是重要原因之一。我们不可以将一个生物还原为一堆原子，然后用原子物理学的理论解释生物的各种奇妙行为。同样，我们不能将城市体系还原为城市人口中的男女老少，然后借助个体行为解释城市系统的空间图式。城市系统中有大量的突现行为和现象，最重要的包括分形景观、位序 – 规模分布、微观层面的对称破缺和宏观层面的对称，如此等等。可以想见，不了解突现机制，企图借助微观层面的人的社会经济行为解释宏观系统规律，有点像缘木求鱼。

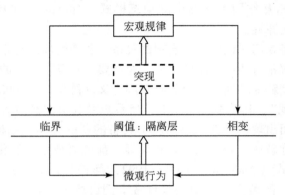

图 4-5　系统不同层面的隔离与突现

资料来源：陈彦光，2008a

在复杂性研究中，一种重要的方法就是粗视化（或译"粗粒化"）。由于突现机制，复杂系统不可以还原，这为我们研究空间复杂性带来了麻烦。但是，凡事有利就有弊，有特短者必有特长。突现的隔离机制暗示我们可以借助粗视化的方法处理复杂城市系统，而不必考虑微观层面的各种个体行为。所谓粗视化，就是在高层次处理问题的时候，有意忽略低层次的各种细节，而这种细节的忽略不会影响结果的有效性，反而事半功倍，甚至使得不可能的研究工作成为可能。牛顿在建立万有引力理论的时候，将整个地球视为一个质点，其本质就是一种粗视化。对于城市之类没有特征尺度的系统，粗视化方法就尤其重要而且有效。在研究城市体系的分形图式的时候，我们只需要将各个城市视为一个个的单粒，无需考虑城市总体内部的个体活动。至于微观层面的个体行为，仅仅以某种模型参数的形式反映出来。这样处理十分方便，没有这种便利的方式，不可能建立城市系统的宏观模型。

# 4.5　小　　结

还原论是传统科学方法论的基础，它在科学发展过程中长期占据支配地位。还原论的盛行在于它在许多领域的许多情况下行之有效。然而，近年来，由于信息超载和过度简化等原因，还原论的潜力发挥似乎已经走到了尽头。与还原论相对立的方法论是整体论。20 世纪至今，科学界先后两次出现了整体论的思潮：一是一般系统论的发展和整体性原理的流行，二是复杂性科学的兴起和突现思想的发展。今天我们知道，还原论主要用于解决简单系统的问题。复杂系统是不可还原的系统，还原论的方法无法有效解决复杂系统问题。

地理系统主要是复杂系统，地理研究中很少遇到简单的系统问题。在这种情况下，还原论的地理学应用受到很大的局限。地理学的"计量革命"时期，由于一般系统论的影响和系统方法的引进，地理界首次出现对还原论的反动；20世纪和 21 世纪之交，由于复杂性科学的影响以及非线性分析方法的引入，地理界再次出现对还原论的反动。地理学方法论将何去何从，整体论的思想能否在地理研究中占据主导地位，目前难以断言。可以明确的是，整体论思维将会改进地理研究方法，推动地理学的进一步发展。

为了更好地理解地理学还原论与整体论的关系，有必要理解线性与非线性的关系、局部与整体的关系、内部与外部的关系、局域性与长程作用的关系、系统分析方法以及复杂性的一些基本概念。第一，线性系统具有可加和性，整体等于部分之和；非线性系统不具备可加和性，整体不等于部分之和。第二，不可加和的系统，不具备可还原性，从而还原论的应用行之无效；只有可加和系统，才能真正采用还原论的方法。第三，如果系统的部分仅仅影响相邻的部分，则其具有局域性；否则，系统具有长程作用。局域性与长程作用的关系涉及 Tobler（1970）的地理学第一定律。第四，系统的一个部分联系着另外一个部分，系统的内部要素联系着环境因素，任何一个系统的内部演化与外部条件都存在或隐或显的关系。这种关系涉及 Tobler（2004）的地理学第二定律。

由于系统整体性思想的引入，地理学方法论一度向整体论靠拢。但是，一般系统论的方法存在一些明显的局限，它能解释整体大于部分之和，但不能解释为什么整体不同于部分之和。复杂性科学是对一般系统论的发展，但二者存在明显的差异。一般系统论偏重于静态的结构分析，而复杂性理论则强调动态的动力学分析。突现是复杂性科学的基本概念之一，这个概念涉及局部与整体的关系、量变与质变的关系、微观行为与宏观秩序的关系，如此等等。突现研究可望揭示为什么复杂系统不可以采用还原论的方法，以及如何有效分析复杂系统的动力学机制。因此，对地理学方法论探讨而言，有必要关注突现原理的来龙去脉和研究进展。由于复杂性理论的崛起，地理学的空间复杂性研究也在逐步发展壮大。探索空间复杂性，将是地理学任重而道远的课题之一。

# 第 5 章　主观与客观

主观是指人的意识、思想与认识等；客观是指人的意识之外的物质世界或认识对象。辩证唯物主义认为，主观与客观是对立统一的关系。客观不依赖主观独立存在，客观决定主观，主观能动地反映客观和反作用于客观，对客观事物的发展起促进或阻碍作用。

主观和客观是地理研究暨地理学方法论研究的一对重要范畴。本章在阐述地理研究中的主观与客观的基础上，主要探讨地理学方法论研究中的主观与客观，从主观和客观范畴中抽取最重要和最具代表性的两个层面——整体科学（哲学）和价值观，然后分析科学发展的特征和趋势、科学方法论演进历程及其对地理学方法论的影响，并阐述价值判断与地理学方法论的关系，最后归纳总结主、客观范畴结合的地理学方法论的含义。

## 5.1　地理研究与地理学方法论研究中的主观与客观

### 5.1.1　地理研究中的主观与客观

在地理研究中，主观是指地理学者的地理学科意识、思想、认识与研究方法等；客观是指地理学者意识之外的地理现象、地理要素及其发展规律。客观的地理现象、地理要素及其发展规律不依赖主观的地理学者的意识而独立存在，并决定了地理学科的地理知识及其认识基础。

地理学者对于客观地理现象、地理要素及其发展规律的认识，经历了漫长的发现与探索过程，在现代科学产生之前，许多主观的地理意识、思想与认识，与客观的地理现象、地理要素及其发展规律不完全相符，甚至完全不符。如与客观的地球球体完全不符的"天圆地方"说，在大航海时代之前的古代地理学时期，曾长期错误地统治着人们对客观地球的认识。又如对雷鸣、电闪、龙卷风等客观天气现象，古代中外都出现过主观错误的认识，甚至衍生出古典文学中的拟人形象。

地理学者在发现、认识和研究地理现象、地理要素及其发展规律之后，可以能动地反作用于地理现象与地理要素，并在一定的范围内，能够利用、调节和控制地理发展规律。如当主观的地理探险与地理研究真正发现并认识了客观的大海洋流与大气环流现象后，人类的远洋航行与国际航空飞行就充分地利用了大海洋流与大气环流，既节能低耗，又平稳快速。又如当主观的地理观察与地理研究真正发现并认识了客观的大江大河上游水力资源、中游水利汛情与下游冲积扇的发展规律后，人们即能动地在大江大河上游建坝、中游筑堤、下游围垦，进行水能发电、水汛调节和控制，以及滩涂垦殖。当然，这些人类利用、调节和控制地理发展规律的主观能动的反作用行为，是有利于还是会阻碍客观地理发展规律，在不同的地理区域与不同的社会发展时期，会产生不尽相同的结果。

地理学思想方法论研究的根本目的，就是要使主观的地理研究成果能够真正揭示客观的地理现象、地理要素及其发展规律，并使利用、调节和控制地理发展规律的主观能动反作用行为，能够有利于客观地理发展规律。

## 5.1.2　地理学方法论研究中的主观与客观

作为科学体系的一个门类的地理学，它的理论和方法论发展不可避免地受到整体科学和哲学发展的影响。地理学被视为一门空间科学而有别于其他学科的主张，源自哲学家康德（Hartshorne，1958）。原苏联著名地理学者阿努钦（1994）在回顾地理学思想史后总结道："在任何时候，任何国家的地理学理论都是这样或那样地与哲学相联系。地理学的理论概念都反映出某些哲学家的观点，而哲学家也广泛利用地理资料来论证自己的观点。"从第二次世界大战后地理学发展的历史来看，哲学和其他学科对地理学的影响，以及地理学对它们的影响也越来越趋于频繁和强烈，这使以往横亘在地理学和哲学以及其他学科之间的那道泾渭分明的界线变得越来越模糊。然而，作为专业化的一门学科，地理学又有其特有的传统和优势，美国地理学者威廉·帕特森曾归纳了地理学的四个传统，即空间分析、地域研究、人地关系、地球科学（Pattison，1964）；著名地理学者布劳特认为还存在地图学、行为地理学两个传统（Blaut，1979）。这些传统和优势是由不同国家、不同时期的地理学者不断奠基、继承和发扬的，所谓"地理学就是地理学者干的事情"（约翰斯顿，1999a），这似乎意味着职业素养的严格要求使得地理学显著区别于其他学科。

地理学与其他学科的界线到底应该严格保持还是有所放宽？讨论这一问题对当下的我国地理学界来说尤为重要。相比较而言，西方地理学界对地理学与其他学科之间的界限问题并不像我国这样强调，其人文地理学与社会科学的交叉融合程度和接受哲学与社会思潮的强度远高于我国。这可能是因为第二次世界大战后的国外人文地理学划归在社会科学里，而我国的人文地理学与自然地理学一样都

77

归于理科。也许从整体科学或哲学发展的角度出发，才能更好地回答这一问题。但这又使地理学者面临两难抉择：如果只努力提升到哲学层面，可能会陷入"脱离实际"或"抽象空洞"；如果只关照具体地理学命题及实际问题，则可能流于"井蛙观天"或"长于事实，短于理论"。在哲学与地理学所构成的天平的两端，地理学者必须小心翼翼地维持某种平衡。地理学方法论也许就是这种平衡的产物。

在影响地理学方法论演进的诸要素中，地理学者和哲学（或科学哲学）无疑是最为关键的两个。我们将地理学者的价值判断、目的等方面归为主观范畴；而哲学或科学哲学，因其相对地"外在于"地理学，也就是相对地理学这个设定的"主体"而言，它是一个客体，所以我们将其归为客观范畴。其中，能不能和应不应该引入价值判断，是主观与客观问题的焦点（这一问题本身就是一个价值判断！）。

## 5.2  科学方法论演变及其对地理学方法论的影响

### 5.2.1  科学发展的特征和趋势：专业化和交叉化并行

#### 1. 科学研究的专业化特征

某种意义上，科学是发现新的研究对象，并随着它的研究对象的变化而不断演进的事业。从科学史的角度看，科学发展的时代特征非常明显。亚里士多德是整体科学体系的构建者，而牛顿和爱因斯坦则是科学的一个门类——自然科学的一个分支——物理学的建设者。这当然不是因为后者的智力和才能不及前者，而是科学发展越来越趋向专业化的要求使然。马克斯·韦伯（Max Weber）早在20世纪初期就指出："科学已经进入一个先前所不知道的专业化阶段，并且这种情形将永远保持下去。不仅外在的而且内在的事情都站在这样一个基点上：即个人只有在他是一位非常严谨的专家的场合，才能在科学领域获得某种关于真正完满的东西的确定认识……一种真正确定和卓越的成就，在今天总是专业化的结果。"（韦伯，1987）对这种专业化思想指导下形成的学科体系划分的重要意义，把自然科学和社会科学作为一个整体的最后集大成者——康德，作出了这样的阐述：

> "科学进步中最重要的一点正在于，把各自不同的原则相互分离出
> 来，把每条原则纳入一个特殊的体系，使它们构成自己这一门科学，由
> 此而防止由混杂所产生的不确定性，因为我们可能会分辨不清，在这两

类原则中，局限性的方面以及在运用这些原则时所可能产生的混淆性方面应当归咎于哪一类原则。"（康德，2003）

从当代科学发展的历史和趋势来看，康德和韦伯对专业化学术分工的阐述具有准确的预见性。作为一种特殊劳动分工形式的学科或学术分工，必将随着科学和社会生活的复杂演化而趋于精细化。

## 2. 专业化的主要弊病及地理学者的反思

毫无疑问，专业化现在仍然主导着，并在很大程度上决定着科学发展的进程。但专业化是一把双刃剑，它不但在学术上产生了"纵"向分割和"横"向分割的不良倾向，即历史研究与现代研究的割裂、各学科及其门类之间的割裂，而且也伴生着狭隘的科学观和排斥效应。哈维（1990）在他的那篇经典论文中充分揭示了这一问题：

"面对外部的压力和内部的混乱，地理学在最近的年代已趋于分化，企图以其各部分更为狭窄的专业化来挽救自己。然而，它在这个方向上越是取得成功，其方法越是投合铁板一块的、教条的实证主义，其各个部分越是容易被吸收进某些同性质的分析性学科（自然地理学者进入地质学，区位论者投奔经济学，空间选择论者靠拢心理学，等等）。这样，地理学者们失去了他们作为知识的空间方面的综合者而存在的理由。同时，他们越是变得专业化，他们离构建大众地理知识的过程越远。"

由专业化形成的学科界限遭到了社会环境变化和"问题指向性"研究的双重挑战，促使学者们不断反思。就连以数学模型见长的著名经济（地理）学家克鲁格曼（Paul Krugman）（2000）也开始内省：

"（新经济地理学）在一定程度上深受一种诱惑之害，即集中关注最容易建模的东西，而不是在实践中最有用的东西。"

诺贝尔经济学奖得主冈纳·缪尔达尔（Gunnar Myrdal）（1992）则指出：

"没有纯粹的'经济'问题，只有问题；所以，'经济'和'非经济'因素充其量是人为的……唯一值得区分的——并且唯一能在逻辑上完全站得住脚的——是贴切和较不贴切的因素之分，其分界线将随着所研究的环境特征而变化。"

如果把"经济"换成"地理"，那么这段话可能对于地理学也同样适用和富有启示性。

经历了类似的反思和实践活动之后，基于研究对象在现实世界中的不可分性，大多数人逐渐认识到进行跨学科交叉研究的重要性。地理学者们开始强调"科学研究正在成为一个跨学科的事业"（Barnes，2001），并倾向于认为"知识与社会生活完全是从同一块现实之布裁剪出来的"（Scott，2000）。因为，"学科之间的界限很难划分清楚，被研究的现实世界是由相互关联的一个总体组成，而不是一些分离的部分。把知识分解为各种学科是人为的，而且在某种程度上是武断的，其目的在于把某些显然可研究的论题从其他论题中分离出来，尽管前者事实上并非独立于后者"（约翰斯顿，2000）。顾朝林和陈璐（2004）认为这种学科内部的专门化和哲学上的多元化是20世纪70年代后世界人文地理学发展的两个主要趋势，陆大道（2005）也强调"应该提倡学科之间的交叉，交叉和融合是发展学科的重要途径"。

专业化趋势不断加强，但现实问题和研究对象在实质上不可分，这两个原因促使科学事业成为行驶在交叉化与专业化的双轨上的列车。实际上，专业化的要求并没有阻止人们从"问题"出发，因而淡化和跨越学科界限寻找普遍真理的努力。强调专业化的韦伯和康德，同时却是横跨几大领域的巨人。这个事实本身说明交叉化也是与专业化并行不悖的另一趋势。在地理学上，具有深厚哲学素养的赫特纳（1983）早就指出：

> "没有一种科学是孤立发展起来的，而都是基于思想的普遍进步和别的科学的进步而发展的。但是，在地理学上，这种依附关系尤为显著，因为它的一切部分都必须依靠有关的系统的科学，并需要它们作辅助科学。知识的一切巨大进步，即使那些相去很远的知识的进步，也都促进了地理学，并导致它向前进步。"①

## 5.2.2 科学方法论的嬗变及其对地理学的影响

### 1. 科学方法论：从范式、研究纲领到多元主义

近50年来，科学哲学理论或科学方法论主要经历了从范式、研究纲领到多

---

① 需要注意的是，其他科学与地理学发展之间的关系是相互的。所以，紧接着这段话，赫特纳（1983）也指出了地理学发展对整体科学和世界观的影响并批评了其他学科忽视地理学导致的片面性："另一方面，地理学的进步，也有利于其他各种科学和一般的世界观，而且，若不是其他诸科学——尤其是关于历史和关于人类的诸科学——时常还拘守着某种片面性，并且过少意识到它们的地理基础，一定还能做出更多的事情。就是人类与宗教和道德的关系，随着关于大地知识的增进，也产生了变化。"

元主义的转变。它们对整体科学和哲学（包括地理学）的发展产生了很大的影响。

20 世纪 60 年代，托马斯·库恩（Thomas Kuhn）在《科学革命的结构》及一系列相关论著中提出的范式（paradigm）概念与理论很快风靡科学和哲学领域。库恩（2004）把范式定义为"公认的科学成就，在一段时间里为实践共同体提供典型的问题和解答"，由不同范式之间竞争而发生的科学革命则使"常规科学传统发生了变化，科学家对环境的直觉必须重新训练——在一些熟悉的情况中他必须学习去看一种新的格式塔。这样做之后，他所探究的世界似乎各处都会与他以前所居住的世界彼此间不可通约了"。凭借范式、科学革命、不可通约性等核心概念和格式塔的比喻，并辅之以科学史的事例，库恩建构的理论对科学发展给出了一个总括性的解释架构，因而成为"20 世纪科学哲学的转折点，开创了科学哲学的新时代"（金吾伦，2004）。

20 世纪 70 年代初，英国哲学家伊姆雷·拉卡托斯（Imre Lakatos）在批判库恩"非理性主义"（如库恩强调科学家的心理转换，比如格式塔的比喻）的基础上，提出了"研究纲领"（research programs）的概念。拉卡托斯沿用了库恩的科学革命思想，但抛弃了范式概念，而采用"研究纲领"进行替代，他认为"伟大的科学成就是可以根据进步的和退化的问题转化加以评价的研究纲领，科学革命在于一个研究纲领取代（在进步中超过）另一个研究纲领……纲领由一些方法论规则构成……一切科学研究纲领都在其'硬核'上有明显区别……我们必须阐明和发明'辅助假说'（作为硬核的）保护带"（拉卡托斯，2005）。从其概念和主张来看，拉卡托斯是对库恩理论的继承和发扬。

相比库恩和拉卡托斯对科学进步的正统解释，美国著名科学哲学家保罗·费耶阿本德（又译为法伊尔阿本德，Paul Feyerabend）的科学方法论是具有颠覆性的。费耶阿本德是实证主义和唯理主义科学方法论的主要批判者，他提出的"怎么都行"（anything goes）的方法论原则首先建立在他对科学的批判性认识之上，即认为"科学并不是神圣的……科学是人类已经发展起来的众多思想形态的一种，但并不一定是最好的一种……科学是最新、最富有侵略性、最教条的宗教机构"；同时，他直陈他所认为的科学的本质和科学方法论准则是，"科学是一种本质上属于无政府主义的事业……理论上的无政府主义更符合人本主义，也更能鼓励进步……唯一不禁止进步的原则便是'怎么都行'"；此外，他强调科学与国家的分离是"达至人本精神的唯一机会"（费耶阿本德，2007）。在之后的论著中，费耶阿本德继续发展他的这种方法，并在批判理性论和实在论的基础上，形成了一种他独特的相对主义论调（也就是主张理性和实践并不是互相独立，而是相互作用的），他认为，实在论所假定的"客观世界"只是特定的概念框架意义上的"客观";他期望并主张一种科学与其他意识形态平等竞争的、"所有传统都有平等的权利、平等的接受教育和接近其他权力位置的机会的"自由社会（费耶阿本德，2005）。这种更富批判性的、开放、灵活地看待科学的思想和方法论，以及人本主义目的论的指向，反映出科学方法论已经由单一的理论图式走向多元主义。

库恩、拉卡托斯和费耶阿本德的理论也遭到一些批评，比如查尔默斯认为库恩的范式概念界定不清楚，拉卡托斯的研究纲领过于宽泛，而费耶阿本德的理论则有一种个人自由主义乌托邦的倾向（查尔默斯，2007）；他还指出，"科学知识的生产总是在一定的社会环境中进行，在这一环境中，科学生产的目的是与具有不同目的的其他实践相互关联"（查尔默斯，2007）。这实际上引出了科学社会学这一重要学派。

### 2. 科学社会学的主要观点

20 世纪 40 年代以后，科学哲学发展的另一大特征就是科学社会学的崛起。科学社会学理论家强调科学也是一种社会活动，有其社会、文化和制度背景。与科学哲学偏重于宏观的科学史分析方法相比，科学社会学理论侧重于考察科学活动的制度和社会文化结构。科学社会学的奠基者默顿（Robert Merton）将科学的制度化，以及宗教和政治、军事、经济活动对科学的影响列为科学社会学的核心议题，并通过历史方法论证了作为一种"社会制度"的科学的形成过程（默顿，2003）。贝尔纳（John Bernal）将科学本身视为研究对象，从科学的发展历史与作用角度论述了科学的社会性质与功能（贝尔纳，1982）。

以巴里·巴恩斯（Barry Barnes）为代表的爱丁堡学派将科学社会学推向"相对主义"和怀疑论，也就是认为科学知识受社会文化的强烈影响，"社会因素导致了学术传统的资源在不同时期有不同的应用方式"，不同的文化群体接受不同的自然信念，所以普遍性的科学方法和评价标准是不可能的，科学评价是相对的；同时，由于"知识是通过模型和隐喻的发展和扩展而增长的"，而它们"必然总是以经过协商的约定和共享的范例为基础的"，所以，"永远得不到能证实某个特定的认识论或本体论最终正确的论据"（巴恩斯，2001）。其后，巴里·巴恩斯、大卫·布鲁尔和约翰·亨利进一步强调了科学知识的社会文化属性，并发展出一种"有限论"的思想，认为概念的前期应用不能决定其后继应用，使用概念具有社会偶然性（比如受使用者的目的、利益、惯例和传统、新的背景条件等影响）（巴恩斯等，2004）。以马尔凯（Michael Mulkay）为代表的学者不但强调了科学知识是特定社会背景下人类活动的特定产物这一观点，而且从科学的社会学分析形式，主要是话语分析（discourse analysis）入手，主张事实和虚构都与语言符号紧密相关，并力图创造一种新的文本分析形式来解释科学知识的复杂面貌（马尔凯，2001，2007）。在著名哲学家和社会学家皮埃尔·布尔迪厄（Pierre Bourdieu）看来，科学社会学"要让从事科学工作的人们更好地理解社会运作机制对科学实践的导向作用，从而使自己不仅成为'自然'的'主人和拥有者'（这是古老的笛卡儿式的希冀），而且还要成为从中产生自然知识的社会世界的'主人和拥有者'（当然，这不是轻而易举之事）"（布尔迪厄，2006）。

总体而言，科学社会学家批判了传统的将科学知识视为对自然的客观反映的观点，强调了特定的制度和社会文化背景、科学知识的修辞与语言对科学的影响，使科学知识社会学（sociology of scientific knowledge，简称 SSK）成为一个重要的学派。除此之外，科学政治学、科学心理学、科学道德学、科学认识论等作为科学哲学的分支，也从不同角度反映出人们对科学的认识已经进入一个多样化的时代。

## 5.2.3 科学方法论演进对地理学方法论的影响

整体的科学方法论主要针对自然科学领域，而且其实例也多来源于自然科学史；科学社会学则更多涉及社会科学领域。地理学受到了它们两者的强烈影响，西方地理学者也非常关注科学哲学的这种动向。

科学社会学理论为地理学，尤其是人文地理学提供了有力的解释工具。在地理学思想史的研究上，克拉瓦尔（2007）将库恩、费耶阿本德等为代表的科学思想史研究置于其《地理学思想史》一书的"绪论"一章，并运用科学社会学理论，指出知识进步的非直线性和知识演化的理性与非理性共存的特征促使人们重新思考和认识知识产生及应用的背景、制度、社会结构、权力以及科学与非科学的关系等，而这些问题也是现代地理学密切关注的主题。利文斯顿（Livingstone，2003）也强调了社会和学术环境对地理学传统与主题的影响，他对思想史进行回顾后的总结是：

"我的全部论点就是地理学传统像一个物种一样，随着它适应不同的社会和学术环境而演化。地理学从一开始就对不同时空的人意味着不同的事情。它运用不同的词汇以适应不同的目的——从魔术和神学到科学和艺术。这些话语有时水火不容，有时又相辅相成。关于它们的交流有时认可许多地理学者，有时又仅限特定群体参与其中。重要的是在讲述地理学者属于哪一种传统时，每种方法都需要识别这些不同的话语运用它们的术语时的完整性。否则，由那些只为了自己学派利益的辩护士垄断甚至把持话语权，地理学的历史和未来将处于被奴役的状态。"

在自然地理学中，格里高利认为第二次世界大战以后越来越多的自然地理学者开始密切关注科学哲学，并将其应用于自然地理学中（Gregory，2000）。地貌学家海瑟·威尔斯（Heather Viles）论述了科学哲学和科学社会学理论对自然地理研究的巨大影响，认为地理学处于自然、物理和社会科学之间，而人地关系是联结不同学科知识的一个主题（Viles，2003）。

经济地理学者特雷弗·巴恩斯（Trevor Barnes）将科学社会学理论直接应用于地理学研究。他不仅将默顿的制度主义和科学知识社会学理论引入经济地理学学科史的考察，指出地方文化和社会背景塑造了经济地理学，使它并非是一个确定和必然的体系，而且还提出了经济地理学产生于它的学科话语（discourse）复杂的实践过程的观点（Barnes，2000，2001）。尽管巴恩斯在这两篇文章中并未引用马尔凯的论著，但是他引用了默顿等其他科学社会学学者的理论，他的核心概念与马尔凯的话语分析概念也是非常相似的。在反思中国经济地理学发展历程时，刘卫东和陆大道认为中国独特的社会经济环境（诸如意识形态和政治、制度环境和改革、传统文化、经济发展阶段）和国外影响共同塑造了中国经济地理学的独特发展道路（Liu and Lu，2002；刘卫东和陆大道，2004）。我国地理学者应用科学社会学理论来分析地理学史和中国地理学发展的还非常少见。借鉴科学社会学理论研究中国地理学发展的特征和道路，将是一个值得期待的方法论研究方向。

科学方法论与地理学理论和方法论之间也存在着直接或间接的联系。哈维在其地理学方法论巨著——《地理学中的解释》中多次引用库恩的范式理论，并强调地理学史研究完全可以参照库恩的概念框架（Harvey，1969）。范式和研究纲领的理论被许多地理学者热烈讨论，同时被作为重要词条收入约翰斯顿（Ron Johnston）编的《人文地理学词典》（约翰斯顿，1999b）。英国著名地理学者乔利（Richard Chorley）和哈格特（Peter Haggett）将范式与地理学联系起来，哈格特根据范式的含义将地理学表述为一个三维结构的信息矩阵范式（data matrix paradigm）：空间维（区域地理学）、时间维（历史地理学）、系统维（系统地理学）（Haggett et al.，1977）。在中国，白光润（1995）批评了"地理学哲学的贫困"状况，对实证主义地理学和现代地理学进行了哲学反思，并初步论述了科学方法论（主要从系统科学角度）与地理学实际结合的问题；蔡运龙（1996，2000a）将范式引入自然地理学和人地关系研究中，探讨了自然资源学学科范式构建以及人地关系范式演变的过程；中国台湾地理学者周素卿（2002）介绍了西方人文地理学受科学哲学发展影响的要点，并引述利文斯顿的观点强调了社会文化环境对理解地理学传统的重要意义。

费耶阿本德对科学主义的批判和对人本主义的目的论诉求在地理学中也有积极的响应。这方面，最值得注意的是人文主义地理学。在段义孚看来，人文主义对"科学主义"持批判态度，但并不否定和抛弃科学；人文主义地理学者能敏锐地认识到那些束缚人类自由的东西，揭示那些被科学家忽视的情感、价值观、心理等因素与科学知识和规则的实质关系，而且将对自身的省察放到科学研究的核心和目的的地位（Tuan，1976；段义孚，2006）。虽然人文主义地理学的哲学根源是现象学和存在主义哲学，我们也并不确定段义孚等是否注意到了费耶阿本德"怎么都行"的方法论主张，但是两种思潮都产生在 20 世纪 70 年代，它们在对科学主义的批判、人文精神的推崇、主张研究方法的多元化方面，有着异曲同工之妙。这也反映出，科学、哲学与地理学之间的联系不但应该予以热切关注，而且应该有意识地、主动地进行交流和互补。费耶阿本德和段义孚对价值观、意识形态作用的共同强调，也引出了方法论中价值判断和目的这一主观范畴的关键问题。

综合整体科学方法论发展对地理学方法论的影响来看，专业化和交叉化并行的整体科学发展特征，以及科学哲学理论发展多元化的趋势强烈影响了地理学方法论。交叉化的倾向使第二次世界大战以后的地理学频繁地向其他学科借鉴理论和吸取方法，从而在范围上拓展了地理学方法论。科学哲学理论从范式、研究纲领向多元主义演替的路径使地理学方法论也经历了从单一范式向多元主义发展的过程。科学社会学理论的发展使地理学者深切认识到了制度、社会文化背景和语言修辞对地理学的强烈影响。

## 5.3 价值判断与地理学方法论

从主观范畴看，研究者的价值判断和目的能不能、应不应该"中立"于研究对象呢？这个问题是包括地理学在内的科学方法论讨论的焦点。

### 5.3.1 社会科学方法论与价值判断

#### 1. 社会学方法论与价值判断

在社会科学方法论方面，对价值判断与方法论关系的讨论最具代表性的观点是韦伯提出的"价值中立"原则。韦伯认为，"无论何时科学工作者引进个人的价值判断，那么对事实的完整理解就停止了"（韦伯，1998）；但是，韦伯本人似乎也并没有完全遵守这个原则，其对资本主义动力的解释是"新教伦理"，其实就是新教徒价值观形成的文化决定了资本主义的发展（韦伯，2007），这无疑渗透了他强烈的价值判断成分（虽然是逻辑严谨的）。另一位与韦伯齐名的法国社会学家埃米尔·迪尔凯姆（Emile Durkheim，又译为涂尔干、杜尔克姆等）在对待价值观与方法论问题上，基本上持与韦伯相同的观点。比如，迪尔凯姆（1999）认为：

> "所谓客观，也就是所有社会现象都是事物，社会学研究它们，首先要把它们当做客观存在的事物来对待。……社会学者研究事物时，应该摆脱个人成见的束缚，力求原原本本地认识事物，进行完全客观的分析；……如果学者掺杂个人感情去研究事物，无论是根据事物的效用还是根据其他推理，都难免要出偏差。……要准确地理解它（社会事实），非用客观的试验方法不可。"

这反映了第二次世界大战以前，在社会学领域里，社会学家受实证主义的强烈影响，从而使其研究方法尽量地靠拢自然科学，以追求"客观性"的历史。

从第二次世界大战后社会学方法论的发展来看，最具代表性和影响力的是安东尼·吉登斯（Anthony Giddens）将社会学视为一门批判科学的方法论主张。吉登斯批判了迪尔凯姆等保持"社会事实"客观性的方法论，认为

> "社会学不可能是一种中性的知识活动，它不能不关心其分析对其研究对象可能产生的实际影响"，"社会学不能只是一种纯粹的学术研究……社会科学所讨论的不是僵化的客观世界"（吉登斯，2007）；"社会科学中的理论不得不多少以理论所探讨的行动者业已保持的观念（尽管他们不一定在话语层次上阐述它们）为基础。……构建批判理论并不是某种选择；社会科学中的理论和结论很容易对实践活动（和政治生活）产生影响，而不论社会观察者或政策制定者是否决定将其'用于'某个特定的实际问题"（吉登斯，1998）。

这实际上肯定了将价值判断用于社会科学研究，从而使其成为一门批判科学并与实践紧密联系的方法论主张。

**2. 经济学方法论与价值判断**

在经济学中，以价值观为核心的伦理道德与经济理性之间的关系一直是方法论争论的核心论题。这一问题的根源在于"斯密问题"，它指的是古典经济学的

创始人亚当·斯密（2002）在《国富论》里指出个人自利的理性行为会形成整个社会的福利和有序，但在《道德情操论》（斯密，1997）中，他却认为人的同情心（也就是利他）是社会发展的基础。这似乎形成一个矛盾。那么，人的本性到底是自利还是利他？更进一步，社会发展是由个体的利己行为还是由利他的同情心驱动的？显然，斯密的立场是这两种特征都是人的本性，而且相对而言，斯密的主旨似乎更倾向于对道德情操的强调。

在（政治）经济学中，明确且较为系统地讨论价值判断与方法论的关系并产生了深远影响的是约翰·内维尔·凯恩斯［John Neville Keynes，著名经济学家约翰·梅纳德·凯恩斯（John Maynard Keynes，1883—1946）的父亲］的著作《政治经济学的范围与方法》。在该书中，凯恩斯将经济学区分为实证、规范和手段三个层面①，实证经济学家认为"政治经济学之所以是一门科学，是因为它在方法上是抽象的和演绎的；在范围上是实证的，而不是伦理的或应用性的……在竞争性社会体制中，政治经济学被认为是立场中立的（standing neutral）。它可以对一定行为的可能的后果作出说明，但它自身不提供道德判断，或者不宣称什么是应该的，什么是不应该的"（凯恩斯，2001）；而规范科学，则"可以被定义为关于判别事物是否具有可取性（what ought to be）的标准的系统化知识门类，它关注人的理想，而与实际状况无关"；手段是"实现给定目标的一个规则系统"，其目标是"产生准则"（凯恩斯，2001）。虽然凯恩斯给出了实证和规范研究方法的分类，而且也意识到"就算认为在经济研究中把实证方法与伦理的和现实的方法剥离开来在逻辑上是可能的，但不能认为这样的剥离既令人满意，又天衣无缝……（经济学研究中）伦理的考虑自然有其一席之地"（凯恩斯，2001），但是他还是倾向于实证主义经济学独立性，也就是将价值判断与实证对象或"事实"分离开来。自此之后，实证经济学成为主流的研究范式，在逻辑实证主义哲学大行其道之时，实证主义经济学方法论更是占据了绝对的主导地位。如马克·布劳格（1990）虽然较细致地讨论了经济学方法论与价值判断的关系，但还是支持"价值中立"的实证主义立场。与此同时，虽然不成主流，但是一些著名经济学家非常注重价值判断与研究的关系。比如缪尔达尔（1991）指出研究的客观性不能通过排除价值观念来确保，因为社会问题必定是由价值观念决定的；不存在"无偏见的"社会科学；他甚至认为"价值观念和我们在一起，即使把它们打入地下，它们仍然指导我们的工作"。这种看法对地理学，至少对人文地理学很有启示和借鉴意义。

87

---

① 根据凯恩斯在其后的解释来看，这里的"手段"可以理解成方法论，而"实证"和"规范"似乎对应于本体论和认识论两个层面。

20世纪80年代之后，受多元主义科学哲学和科学社会学理论的影响，经济学方法论研究开始趋向多样化。在对波普尔哲学的重新评价和批判的基础上，结构主义（constructivism）、修辞和话语分析等在方法论中也开始占有一席之地，涌现了对经济学方法论发展新趋势进行探讨的热潮（布劳格，2000）。从经济学发展历程来看，哲学思潮对经济学方法论演变有巨大的影响。现今的趋于多元演化的经济学方法论趋势，实际上反映并体现了多元哲学思潮背后的不同价值观。因此，如果我们再回到古典经济学的创始人斯密的视角，就可以更加深切地体会到价值判断与经济事实（或现象）实际上是一枚硬币的两面且都不可偏废的含义。

## 5.3.2 地理学方法论中的价值判断

### 1. 地理学方法论研究与价值判断紧密联系的例证

在地理学上，论证目的和价值观对研究对象影响的最具代表性的著作无疑是克拉伦斯·格拉肯（Clarence Glacken）的《罗德岛岸边的足迹》。在关于古代到18世纪末西方自然与文化关系的漫长而严谨的思想史研究中，他得出了人类的目的自始至终影响和塑造着自然的结论，也就是"抱有目的和追求秩序是自然概念最显著的特点"（Glacken，1967），从而历史地论证了作为地理学者研究对象的自然，实际上与研究者的价值观和目的不可分割的观点。正如唐晓峰（2010）所指出的，"地理学不仅仅要描述世界，还要论证世界，而对于世界的论证，永远是站在人们为自己选择确立的思想、信仰、价值观的立场上进行的"。

美国地理学者约翰·哈特也强调了价值观研究在地理学中的重要性。他认为了解不同人的价值观及其行为是了解区域的必要途径；价值体系因人而异，因群体而异，因区域而异，比如郊区与内城居民的价值观不同等；没有人能决定一种价值观比另一种好，所以我们必须尊重不同的价值观，区域地理学则通过帮助学生认识和理解不同地域的不同人的真实状况而对教育作出重要贡献；美国文化地理学者在处理价值观的方法上缺乏想象力，只关注那些"穿名牌的人"（有闲阶级），而忽视了出生地、社会阶级地位和其他细节的重要性；区域的价值观中最细致和重要的一个部分是人对地方的感情，区域地理学者必须敏感地捕捉和把握这种变化，并尝试理解驱动一个区域的人行动的价值观（Hart，1982a）。

除了学术研究本身的要求引发的变化，现实的巨大变化和压力也使价值观与地理学关系的命题变得愈发重要。由于社会和人口、资源与环境问题的复杂演变和严峻态势，使得以价值观为核心的伦理与地理学关系的讨论和研究开始展开，并形成了一些学派（学科），如伦理地理学（Smith，2001）、环境伦理学（贾丁斯，2002；郑度和蔡运龙，2007）等。这些分支理论的发展足以说明人们对这一问题已经开始重视。

另外一个例子就是作为地理学重要概念的"景观"（landscape），它从始至终也不是"客观"的。从词源上讲，"景观"最初起源于德语 landschap，后来被landschaft 一词替代，原本被画家用来表示乡间景色或风景画（斯佩丁，2008），这个解释点出了景观概念的美学和自然实质，实际上表明了个人感情、鉴赏力以及价值判断对景观的决定作用。20 世纪 20 年代，地理学者索尔（Carl Sauer）在其关于景观的著名论文中，将景观定义为通过不同的自然和文化联系而形成的区域（Sauer，1925）。因为起源时的美学实质和演变中的文化塑造成分，已经使景观不仅是一种"客观的"视域对象，而且反映更多的意识活动，并且有情感和其他因素叠加其上。因此，70 年代时，历史地理学者迈尼希（Donald Meinig）从多个角度透视景观概念，指出景观问题的核心在于"任何景观不仅反映眼中所见，而且反映心中所想……景观应该从更广的视角，从一般的语言角度去分析……对那些将景观看做镜子或事实的人们来说，它既反映了我们的价值观又影响了我们的生活质量"（Meinig，1979）。由此可见，价值判断是地理学中"景观"概念的实质之一。

以上例子表明价值观对地理学的影响不仅是通过一种个体价值判断的方式，而且形成一种社会文化。对于前者，有地理学者认为，"主观性是理解我们和我们的知识立场是什么的根据。所有地理学都有某个主观性概念假定，甚至'客观的'空间科学也依赖一种主观性理论，并以之作为'客观'知识的基础。但是，不同的主观性理论引发不同的地理叙事（反之亦如此）。……主观性理论已经使地理学者重新思考认识论、方法论、理论与表现策略（representational strategy）"（Pratt，2009）。唐晓峰（2007）也指出主观条件和文化价值观对社会的影响是当代西方人文地理学思想活动的两个核心点。文化地理学者迈克·克朗（2005）认为，"科学知识不是'被发现的'，事实不是揭露出来的，相反它是构建的。科学、艺术、地区信仰体系都能产生对世界的不同认识。认为哪个有根据是一个政治问题：它授予用那种方式看待世界的群体以特权，同时贬低了其他群体论点的价值"。对于社会文化在塑造地理学的过程中起着极其重要的作用这一点，理查德·皮特（2007）曾尖锐地指出：

> "学术实践群体在一个复杂的政治反应过程中，塑造或重新塑造他们的学科，而这个政治反应针对的是外部的社会压力，是争夺地位、权力、金钱的内部竞争，是对学科界限的斗争和满足于周围的群体，以及对真理几乎无私的追求等等。这些群体制造出了专门的、由规范的陈述

构成的话语，制定出了规则，这些规则确定了应该服从谁，确定了在何种程度上、什么可以被视为真实和合理而被接受。在这个过程中，对本体论意义上存在的社会结构也好，对认识论意义上的理论的真理性甚至充分性也好，都不存在诸如中立性评价之类的东西——只有政治本体论和政治认识论。"

## 2. 价值判断与地理学方法论演变紧密联系的趋势

第二次世界大战后西方地理学的发展历程和趋向也表明价值判断不但是不能回避的重要问题与命题，而且已经成为理论和方法论革新的重要基础与凭借。这方面，以"计量革命"后，人文主义地理学、行为地理学、马克思主义地理学、"制度与文化转向"以及后现代思潮的不断勃兴与更替为突出特征。"计量革命"派所持的实证主义哲学和方法论立场，使其尽可能地排斥与否定人的主观价值判断和意识形态的作用，以至于走向"科学主义"的极端，如该学派的始作俑者舍费尔将地理研究中的直觉、情感和独特性等视为"科学方法"的大敌，进行激烈的批判（Schaefer，1953）。但是事实上，这种极端的"科学主义"的地理学方法论，一方面因其忽视和无视个体意识与价值判断的重大作用，遭到了人文主义地理学者的批判，因而产生了人文主义地理学（Tuan，1976；段义孚，2006）；另一方面，它无视社会、政治和经济结构及其与地理学的关系，使其不足以解释和应对当时日益严重的现实问题，所以，一部分地理学者转向并诉诸马克思主义理论，通过研究资本主义制度和意识形态与城市、贫困、经济及社会危机等问题之间的关系，阐释资本主义政治、经济社会和文化结构变化的空间效应与结果，因而产生了"激进地理学"和"马克思主义地理学"（Blaut，1979；叶超和蔡运龙，2010b）。

值得注意的是，激进派产生于实证主义地理学阵营内部。如果说哈维由一个实证主义的集大成者转向马克思主义地理学者（Harvey，1985，1988），主要是价值判断影响地理学理论发展的体现，那么，"计量革命"的又一个代表人物邦奇在20世纪60年代末发起的"底特律地理学考察队"（Detroit geographical expedition）运动，则在实践上将地理学者的价值判断、意识形态和社会问题紧密结合起来。邦奇主张地理学者应当成为他们所研究地区的人，应当发现人民需要什么研究，并针对这些问题进行研究，应该和当地居民一起制定规划，而不是给他们作规划；基于此，"底特律地理学考察队"响应黑人社区的要求，就社区的种族隔离、城市扩展等问题进行了深入的实地调查并撰写了研究报告，还开展了对当地人员进行技能培训等社会活动，产生了广泛的社会影响（Horvath，1971；

皮特，2007）。通过这个典型事例，我们可以看到，在外部批判和内部自省的夹击之下，计量化脱离或无视现实世界及其变化的痼疾凸显，导致这一弊病的根本原因正在于它割裂了价值判断与地理学方法论之间的必然联系。

### 5.3.3　对待价值判断与地理学方法论关系的态度和原则

伪装的价值中立遭到了越来越多的地理学者的批判。克朗（2005）宣称：

> "作为地理学者，站在什么立场上来研究问题是非常重要的。那种虚假的中立立场再也不合时宜了。"

哈维也提出了基于科学诚实和非中立性的双重方法论原则建构历史 – 地理唯物主义的纲领（Harvey，1984）。虽然"价值中立"不可能，但是对于具体如何看待和研究价值观与地理学方法论的关系，仍然缺乏定论。

虽然价值观与方法论之间的关系需要深入探讨，但也面临诸多困难。在一篇讨论新经济地理学方法论的文章中，经济地理学者杨伟聪（Henry Yeung）不但认为伦理是新经济地理学方法论讨论不能绕过的问题，而且提出了一个耐人寻味的方法论命题：地理学者在社会活动中的不同身份（如普通社会成员、独立学者、公民等）对他的研究有怎样的影响呢？（Yeung，2003）这一问题的答案并不唯一。比如，身份以及所属行业的不同会形成不同的研究偏好和价值取向。经济地理学者高登·克拉克（Gordon Clark）曾比较了经济学家和经济地理学者，认为前者关注抽象的事实（stylized facts），而后者关注经济生活的多样性；而其中存在着所谓的客观性与主观性的争议（Clark，1998）。提克尔、谢泼德和佩克（Adam Tickell，Eric Sheppard，Jamie Peck）等所编的《经济地理学中的政治与实践》（*Politics and Practice in Economic Geography*）一书则以经济地理学的方法论与实践为主题，集中了不同层面和主题的方法论观点。编者们认为方法论的选择实际上是政治的、个人的和偶然的，而这些特点在学者接受学术训练前就已根深蒂固，因此他们认为没有也不应该有经济地理学"方法论的一致性"（methodological consensus），并主张多元主义和竞争性的经济地理学方法论（Tickell et al.，2007）。这种方法论立场实际上源自多种价值观和意识形态并存的社会现实。尽管价值观与地理学方法论之间关系的讨论是困难的，达成一致的意见更为困难或不可能，但是这些发展状况已经充分说明，地理学者的价值观和目的往往暗含在对"客观"对象的研究中，并且是起着异乎寻常作用的主要变量。

像在其他社会科学方法论中一样，地理学方法论中的价值判断是非常重要

91

的，不可能也不应该排除和"中立"于研究者与研究对象之间。但是，这并不意味着价值观可以被随心所欲地纳入学术研究中。我们提出在处理价值观与方法论研究关系时应秉以下态度和原则：审慎和逻辑严整性。其中，审慎的态度意味着不轻率地提出和泛化地界定价值观与价值判断所起的作用，而应该根据价值观对研究对象的影响程度和研究者对此种关系的认识程度提出有针对性的、尽可能具体的议题。逻辑严整性原则意味着对价值判断与研究对象之间的关系进行严格地、完整地证明或论述，对地理学还意味着联系地理现象和实例进行价值观影响的深入分析；否则，就容易陷入个人感情的偏见或言不及义。在地理学方法论讨论和研究中，当价值判断是以审慎的态度、可行的方法以及较为确证的事实为依托而体现时，就不仅会很有说服力，而且对解决实际问题大有帮助。

### 5.3.4 研究的目的论

科学发展日趋交叉化和多元化，不但影响、制约并塑造着我们的认识，而且对认识的进一步扩展和深化也提出了要求。如果把研究视为一个展现新认识的过程，那么，在规定并考察研究对象时，跳出固有的思维和研究定式的限制与制约，实现从强调学科界限到强调从问题本身出发的转变就变得重要和必然。学科界限会因而变得模糊，但正是由于此，新的思想和方法才得以出现。它最重要的意义在于，人不但借此更清楚地认识了研究对象，而且通过这一认识过程回到和达到了对自身，也就是"人"的真正认识。后者甚至比前者更重要。

价值判断在方法论研究中作用的日益彰显，使这种对自我的重新认识成为地理学研究中最重要和最贴近本质的要求。反映在研究目的上，我们提倡回到一种科学与人本相结合的优秀传统。正如这个传统的代表人物，哲学家同时也是地理学者的康德（2005）（可惜赫特纳、哈特向等地理学者只关注了他的地理学思想，而忽视了他对科学和人的本质的研究）所指出的：

"在人用来形成他的学问的文化中，一切进步都有一个目标，即把这些得到的知识和技能用于人世间；但在他能够把它们用于其间的那些对象中，最重要的对象是人：因为人是他自己的最终目的。"

所以，对于那些意图把握事物本质的求知者，康德（2003）谆谆告诫：

"事物的本性是这样造成的：它除了被规定与所予的条件之下就永远不能以别的方式获得某种理解。因此，形而上学的物体学说既不能停留于有条件者那里，又不能理解无条件者。当它激励求知者去把握一切条件的绝对整体时，在它那里剩下来要做的没有别的，只有从对象那里

回复到自身，不是为了研究和规定事物的最后边界，而是为了研究和规
定自己固有的、自己所凭借能力的最后边界。"

通过对主观层面的分析，我们可以得出如下结论：研究者不可能摆脱他的价
值判断，价值判断也不可能"中立"于研究对象；在处理价值判断与研究对象
之间的关系时，研究者要持有审慎的态度和逻辑严整性的原则。在科学研究的目
的论上，研究者最终应该具有一种人本主义的"自向性"，即从认识研究对象回
复到认识自身。

## 5.4 小　结

从客观和主观对立的角度看，地理学者的地理研究是主观的，地理研究的对
象（即地理现象、地理要素及其发展规律）是客观的。从客观和主观统一的角
度看，方法论是科学发展的一般规则与研究者个性和目的相结合的产物。整体科
学方法论和地理学方法论的演变表明，将这一结论应用于地理学方法论是合适
的，也是必要的。因为它不但表明地理学方法论本身实际上是一种主观和客观相
结合的产物，而且揭示了哲学与价值判断影响地理学方法论形成和演变的实质。

一些地理学者早已部分地注意和强调了这一结论，如赫特纳（1983）曾指
出："一种科学的方法论必须在这样两重基础上发展起来，即根据自己在科学的
各个不同部分的研究和记述，以及根据对一般科学的方法论进行深刻的研究。"
现代地理学者莫里尔（Richard Morrill）也曾指出："方法论争论仍然困扰学科发
展。方法论问题有两个层次——科学本身的方法论以及分析、证明和描述过程中
的方法。"（Morrill，1987）但是，赫特纳虽顾及两个层面并有深刻的阐发，却没
有看到整体科学方法论演进的巨大影响（主要由于他生活的时代所限），更没有
认识到和正确评价价值判断在地理学方法论中的作用（相反，他批判了班泽的美
学地理学以及宗教、形而上学对地理学的影响，认为它们不属于地理学；如果按
他的这种主张，人文主义地理学不可能产生，更不可能算地理学）；莫里尔则混
淆了方法论与方法。

这也许提示我们：地理学方法论创新必然建立在对传统的继承、反思乃至批
判的基础之上，哲学、科学和社会生活的变迁对地理学方法论的演化也提出了相
应的、迫切的要求。如果归结它们对现今地理学方法论发展的启示，那么在学科
内部的专业化之外，更应该注意和重视三点，就是学科发展的交叉化、哲学理念
的多元化、研究目标的人本化。对于交叉化和跨学科研究对地理学理论建设的意
义，吴传钧（1991，1999）、黄秉维（1996）、郑度和陈述彭（2001）等曾从不

同角度进行过论述；相比之下，多元化和人本化的方法论讨论与研究在我国则比较稀少和滞缓，但近年来已有一些文章发现和强调了这一问题，并在介绍和剖析西方地理学方法论演变过程与典型案例的基础上，初步提出了一些促进我国地理学方法论讨论的建议（苗长虹和魏也华，2007；蔡运龙，2009；叶超和蔡运龙，2009a，2010b；汤茂林，2009；顾朝林，2009）。在新的时代和社会背景下，我国地理学者应该积极捕捉和把握方法论变革的机遇，在传统与创新、科学哲学与地理学之间寻找突破点，以推动中国地理学理论和方法论研究的快速发展。

# 第 6 章　归纳与演绎

归纳和演绎是科学研究中非常基本的逻辑方法，也是一对相辅相成、功能互补的方法论范畴。在地理研究中，归纳思维和演绎思维往往在具体的研究方法中表现出来。归纳思维可以运用于定性比较、统计分析、模拟实验等研究过程，演绎思维则可以在模型分析、数学推导和假设－求证过程中发挥作用。本章将基于归纳和演绎的对立统一关系讨论一系列相反相成或者功能互补的方法论范畴。

## 6.1　归纳法与演绎法

由特殊到一般，又由一般到特殊，这是科学认识的普遍过程。归纳就是从特殊到一般的过程，即由特殊的事实或者案例总结出普遍规律的过程；演绎则是从一般到特殊的过程，即从不证自明的公理（common notion）或者普遍认可的事实推导出特殊结论的过程。归纳和演绎是科学认识中的两种推理形式，也是两种基本思维方式。

### 6.1.1　归纳法

归纳法从个别的单称陈述推导出一般的全称陈述。换言之，归纳法以陈述观察到的事实为前提，以陈述理论为归属。如果我们观察了某类事物的全体对象并加以概括推理，那么所得出的理论应该是可靠的（称为完全归纳）。但我们不可能观察全体对象，因为某类事物往往含有太多以至无穷多的个别对象，每个对象还具有已知和未知的无穷属性。所以往往只能根据部分对象具有某种属性而作出概括，即不完全归纳。此外，归纳法并无逻辑上的保证能将对于前提的信念扩展为对结论的信念，例如，不能因为一个实验做了 1000 次都得到相同的结果，就由此有把握地推断出同样条件下的下次实验将产生同样结果。因此归纳法是一种不严密、或然性的推理。

尽管如此，归纳法在科学认识中还是具有重要作用。任何学科都有一个积累经验材料的过程。从大量观察、实验得来的信息中去发现规律、总结理论或原理，是科学研究中最初步和最基本的方法。达尔文（Darwin）的进化论就是通过很多实地观察总结出来的，科学史中的很多经验定律和经验公式都是运用归纳法总结出来的。爱因斯坦（1976）说：

"科学家必须在庞杂的经验事实中抓住某些可用精密公式来表示的普遍特征，由此探索自然界的普遍真理。"

此外，归纳法从个别事实的考察中看到真理的端倪，由此启发出假说（hypothesis）和猜想，这对于建立理论和探索真理具有重要作用。归纳法也为合理安排科学实验提供了逻辑根据。在科学实验中，为了寻找因果联系，必须参照判明因果关系的归纳法来安排一些重复性实验，以提供可靠的经验数据。

## 6.1.2 演绎法

演绎法的主要形式是三段论，以地理学理论为例说明如下。

大前提：地球表层系统及其各子系统内部皆具有差异性。

小前提：长江流域是地球表层系统的子系统之一。

推论：长江流域内部具有差异性。

由此可见，演绎推理是一种必然性推理。因为推理的前提是一般，推出的结论是个别，一般中包含和概括了个别，凡一类事物所共有的属性，其中每一个别事物必然具有，所以从一般中必然能推出个别。然而，推出的结论正确与否，取决于推理的前提是否正确和推理的形式是否合乎逻辑。演绎推理的大前提是"不证自明的公理或者普遍认可的事实"，但公理其实并非不证自明，所有公理都是理论家的假说；事实也并非普遍认可。此外，

"演绎法本身不能证明我们以前所不知道的事物……演绎法对初始前提的真实性或确实性并不关心。我们对初始陈述的信赖程度……只能由归纳法来确立。"（哈维，1996）

由于演绎是一种必然性推理，所以是逻辑证明的工具。我们可以选取可靠的命题作为前提，经过演绎推理来确证或否证某个命题。整个欧几里得几何就是一个演绎推理系统。演绎推理还是作出科学预见的一种途径。科学预见是把一般原理运用于具体场合而作出的正确推论，既然一般原理是正确的，由此作出的推论就是有科学依据的，可用于指导实践。演绎推理从大前提和小前提得出推论，所以还是发展假说和理论的一个必要环节。

## 6.1.3 归纳法与演绎法的辩证关系

在科学史中，有两种极端的观点。一是归纳主义（inductivism），又叫做归纳法优越论。持这种观点的人认为归纳法在科学研究中优于演绎法，甚至认为归

纳法是唯一正确的方法。另一种则是演绎主义（deductivism），持这种观点的学者大多受过欧氏几何学的思维训练，崇尚严密的逻辑推理。科学发展的历史表明，两种"主义"都有失偏颇。

"科学试图将它的命题在推理的演绎框架内组织起来。在一门科学的早期发展阶段，这个目标可能是不现实的。主要原因是我们所知不多，或是我们的想象力尚不足达此。在这类状态之下，归纳法显然是重要的。"（哈维，1996）演绎必须借助归纳，归纳法的结果（如"地球表层系统及其各子系统内部皆具有差异性"就是归纳的结果）可以作为演绎法的前提，而演绎的结果又可以反过来为归纳结果提供进一步的证据（"长江流域内部具有差异性"进一步证实了"地球表层系统及其各子系统内部皆具有差异性"）。演绎主义者轻视归纳方法肯定是没有道理的，演绎需要借助于归纳的结论。历史上的归纳主义之所以轻视演绎方法，重要的原因也是在于演绎往往依赖于归纳结论。即使设想演绎的理论结构已臻完善，归纳法对于理论结构的连接和验证的某些阶段仍发挥一种重要作用（哈维，1996）。所以，一些人认为演绎没有创新可言。但归纳主义者显然忽视了如下事实。一方面，一旦演绎过程可以引入严格的数学方法，它所揭示的深层次的信息绝对不是归纳法可以代替的；另一方面，演绎可以不必从归纳的结果出发，而是从待证的假设出发，然后采用观测和实验方法检验演绎推理的结果，形成逻辑自洽（self-consistent）的结论。著名哲学家怀特海（Alfred North Whitehead，1861—1947）曾经指出："科学思考的目标就是从特殊中看到一般，刹那间中看到永恒。"（Buchanan，2000）从特殊中揭示一般需要归纳法，但从瞬间发现永恒不仅需要归纳法，同时还需要演绎法，以及其他的相关方法。

总之，归纳法和演绎法都很重要，视情况而有不同作用。哈维的《地理学中的解释》（Harvey，1969）总结了归纳途径与演绎途径的作用和关系（图6-1）。

实际上归纳和演绎的运作都涉及主观经验和一些经验设计。哈维把主观经验极核［图6-1（a）中的S］与感知或知觉对象、与提供知觉对象的精神构想或印象、与给定术语的语言表达联系起来（Harvey，1996）。科学解释包括归纳途径［图6-1（b）］及演绎途径［图6-1（c）］（Harvey，1996）。归纳途径可能是危险的，因为解释是否被接受，有赖于相关学者的立场和号召力。演绎途径从研究者感知真实世界的某种模式开始，随之形成的解释能够检验先验模式的合理性。归纳途径可有效地从无序事实归纳出一般原则；而演绎途径有赖于先验模式，其在早期阶段就已被感知，从而可以进行数据处理并从一系列现象中获得结论，哪怕并不存在一个完整的理论。一旦某种模式经过图6-1（c）所示途径的检验，就可能导致以特定词汇表达的某种理论和一系列命题的形成，并将推进关于该理论试图解释之事实的讨论。虽然一种理论不一定能表明为真或伪，但可以把一个假

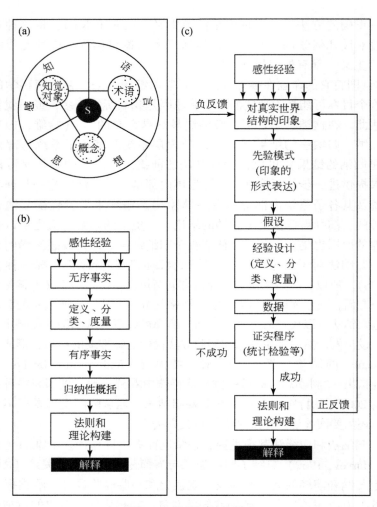

图 6-1　科学解释的模式

（a）知觉对象、概念、术语间关系的图解（S：主观经验极核）；

（b）科学解释的归纳途径；（c）科学解释的演绎途径

设看成是能表明为真或伪，并且是更为严谨的科学命题。

# 6.2　定性与定量

## 6.2.1　定性方法与定量方法的分界

归纳与演绎这对方法论范畴在地理学中的一种重要表现是定性与定量这对范

畴。在科学史上，可能没有哪一门学科像地理学这样对定性与定量概念的相互关系如此敏感。有些学科，如物理学，定量分析一开始就是不可或缺的研究途径之一，似乎从来不存在定性与定量研究的对立之争；另外一些学科，如化学、生物学，早就走过了定性与定量之争的时代。地理学一度经过激烈的定性 – 定量之争，但至今没有公认的结论。正是在这个意义上，定性与定量方法对立统一的讨论才有特别的学科意义。

定性方法是一种容易理解的概念，没有太多需要解释的问题。然而，在实际工作中，定性与定量方法之间存在一个流行的误会。人们认为，只要运用数学工具开展研究工作，那就属于定量方法；只有不涉及数学工具，采用纯粹的文字描述和解释，那就是定性研究。这种区分是不准确的。实际上，如果一种研究用到数学语言，但没有开展系统的数据分析，则依然属于定性研究，而不属于定量分析（茅于轼，1985）。当一种研究运用到系统的数学分析时，那才是定量研究（图 6-2）。

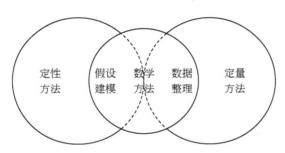

图 6-2 定量方法与定量方法的联系示意图

简而言之，如果一个研究过程仅仅是确定研究对象的成分和性质，那就是定性分析（qualitative analysis）；如果还要继续确定各种成分的数量和比例，就进入定量分析（quantitative analysis）过程了。不仅定量研究涉及数据分析，定性研究也可能分析数据。但是，前者主要是基于假设 – 检验过程进行证实或者证伪，后者则是基于深度调研解读数字的含义（McEvoy and Richards，2006）。定性方法和定量方法具有不同的哲学基础，从本体论、认识论到方法论都形成鲜明的对照（表 6-1）。今天所谓的定量研究，往往暗示借助某种数学工具（如统计学）整理数据，并揭示数字背后隐含的规律。

表 6-1 定性方法与定量方法的哲学比较

| 哲学基础 | 定量方法 | 定性方法 |
|---|---|---|
| 本体论 | 确切实在（tangible reality） | 模糊实在（intangible reality） |
| 认识论 | 通过经验研究和演绎/归纳推理确定的规律 | 通过社会交互作用/解释性理解构建的知识 |

续表

| 哲学基础 | 定量方法 | 定性方法 |
|---|---|---|
| 方法论 | 假设－检验（hypothesis testing） | 深度调研（in depth fieldwork） |
| 数据分析 | 证实/证伪（verification/falsification） | 意义解读（interpretation of meaning） |

资料来源：McEvoy and Richards, 2006

简而言之，如果一项研究仅仅包括文字和数学，那不算定量研究；如果一项研究包括文字和数学，也未必就是定量研究。当且仅当一项研究既包括文字又包括数据，并且运用了或深或浅的数学思维解析这些数字背后的比例关系时，才称得上是严格意义的定量研究。否则，就是定性研究的内容。定量研究由浅到深，包括三个层次（图6-3）。

- 研究方法
  - 定性方法
    - 简单的定性方法＝文字描述和解析
    - 复杂的定性方法＝文字解释＋数学建模
  - 定量方法
    - 简单的定量方法＝文字描述＋比例分析
    - 常规的定量方法＝文字描述＋统计分析
    - 复杂的定量方法＝文字描述＋数学建模＋统计分析

图6-3　定量方法与定量方法的区别



关于定性分析与定量分析的区别，Mayhew（1997）在其主编的《牛津地理学词典》中是这样概括的：定性分析“关心的是含义（meaning），而不是测度（measurement）”。测度概念我们后面还要解释。首先说明定性分析关注的含义，它强调的是主观的理解、交流和移情（empathy），而不是客观的预测和控制。定性研究有一个原则，那就是不存在独立的、唯一的和“真实”的世界。不同时期，人们对定性研究的理解不尽相同。但不论有关概念如何变化，有一点是共同的，那就是定性研究主要是基于经验研究（empirical research），基于观察和实验，而不是基于理论。

相对而言，定量研究是从测度开始的。要想理解定量方法，首先必须明白测度概念。测度是指通过测量得到的尺寸、数量、容量等。最基本的，长度、宽度、面积、体积、规模、密度等，都是测度。在地理学研究中，当我们讨论一个城市的时候，起码要知道它的人口规模和城区面积；当我们报告一条河流的时候，至少要提及它的河道长度和汇水面积……有了基本测度，我们才能建立模型。地貌学中的Hack定律是基于主河道长度和流域面积的（Hack，1957），城市科学中的城市人口－城区面积异速生长定律则是基于人口规模和城区面积测度。Horton（1945）和Strahler（1952）等在河流基本测度的基础上建立了分支比、长度比等测度方法，提出了著名的水系构成定律；Christaller（1933）和

Lösch（1954）等则是在城市分级数和市场区面积的基础上发展了中心地理论……Taylor（1983）在《地理学中的定量方法》一书中指出："测度是数学和经验研究的基本连接。"也就是说，测度是从定性研究通往定量研究的中介环节。在"地理研究的测度和数据"一章的开头，Taylor（1983）引用了英国著名物理学家开尔文（Kelvin）勋爵（William Thomson，1824—1907）的一段话：

> "当你对你正在讨论的对象进行测量（measure），并且用数字表达出来时，你对它算是有所认识了。可是，当你不能测量它，当你不能用数字表示它的时候，你的有关知识在数量、程度和范围方面都存在欠缺，属于那种不能令人满意的知识。"

测度是定量化（quantification）的开端。所谓定量化，是指过程和特征的数值测量处理（Mayhew，1997）。通过测量获取数据，并将数据用于对研究对象的数值分析，就涉及定量分析方法了。较之于定性研究，定量分析可以得到更为准确和客观的结论。

地理学的定量研究可以追溯到古希腊时期，但严格意义的、现代地理学的定量研究是从 20 世纪 30 年代的中心地模型开始的。第二次世界大战以后，由于学术界的权利之争，美国哈佛大学以地理学不是一门科学为由宣布取缔地理系，从而引发了整个美国地理学的生存危机（Smith，1987）。在这个背景下，德国流亡学者 Schaefer（1953）发表了《地理学中的例外论：方法论的检视》一文，引发了地理学的"计量革命"——这场革命在某种意义上是美国地理学的一场拯救运动（参见本书第 10 章）。从此，地理学开始寻找解释地理现象的普遍"法则"，特别是在人文地理学领域，这种运动的影响尤其深远。地理的哲学基础开始由经验主义（empiricism）转向了逻辑实证主义（logic positivism），地理学也从关于区域差异（areal differentiation）的学科演变为空间分布（spatial distribution）的科学，广泛的定量化过程和区位分析成为计量运动时期的特色。最初，计量地理学强调假设检验，例如运用统计技术中的卡方检验。后来，地理学者开始借助社会物理学思想建立数学模型，并且采用更为复杂的统计分析方法。一些学者认为，计量运动时期的"数字处理"（number crunching）之所以流行，是因为它有助于地理学地位的上升，并且使得研究者的工作可以尽可能地避开政治污染（Mayhew，1997）。

关于定量方法和定性方法的异同点，可以参阅有关定量地理学（quantitative geography）和定性地理学（qualitative geography）对比分析的文献资料。1998 年，英国 EPA 杂志发表了一个关于"计量革命"问题的研究专辑，Philo 等（1998）撰写了特约社论《反思定量地理学》一文，文中对定量研究与定性研究

101

的差异进行了系统的对比。现将有关比较结果列于表 6-2。作为补充，表中的个别地方引用了 Burton（1963）的文章、Johnston（1985）的著作以及《牛津地理学词典》。此外，Couclelis（1997）曾经对定量地理学和定性地理学的空间概念及其哲学基础进行了比较，这个比较也有助于我们理解定性方法和定量方法的联系与区别，有关结果列于表 6-3。

**表 6-2　定性地理学和定量地理学的比较**

| 阵营 | 定性地理学 | 定量地理学 |
|------|-----------|-----------|
| 等价概念 | 精神地理学（spiritual geography） | 科学地理学（scientific geography） |
| 相关称呼 | 社会–文化地理学（social-cultural geography） | 科学–计量地理学（scientific-quantitative geography） |
| 研究对象 | 人的世界（the people world） | 物质世界（the thing-world） |
| 目标特性 | 特殊性的（idiographic） | 法则性的（nomothetic） |
| 方法特征 | 关注含义（meaning），强调主观理解和交流，经验分析 | 关注测度（measurement），强调客观预测和控制，理论探讨 |
| 研究内容 | 地域差异（areal differentiation）的分析 | 空间结构（spatial structure）的模型 |
| 修饰词 | 印象性的（impressionistic）/解释性的（interpretative）/语言描述的（"humane" word-pictures of the world） | 严格的（rigorous）/计量的（quantitative）/模拟的（modelling）/空间科学的（spatial-scientific） |
| 分析行为 | 认识（converse）/调和（consort）/参入（engage）/移情（empathize） | 计量（count）/校准（calibrate）/绘图（map）/建模（model） |
| 形容词 | 软的（soft）/宽松的（sloppy）–容易的（easy）/差的（bad）–贬值的（devalued） | 硬的（hard）/严格的（rigorous）–困难的（difficult）/好的（bad）–贵重的（valued） |
| 属性 | 阴性方法（'feminine' approach） | 阳性方法（'masculine' approach） |
| 比喻 | 女权主义（feminism） | 大男子主义（masculinism） |
| 缺陷 | 有地无理（what's where in the globe） | 有理无地（the geography of nowhere） |

资料来源：主要引自 Philo et al.，1998；目标特性和研究内容的对比根据 Burton，1963；最后一行引自 Johnston，1985；方法特征根据《牛津地理学词典》

**表 6-3　地理空间（geographic space）及其相应的哲学概念**

| 类别 | 定性地理学 | 定量地理学 |
|------|-----------|-----------|
| 空间类型 | 笛卡儿的（Cartesian） | 莱布尼兹的（Leibnitzian） |
| 空间性质 | 绝对（absolute） | 相对（relative） |
| 特征词 | 地方（place）/场所（site） | 关系（relation）/位置（situation） |
| 关键词 | 区位（location） | 联系（connection） |

续表

| 类别 | 定性地理学 | | | 定量地理学 | | |
|---|---|---|---|---|---|---|
| 处理方法 | 地理编码（geo-coding，GIS） | | | 城市或区域模型（urban or regional models） | | |
| | 矢量（vector）－对象（objects） | 栅格（raster）－场（fields） | | 空间相互作用（spatial interaction） | 核心－边缘（core-periphery） | 输入－输出（input-output） |
| | Voronoi | | | | | |

注：注意作者强调的特征词的英语语义差别，site——a place in and of itself；situation——the position of a place relative to other relevant places

## 6.2.2  归纳的局限与数学方法的运用

科学中的很多理论是通过考察大量实例或者事实而归纳得出的，地理学中的理论也不例外。Clark（1951）考察了欧美二十多个城市的人口密度分布，发现它们都服从负指数分布，于是得出城市人口密度分布的负指数规律，人们称之为"Clark 定律"。一些学者考察了不同国家和地区的城市规模分布，发现其在一定条件下服从负幂律分布，这个分布因为 Zipf（1949）的一部著作而出名，人们称之为"Zipf 定律"。自然地理学中有关河流的 Horton 定律（Horton，1945）、Hack 定律（Hack，1957）也是通过这种方法总结出来的。然而，归纳法是有局限的。Chalmers（1976）在其非常畅销的科学哲学教本《科学究竟是什么?》一书中曾经指出：所有对世界有主张的全称陈述，其概率等于零。这个命题曾被人戏称为"Chalmers 定律"。该"定律"是说，所有的归纳结论都不可靠。比方说，"天下乌鸦一般黑"是一个全称陈述，但是，你怎么能够肯定世界上所有的乌鸦都是黑色的？毕竟有史以来的乌鸦无穷，人类见到的乌鸦有限。以人类所见的有限乌鸦为分子，以所有乌鸦为分母，得到的比值接近于 0。因此，"天下乌鸦一般黑"的论断自然就不可靠了。

然而，Chalmers 的这个论断遭到了很多学者的批评，《科学究竟是什么?》一书再版（1999 年）时，Chalmers 删除了有关论述。不过，所谓的"Chalmers 定律"引发了一个问题：究竟看到多少只乌鸦，我们才能得出"天下乌鸦一般黑"的判断？这个问题是无法通过定性分析解决的。为此我们需要概率论和统计学知识。如果将有史以来所有的乌鸦视为一个总体（population），我们所见到的乌鸦就可以构成一个样本。要想通过有限的样本对无限的总体作出推断，我们必须采用置信陈述（confidence statement），而不是传统逻辑学的全称陈述。首先，我们设定一个显著性水平（level of confidence）。比方说，取显著性水平为 0.05，则置信度为95%。如果我们随机考察1万只乌鸦，所有的乌鸦都是黑色的，则我们的科学结论应该是：我们有95%的把握相信，世界上99%以上的乌鸦都是黑色的（误差范围大约为1%）。考察的乌鸦越多，我们的把握越大，但永远不能得出"天下乌鸦一般黑"的绝对判断。

在科学陈述中，为了使得问题变得更为明确，我们需要运用数字。英国科学家巴比奇（Charles Babbage，1792—1871）曾经指出："哪怕使用数量有限的数据，也要比完全不使用数据导致的错误更少。"数据量达到一定程度，就会涉及定量分析方法。如前所述，定量分析至少表现为三个层次。第一个层次，也是最基本的层次，就是给出数据图表，揭示比例关系，我们据此对研究对象形成一个相对准确的认识。第二个层次，也是常规层次，就是运用统计学的有关知识给出分析和推断（在某个置信水平上证实或者证伪），由此揭示数据背后隐含的图式。第三个层次，也是相对较高的层次，乃是对研究对象进行数学抽象，据此总结一般的规律，从而将分析结果应用到更为广泛的范围和研究对象上。前述Clark定律、Zipf定律等都是这第三个层面的定量分析结果。

不妨举出一些更为简明的例子。如果我们说某个地区每年有许多人口由乡村人口变成了城市人口，读者对此印象比较模糊。他们不明白究竟有多少人口城市化了。如果我们说一个地区每年大约有2.5%的人口城市化了，读者就会明白一些。但是，具备科学分析常识的人就会追问："你这个数字是怎么来的?"如果你的数据是普查数据，你说大约2.5%问题不大。但是，如果你采用的是统计数据，这个陈述就不合格了。你必须给出置信陈述，包括统计数值、误差界限（margin of error）和显著性水平。如果你随机调查了10 000个农村人一年来的状况，发现其中250个人到城镇落户，比例为2.5%。可是，你不能因此得出如下结论：该地区的农村人口一年来有2.5%城市化了。原因是你并没有调查全部农村人口的活动状况，你所做的仅仅是一种抽样分析。科学的表述应该是：我们有95%的把握相信，这个地区一年来有1.5%~3.5%的农村人口城市化了。这就是置信陈述。这里显著性水平为$\alpha = 0.05$，1减去显著性水平得到95%的置信度；在显著性水平为0.05的情况下，标准差约为$1/10\ 000^{1/2} = 1/100 = 0.01$。所以，误差的上下界限分别为$0.025 - 0.01$和$0.025 + 0.01$，由此得到一年来城市化比例为1.5%~3.5%的统计推断。

城市等社会经济问题研究之所以必须借助统计学知识，主要的原因在于我们采用的都是抽样数据，我们是根据系统的局部特征推断整体的情况。城市非常复杂，任何个人或者研究机构都难以普查城市的各个方面。访谈数据、问卷数据、统计数据，如此等等，都是某种方式的抽样信息。对于一个10万人口的城市，我们能够从中随机抽取1万人进行调查，那就相当不错了。一般来说，对于个体研究者而言，能够在百万人口的城市获取 1000 份有效调查问卷，已经难能可贵。不论怎样，我们都是通过非常有限的局部信息探究非常复杂的社会经济系统。在这种情况下，我们的结论都是某种形式的推断。我们无法给出绝对可靠的结论。其中比较科学的推断就是统计推断——借助一定的统计学知识对系统状况和发展趋势作出的判断。

不妨以实例说明统计分析在城市研究中的重要意义。城市化的一个标志，就是乡村人口机械减少（人口的自然增长可能会抵消总量的减少），城镇人口机械增加，亦即乡村人口向城镇迁移。但是，从古到今，城乡之间人口的迁移随时都在发生。我们不能因为城乡之间发生人口迁移就判断城市化了。关键在于，一个区域的城乡人口迁移是否具有显著性。只有当一个区域的乡村人口向城镇迁移表现出统计学意义的显著性的时候，我们才能得出结论，我们有某种把握（置信度）判断该地区发生城市化了。否则，城乡人口迁移可能只是一种随机扰动，并不代表一种趋势，从而城市化并不成立。城市发展到一定程度，就可能发生郊区化。郊区化的标志是中心区人口密度减少，外围区域（郊区）人口密度增加，亦即中心区人口向郊区机械迁移。可是，中心区人口密度减少和郊区人口密度增加是否一定意味着郊区化呢？也不一定，关键还是在于上述减少和增加是否具有显著性。如果不具有显著性，则上述减少和增加仅仅是一种随机扰动，不能代表一种趋势。近些年的数据表明，我国珠江三角洲的外来直接投资（FDI）在减少，长江三角洲的 FDI 在增加。我们是否可以由此直接得到结论说"中国的 FDI 中心在由珠江三角洲转移到长江三角洲"呢？当然不能，关键依然在于显著性。珠江三角洲的 FDI 减少和长江三角洲的 FDI 增加是否是显著的，如果是，则上述结论在某个置信度下可以接受——也仅仅是在某个置信度下接受；否则，其数据的变动仅仅代表一种随机扰动，并不反映一种趋势。

如果不对数据开展统计分析，仅仅进行简单的数值对比，很可能将趋势性与随机扰动混为一谈，从而得出错误的判断和推论。在这方面，国内外都有很多教训。美国著名城市学家 Berry（1976）曾经断言西方一些国家如美国发生逆城市化（counter-urbanization）了，其依据当然就是城市人口向乡村倒流。《牛津地理学词典》对"逆城市化"的定义就是"城市区域的人口和经济活动离开城市的一种运动"。我们知道，所谓的"化"（-ization），一定反映一种趋势，否则就不能称之为"化"。城市化也罢，郊区化也罢，都是人口流动趋势的暗示。既然逆城市化了，城市人口的倒流就应该成为一种趋势。可是，后来的研究表明，所谓逆城市化，其实并不代表一种趋势，仅仅是城市化过程中的一种随机扰动。美国的城市化水平依然在提高，Berry（1976）的判断不符合实际情况。如果 Berry 当初对数据开展适当的显著性分析，有效识别城乡人口迁移的趋势性和随机性，就不会提出一个不切实际的推断。后来 Berry 意识到逆城市化并不存在，因为城市人口和经济活动向乡村迁移尚未形成趋势，Berry 自己缄默了。但由于他的巨大影响，"逆城市化"这个概念在学术界却不胫而走，谬种流传，以至于《牛津地理学词典》都要收录这个概念了。

由此可见，虽然统计学知识提供的是最基本的定量方法，但却是非常重要的定量方法。印度著名统计学家 Rao（1997）在其《统计与真理》一书的扉页上写道："对统计学知识的机械套用往往造成不必要的上当受骗，但对统计学知识的盲目排斥又常常导致不必要的愚昧无知。"读者可能感到纳罕：讨论归纳，话题怎么进入了统计分析？实际上，统计学是科学工作者正确运用归纳方法的重要定量分析工具之一。

归纳法一旦与定量分析——哪怕是非常基本的定量分析——结合，其功能可以变得十分强大。不妨举一个引人深思的例子。早在 20 世纪 80 年代，浙江省气象研究所的田清鉴就曾研究发现，1887 年、1909 年、1931 年、1954 年、1975 年，我国长江、黄淮海流域都曾发生特大洪水，时间间隔平均约为 22 年——实际情况变化于 21 年到 23 年之间。研究者发现，这个时间间隔与太阳黑子的 22 年周期有关。由此可以推断，1997 年前后还会发生特大洪水。有关结论和推论曾经以摘要的形式刊登于《中国青年报》，可惜没有引起太多人的注意，人们很快忘记了这么一个学术资讯。结果 1998 年中国果然再次洪水泛滥成灾，抗洪抢险的激动人心场面很多人记忆犹新（陈彦光，2011）。

从这个例子我们可以看到科学的方法：归纳和定量分析。从这个例子我们也看到了科学功能的完整体现：解释（太阳黑子活动影响地面降水）和预测（1997 年前后再度发生大洪水）。

归纳法虽然很重要，但归纳结果得到的规律通常只是一种经验定律。城市人口密度的 Clark 定律、城市规模分布的 Zipf 定律一度都是经验定律，因为我们不知道它们的理论基础。如果我们可以通过构造假设、建立方程的方法，将上述定律推导出来，则它们可以由经验定律上升为理论定律，并且我们可以洞察这些定律背后的更深层次的原理。实际上，Clark 定律和 Zipf 定律都可以借助最大熵方法将其导出（陈彦光，2008a；Chen，2008，2009a）。数学推导是逻辑演绎法运用的极致，但其结果有待于进一步的归纳分析和验证。

## 6.2.3　定量方法与理论建设的关系

一门学科的发展目标是科学建构。要想成为一门标准科学，该学科必须实现它的理论建构。近代德国学者中，有四位学者对地理学的发展产生了巨大而深远的影响，其中之一是著名的哲学家康德。他是地理学自然、人文二元化的始作俑者。Thompson（1983）在其名著《论生长与形态》一书的开篇写道："在康德的心目中，当时的化学只是一门学科，而不是科学（a science, but not Science）——判断一门学科是否是真正的科学的标准，在于它与数学的关系。这在当时已经是旧话重提了，因为培根（Roger Bacon，1214？—1294）已经将数学称之为科学的途径和钥匙（porta et clavis scientiarum），达芬奇（Leonardo da Vinci，1452—1519）也曾有过类似的见解。"康德曾经明确指出："在任何有关自然界的个别学说里，只有当其中有数学时，才能找到真正意义的科学。"（王通讯，1986）可见，在康德看来，数学的运用是科学的判据。

不过，在康德的心目中，只有自然地理学才需要用到数学方法，人文地理学应该像历史学一样描述和解释事实。地理学从此逐渐二元化了，人文地理学的研究方法走了一条例外主义的道路。地理学的例外主义在第二次世界大战结束前后达到高峰，直到计量运动，基于例外主义方法的地理学区域思潮才跌入低谷。

地理学毫无疑问需要数学方法，尽管许多学者对此不以为然。Bunge（1962）在其《理论地理学》一书中引用 J. Kemeny 的话说："是不是所有的科学都能够使用数学？回答是肯定的。而且它们必须使用数学。"一门学科要想从经验科学发展成为理论科学，首先必须成为一门实证科学，而定量化乃是实证化的基本前提（图6-4）。放弃定量化，就意味着放弃一门学科的理论化。一门学科没有自己的理论，充其量只能成为一门寄人篱下的学科，其应用功能肯定非常有限。这样强调数学的功用绝对不是说地理学专业的每一位工作者都要学习数学，而是说，从专业分工的角度看，地理专业必须具有定量地理学的研究人员。如今各个知识领域都很庞大，任何人都不可能成为全才，但作为一个学科，必须发展地理数学分支。

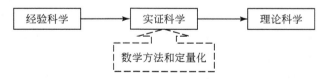

图6-4　一门学科的理论化道路示意图

前面讲到，一门学科运用数学方法，并不一定意味着定量研究。有些时候，我们建立数学模型的目的是为了逻辑推理，而不是数值分析。可是，如果我们希望建立起完整的理论框架，纯粹的数学推理是不够的，必须配合适当的数字分析和定量检测。这就是定量化是沟通经验科学与理论科学的基本途径的简单诠释。讨论到这里，话题自然涉及定量地理学与理论地理学的联系了。澄清定量地理学与理论地理学的关系，有助于我们从另外一个角度理解定性与定量的关系。

定量地理学，我国学者通常翻译为计量地理学、数量地理学等。我们采用"定量地理学"这个概念是为了与"定性地理学"这个名词对应。在很多学者看来，定量地理学就是理论地理学，这里存在一些误会。定量地理学当然与理论地理学具有密切的关系，但是二者并非相同的概念。为了简明起见，不妨将二者的主要特点列表表示（表6-4）。

表6-4　定量地理学与理论地理学的对比

| 类型 | 定量地理学 | 理论地理学 |
| --- | --- | --- |
| 理论基础 | 统计地理学 | 数学地理学 |
| 数学应用 | 将数学用做数据整理的工具 | 借助数学构造假设、建立模型 |
| 定量程度 | 必须定量（揭示构成比例） | 未必定量（揭示逻辑关系） |
| 分析特征 | 数据分析：计数、统计、统计检验 | 数学变换：假设、推理、逻辑与经验检验 |
| 分析后果 | 定性结论 | 数学模型及其解译 |

英国伯明翰大学学者 Moss（1980）曾经指出，数学方法用于科学研究主要发挥两种作用：其一，构造假设、发展理论的辅助工具；其二，实验结果统计整理的手段。20 世纪 60 年代的地理学"计量革命"之后，地理学者试图引发一场理论革命，但结果却以失败告终（Philo et al.，1998）。究其原因，Moss（1980）曾一针见血地指出，当时数学用于地理学主要是作为整理数据的工具，而在构造假设、建立数学模型方面缺乏突破性进展，"第一个功能（指构造假设、发展理论）比第二个功能（指实验结果统计整理）重要得多。然而地理学者却过分夸大了数学作为统计整理手段的作用而不重视运用数学建立自己的理论体系，况且相当部分的数据又不是通过实验途径取得的，其精确性和可靠性都比较低"。

无论是定量地理学还是理论地理学，都会强调建立数学模型。但是，两者对建模分析是有不同侧重点的。定量地理学更为关注数据分析本身及其实际用途，而理论地理学则更为关注模型分析带来的对世界的新的认识。Karlin（1983）指出："数学建模的目的不是拟合数据，而是为了明确表达问题。"更早地，Hamming（1962）认为："数学建模的目的是洞察，而不是数字。"这类思想用于理论地理学最为合适，但如果用于地理计量分析则未必十分妥当。计量运动主要解决数学方法用于地理研究中的数据整理的问题，而地理学理论化则着重于解决构造假设、建立模型的问题。恰恰在这第二个方面，我们的学科迄今未取得公认的成功。地理学界一直期待一场理论革命，有人认为今天我们的学科正处于理论革命的边缘。后果究竟如何，我们不妨拭目以待。计量革命和理论革命的发展线路可以简单地概括如下。

计量革命——计量地理学——整理地理数据。

理论革命——理论地理学——建立数学模型。

为什么地理学要发展定量分析方法？虽然原因十分简单，但回答起来似乎又一言难尽。30 年前，我国著名地理学家李旭旦（1979）在论述现代地理学发展的启示时，强调地理学的发展有三个要点：一是要有"地"有"理"，不要搞纯粹的地理描述而缺乏理论的解释；二是要目中有"人"，不要搞纯粹的自然研究（笔者的理解是反对地理学二元论）；三是要"心中有数"，不要泛泛立言，不可忽略数学方法的运用。李旭旦（1979）的地理学"三要三不要"论点今天已经不容易见到，附录于此，供读者体味和思考：

> "现代地理学的一些新动向将对我国地理学的现代化带来哪些启示呢？个人认为可以归纳为以下三点：① 除地理作为文化知识外，现代地理学在有关空间系统的论题方面有很大的发展。地理学不仅要讲'地'，还要说'理'，我国地理学迄今还存在的'有地无理'的状态必须迅速改变。② 现代地理学要求我们重视人的因素（包括人的心理、行为与感觉），要求我们从纯自然地理的方向扩大到人文地理学的研究方向，也就是说要'有人'。我国过去那种谈地不谈人的'目中无人'的状态必须有所改变。③ 现代地理学要求我们在方法上从定性的文字解释转向定量的数理分析，做到心中'有数'。我国过去那种泛泛立言，'心中无数'的状态也必须努力改变。只有这样，我国地理学的现代化才能实现。"

# 6.3　具象与抽象

## 6.3.1　地理学与几何学——具象与抽象的实例

在科学研究中，具体的问题抽象化（abstraction），抽象的概念具体化（concretization），是一对相反相成的分析过程。具体化，也叫做具象化。抽象代表理想和一般，具象则代表实体和特殊。具体问题的抽象化过程是一个从特殊到一般的处理过程，而抽象的概念具体化的过程，则是从一般到特殊的研究过程。抽象分析对应于逻辑分析中的演绎过程，而抽象化则对应于逻辑分析中的归纳结果；具象分析对应于逻辑分析中的归纳过程，而具象化则对应于逻辑学中的演绎结果。当我们从大量实例中归纳出某种共性的时候，实则是一种抽象化的过程；当我们从一般的原理演绎出某个结果的时候，通常要落实到具体的关系、过程，并且采用真实的事例进行验证（表6-5）。

表6-5　具象与抽象的对比

| 类型 | 形体 | 性质 | 表现 | 深浅 | 逻辑分析 | 研究方法 | 知识 |
|------|------|------|------|------|----------|----------|------|
| 具象 | 有形 | 特殊 | 直观 | 浅白 | 归纳过程，演绎结果 | 观测、实验、定性 | 经验、实际 |
| 抽象 | 无形 | 一般 | 隐含 | 深奥 | 演绎过程，归纳结果 | 数学、逻辑、定量 | 理想、理论 |

对于地理研究而言，具象化不是一个问题。我们这个学科，目前发展的最大障碍是理论抽象。因此，《牛津地理学词典》讲述抽象化概念，但不涉及具象化。目前，西方学者对抽象化的理解包括如下两个方面。其一是一种现象的选择和概念化过程，或者这个过程的某些方面。抽象化其实是模型建设（model building）的实质部分，在此过程中，现实世界的某些部分或者方法被提取或者简化。不过，在简化过程中，很多信息将不得不丢弃，结果通常是，模型只能取得非常有限的成功。其二是基于理想主义（idealism），模型由"理想类型"（ideal type）构成，比方说拉美城市模型（Latin American city model）。问题在于，对于同一种现象，可能构建出非常不同的理想类型。地理抽象是分层次的：全球抽象、国家抽象、社会抽象、种类抽象，如此等等（Mayhew，1997）。

为了说明抽象和具象的异同，不妨举一个极端的实例。地理学（geography）和几何学（geometry）两门学科都来自大地考察和测量知识，因此二者都带有"地"（geo）字头（艾南山，1993）。但是，这两门知识后来发展的方向完全不同：几何学走向抽象化的道路，地理学则走向具象化的领域（图6-5）。今天的地理学知识主要是经验知识，而几何学则是非常抽象的理论。在牛顿时代，欧氏几何学是科学研究的样板，它提供了抽象思维（abstract thinking）和逻辑推理的完美范例。那个时候，任何一个学者要想在科学理论领域取得成就，都要下工夫学习欧氏几何学，不仅是学习几何学知识，更重要的是接受一种思维训练。牛顿本人就曾认真钻研过几何学，他的微积分理论和天体物理学理论都留下了欧氏几何学的印迹。

我们不妨借助欧氏几何学来说明科学抽象的方法和功能。在人类早先的土地测量中，目的之一就是划分地界并且计算面积。地块有各种各样的形状。根据具象思维（concrete thinking）方式，地块的形状千差万别。如果不进行抽象、寻找图形的共性和规律，则面积计算对古人而言是非常复杂的工程，劳民伤财，效率低下。于是，聪明的先人走了一条抽象化的道路。首先，从各种形状中提出几种

图 6-5 知识发展方向分异的极端实例

基本的形状，如圆、三角形、矩形、梯形，如此等等。其中最基本的是圆和三角形。两个三角形可以拼接成一个梯形或平行四边形，平行四边形的特例是矩形，矩形的特例是正方形。因此，只要找到三角形的面积计算通式，就可以演绎出其他各种图形的计算公式。正方形、矩形、平行四边形、梯形乃至圆形，面积公式都可以从三角形的面积计量公式演绎出来。正是这种测量方法的推广，导致了后来微积分思想的创生。

具备平面几何学知识的人，很容易从三角形面积计算公式导出梯形和平行四边形的计算公式；有了平行四边形的计算公式，就不难得到矩形的计算公式。于是，任意多边形的面积计算都不成问题。下面不妨看看圆的面积计算公式是如何从三角形面积计算公式演绎出来的。古希腊数学家阿基米得（Archimedes）从三角形出发，按照如下思路，导出了圆的面积计算公式。他设想，采用从圆心出发的无数条等夹角的射线将一个圆均分为无数个面积很小的三角形。三角形的面积为底乘高再除以 2。由于三角形的顶角非常之小，三角形的高可以近似视为与圆的半径 $r$ 相等，而顶角对应的弧长近似为三角形的底边长度。假定三角形底边长为 $d$（注意这里弧线近似为直线），则在极限条件下三角形的面积为 $s = rd/2$。将所有这些三角形的面积相加，即可得到圆的面积 $S = rP/2$。这里 $P$ 为圆的周长，因为无数个底边 $d$ 之和恰好为圆周的长度。根据圆的周长公式 $P = 2\pi r$，可知圆的面积为 $S = \pi r^2$！这正是我们今天见到的圆的面积公式。可见，阿基米得已经具备微积分思想了，而且他的推理过程包括很抽象的思维方式：无穷小、连续划分以及极限条件下的加和（实际上是微分与积分）、将一个公式代入另外一个公式，如此等等。后来德国天文学家开普勒（Johannes Kepler，1571—1630）用类似的方法，从另外一个角度，以三角形面积为基本元素导出了圆的面积计算公式。

欧氏几何学基于五大公设（postulate，axiom）和五个公理演绎出各种定理，定理都是很抽象的、具有普适性的知识。不仅如此，欧氏几何学的各种要素也都是抽象的，圆、三角形、正方形，如此等等，我们在现实中找不到。但这并不妨碍人类运用这些知识。古埃及金字塔的建设，既表现出高超的几何学知识，也隐含着深刻的地理学知识。不妨以古代地理学为例，说明抽象的几何学理论是如何应用于具象的地理学领域的。公元前 3 世纪的古希腊学者埃拉托色尼有"地理学之父"之誉。他不仅首创了"地理学"这个概念，而且首次比较精确地计算出

111

了地球的周长。

埃拉托色尼的地球周长计算充分表现了抽象知识和具象知识的有机结合，以及抽象思维方式的巧妙运用。①选定了两个特殊的地点——赛恩（Syene，今天埃及的阿斯旺附近）和亚历山大（Alexandria），赛恩位于赤道，并且与亚历山大近似地处于同一子午线上（实际相差 3°），二者的距离已知（大约 800km）；②选定了特殊日期，夏至日，这一天正午太阳光线直射赛恩城；③考虑到地球与太阳的距离非常远，假定两个城市的光线平行，然后利用平面几何知识，如平行线的性质——在同一平面内，两条平行线被第三条直线所截，同位角相等——估算亚历山大和赛恩相对于地心的夹角（大约 7°）；④利用几何学中的比例关系——圆周上两点相对于圆心的夹角与 360° 之比，等于两点之间弧长与圆周长之比——估算地球周长，结果为

$$地球周长 \approx \frac{360^{\circ}}{7^{\circ}} \times 800 \approx 41\ 143\,(km)$$

地球周长大约 4 万 km！考虑到当时的观测手段的粗糙，这个成果非常了不起。注意，这里①、②步用到的是具象知识，③、④步用到的是抽象知识、理论和方法。

可以看到，在具象的地理知识中，埃拉托色尼利用了特定的时间和特殊的地点，这样，不仅测量工作量大为减少，计算过程的复杂程度也大为降低；在抽象的几何学知识中，埃拉托色尼利用了圆和三角形的知识，以及相关的几何学方程与定理。特别是，他采用了一些近似处理方法。除了将两个经度接近的城市视为处于同一条经线上之外，最重要的是将两座城市同一时刻的太阳光线视为平行，这就需要一个假设——地球距离太阳无穷远。虽然地球与太阳的距离并非无穷大，但由于二者距离足够大，将光线视为平行引起的误差非常之小，因而结果接近实际。

地球的赤道和子午线不是标准的圆周，太阳的光线也不是平行线。圆、三角形、平行线都是非常抽象的概念。至于无穷大、无穷小这类事物在现实中根本见不到，它们要么是一种合理的假设（如阿基米得将圆划分为无数个三角形，底边为无穷小），要么是一种近似的假定（如埃拉托色尼将日地距离视为无穷大，否则光线不可能平行）。可是，这些看似无用的抽象概念一旦与具象的知识巧妙结合，灵活运用，就可以取得令人惊叹的科学成果。

欧氏几何学及其思维方式是西方近代科学的两大基础之一——另一个基础是系统受控实验（Einstain，1953）。三百多年前，伽利略（Galileo Gililei，1564—1642）在其《哲学原理》一书中曾经指出："你要了解大千世界的奥秘，首先必须懂得它的语言，大自然的语言是用数学写成的，其特征是三角形、圆及其他几

何图形。你若不掌握这种几何语言，你就什么也不能看懂，你只能在黑暗的迷宫中徘徊。"（Voss，1988）在伽利略看来，欧氏几何学是对自然现象进行理论抽象的一种语言（图 6-6）。

$$科学研究的三大语言要素 \begin{cases} 交流语言（基础）：汉语、英语 \\ 自然语言（关键）：数学 \\ 算法语言（支撑）：计算机语言 \end{cases}$$

图 6-6 科学研究的语言体系

这种科学的语言与地理学有什么关系呢？计量运动时期，学术界流传一个观点，即美国理论地理学者 Bunge 曾经指出，理论地理学就是地理几何学（杨吾扬和梁进社，1997）。可是，在 Bunge 的《理论地理学》一书中，自始至终没有这种明确的表述（Cox，2001）。Bunge 在描述地理学与几何学关系时表述模糊是有道理的，因为地理现象的确不适合采用欧氏几何学来刻画其空间特征以及演化动力学。

地理学的发展之所以不能像天文学、物理学等学科一样运用欧氏几何学，重要的原因在于两个方面：其一，欧氏几何学是规则的几何学，而地理现象的基本特征是不规则性；其二，欧氏几何学是刻画有特征尺度现象的数学语言，而地理现象大多是无标度的，即没有特征尺度。幸运的是，在研究地理现象如海岸线等的过程中，分形几何学诞生了（Mandelbrot，1965，1977）。分形几何学在刻画没有规则、没有特征尺度的现象方面非常有效。尤其重要的是，分形几何学可以突破图形的约束，较之于欧氏几何学更为抽象。因此，分形语言比欧氏几何学语言具有更强大的逻辑推理功能。如今，分形几何学在自然和人文地理学领域都有系统的应用（Batty and Longley，1994；Frankhauser，1994；Rodriguez-Iturbe and Rinaldo，2001；陈彦光，2008a）。

## 6.3.2 科学抽象与地理学抽象

通过前面的讨论，可以看出科学抽象的作用。

首先，抽象可以得到一般性的知识，在实践应用中更为方便。对于现实中的一个地块，我们可以将其切割为大大小小各种各样的三角形。如果没有通用的三角形面积计算公式，则估算这些三角形的面积是非常麻烦的。现在好了，不管何种三角形，只要测量两次，一个底边长，一个高度，就可以利用底乘高除以 2 的公式计算面积。这就太方便了。我们不再为形形色色的三角形面积估算而苦恼。在地理学中，以城市研究为例，如果城市化水平的变化服从 Logistic 规律，则理论上可以导出，城市化速度的最大值等于城市化水平的饱和值除以 2。反过来，我们利用观测到的城市化速度，可以判断未来城市化水平的饱和值，为区域社会经济规划和决策服务。如果不采用抽象思维方式，这样的计算和预测公式就无法取得。

其次，现实的系统具有反直观性。如果不采用抽象思维和分析方法，仅凭具象知识、形象思维和经验分析，所得结论可能是根本错误的。一个典型的例子是Braess 网络。根据我们的具象观察、经验知识，增加一条高速公路应该使得交通运输更为通畅。可是，借助抽象理论知识分析表明，如果在 Braess 网络中增加高速公路，反而在不堵车的交通系统中引起堵车（陈彦光，2008d）。单纯借助增加道路的途径解决城市交通阻塞是一种简单的线性思维。另一个例子是城市化过程中的大都市卫星城问题。直观看来，卫星城的建设有助于城市化的发展。然而，抽象分析表明，增加卫星城与城市化动力学的发展背道而驰（Chen and Zhou，2003）。这样的例子在地理学中可以找到很多。

再次，科学抽象有助于揭示隐含的规律性以及宇宙万事万物的联系。英国物理学家、著名的科学教育家 Davies（1996）曾经举了一个简明的例子来说明具象知识和抽象思维的根本区别。他说，当你看见苹果落地的时候，你可以想到用手接住它（获得食物），也会想到偏头躲开它（避免伤害）。趋利避害是人类的本能，这方面的知识可以叫做直接知识或者现象学的知识。但是，如果看到苹果落地想到了万有引力，你就从现象知识进入了理论理解的过程，这时你已将苹果落地与一个理论解释网络联系起来了。

一旦从苹果联想到引力作用，苹果就不再是苹果，而是月亮，是夜空中的星球！于是，现象学的知识就升华为理论理解了（图 6-7）。当"直接知识"上升为"理论理解"以后，我们就会明白苹果落下将贪睡的小猪击伤是由于地球引

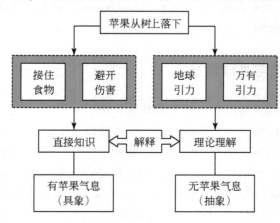

图 6-7　两类不同的研究框架

力。这种理论一经推广，我们就会想到掉下的梨子、飞来的石头、倒下的电线杆等都会伤人。当然引力理论也有局限，例如它不能解释为什么苹果可以作为一种食物。但是引力理论还有更为强大的功能，例如它可以预言海王星（Uranus）的存在和哈雷彗星（Halley's comet）的回归等。

上面所说的直接知识就是我们讨论的具象知识，基于直接知识的理论理解就是我们讨论的抽象知识。Davies（1996）指出，趋利避害的具象知识非常浅白，但对于人类的生存却至关重要，否则生命就不可能顺利进化到今天。比较而言，抽象知识倒是并非必需。牛顿之前没有人知道万有引力，但人类照样生存和进化。可是，如果一个物种不懂得趋利避害，那它在地球上一定会灭绝。学术界有一个说法，理论研究是奢侈品，应用研究是必需品。我们似乎也可以这样说，对于人类而言，抽象知识是奢侈品，具象知识是必需品。根据 Maslow（1943）的需求层次（Maslow's hierarchy of needs）理论，人类首先要满足的是必需品，然后才是奢侈品。因此，对于一个民族而言，只有社会、经济和文化发展到一定程度，才会更多地追求抽象知识；对于一门学科而言，只有其学术水平达到一定层次的时候，才会有人对抽象理论产生更高的兴趣。

地理学的研究也是如此，首先是必需品，然后才是奢侈品。以城市研究为例，可以就城市论城市，积累大量关于城市的知识，其中绝大多数是具象知识（必需品）；也可以通过城市研究自然背后的隐含规律，从而上升到理论理解的层次。在理论理解层次，城市似乎不再是城市，而是一种复杂系统（如 CAS——复杂适应系统），或者是自然领域的复杂行为模式（如 SOC——自组织临界性）。这个时候，城市研究可能没有城市的气息，正如牛顿的引力没有任何苹果的味道。但是，如果物理学满足于追求苹果的清香气息和落地时咚地一 "响" 的沉闷声音，那物理学就不能成就物理学了。地理学也是这样，如果地理学者始终追求研究对象的气息、味道和声响，那就永远无法实现理论的抽象和升华。

学科发展的一般策略是，立足本领域，强化独特性；放眼全宇宙，关注普遍性。地理学之所以成为地理学，首先要有独特性。一方面，它必须拥有自己的特殊研究对象，自己独到的方法，以及其他学科无法替代的知识框架；另一方面，它必须关注整个科学界普遍关心的共同问题，这类问题通常反映宇宙万物的某种共性，求解这类问题有助于理解宇宙万物的共同规律。强化独特性，一门学科才有生存的基础；关注普遍性，一门学科才能提高自身在整个科学界的地位。独特性的知识既有具象知识，又有抽象理论；普遍性的知识，则是从各个具体的领域延伸出来的一般理论，这类理论往往非常抽象。举例说来，数学、物理学、化学、生物学、经济学，如此等等，是非常不同的学科，每一门学科都有自己独特的研究领域和知识建构，但它们都在关注共同的知识领域：自组织、分形、混

115

沌、复杂性，诸如此类。有些知识，如果仅仅是某个学科关注的独特问题，其学术价值往往不高；但是，如果是众多学科关注的普遍问题，其地位立即上升若干层次。一个典型的例子是混沌。美国数学家李天岩和 Yorke 最初撰写《周期三意味着混沌》一文的时候，没有意识到其学术价值，就当做一篇科普文章，发表与否都不太关心。可是，当 Yorke 参加多学科交叉分析的学术会议时，发现很多学科都在关注混沌问题，而这个问题的数学定义恰恰他和李天岩已经定义并讨论了（Li and Yorke, 1975），这个时候，他们才意识到混沌研究的价值——这是众多学科的科学家普遍发生兴趣的问题，代表宇宙万物中的某种共有性质。

可是，很多混沌现象是纯粹的抽象思维结果，在现实中根本不可能见到。以 May（1976）基于虫口揭示的 Logistic 过程中的分叉与混沌为例，出现周期振荡和混沌的参数，在现实中不可能遇到。如果按照具象思维方式进行处理，这样的研究结果不可能揭示；如果按照具象思维考察，这样的成果也不可能接受。但是，该项成果却在学术界引起了很大的反响。究其原因，它揭示了抽象领域的一种系统性质和规律性。

于是，一系列问题出现了：为什么这么多的学科关注同一类问题？既然现实中不太可能出现，探讨它们又有何用？这些问题与我们地理学有什么关系？换言之，地理学有必要参与这类问题的讨论吗？……第一个问题容易理解，科学规律有不同的层次：既有各个学科自有的规律，又有不同学科共有的规律。当两门不同的学科发生交叉，揭示出相同的规律的时候，我们人类的知识就会上升一个层次；当众多的学科理论延伸到同一个领域的时候，距离我们理解宇宙万物的本质就会更近一步。关于基础理论研究，Adkins（1984）曾经有一个别致的比喻："基础研究好比向空中射一枝箭，当其落地的时候，就在落下的地方画一个靶子。"如果觉得这个比喻不太直观，那么另一个比喻可谓是对 Adkins 比喻的一个较好的注释，也是对抽象转化为具体的一个解释："最抽象和最无用的学科在被人们发展了一段时间之后，常常被科学的其他部分所俘获，成为实际工具。我想这绝不是偶然的，就好比一个人戴了一顶高帽子去参加婚礼，后来在着火的时候，发现它可以当水桶用。"

至于地理学能否参与以及为什么参与有关探讨，不妨举一个例子来说明。如前所述，May（1976）基于生态学领域的演化过程发现了 Logistic 映象的分叉和混沌行为。地理学的城市化过程也表现为 Logistic 过程，当然也可以基于城市化动力学研究混沌。那么，这种研究是否是对生态学有关研究的模仿和重复呢？不是，而是一种补充和发展。城市地理学有一个特殊的概念——城市化水平，即城市人口在总人口中的比重。借助城市化水平的公式，可以将城市化的 Logistic 方程还原为城市－乡村人口相互作用模型。于是，基于 Logistic 模型的一维映射

（1D map）转换为了基于非线性动力学的二维映射（2D map）。这个二维映射可以表现出一维 Logistic 映射一样的分叉和混沌行为。但是，有两个方面的发展：①对混沌概念的重新解释。过去，人们根据一维 Logistic 映射认为混沌是确定论系统的内在随机性。现在，根据城乡相互作用模型与 Logistic 映射的关系，我们看到，那个一维映射背后隐含着二维映射所解释的相互作用。混沌的本质可能在于非线性相互作用，而不仅仅是内在随机性。②对生态学捕食－牺牲（prey-predator）模型的重新理解。生态学中著名的 Lotka-Volterra 方程与 Logistic 过程似乎没有关联，但根据城市地理学的研究，可以适当修正 Lotka-Volterra 的捕食－牺牲相互作用模型，据此解释生态学的 Logistic 演化过程（Chen, 2009b）。

关于 Logistic 映射与混沌行为的上述研究进展，只有在城市地理学领域开展探索工作才能做到。其他领域不能替代这种工作。原因是，我们有自己特有的基于城市化水平测度的数学表达式。这个案例表明，我们能够而且必须参与科学界共有问题探索。

借助这个例子，我们可以较好地说明地理学具象研究与抽象研究的关系和层次。

第一，具象层面，探索各个区域的城市化过程。为了从定性分析向定量研究跨进一步，我们定义一个简单的测度——城市化水平，并且用公式表示出来。这样，我们从具象层面向抽象层面迈出了第一步。

第二，抽象层面 1——演绎，数学变换与方程求解分析。为了解释城市化水平的变化规律，我们建立城市人口与乡村人口的相互作用模型。从这类模型出发，可以推导出城市化水平的 Logistic 公式。这样，我们在抽象层面开展了一系列的演绎分析。

第三，抽象层面 2——模拟，数值实验与动力学分析。基于城乡相互作用的二维映射开展数字模拟实验，揭示城市化过程的动力学机制。

第四，抽象层面 3——类比，学科交叉分析。由于生态学也存在 Logistic 演化过程，我们可以将城市化动力学分析与生态学的虫口变化动态分析相类比，找出其中的共性和差异。通过共性，我们揭示出城市化过程的混沌行为；通过差异，我们补充生态学研究的不足之处。

第五，理论延伸，将结果拓展到两个极端的方向。一是向更为抽象的层面延伸，寻找地理学、生态学乃至更多学科共有的规律性；二是向具体的层面回归，研究具象意义的城市化行为，将其与抽象的城市化动力学行为进行对比分析。如果处理得好，理论成果可以在实际工作中找到应用方向。

理论抽象有助于逻辑推理和揭示更多的隐含关系。以中心地理论为例，Christaller（1933）的中心地系统模型是比较抽象的，我们在现实中找不到无穷层次

117

嵌套结构的正六边形网络。但是，中心地理论还不够抽象。因为该理论模型实际上利用了欧氏几何学语言。根据 Christaller（1933）的思想和案例，我们可以从中心地理论中提炼出更为抽象的数学表达式。考虑三个基本测度——中心地数目、人口规模和占地面积，基于自上而下（top-down order）的等级结构，可以得到三个指数关系式

$$N_m = N_1 r_n^{m-1} \tag{6-1}$$

$$P_m = P_1 r_p^{1-m} \tag{6-2}$$

$$S_m = S_1 r_s^{1-m} \tag{6-3}$$

式中，$N_m$ 为第 $m$ 级中心地的数目；$P_m$ 和 $S_m$ 分别为第 $m$ 级中心地的平均人口规模和占地面积。至于参数，$r_n = N_{m+1}/N_m$ 为数目比，$r_p = L_m/L_{m+1}$ 为规模比，$r_s = S_m/S_{m+1}$ 为面积比，$N_1$、$P_1$ 和 $S_1$ 为比例系数，分别代表第 1 级中心地数目、平均规模和平均面积。上面的自上而下描述可以等价地转换为表 6-6 所示的自下而上（bottom-up order）描述。特别是，从这三个指数表达式出发，可以推导出一套幂律表示的标度关系，从而得到中心地体系的分形模型（Chen and Zhou，2006）。

表 6-6　中心地体系与水系以及地震的有关标度定量的比较

| 类型 | 河流网络 | 中心地体系 | 地震能量 |
|---|---|---|---|
| 第一定律 | $N_m = N_1 r_b^{1-m}$ | $N_m = N_1 r_n^{1-m}$ | $G_m = G_1 r_g^{1-m}$ |
| 第二定律 | $L_m = L_1 r_l^{m-1}$ | $P_m = P_1 r_p^{m-1}$ | $E_m = E_1 r_e^{m-1}$ |
| 第三定律 | $A_m = A_1 r_a^{m-1}$ | $S_m = S_1 r_s^{m-1}$ | $Z_m = Z_1 r_z^{m-1}$ |

注：①表中的序号是基于自下而上的表示。②在关于水系的 Horton-Strahler 定律中，$N_m$ 为第 $m$ 级河流的分支数目，$L_m$ 为第 $m$ 级河流的平均长度，$A_m$ 为第 $m$ 级河流的平均流域面积；至于比率，$r_b = N_m/N_{m+1}$，$r_l = L_{m+1}/L_m$，$r_a = A_{m+1}/A_m$。③在关于地震的 Gutenberg-Richter 定律中，$G_m$ 为第 $m$ 级地震的频数，$E_m$ 为第 $m$ 级地震的平均能量，$Z_m$ 为相应级别地震引起的平均断裂规模；至于比率，$r_g = G_m/G_{m+1}$，$r_e = E_{m+1}/E_m$，$r_z = Z_{m+1}/Z_m$

分形几何学表示的模型要比欧氏几何学表示的模型抽象多了。这种抽象处理的意义如下。

第一，便于数学变换和逻辑分析。从抽象的数学表达式出发，可以反推中心地系统演化的动力学机制。由于分形模型可以从最大熵原理推导出来（陈彦光，2008a），我们可以运用熵最大化原理解释中心地时空演化过程。人文系统的最大熵暗示个体的公平与整体的效率的最佳协调状态（陈彦光，2008b）。因此，中心地结构是一种优化结构。借助中心地理论规划城市和区域网络，的确有助于地理空间的优化利用。

第二，有助于更高层面的科学类比，揭示大自然中更为普遍的科学规律。研

究发现，中心地等级体系与河流网络、地震能量分布具有相同的标度关系和等级构造（陈彦光，2008a；Chen，2009a）。更进一步的研究显示，人体血管体系、太阳系的行星分布、分形结构、从分叉到混沌的过程、人类社会的各种网络都服从类似的标度定律。这就表明，人文系统与自然系统遵循相似的科学规律。据此，我们可以窥视宇宙背后的某种高层面的自然法则，这些发展不仅决定自然系统的运行，而且影响人文系统的结构。

第三，改变传统的地理学观念。我们过去总是认为，人文与自然不同，人文地理系统与自然地理系统有本质的差别。可是，中心地理论模型的进一步抽象结果显示，自然地理系统（如水系）与人文地理系统（如聚落体系），表现相同的数学模式，遵循相似的自然规律。

如果不进行理论抽象，如果始终依赖具象知识和形象思维方式，则上述理论演绎结果不可能出现，我们对中心地理论、对地理学规律的认识就很难上升一个层次。不妨再举一个抽象思维应用的地理学实例，这个例子与中心地一例关系密切。在城市地理学中，城市位序－规模法则（rank-size rule）是一个非常基本的规律。假定将一个区域的城市依照人口规模从大到小排列，最大的城市规模为 1 单位，则第二位的城市规模为 $1/2$，第三位的城市规模为 $1/3$，…，第 $n$ 位的城市规模为 $1/n$，…（Knox and Marston，2006）。这就是所谓位序－规模法则，人们通常将其视为 Zipf 定律的一个特例。可是，位序－规模法则的理论本质究竟是什么？它与哪些基本的地理学规律存在联系？五十多年前，Stewart（1952）曾经沮丧地说："位序－规模法则至今不能从一般原理中推导出来，在它的基本原理（underlying rationale）被揭示之前，还要开展很多的研究。"此后经过二十多年，情况依然没有太大的好转（Vining，1977）。今天，我们不能说对这个问题的理解已经到位——实际上还有很多问题尚未明确，但至少可以肯定，到问题本质的距离已经大大缩小。

研究的进展依赖于抽象思维而不是经验研究。城市位序－规模法则在数学上可以抽象为一个调和数列：$1, 1/2, 1/3, \cdots, 1/n, \cdots$。通过数学分析，可以证明如下规律：如果自上而下将这个调和数列按照二倍数分级，第一级 1 个（1），第二级 2 个（1/2，1/3），第三级 4 个（1/4，1/5，1/6，1/7），第 $m$ 级 $2^{m-1}$ 个，则每一级的数值之和在极限条件下等于 ln2，从而各级平均数反比于 $2^{m-1}$（$m = 1, 2, 3, \cdots$）。这就从数学上证明了位序－规模法则与 Davis（1978）二倍数法则的等价性（陈彦光和胡余旺，2010）。进一步地，可以证明调和数列的等比划分定理：如果自上而下将一个调和数列按照 $N$ 倍数分级，第一级 1 个数，第二级 $N$ 个数，…，第 $m$ 级 $N^{m-1}$ 个数，则每一级的数值之和在极限条件下等于 lnN，从而各级平均数反比

于 $N^{m-1}$。

我们知道，定理与定律不同。定理是理论的、纯数学意义的，定律则依赖于实证和具体的物理意义；定理是普适的，定律则是在有限范围内适用。调和数列的等比划分定理可以帮助我们解决如下问题。

第一，理论本质。根据上述定理，城市位序－规模法则总可以分解为一对指数方程。城市和城市体系的指数律可以从熵最大化原理中推导出来（陈彦光，2008a）。因此可知，位序－规模法则的理论基础在于人文地理系统的熵最大化。

第二，理论的第一步推广。将位序－规模法则推广到一般的 Zipf 定律，则 Zipf 定律的理论本质也可以统一到熵最大化的根基上去。

第三，理论的第二步推广。调和数列的等比划分定理可以应用到 $1/f$ 噪声（1-over-f noise），从而建立位序－规模分布与 $1/f$ 噪声的类比关系。

第四，数学刻画。描述城市等级体系的分形模型可以分解为一对指数律，于是调和数列的等比划分定理建立了城市位序－规模法则与分形理论的联系。

第五，理论建构。基于这个定理可以将城市体系的 Zipf 定律（包括位序－规模法则）、Pareto 分布、$1/f$ 噪声、分形结构、异速生长定律、广义的城市体系二倍数法则（the $2^n$ rule）、中心地标度律以至地理引力模型等统一到一个完整的逻辑框架之中，或者建立它们之间的数学联系，从而可以更好地借助整体论的观点理解城市演化并处理现实问题。第 8 章我们将会讨论：分形、$1/f$ 噪声和 Zipf 定律是我们理解城市化自组织临界性的三个重要标志（陈彦光，2004）。当然，这仅仅是问题的很小的一个组成部分。

第六，实际应用。近年来，中国政府比较关心我国的城乡聚落组织层次。这涉及两个问题：城乡聚落分为多少等级？每一个等级的聚落平均下辖多少聚落？Christaller（1933）通过德国南部的城乡聚落研究，发现不同条件下形成不同类型的中心地等级体系。这些等级体系大致可以分为 7 级，自上而下分别形成公比为 $k=3$、$k=4$ 和 $k=7$ 的等比数列。其实，中国古人心目中理想的居民组织就是基于等比数列的等级体系。在《周礼·地官司徒第二》中，以国都为中心，从里到外分为三个空间层次，即城、乡、遂。乡、遂之下都按几何数列组织居民单位，例如乡之下包括 5 个州，州之下包括 5 个党……自上而下分为 6 个级别，加上国都共 7 个等级（表 6-7）。形式上，《周礼》的居民组织安排大体根据如下公式

$$N_m = N_1 r_n^{1-m} \tag{6-4}$$

式中，公比 $r_n \approx 5$。第 4 级因为共同的宗社之类而少一个单位。

表 6-7 古人理想的城乡居民组织

| 等级 | 国都之外的四郊 | 郊区之外的农村 | 数量 | 规模（家） |
|---|---|---|---|---|
| 第 1 级 | 乡（5 州） | 遂（5 县） | 1 | 12 500 |
| 第 2 级 | 州（5 党） | 县（5 鄙） | 5 | 2 500 |
| 第 3 级 | 党（5 族） | 鄙（5 酂） | 25 | 500 |
| 第 4 级 | 族（4 闾） | 酂（4 里） | 100 | 100 |
| 第 5 级 | 闾（5 比） | 里（5 邻） | 500 | 25 |
| 第 6 级 | 比（5 家） | 邻（5 家） | 2 500 | 5 |

注：由于第 4 级涉及共同的宗社之类，数量少 1 个单位

位序 – 规模分布与等级体系的等价性规律暗示，我们的确可以根据几何数列组织城乡聚落体系的管理。城镇等级可以分为 6 ~ 7 级，每一级下辖的单位数可以根据全国城镇总数来确定。中国有 660 个市，1642 个县，41 636 个乡镇（2005 年）。因此，从首都开始，自上而下分为 7 级，每一级平均辖 6 个下级聚落比较合适。

## 6.3.3 唯象分析与唯理分析

科学研究中一直存在两种代表性的分析方法：唯象分析（phenomenological analysis）和唯理分析（theoreticalogical analysis）。唯象分析主要是以观察为基础的经验分析，偏重于归纳和类比；唯理分析则是以理论为前导的逻辑推理分析，侧重于演绎和假设 – 求解过程。唯理研究可以以唯象研究结果为基础，唯象研究可以通过唯理分析将成果抽象化和一般化。唯象研究关注的是系统的行为特征（行为研究），唯理研究关注的是系统的合理结构（规范研究）。由于地理系统具有自我优化机制，两类研究结果往往不谋而合或者殊途同归。

以基于 Logistic 模型的城市化水平的 S 形曲线为例来说明。该曲线可能是 Davis（1972）最先提出，Northam（1979）等有所发展。Davis 和 Northam 等的研究都属于唯象研究，他们是基于观测数据经验地总结出城市化水平的 S 形曲线的。与此对照，另外一些学者则是通过纯粹的理论分析导出城市化水平的 Logistic 模型，从而给出更为具体的 S 形曲线的。这类研究在一定程度上属于唯理研究。唯理研究又有三条轨迹。其一是城乡人口异速生长研究。Naroll 和 Bertalanffy（1956）将生物学的异速生长方程用于城乡人口研究。对城乡人口异速生长方程进行反演，可以得到城市化水平的 Logistic 方程。其二是城乡人口迁移研究。代表性的理论有 Keyfitz（1980）、Rogers（1968）的城乡人口线性迁移模型和联合

国（United Nation，1980）的城乡人口非线性迁移模型。从这些模型出发，在一定条件下可以推导出城市化水平的 Logistic 方程。其三是城乡人口替代过程研究。其前提是城市人口的替代假说（replacement hypothesis）。最初是 Fisher 和 Pry（1971）提出了新、旧技术替代方程，后来 Hermann 和 Montroll（1972）将其推广应用于非农职工与农业职工的替代过程（Montroll，1978），Karmeshu 将其推广到城乡人口替代（Karmeshu，1988）。城乡人口替代模型的标准表达是城乡人口比的指数增长，城乡人口比的指数增长与城市化水平的 Logistic 增长理论上具有等价性。

唯象研究既可以是定性研究，也可以是定量研究，这类分析方法重视经验观察和感性思维；唯理研究主要偏重于数理研究，以纯粹理想思维为主。偏爱唯象研究的地理工作者可能擅长形象思维，而偏好唯理分析的地理工作者则可能善于抽象思维。

## 6.3.4　形象思维与抽象思维

前面讨论具象和抽象的时候，反复提到的概念是抽象思维和具象思维。不过，在中文文献里，用于反映科学思维方式的两个常见概念是抽象思维和形象思维。俄罗斯杰出的生理学家巴甫洛夫（Ivan Petrovich Pavlov，1849—1936）曾说："生活明显地表明有这样两类人：艺术家和思想家。他们之间有显著的区别。一些人，即所有一切的艺术家，作家、音乐家、美术家以及其他等等，他们全面地、充分地把握整个现实，活生生的现实，而不把现实分成碎片和切成片段。另一些人即思想家，他们恰恰是把现实分成碎片，因此仿佛是先杀死现实，用它搭成一个临时的骨架，然后再慢慢地把它的肢体重新拼凑起来……"（王通讯，1986）这里巴甫洛夫谈到不同思维方式的两类人：形象思维的艺术家和抽象思维的思想家——思想家中包括科学家。前者联系着整体论思维，后者联系着还原论思维——关于整体论和还原论，已经在第4章讨论过。

哪种思维方式对地理学更为重要？要说明这个问题，首先必须明确形象思维和抽象思维的内涵。顾名思义，我们可以对这两个概念有初步的理解。可是，当我们翻阅西方文献的时候，可以看到，西方人对思维方式很少采用二分法，他们的划分具体而且细致。为了讨论的方便，并且避免概念的误会，不妨简单介绍一下西方学术界思维方式的分类。探讨这类问题，有助于我们进一步理解具象和抽象的联系及其区别。

西方学者对思维方式（thinking style）有纵向划分和横向划分两类方式。纵向划分是针对人生发育不同阶段的，横向划分则是针对不同思维类型的。最著名的纵向思维分类莫过于认知发育阶段（the stages of cognitive development）论了。瑞士心理学家皮亚杰（Jean Piaget，1896—1980）将人类心理发育分为四个层次（four levels of development）。不同的年龄层次，不同的思维方式开始发育。根据这种思路，皮亚杰及其继承者创立了认知发育阶段理论（表 6-8）。当然，有些内容如婴儿期的"符号思维"概念是后人的发展（Santrock，2005）。幼儿本能的符号思维不同于成人有意识的抽象思维。

**表 6-8　皮亚杰的认知发育阶段及其对应的思维方式的产生**

| 发育四层次 | 认知发展四阶段 | 年龄段（岁） | 思维方式 |
|---|---|---|---|
| 婴儿期（infancy） | 感觉运动阶段（sensori-motor stage） | 0~2 | 本能活动，符号思维（symbolic thinking） |
| 学前期（preschool） | 操作预备阶段（preoper-ational stage） | 2~7 | 神秘思维（magical thinking），融合思维（syncretic thinking） |
| 儿童期（childhood） | 具体操作阶段（concrete operational stage） | 7~12 | 具象思维（concrete thinking） |
| 青春期（adolescence） | 形式操作阶段（formal operational stage） | 12~15 | 抽象思维（abstract thinking） |

资料来源：Wikipedia. The free encyclopedia. http：//en. wikipedia. org/wiki/Jean_ Piaget

123

根据皮亚杰的理论，人类的思维从两岁的学前期开始发育。首先是发育融合思维（syncretic thinking），这是孩童阶段（2~7 岁）的一种思维方式，精神过程基于纯粹的感觉和经验，不能进行观察之外的归纳或者演绎推理[1]。到了儿童期（7~12 岁），具象思维开始发展了。所谓具象思维，最基本的特征是表面化，倾向于最直接、最明显的感觉印象，缺乏概括（generalization）和抽象[2]。简而言之，具象思维是以现实的事物和事件为主要特征的思维过程，缺乏概念和概括[3]。具象思维的最大特点是反映一种经验，而不是一种抽象，它与抽象思维的根本区别在于不能进行概括。人到青春期（12~15 岁）才发育抽象思维。抽象思维的特征是具备利用概念的能力，能够进行概括并且理解归纳的结果，例如可以将各种各样特殊项目和事件的共同性质或者相同的图式提炼出来。可以看出，抽象思维是人类思维的高级形式。对于正常人而言，成年之后人人都可以进行一定程度的抽象思维。问题在于，如何在科学研究中有效利用抽象思维过程。

---

① Elsevier. 2009. Mosby's Medical Dictionary（8th edition）. Amsterdam：Elsevier.

② McGraw-Hill Companies, Inc. 2003. McGraw-Hill Dictionary of Scientific and Technical Terms. Columbus：McGraw-Hill Companies, Inc.

③④　The American Heritage. 2002. Stedman's Medical Dictionary. Boston：Houghton Mifflin Company.

至于思维方式的横向划分，则可以分为语言思维和非语言思维两大类别，而非语言思维中又可以分出逻辑思维、视觉思维、听觉思维和小脑思维。这五种思维方式分别对应于人类的五种智力类型（表6-9）。其中逻辑思维又叫做数学思维、系统思维，代表抽象思维的核心过程；视觉思维又叫做图像思维、空间学习或者右脑学习方式，是形象思维的核心过程。所有的思维方式都是大脑的一种精神或者智力过程，但不同的思维类型更多地联系不同的身体部位或者器官。

表6-9 智力类型及其对应的思维方式

| 智力类型 | 能力 | 思维方式 | 身体 | 思维类型 |
|---|---|---|---|---|
| 非情绪智力 | 语言表达能力 | 文字思维（verbal thinking） | 口 | 语言思维（linguistic thinking） |
| | 数学计算能力 | 逻辑思维［logical（mathematical/systems）thinking］ | 脑 | 非语言思维（non- linguistic thinking） |
| | 空间想象能力 | 视觉思维［visual（picture）thinking］ | 眼 | |
| | 音乐欣赏能力 | 听觉思维［aural（musical）thinking］ | 耳 | |
| | 体育运动能力 | 小脑思维［physical（kinesthetic）thinking］ | 四肢 | |
| 情绪智力 | 体察他人感情和情绪的能力 | 其他 | 心 | 其他思维 |

资料来源：Wikipedia. The free encyclopedia. http：//en. wikipedia. org/wiki/Visual_ thinking

如果将我们的形象思维和抽象思维概念与西方的思维方式分类对应起来，那就是：我们的抽象思维对应于西方的左脑思维（left brained thinking），我们的形象思维对应于西方的右脑思维（right brained thinking）。形象思维的特点是基于直观、直接和表象的一种思维方式，它与具象思维有相似的特征。形象思维借助于视觉、图像、空间格局，如此等等。与此相对，抽象思维则是借助于概念、判断和推理的思维过程，强调间接和概括。如果说形象思维主要是大脑右半球主导的一种精神过程，那么抽象思维则是大脑左半球支配的一种心理活动过程。Holt-Jensen（1999）在其《地理学：历史与概念》一书中比较了左脑型思维和右脑型思维（表6-10）。

表6-10 左脑思维与右脑思维的比较

| 左脑思维 | 右脑思维 |
|---|---|
| 逻辑的（logical） | 直觉的（intuitive） |
| 条理的（sequential） | 随机的（random） |

续表

| 左脑思维 | 右脑思维 |
|---|---|
| 理性的（rational） | 情绪的（emotional） |
| 分类的（classific） | 系统的（systematic） |
| 间接的（indirect） | 直接的（direct） |
| 线性的（linear） | 非线性的（nonlinear） |
| 相继的（successive） | 同时的（simultaneous） |
| 计划的（plans ahead） | 冲动的（impulsive） |
| 守时的（punctual） | 不太守时的（less punctual） |
| 演化的（evolutive） | 创造的（creative） |
| 分析的（analytic） | 综合的（synthetic） |
| 还原的（reductive：looks at parts） | 整体的（holistic：looks at wholes） |
| 客观的（objective） | 主观的（subjective） |
| 抽象的（abstract，verbal） | 形象的（imaginary，visual） |
| 科学的（scientific） | 艺术的（artistic） |
| …… | …… |
| 西方的（欧美的） | 东方的（中国的） |

资料来源：Holt-Jensen，1999；http：//www.funderstanding.com/；http：//www.mathpower.com/；http：//www.myinkblog.com/

125

地理学对思维方式的要求可能比其他科学要求更高、更复杂。一方面，地理学作为一门空间科学，需要地理工作者具备良好的形象思维能力；另一方面，地理学作为科学研究过程，需要地理工作者具有一定的抽象思维能力。一个优秀的数学家或者理论物理学家，如果当初选择了地理学专业，很可能成为蹩脚的地理学者。原因在于，作为数学家或者理论物理学家，只要具备足够的抽象思维能力就可以取得很好的成就。但是，作为地理学者，必须两种思维能力都达到一定水平。可是，在现实中，两种思维能力都非常突出的人十分少见。科学界流传这样一件轶事，当有"原子弹之父"之誉的奥本海默（J. R. Oppenheimer，1904—1967）还在德国哥廷根（Göttingen）的时候，英国理论物理学家狄拉克（P. Dirac，1902—1984）有一天走到他身边说道："奥本海默，听说你还是一位诗人。我不明白，为什么一个人既可以工作在物理学的前沿，又同时可以从事诗歌创作。要知道，科学与艺术是不同的。在科学中，你要用大家都理解的语言说出此前没有人知道的事情；在诗歌中，你要用没有人理解的语言说出那些大家已经知道的事情。"（Jungk，1958；李政道，1999）从狄拉克这段话，我们可以了解三方面的信息：其一，科学思维（左脑思维）与艺术思维（右脑思维）具有对偶性；其二，一个人难以在一定程度上兼备两种思维方式；其三，的确有人在两种思维方面都非常杰出。

东方人特别是中国人主要是右脑型的人，而西方人亦即欧美人则主要是左脑型的人。中国的语言是由象形文字演化而来的方块字，属于图形语言；西方语言则是由声音文字演化而来的语言体系，属于抽象语言。东方人的语言与思维方式互为因果，西方人的思维方式与其语言也互为因果。所以，东方人在艺术和技术方面更为突出（西方的一位学者感叹：当代世界的技术发明，至少有一半可以在古代中国找到源流），而西方人在科学方面则更见高明（西方的另一位学者感叹：当代世界科学理论，至少有一半可以在古希腊找到萌芽）。究其原因，思维方式不同。左脑型的抽象思维更具有严谨性，而右脑型的形象思维更具有创造性。因此，中国人研究地理学有自己的独特优势，特别是在空间思维和技术创新方面，我们具有西方人无以比拟的生理基础。遗憾的是，这些年来，我们的科学研究包括地理学研究一直在追随西方。结果，毋庸讳言，我们有一些邯郸学步的悲哀：我们既未能有效掌握西方人的抽象思维方法和理论创造的特长，也未能充分发挥我们自己的空间想象能力和学术创新的优势。

其实，形象思维与抽象思维是相辅相成、各有千秋、长短互补、不可偏废的。李政道（1999）发现，在西方科学兴旺发达的时候，一般也是艺术蓬勃发展的时候。艺术对科学的推动具有潜移默化的作用，艺术可以激发科学的创造力。因此，最近十多年来，李政道一直在华人圈里提倡科学与艺术的融合。对于地理学而言，倡导科学与艺术、形象思维与抽象思维的交融可能具有尤其重要的意义。特别需要指出的是，由于中国人具备形象思维的先天优势，我国今后的地理学教育应该注意如下三个方面的问题：第一，充分发挥我们右脑形象思维的特长——创新能力，减少一些对西方的盲目崇信，鼓励中国自有的创新；第二，从少年时代起，培养学生的抽象思维，以便部分学者在理论创造方面发挥作用；第三，科学教育和艺术教育不可偏废，在看到"有用之用"的同时，看到"无用之用"。《庄子》感叹："人皆知有用之用，而莫知无用之用也。"具象知识为有用之用，而抽象知识往往为无用之用。

最后谈谈中国古人的一些观念。早在两千多年前，我们的先哲就曾指出："形而上者谓之道，形而下者谓之器。"（《易经·系辞上传·第十二章》）所谓形而上，就是抽象；形而下，就是具象。一般的解释是，大自然的规律（道）是没有形状的，即所谓"大象无形"（《老子·四十一章》）。既然大象无形，岂能不抽象？因此，地理学在充分利用图形、图像的时候，也不能忽视符号系统的运用。

# 6.4 小 结

科学分析方法可以分为定性分析和定量分析，定性分析的目的是说明研究对象的构成和属性，定量分析的目的则是测量系统成分的数量及其比例关系。这两种方法在哲学基础（包括本体论、认识论和方法论）和数据分析方面都存在明显的区别。定性方法的数据分析主要是说明研究对象的内在意义，定量方法的数据分析则是为了证实或者否定某个命题（proposition）。虽然定性方法和定量方法在逻辑上都会用到归纳和演绎，但归纳和演绎法在认识论层面主要属于定量方法的范畴。在科学方法论中，严格意义的归纳与数学和统计学有关，严格意义的演绎主要是采用数学变换方法。

数学方法应用于一门学科主要发挥两种功能，一是作为观测或者实验数据的整理手段，二是构造假设、建立模型、发展理论。一种研究过程用到数学工具的时候未必就是定量研究，当且仅当既用到数学又用到数据的时候，才能算是定量分析。在地理学的"计量革命"时期，数学方法主要发挥第一种功能（整理数据），在第二种功能（假设－建模）方面没有达到预期效果，因此继"计量革命"之后的地理学"理论革命"的努力未能成功。地理学运用数学工具不完全成功的原因在于三个方面：一是高等数学的微积分是以欧氏几何学为基础的，而地理现象是不规则的几何学现象；二是高等数学的线性代数主要用于描述线性系统，而地理过程主要是非线性过程；三是高等数学的概率论和统计学是基于有特征尺度的分布的，特别是正态分布，而地理现象主要是无特征尺度分布，特别是Pareto-Mandelbrot 分布。如今，数学方法在不断发展，分形几何学、混沌数学等后现代数学工具为地理学的理论建设带来了新的希望。

# 第 7 章  可能与现实

有一些方法论范畴，例如真理与模型、模拟与虚拟、应然与实然等，与归纳和演绎的范畴相关联，但又有其相对独立的意义，我们在本章将这些范畴归在可能与现实的范畴内加以论述。

1710 年莱布尼兹提出"可能世界"这一概念（Leibniz，2009），此后"可能"与"现实"逐步发展成为一对哲学范畴（Divers，2002），并且也是艺术与科学划分的判据之一（Steadman，1979）。今天，可能与现实已被作为地理科学研究的一对范畴而被正式提出。地理科学不仅仅研究现实的现象（actual phenomena），同时也要研究潜在的或者可能的现象（possible phenomena），"严肃的科学必须在涉及现实性的同时涉及可能性，这是基于如下信念：只有描绘出可能的界限，我们对现实的理解才会变得切实可行"（Batty and Xie，1997）。事实上，地理学家在关注现实世界（actual/real world）的同时，从来没有忽略对可能世界（possible world）的关注、思考和构造（Martin，2005）。这里所指的"可能世界"，主要是指真实世界在人头脑中的反映，包括构想的世界、理念的世界、未来可能出现的世界、优化的世界等。可能与现实之间主要经过认识过程沟通起来，地理学中的模拟就属于这种认识。长期以来，地理学的建模和模拟主要是基于现实的世界来描绘与思考可能的世界，或者根据可能的世界来反思、预测或者规划现实的世界。

## 7.1  真理与模型

### 7.1.1  科学研究的转型：从真理探索到模型建设

我们前面讲到，数学运用于一门学科，主要发挥两种作用：一是用于实验和观测数据的统计整理，二是构造假设、建立模型、发展理论。地理学在第一个方面的应用比较成功，但在第二个方面却没有达到预期的效果（Moss，1980）。因此，"计量革命"后期，地理学的理论革命难以为继。

为什么地理学者如此关心理论模型建设问题？这要从科学研究的转型说起。在 19 世纪以前，科学家的主要精力用于试图发现各种真理。科学研究者通常以真理探索者自居。一旦发现某种规律，就自以为向真理逼近了一步；一旦提出某个定律，那就认为揭示了一个真理。既然是真理，那就要"放之四海而皆准"，代表一种颠扑不破的道理。因此，经典的科学定律绝对不允许遇见现实中的反例。但是，可证实的事实再多，也不能证明一个定律为真，因为在逻辑上总存在出现反例的可能性。于是，19 世纪之后，人们的观点发生了根本性的改变：科学家的任务不再是去发现真理，而是提出假设、建立模型。正是在这个背景下，有超级天才之誉的 von Neumann（1961）曾经指出："科学不只是为了解释现象，更不只是为了说明一些事情，科学的主要任务是建立模型。"导致这个转型发生的一个重要原因是非欧几何学的创生。

我们知道，欧氏几何学的出现标志着人类空间观念的第一次伟大革命。正是在这次革命中，产生了抽象与证明的概念。欧氏几何学的理论体系是从五大公设和五个公理演绎出来的，其推理过程妙不可言，人们视之为"完备理论"（complete theory）。在 19 世纪以前，包括牛顿在内的伟大科学家都要精心研究欧氏几何学：不仅是学习这门学科的理论，更重要的是学习抽象和证明的思想，训练演绎推理的思维。有关历史前面已经提及。人们一度将欧氏几何学当做发现客观真理的典范。那时，最理想的做学问的方法，就是确立一些不证自明（self-evident）的公理，然后应用形式逻辑学推导出定理。总之，真理就在那儿，等着人们去发现。

欧氏几何学虽然很优美，但其"第五公设"（Euclid's fifth postulate）即所谓"平行公设"（parallel postulate）一直令人怀疑。不证自明的公设都应该表述简单，含义直观，但第五公设——等价的表述是"过一条直线外面一点，有且只有一条直线与已知直线平行"——既不简单，也不直观。这个公设看起来更像是一条定理，但人们无论如何不能从其他四个公设和有关定理中将其推导出来。19世纪的时候，年轻气盛的罗巴切夫斯基（N. I. Lobatchevsky，1793—1856）试图采用归谬法证明欧氏几何学的第五公设的正确。他假定："过一条直线外面一点，不止一条直线与已知直线平行。"他将此假设与欧氏几何学的另外四个公设以及五个公理放到一起，然后进行新的演绎变换，试图导出逻辑矛盾，从而反证原欧氏几何学的第五公设正确。然而，事与愿违。推理越来越长，但却没有出现内部矛盾的任何迹象。

直到后来，罗巴切夫斯基导出一整套与欧几里得几何学完全并列的另外一套几何学体系，这就是通常所说的对科学观念影响极大的罗氏几何学。再后来，德国数学家黎曼（G. F. B. Riemann，1826—1866）假定："过一条直线外面一点，没有一条直线与已知直线平行。"根据这个假定和欧氏几何学的前四个公设以及五个公理，又演绎出黎曼几何体系。罗氏几何学和黎曼几何学合称非欧几何学。

德国数学家 F. 克莱因（Felix Klein，1849—1925）对非欧几何学有很大发展。

非欧几何学的诞生是具有划时代意义的，这些理论最终颠覆了当时学术界的最高意识形态，摧毁了此前固定不变的学术教条。人们终于认识到，所谓公设或者公理其实并非不证自明的道理，所有公设、公理都是理论家的假说。既然如此，哪里还有颠扑不破的真理的存在？欧几里得空间本身就并非一个绝对存在、固定不变的空间，而是一种由学者提出的、可以当做模型使用的空间。

从此以后，人们扬弃过去的学术信念，代之以全新的哲学观念：科学家的任务不再是发现真理，而是去提出假设、建立模型。由于这次观念的革命，科学家在人类社会所扮演的角色由真理发现者（truth finder）转换为模型建立者（model builder）。构造假设、建立模型、发展理论变成科学工作的首要任务。科学研究的过程由归纳 - 推理过程转变为假设 - 求证过程。科学理论的判断标准也不再是看它是否被证明绝对正确无误，而是看它是否具有可以被重复检验的性质（表7-1）。有人在《纽约时报》以后现代主义的口吻撰文感叹："20 世纪的重大教训是，任何伟大的真理都是虚假的。"（唐晓峰和李平，2000）该文章的作者不知道，其实科学家已经放弃了对"放之四海而皆准"的真理的追求，转而探索局域有效的模型的建设。

**表 7-1　非欧几何学引起的科学研究转型前后的对比**

| 比较项目 | 非欧几何学产生之前 | 非欧几何学产生之后 |
| --- | --- | --- |
| 科学目标 | 普遍适用的结果 | 有限实用的结果 |
| 科学任务 | 探索真理 | 建立模型 |
| 研究过程 | 归纳 - 推理 | 假设 - 求证 |
| 科学标准 | 绝对正确无误 | 可重复、可检验 |

## 7.1.2　模型、数学建模及其功用

我们这一节的任务之一是讨论模型（model）与原型（archetype，prototype）的关系。单纯的原型，没有太多可以议论的话题。但是，分析二者的关系却具有明显的学术意义。从某种意义上讲，要想清楚地理解原型的内涵，首先必须明确模型的定义。提到模型，人们往往联想到数学模型。数学模型当然是科学理论研究中最重要的一类模型，但是，科学模型远不限于数学模型。遗传算法的奠基人Holland（1998）曾经指出："广而言之，地图、游戏、绘画乃至隐喻都是模型。模型是人类认知行为的升华，常常带有某种神秘色彩。"对于地理学者而言，最

常见的一类模型乃是地图，地理制图的过程就是一种典型的模型建设过程。但地图一般不属于理论模型。我们这里讨论的模型主要限于理论模型。所谓理论模型，是指具有某种解释和预言能力的模型，包括文字描述和图形表达的模型（如中心地模型）及数学模型（如城市人口密度的 Clark 模型）。

英国地理学者 Longley（1999）曾经指出："按照最一般的理解，一个'模型'可以定义为恰到好处的'现实的简化'。"模型中最难把握的是数学模型，因为这种模型高度概括和抽象。其实，数学模型可以理解为用数学语言对现实进行的不多不少、恰到好处的简化表达。相应地，数学建模过程就是为更为准确地理解和分析现实世界存在的问题，并预测其未来发展趋势，所作出的对现实事物的数学表达或者转译（Arora and Rogerson，1991）。面对现实世界问题，我们期望得到问题的答案。可是，由于问题的复杂性或者系统的反直观性，我们往往无法得到问题的现实解答。于是我们求助于数学建模，数学建模的过程就是在自然系统与数学系统之间建立一种编码与解码的关系（Casti，1996）。利用数学建模，可以将自然界的某个因果关系转换为数学问题中的逻辑推断（图 7-1）。

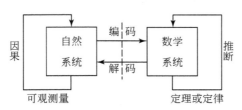

图 7-1　数学建模关系示意图

资料来源：Casti，1996

更具体地，我们可以将数学建模过程大致表述如下（Ang，2001）：运用数学语言将现实世界问题转化为数学问题（mathematical problem），这个过程叫做公式化（formulation）过程；然后对这个数学问题求解，得到问题的数学解答（mathematical solution）。可是问题的数学解答通常是用符号和数字表示的，这个时候就需要一个结果译解（interpretation）过程，将数学解答转换为现实世界解答（real world solution）（图 7-2）。

设想一个古人希望计算一个圆形广场的面积，这是一个现实世界问题。对于古人来说，圆的面积是很难处理的。最容易计算面积的图形莫过于矩形了。通过矩形面积计算方法，可以演绎出三角形面积的计算方法。这个过程难不倒稍有头脑的古人。对于圆形面积，那就只有数学家才能胜任了。如前所述，古希腊数学家阿基米得将圆形转换为一个等积的三角形，得到三角形的面积，就知道了圆形面积，从而可以计算广场面积。因此，在没有圆的面积公式的情况下，他

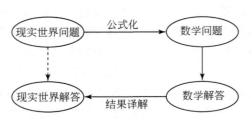

图 7-2　数学建模过程示意图

资料来源：Ang, 2001

只要测量出广场的半径，就可以估计出广场的面积大小。当然，如果希望计算得非常精确，他就有必要研究圆周率了。对于阿基米得而言，圆形广场面积是一个现实问题，三角形面积是一个数学问题，三角形面积计算结果是一个数学解答，这个解答等价于圆形广场面积的现实解答。于是完成了图 7-1 所示的建模与求解过程。

科学研究的主要任务是模型建设，整个科学领域如此，地理学当然也不例外，否则地理学真的永远成为例外的学科了。那么，模型建设的目的是什么呢？计量地理学者 Fotheringham 和 O'Kelly（1989）曾经指出："所有的数学建模都具有有时似乎相互矛盾的两个目标：解释和预言。"但是，Kac（1969）的看法与此不同。1969 年，Kac 在 *Science* 上发表《科学中的一些数学模型》一文，文章指出："（数学）模型的主要作用与其说是解释和预言——尽管这是科学的主要职能——毋宁说是极化思想和提出明确的问题。"可以认为，Kac（1969）的意见对前述 von Neumann（1961）的观点是一种补充，他的观点让我们想起了 Hamming（1962）和 Karlin（1983）的关于数学建模的名言。概括起来，我们对科学研究有如下认识。

科学的主要职能：对世界进行解释和预言——科学预言包括预测。预言，主要是针对未知事物的一种推断，可以面向过去、面对现在抑或面向未来；预测，则着重是针对未来的一种提前的判断。对于地理学而言，除了解释和预言之外，还应该有一个职能，那就是优化。

科研的主要任务：建立模型，特别是数学模型。

数学模型的角色：发挥科学的解释和预言职能；极化思想、激励问题，开拓知识领域。

不妨以天文学中的一个关系式为例，说明模型的作用和局限。1766 年，德国一名中学数学教师 J. D. Titius（1729—1796）通过研究当时发现的太阳系六大行星（水星、金星、地球、火星、木星、土星）与太阳的平均距离，得出了一个经验公式。1772 年，柏林天文台台长 J. E. Bode（1747—1826）研究了 Titius 的发现，并向天文学界公布了这个结果（Nietro，1972）。Titius 因此而跻身于天文学家的行列。此后人们一直从各个角度开展研究，至今没有停止，但问题仍未澄清（Poveda and Lara，2008）。该公式可以表示为

$$L_n = \frac{1}{10}(3 \times 2^n + 4) = 0.3 \times 2^n + 0.4 \tag{7-1}$$

这个关系式后来叫做 Titius-Bode 法则或者 Titius-Bode 定律，简称 TB 定律。式中，$n$ 为行星序号，$n = -\infty$，0，1，2，$\cdots$；$L$ 表示行星到太阳的平均距离。各个行星到太阳的实际平均距离以及 Titius-Bode 模型的预测结果如表 7-2 所示（用天文单位 AU 表示）。可以看到，第 1 号到第 6 号描述很好，但最后的第 7、8 号例外。

表 7-2　行星到太阳的平均距离以及 TB 定律的预测结果

| 编号 | 星球 | 序号（$n$） | 平均实际距离 $L_n$（AU） | TB 预测值 $L_n$（AU） |
| --- | --- | --- | --- | --- |
| 1 | 水星 | $-\infty$ | 0.387 | 0.4 |
| 2 | 金星 | 0 | 0.723 | 0.7 |
| 3 | 地球 | 1 | 1 | 1 |
| 4 | 火星 | 2 | 1.524 | 1.6 |
| 5 | 小行星 | 3 | 2.770 | 2.8 |
| 6 | 木星 | 4 | 5.203 | 5.2 |
| 7 | 土星 | 5 | 9.539 | 10 |
| 8 | 天王星 | 6 | 19.191 | 19.6 |
| 9 | 海王星 | 7 | 30.071 | 38.8 |
| 10 | 冥王星 | 8 | 39.518 | 77.2 |

　　人们可能怀疑，既然这个数学模型不能描述全部的十大行星，证明这个模型存在缺陷，这样的模型还有意义吗？且慢，让我们先看看 TB 定律在历史上究竟发生了什么作用。首先必须明确，在 Titius 时代，人们能够观察到的行星只有水、金、火、木、土五大行星，外加地球，一共六个行星。当时还不知道天王星、海王星和冥王星，更不知道小行星带。可是，根据 Titius-Bode 模型，在火星和木星之间，还应该有一个行星，到太阳的平均距离约为 2.8AU；如果土星外围还有行星的话，它到太阳的平均距离应该大约 19.6AU。

　　历史事实如何呢？1781 年，德国出生的英国天文学家 F. W. Herschel 发现天王星（Uranus），它到太阳的平均距离约为 19.2AU，与预测结果非常接近；1801

年，意大利天文学家 G. Piazzi 发现谷神星（Ceres），它是火星和木星之间的一颗小行星，远日点大约 2.987AU，近日点约为 2.544AU，到太阳的平均距离比较接近 2.8AU。后来，天文学家在火星与木星之间发现了大量的小行星，它们到太阳的平均距离为 2.17 ~ 3.64AU，平均结果约为 2.77AU，与预期结果 2.8AU 相差不大。这成千上万的小行星可能是一个爆炸的行星的残骸，也可能是发育失败未能成型的一个行星的原材料。不管它的来龙去脉如何，Titius-Bode 定律的一个预言算是得到了验证。

可是，后来发现的海王星和冥王星到太阳的平均距离不相符合了。其中冥王星到太阳的实际距离约等于海王星到太阳的预期距离。对于上述现象，学术界众说纷纭，莫衷一是，至今没有定论。我们现在想要说明的观点如下。

其一，Titius-Bode 模型描述的规律是有尺度范围的。在最大距离和最小距离上，规律失效或者部分失效。

其二，在有效尺度范围内，模型具有解释和预言能力。

从这个例子我们可以看到，对于数学模型，我们不能求全责备。既要看到它的实用效果，又要看到它的适用范围。不能因为它的预言成功而将其功能过分放大，也不能因为它的能力局限而否决它的作用和效果。

实际上，在地理学中，现有的理论模型和经验定律都是在一定尺度范围内才成立的。城市人口密度的负指数分布模型即 Clark 定律，对城市中心（最小尺度）和城市远郊（最大尺度）的描述通常都是不尽如人意的；城市规模分布的幂指数模型即 Zipf 定律，对于最大城市和最小城市的描述也常常不符合实际；城市等级体系的标度律、中心地理论的等级秩序都有自己的尺度范围，最大尺度和最小尺度无效（陈彦光，2008a）。至于城市地理学的各种分形模型，绝大多数都是在一定的尺度范围内表现出来的，人们将分形规律出现的那个尺度范围叫做无标度区（scaling range）。

城市规模分布的模型之一是负幂指数函数，即所谓 Zipf 定律。当我们借助 Zipf 定律描绘一个区域的城市体系的时候，首先要画出一个城市位序 – 规模分布的双对数坐标图。如果点列在坐标图上完全呈直线分布，就说这些城市分布是绝对无标度的，亦即没有典型尺度或者特征尺度。但是，大多数情况下，只有中间一段的城市规模分布是无标度的，即存在一个无标度区，前面的一段耷拉下来，最后的一段也垂下一条"尾巴"。世界城市分布就是这种趋势，中间大约第 21 ~ 3150 位城市形成对数线性分布，前面一段近乎水平分布，最后一段则近于垂直分布（图 7-3）。

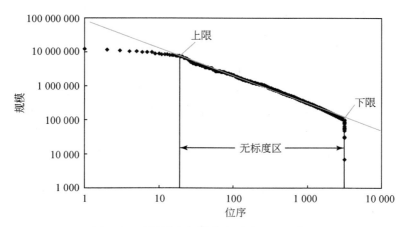

图 7-3 世界城市规模分布图式（2002 年）
资料来源：世界人口网站．http：//www.mongabay.com/cities

中国 2000 年前后的城市规模分布也是这种形态（陈彦光，2008a；Chen and Zhou，2006）。进一步考察发现，美国城市化地区，美、英、法、德等国城市用地规模分布等，都具有这种尺度范围特征。因此，对于城市规模分布，通常只有中间一段具有无标度性。第一段偏离于无标度区外，特别是第一个城市往往形成一个特例，周一星（1995）在研究中国京津冀城市规模分布时早就发现这个问题。最后一段的垂尾分布，则显示了城市规模分布临界尺度：由于小城市欠发育，小于这个尺度，增加一个外围城市会大大影响模型参数的估值。对于位序 – 规模分布，忽略标度范围和临界尺度，很难得到具有实质意义的研究结论。

根据功能，模型大体可以分为三类：一是预测模型，二是解释模型，三是规范（normative）模型。牛顿的关于万有引力作用下的物体运动模型属于典型的预测模型，达尔文的自然选择原理属于典型的解释模型，经济学的一些国民经济模型则属于规范模型（Casti，1996）。预测模型主要用于预示业已存在但人们尚不知道的事物，或者预测未来将要发生的未知事件。万有引力模型可以用于预测人们未曾见到的太阳系行星的存在，但它并不能解释作用力的本质；自然选择原理可以解释各种生物进化现象，但不能在大尺度上预测何种物种向何种方向进化、何种物种将会于何时灭绝；国民经济模型主要告诉决策者在一定条件下应该采用何种策略，但不能对经济系统的发展和演化给出太多的解释与预测。

地理学建模的目的一般也是三种：一是预测未知或者未来事物，二是解释因果关系，三是提出地理系统的规范结构。Christaller（1933）中心地模型主要是一种解释模型，不过这个模型带有一定程度的规范性质，它基于空间优化思想解释为什么城市空间分布理论上表现为正六边形图式（实际上配位城市数目近似为6），但它不能预言何时何地将会成长一个城市。城市人口－城区面积异速生长定律主要是一个预测模型，根据这个模型，知道一个城市的人口规模就可以预测其城区面积，或者知道一个城市的城区面积就可以预测其人口规模，但它不能直接解释城市人口与用地之间的因果关系（只能表明人口与用地的相关关系）。1977年，Lo（罗楚鹏）和 Welch 利用卫星图片、借助异速生长分析方法预测了我国城市人口增长（Lo and Welch, 1977），其准确程度曾令李旭旦感到惊叹："美国曾有人用类推法，利用了我国解放初期发表的七年城市人口统计，根据其后城区面积的逐步扩大（用卫星图像量算）与人口增长的比例关系，建立模型，推算出今日中国城市人口数字，其正确程度达90%以上。"（李旭旦, 1979）这里所谓的"比例关系"，其实就是城市人口－城区面积异速标度关系。另外，有时为了地理空间利用的优化，我们建立线性规划模型，这类模型既不能用于解释，也不是为了预测，而是用于确定一种规范，告诉决策者应该如何择优分配地理资源，才能产生更好的效果。

### 7.1.3　假设、建模与"三个世界"的划分

理论建模的前提是适当的假设条件，离开了具体的假设就不能确定模型的适用范围。假设之所以是假设，就是因为它不必符合实际，至少直观上通常与实际情况大相径庭。假设有多种情况，有些假设是一种假说，该假设等待证实（确证为真）或者证伪（确证为假）。更多的一类假设则是对现实的简化和抽象（hypothesis for simplification）。以经济学为例，最简单的凯恩斯模型以如下四个假设为基础：①没有外国；②没有政府；③没有时间；④只有经济人（economic man）存在。

这种假设的目的是简化问题，它们一点都不符合实际，但惟其如此才能据之建立抽象模型。

其实，欧氏几何学中的点、线、面、完美的圆、正三角形等在现实中都是不存在的。点没有大小、线没有宽度、面没有厚度，点可以无限收缩，线、面都可以无穷延伸，如此等等，都是想象中的产物，不是真实存在的实体。在经典物理学中，最基本、最重要的假设物就是质点（mass point），这种质点没有大小却有质量，体积为0，密度无穷大，现实中哪里会有？但是，如果不将太阳、地球、月亮等真实的物体抽象为这类脱离实际的质点，牛顿的力学理论体系根本无法建立。

假设与简化和近似等概念有关。要想建立模型，或者完成某种推理和计算，

就必须大刀阔斧地砍掉细枝末节，保留框架和主干。郑板桥所谓"删繁就简三秋树，领异标新二月花"的绘画和写作标准，同样可以作为理论建模的标准之一。删繁就简，去掉细枝末节，建立模型；通过模型的演绎导出无法直观获取的认识，方可标新立异。尤其是，如果近似处理对最终分析结果没有实质性的影响，那就不妨采用近似方法。我们前面讨论过埃拉托色尼的地球周长测量，他假定不同地点的太阳光线平行，实际上暗含着一条替代假设：日地距离为无穷长。显然，这不符合实际。可是，如果没有这个假设，埃拉托色尼就无法构建一个可计算的周长估计模型。尤其重要的是，他的这个近似性的假设对实际结果没有本质影响。

如果是构建数学模型，则不仅存在假设是否实际的问题，还存在模型与现实之间、模型与计算之间的差别。因此，有人提出现实世界（真实现象）、数学世界（符号、数字）和计算世界（硬件、软件支持的计算方法和过程）的三个世界划分问题（Casti, 1996）。研究者面临的问题来自现实世界，例如一个城市。为了深入揭示问题的本质，同时为了将问题一般化，以便今后更好地解决更多城市的问题，有时需要将问题抽象化，提取代表时间和位置等可观测量，用符号和数字将其转换到数学世界，于是得到数学模型。要想将现实世界映射到数学世界，必须选择恰当的角度，给出适当的假设，忽略不必要的细节。一旦数学模型构建成功，它就可以以符号的形式独立于物质世界之外，进入理论意义的数学世界。Clark 的城市人口密度模型是基于西方城市建立的，很多人甚至不知道 Clark 当初研究了哪些城市。但是，没有关系，我们可以利用这个模型描述其他国家的城市形态，如中国杭州（冯健，2002）。城市规模分布的 Zipf 定律也是一个基于西方城市建立的数学模型，它不仅可以用来描述中国城市体系的等级结构，还可以在数学世界进行纯粹的演绎和变换。例如我们可以将城市人口 – 城区面积异速生长定律代入以人口规模为测度的 Zipf 定律，导出以城区面积为测度的 Zipf 定律，其结果得到现实世界观测数据的支持（陈彦光，2008a）。这样，现实世界的抽象给出数学世界的模型，数学世界的模型经过演绎变换给出新的结果，这些结果又需要现实世界观测数据的支持。沟通两个世界的就是所谓计算世界（图7-4）。

现实世界与数学世界之间并非简单的一致，有些要素甚至完全不同。例如，现实世界的有限观测量，到了数学世界则表示为无限变化量；现实世界的离散观测量，到了数学世界则表示为连续变化量……（Casti, 1996）这种从现实世界到数学世界的改变，有些是由于假设的需要，有些则属于处理的技巧。在城市地理学研究中，我们需要构建假设，基于这个假设求解方程或者推导出新的理论结果。以城市形态为例，如果我们希望借助最大熵方法在数学世界推导出城市人口密度的负指数模型，那就需要一个基本假设：城市的半径为无穷大（Chen,

137

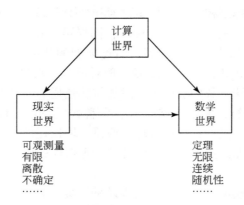

图 7-4  理论建设的三个世界示意图

资料来源：Casti, 1996

2008）。这个假定不会影响实际结果，因为负指数分布存在一个特征长度，超过一定的半径范围，人口密度与零没有显著性的差异。所以，无论城市的理论半径多大，城市人口总量必为有限。在现实世界里，城市半径是很有限的，但在理论研究中，城市半径无穷大的假设经常用到（Batty and Longley, 1994）。再以城市规模分布为例，如果我们希望从城市等级体系的二倍数法则出发，借助微积分理论在数学世界推导出三参数 Zipf 模型，那就需要一个基本假设：城市的等级可以无限划分，并且等级可以由离散变量转换为连续变量（陈彦光，2008a；Chen and Zhou, 2003）。这些假设都可能与实际不符，但是，具有科学理论素养的学者绝对不会在这方面提出质疑。

　　数学世界与计算世界之间主要由算法联系起来，但数学世界与计算世界之间也不尽一致。对于地理研究而言，数学世界更多地联系着数学地理学的内容，而计算世界则与统计或计算地理学存在更多的联系。数学世界是严谨而客观的，逻辑推理、数学变换等过程不允许有任何的主观性。但是，在计算世界就不一样了，计算世界不仅需要科学，同时需要技术乃至艺术。以城市地理学为例，如前所述，当 Clark 模型建立之后，它可以作为一个纯粹的理论成分存在于数学世界。我们可以借助熵最大化原理建立方程，求解结果，开展抽象的逻辑演绎和数学变换，这些过程都可以与现实无关，甚至与现实存在差距（如有限城市半径化为无限城市半径）。但是，如果要采用现实世界的观测数据验证这个模型或者检验基于这个模型的某种演绎变换结果，那就需要进入计算世界了。我们可以借助数字化地图和人口普查数据进行"空间采样"，基于统计平均提取城市人口密度数据。于是就涉及一系列的、具有不同程度主观性的行为。

1）城市中心如何定位？选择几何形态的重心还是城市功能中心？不同研究者的处理不尽一致。

2）采样间距如何确定？为了估计城市人口空间分布的平均密度，需要建立同心圆体系，将连续的城市半径分割成离散的变量。一个同心圆与相邻的同心圆之间间隔多少合适？一公里抑或半公里？不同研究者的处理不会一样。

3）普查数据如何运用？原始的人口密度数据是基于大小不同的地域单元给出的，例如中国城市都是以街道和乡、镇为单元报告人口数量的。为了得到基于不同城市半径的人口分布密度，需要借助空间加权平均思想将不同人口普查单元的数据按照同心圆体系进行转换。采用什么方法进行数据转换？不同研究者的处理技巧不尽相同。

4）采用何种算法？为了估计模型参数，我们需要选择适当的算法。常用的算法有最小二乘法、最大似然法、曲线拟合法、主轴法等。不同研究者采用的算法可能不同，基于不同的算法给出的参数估计值也会存在差异。

需要分清数学世界与计算世界的区别，不能将两个世界的研究过程混为一谈。不要以为既然数学是一门严格的学科，那么以数学为基础的定量地理学的整个研究过程也应该非常客观、严格无误。这是一种误解。其实，定量地理学既涉及现实世界与数学世界的转换，又涉及数学世界与计算世界的差别。因此，要处理好一个定量地理学问题，不仅需要足够的数学知识，同时还需要丰富的研究经验和适当的艺术思维。

认识数学世界与现实世界的差别，理解科学假设至关重要；认识数学世界与计算世界的差别，了解算法特征和计算处理技巧非常关键。所有这些，都涉及科学方法论和具体的方法。在此有必要再次强调科学假设问题。科学假设既可以是一种假说，也可以是基于数学建模技巧而作的一种技术性的假定。评判一种理论或者模型，关键在于其解释和预言能力，不在于其假设是否合情合理。如果斤斤计较于假设是否符合实际，坚持在假设上说长道短，而不去考察建模结果的科学功能，那就是钻牛角尖。杨振宁谈治学之道的时候曾经指出，学者治学，最忌讳"钻牛角尖儿"。其实，在科学研究过程中，钻牛角尖毫无疑问也是大忌。对于理论研究者而言，尤其如此。

科学理论的要素是简单的抽象体，科学理论的出发点当然也必须简化和抽象。假设的提出没有准则也无需局限，"在理论上，要假定什么公理是模型建构者的自由，一点关系都没有。可是，在证明上，这个模型是否符合现实，模型建构者就有义务回答了"（小川直树，2001）。这里所谓的"公理"就是科学理论的假设。科学假设怎样提出无可厚非，关键在于基于这个假设演绎的模型和发展的理论是否具有对现实的解释和预言能力。在理论地理学中，中心地理论的假设并不符合实际，这无关紧要，要紧的是中心地的一些基本理论预言得到了证实。中心地理论预言城市的配位数为 6，大量的统计分析表明，一个国家的城市配位数与 6 非常接近（牛文元，1992；叶大年等，2001）；中心地理论暗示城市体系的规模、城市平均数目和市场区的面积服从标度关系，这些标度关系可以分解为式（6-1）～式（6-3），大量的事实证实了这个推断（Chen and Zhou，2006；陈彦光，2008a）。科学理论的标准是可重复性和可验证性。是否具有预言能力是区分科学与伪科学的首要判据，因为具有预言能力的理论一定可以被重复地检验。

在科学假设的提出过程中，重要的检测工具之一是奥卡姆剃刀（Occam's razor）。14 世纪逻辑学家奥卡姆的威廉（William of Occam）提出了一个原理："如无必要，勿增实体（Entities should not be multiplied unnecessarily）。"简而言之，假设越是简明越好，假设的数量越少越好。如果一个理论的建设用了 5 个假设，另一个理论只用了 2 个假设就达到同样的效果，那么，最后成功的，一定是只有 2 个假设的理论。从这个意义上讲，科学的假设以及所采用的变量就像是经济学中的"投入"，在"产出"（解释和预言能力）一定的情况下，投入越小，效益就越高，系统就越是节约。

### 7.1.4  地图－映射－函数：典型的模型和建模过程

地理学者应该最容易理解模型以及模型的构建方法，因为地理工作者非常熟悉的地图就是典型的模型，地图的绘制过程就是模型的建设过程。遗传算法的创始人 Holland（1998）曾经指出："当我们寻找数字与模型关系的更深层次的理解时，地图是一个适当的起点。就像游戏一样，地图直截了当地排除细节，它们是最早的人工模型制品（model-artifacts）。"地图对于地理研究和应用而言极其重要，"地图是原始数据和地理探索结果最重要的贮存器之一，制作地图总是地理学者或他们工作助手最出色的一项技术。地图因而是地理学者探索理解自然和人文过程在地表如何作用和相互作用的重要且不可或缺的工具：人们据此了解世界如何运转"（Goodchild，2004；蔡运龙和 Wyckoff，2010）。虽然地图通常不能形成理论模型，但它对模型的建设以及对我们更好地认识理论地理学模型很有帮助。因此，不妨讨论一下地图与一般模型建设的关系。

建设模型的目的，是为了简化现实，忽略细节，直观显示系统的关键要素和本质关系。作为一种模型的构建过程，地图绘制思路大体如下。

第一，确定目标、明确主题。也就是说，首先要清楚我们绘制什么地图。地形图、交通图、行政区划图，如此等等，主题不同，体现的要素和忽略的细节不同，采用的绘图方法也不一样。

第二，简化要素。不同主题的地图，突出的地理要素不一样。如果绘制行政区划图，主要是体现地区界限、达到一定规模的聚落的分布以及级别较高的交通网络等，自然要素只需择其显要者表现出来即可；如果绘制地形图，则人文要素不必表现太多，但山脉的起伏和水系的分布却要标示得更为详细。

第三，确定尺度。地图的用途不一样，要素简化的程度就会不一样，从而地图的图幅大小或者详细程度也不一样。因此，地图的比例尺不会一样。在同样图幅上，比例尺越大，地图所表示的地理范围就越小，图中内容越详细，精度也越高；反过来，比例尺越小，地图上所表示的地域范围就越大，反映的内容越简略，精确度也会越低。

第四，确定投影（project）方式。将曲面的地理事物描绘在平面的地图上，会产生不同程度的变形。不同的投影方式变形的效果不一样。等积投影可以保持面积不变形，等距投影可以使得某个方向的距离不变形，等角投影则可以使得某种角度保持不变。绘制行政区划图、经济图、人口分布图等，可以采用等积投影；绘制交通图等，可以采用等距投影；绘制航行图、气象图以及一些军用地图等，可以采用等角投影。

第五，地物抽象。这是地理事物符号化的过程，例如我们可以采用大小和形式不同的圆圈或者圆点表示聚落，采用不同颜色、不同形式的曲线表示边界、道路和河流，如此等等。基于上述过程，地图可以定义如下：按照一定的数学法则（比例尺、投影等），借助制图语言（符号和数字系统），通过制图综合（简化和概括），在一定的载体上，表达地表事物的空间分布、联系特征以及演化过程的图形模型。

人们常说地图的三要素是图例、方向和比例尺。其实，一幅地图通常有如下要件：①图名。地图名称反映地图主题，说明该图形描述地球上的哪个区域，以及突出表现什么要素。②图例。图例是一种符号系统，说明地图上的各种符号分别代表现实世界的什么事物。③方向。标识地图的东、西、南、北指向，一般给出正北的方向表示即可。④比例尺。说明该地图反映的空间尺度，同时也反映地理要素简化的程度。

地图的优越性可以体现相当一部分模型的优越性。

第一，简明。由于地图经过充分的简化，看起来可以一目了然。如果绘制一张无所不包的地图，那它绝对不是好地图。过于详尽的地图，不仅绘制者会无所适从，阅读者也会感到眼花缭乱。

第二，缩微。在了解地理分布和地物关系时，人们之所以不直接查看现实地物而是选择阅读地图，是因为人类的眼界是有限的，实际观察能力也受到时空条件、技术条件和经费条件的限制。在地图上，我们将目力所不及、眼界所不达的地理事物适当地表示出来，大江南北、长城内外的千万里山川和城镇可以尽收眼底，一眼就可以看出各种地理要物的空间关系。

第三，预示。这是一种广义的预言功能。很多地理事物客观地存在在那里，但人们通常不知道，一般情况下也不会感兴趣。可是，一旦需要，就可以打开地图找到这个地物的位置，并且了解其大约的空间尺度。尤其重要的是，地图可以暗示地球演化和地理空间分布规律。早年德国科学家魏格纳（Alfred Wegener，1880—1930）通过世界地图发现了大西洋两岸轮廓的对应性，提出了大陆漂移假说，这个假说后来发展成为板块理论。20 世纪和 21 世纪之交，叶大年（2000）根据地图发现了城市空间分布的对称规律，并且正在建立城市空间分布对称论（叶大年等，2011）。上述工作，没有地图是不能做到的。今后可能会有更多的地球和地理空间规律借助地图揭示出来。

为了将地图的绘制过程推广到一般的模型建设过程，不妨将绘图过程简单化、符号化，进而抽象化。假定需要在地图上表现的地理要素形成一个集合

$$X = \{x_1 \quad x_2 \quad \cdots \quad x_n\} \tag{7-2}$$

这些地物描绘在地图上之后，形成另外一个集合

$$Y = \{y_1 \quad y_2 \quad \cdots \quad y_n\} \tag{7-3}$$

于是代表现实地物的集合与地图上表现的有关地物的集合形成一一对应的关系

$$\{x_1 \leftrightarrow y_1 \quad x_2 \leftrightarrow y_2 \quad \cdots \quad x_n \leftrightarrow y_n\}$$

当然不是简单的一一对应，还包含空间关系的转换：地物按照一定的经度和纬度表示位置，地图上相应的地物的符号则用平面直角坐标表示位置，两种坐标的转换由地图投影的数学公式决定。于是，两个集合之间构成一种函数关系

$$f: X \to Y \tag{7-4}$$

式中，$f$ 表示函数，意味着根据地图投影规则将地物一对一地转换到地图上的相应位置。有趣的是，数学家采用的函数在技术上又叫做映射（mapping）（Holland，1998）。所谓映射，就是一种对应规则，将一个集合的每一个要素与同一个集合或者另外一个集合的有关要素一一联系起来。数学家的"映射"一词正是来源于地理学者的"绘图"一词。

现在让我们暂时忘记绘图过程，将集合 $X$ 中的各个要素设想为某个系统的一种测度的集合，集合 $Y$ 中的各个要素设想为同一个系统或者另外一个系统的某种测度的集合，则可以建立一般的函数关系

$$y = f(x) \tag{7-5}$$

式中，$x$ 叫做自变量（argument）；$y$ 叫做函数值。这样，给定一个 $x$ 值，就可以

得到一个 $y$ 值。前述表示 Titius-Bode 定律的公式就是一个函数，自变量为行星序号 $n$，函数值为行星到太阳的距离 $L_n$。不妨看一个简明的地理学实例，这个例子反映的是美国 Boston 城市人口密度的空间分布规律（Banks，1994）。以到 Boston 城市中心的距离为一个集合 $X$，相应的城市人口平均密度为另一个集合 $Y$，有关的测度值表示在表 7-3 中。以距离为横坐标，相应的人口密度为纵坐标，绘制人口密度分布的坐标图，结果表明两个集合的数值不是随机无序的，而是存在一一对应的关系（图 7-5）。借助实验建模法，利用回归分析，发现距离 – 密度关系可以拟合指数函数，结果是

$$\hat{y} = 38\,475.45 e^{-0.291x} \tag{7-6}$$

拟合优度为 $R^2 = 0.992$。这是一个负指数模型，该模型反映的正是我们反复提到的 Clark 定律。根据这个函数，只要给出到 Boston 城市中心的距离，就可以估计出一个平均密度。尤其重要的是，这个模型提供了城市形态演化服从最大熵原理的一个证据。

表 7-3 美国 Boston 人口密度空间分布数据（1940 年）

| 距离 | 密度 | 距离 | 密度 | 距离 | 密度 | 距离 | 密度 |
|------|------|------|------|------|------|------|------|
| 0.5 | 26 300 | 4.5 | 11 500 | 8.5 | 3 200 | 12.5 | 900 |
| 1.5 | 25 100 | 5.5 | 9 800 | 9.5 | 2 300 | 13.5 | 700 |
| 2.5 | 19 900 | 6.5 | 5 200 | 10.5 | 1 700 | 14.5 | 600 |
| 3.5 | 15 500 | 7.5 | 4 600 | 11.5 | 1 200 | 15.5 | 500 |

注：表中距离单位为英里（mi），人口密度单位为人/平方英里（person/mi$^2$）
资料来源：Banks，1994

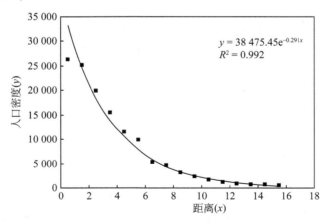

图 7-5 美国 Boston 城市距离与人口密度间的映射关系图式（1940 年）

143

一个模型的好坏不在于它对现实多么忠实，而在于它是否可以从某个角度抓住问题的关键。除此之外，模型的评价标准还有如下方面：简单性（参数和变量较少的好）、明确性（理解方便）、客观性（不包含建模者的主观愿望）和可计算性（能够利用计算机求解）等（Casti，1996）。任何一个模型都不会无所不包。一个好的城市模型绝对不可能也完全没有必要反映城市的方方面面，它只需要从某个角度适当地揭示出某种关系即可。例如 Clark 模型反映城市密度的负指数衰减特征，这个关系式说明城市人口平均密度的自内而外的相对递减率接近于常数，或者说每隔一定的距离，平均人口密度下降一半左右。除此之外，Clark 模型并不提供其他方面的城市测度关系。

一个模型很难全面地反映现实，它往往只能从某个角度揭示一定尺度范围内的真实情况。我们可以以地图为例，说明模型的误差和作用。通常的地图是定义在二维平面中的一种图像，而我们描述的地表现象则是出现在三维空间中的球面上的事物。将三维球面现象映射到二维平面中，无论如何处理都会发生投影变形。比例尺越小，变形越是明显。要想保持等积，就不能保证等角和等距；要想保持等角，就不能保证等积和等距；要想保持等距，就不能保证等积和等角。有变形，当然就有误差。对于一定幅度的地图，比例尺越小，投影变形就会越大。如果我们采用地球仪代替平面地图，投影变形就会降低到可以忽略不计的程度。但是，地球仪的体积太大，携带实在很不方便。一本地图册反映的地理空间信息远远高于相同体积的地球仪。采用地图，我们失去了一定程度的精确性，但换来了相当程度的方便性，得大于失，利大于弊。因此，除了少数特殊情况之外，人们选择使用平面的地图而不是立体的地球仪。

现实世界是非线性的系统，而我们的模型通常是利用线性关系建设和求解的。从非线性世界映射到线性世界，当然难免发生"投影变形"。这就是为什么模型总会产生偏差的原因之一。对于地图，涉及地理范围越大变形就越大，距离投影中心越远变形也越大。因此，地图只能在有限尺度范围内精确性较高。模型也是这样，一个模型通常在一定尺度范围内相对准确可靠，超过了一定的尺度就会发生较大的偏差乃至失效。但是，没有关系。只要一个模型建设得当，它就可以在一定尺度范围内反映符合实际的情况。以 Titius-Bode 定律为例，在 0.5～20 个天文单位这个范围内，模型大体符合实际，具有预言能力。超出这个尺度范围之外，就产生较大的偏差了。这里举出的都是非常简单的例子，对于那些多变量的复杂系统，模型误差通常更大，有效范围也会更小。但是，正如我们不能因为地图不可避免投影变形而认为地图无用一样，我们不能因为一个理论模型与现实存在误差就否定模型的功用。

## 7.1.5 模型与原型的关系

至此，我们可以讨论模型与原型的关系了。所谓原型，本义是最初的样板，包括类型（type）、形式（form）和实例（instance）。我们建立任何一个模型，都需要寻找一个典型的实例，对这个实例进行简化，第一次简化的结果就是原型。然后，参考更多的实例，对原型进行修正和发展，得到更为简洁、适用范围更为广泛的现实抽象结果，就是模型。以微观经济学为例，许多模型的原型个体（prototypical individual）就是理性经济人（rational economic man）（Batty，2000）。在地理学中，城市位序 - 规模分布最初抽象的数学表达是 Auerbach 的双曲函数形式，后来发展为负幂指数形式，是为 Zipf 定律。如果说 Zipf 定律的数学表达是一个城市规模分布的模型，则 Auerbach 的双曲函数表达可以视为该模型的原型。

不过，我们这里讨论的原型是更为广义的，主要是模型抽象之前的一个典型实例或者一类典型实例。城市人口密度的 Clark 负指数模型是从二十多个单中心城市的人口分布形态中归纳出来的，这二十多个城市构成一个类别，它们是 Clark 模型的原型。城乡人口相互作用模型是从美国城乡人口数据中抽象出来的（Chen，2009b），美国城市化过程就构成了这个模型的原型。

为了便于读者理解模型与原型的关系，以及模型建设的技巧、功能和意义，我们不妨举一个特别的例子——圆的面积估算。德国天文学家开普勒曾经提出一个圆的面积计算方法。

首先，等积划分。设想将一个圆分割为偶数个大小完全一样的扇形。

然后，图形重组。将这些扇形图形两两相对，拼接成一个大体上近似为平行四边形的图形。当然，这不是一个真正的平行四边形。因为，其中有两个边不是直线，而是弧线连接成的曲线。

再后，想象。设想划分的次数为无穷多，从而各个扇形的面积为无穷小（微分思想）。这样，曲线边无穷逼近于直线边（积分思想），扇形接近于三角形，从而在极限条件下准平行四边形逼近于一个矩形了。

最后，公式化。可以想见，当扇形的顶角（圆心角）变得无穷小的时候，得到这样一个矩形：宽度 $W$ 为圆的半径 $W = r$，长度 $L$ 则是圆周长 $P$ 的一半，即 $L = P/2 = \pi r$。根据矩形面积公式，圆的面积为 $S = W \times L = \pi r^2$。这正是我们常用的圆的面积公式！

开普勒的工作与前述阿基米得的处理方式有异曲同工之妙。阿基米得将圆转换为一个特殊的三角形：高度为圆的半径，底边为圆的周长。开普勒则是将圆转换为一个矩形：长边长为圆周长的一半，短边长为圆的半径。在阿基米得时代以

145

至开普勒时代，都没有微积分理论。但是，无论是阿基米得还是开普勒，都在自觉或者不自觉的过程中运用了微积分思想。

实际上，开普勒的思维方式是用模型（矩形）代替了原型（圆）。复杂性与对称性有关。圆形是高度对称的图形，而矩形的对称性大为降低。因此，矩形要比圆形简单得多。当然，这个过程是从数学问题到数学问题。不过，如果他面对的是一个城市圆形广场，则就建模而言，圆形为矩形的原型，矩形面积的求解过程相当于模型求解过程，最终的结果可以还原到现实世界的广场面积问题。

科学工作者在最初建立模型的过程中，通常是精心研究原型，研究现实中的有关案例。但是，一旦模型建立起来，就与当初的案例和有关原型断绝了关系。所谓得鱼而忘筌、得意而妄言。如果看到模型，始终忘不掉现实中的原型，这个模型也就很难发展下去了。

当初为了研究城市聚落对广大周边地区以至腹地的影响，德国学者杜能（J. H. von Thunen，1783—1850）设想了一个孤立国——从孤立国这个名字，就可以想见作者的假设条件以及对问题的抽象处理。于是，他提出了土地利用的环带概念，建立了农业区位理论。但是，后来的一些地理学者在讨论农业区位论时，总是抛不开原型的思想干扰。有人在指出杜能模型的缺陷时，第一条就是提出某些假设条件在现实世界中找不到。显然，批评者对于理论建模缺乏足够的经验和知识预备。你可以批评杜能理论的解释缺陷，但不应该指责对方的假设缺陷。如果你认为对方的假设有问题，你可以重新构造假设，建立一套更好的理论模型代替杜能模型。如果你目前做不到这一点，那就意味着杜能最初的假设依然无可替代，你也就找不到更好的农业区位模型了。

可是，后来的农业区位模型不断变化。张三在模型中添加一条河流，李四在模型中添加一条道路，王五添加一个竞争区位，赵六又引进新的农民行为……现实因素考虑得越来越多，模型的特征变得越来越少。于是，一个简简单单但颇能抓住农业土地利用精神实质的模型最终演化为城市土地的现实画面。这是一种伪现实画面，杜能的农业区位模型也逐渐返回到伪原型了。

## 7.2　模拟与虚拟

### 7.2.1　模拟与地理模拟实验

科学研究的一般思路乃是：首先描述事物是如何运转的，然后再设法理解这是为什么（Gordon，2005）。科学描述分为定性描述和定量描述。当我们对地理事物进行适当描述——定性的或者定量的、文字的或者数学的、形象的或者抽象的——之后，就要设法理解其运行机理。简而言之，在刻画地理系统的行为特征之后，就应该进一步揭示其支配规则和因果关系。在不能开展系统受控实验的情况下，计算机模拟是寻找地理系统演化机制的分析手段之一。

模拟是对现实世界的事物、事态（state of affairs）或者过程的一种模仿。一般而言，要模拟某个事物，首先要抓住实体系统或者抽象系统的某种特征或者行为方式，否则模拟就无法有效实现。为了洞察自然系统和人文系统的机能（functioning），模拟运用于各个领域，其中包括不同系统的建模过程。在其他方面，如性能优化、安全工程、测试、训练和教育，如此等等，都要用到模拟方法。通过模拟实验，我们可以判断一个系统的作用条件和历程改变之后，最终效果将会如何。关键的问题在于主要特征和行为的适当选择及其有效源信息的获取，适当简化、近似和假设条件的提出也非常重要。否则，模拟的保真度（fidelity）和有效性就无法保证。

模拟方法最初是从各个领域独立发展起来的。20 世纪五六十年代，由于系统论、控制论的发展以及计算机技术的广泛普及，不同领域的模拟方法逐渐开始交融，形成更为综合的模拟实验方法和技术。在地理学中，基于计算机图形学和相关理论与方法的计算机模拟，是当代地理研究中的重要方法（Batty，2005；Benenson and Torrens，2004；黎夏等，2007；Portugali，2006）。计算机模拟主要用于

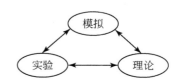

图 7-6　模拟、实验和理论的关系
资料来源：Armstrong，2000

如下问题：一是非线性方程的求解。地理系统是复杂系统，其相应的数学模型主要是非线性模型。如果一个非线性模型无法寻求解析解，我们就需要数值解。这个时候，计算机模拟就可以发挥作用。二是理论设想和推导结果的检验。当我们构建某种假设或者模型的时候，我们无法判断改变系统条件之后演化结果将会如何。这时可以利用模拟分析进行检测。三是系统受控实验的替代品。对于无法进行实验室实验的过程，可以设法利用计算机模拟实验揭示系统背后的因果关系。在地理研究中，模拟、实验和理论可以形成三位一体的功能互补关系（图 7-6）。

不管出于何种目的，计算机模拟实验本质上都是一种计算求解过程。一般的计算机模拟思路大致如下。

1）规划一个地理系统——例如一个城市所在的区域；
2）构建系统的行为规则，写出相应的数学表达即方程式；
3）将方程输入计算机，然后输入描述系统目前状况的所有数据；
4）通过相应的程序让计算机借助方程式计算出各个时段的系统状况——当

我们将时段向前推移的时候，计算机模拟结果就可以作为所谓的预测分析依据了。

其实，模拟实验和数学分析都是从数学模型出发的，最后的目标也完全一致，可谓是殊途同归。有人将科学的研究过程阐述如下：首先借助一个简单的数学模型描述自然界中的一类现象，然后分析这个模型——说明其"为什么"。分析的途径又有两种：一是借助纸和笔对模型开展数学分析，二是利用计算机对模型进行数值模拟实验。无论数学分析还是数值模拟，目的都是为了阐明这个简单模型的推论或者预言（Bak，1996）。那么，这两种方法哪一种更为可取呢？一般认为二者各有所长：数值模拟简单、快速、直观，而数学分析则方便、简洁、优美。但是，作为一种方法，计算机模拟和数学分析并没有根本性的区别。因此，Bak（1996）认为，科学研究中的计算模式不能代表实验模式和理论模式之外的第三种模式。

地理学者很少重视纯粹的数值模拟，由于长期的职业习惯形成的具象思维的影响，他们更偏爱模拟过程的地理图像表达，因此一般以 GIS 软件如 ArcInfo 或者 MapInfo 以及遥感（RS）分析软件为模拟实验平台。不过，无论是数值模拟还是形象模拟，分析过程不存在本质的区别。现以 Batty（1991）的城市生长和形态演变模拟的电介质击穿模型（dielectric breakdown model，DBM）为例进行说明，大致步骤如下。

1）以二维栅格为基础，确定一个空间范围作为计算域；

2）以栅格上的粒子凝聚过程代表城市生长的格局，并采用 Laplace 方程描述城市形态的空间演变；

3）将非线性很强的偏微分方程离散化，转化为代数方程组；

4）借助适当的数值求解方法寻找答案，据此可以获得所界定的计算区域内场（field）分布的详细信息；

5）利用计算机图形学技术将求解过程和结果直观地展示出来；

6）参照现实中的城市演化过程，应用分形几何学的方法对模拟结果进行分维分析。

## 7.2.2　计算机模拟的局限性

计算机模拟实验技术在地理学中的应用可以追溯到数十年前。以区域和城市系统的模拟实验为例，20 世纪八九十年代，Allen（1997）借助耗散结构理论模拟中心地模型的对称破缺过程就是一例（Prigogine and Stengers，1984）。此后，Batty 和 Longley（1994）基于分形思想，借助受限扩散凝聚（diffusion-limited aggregation，DLA）模型与 DBM 模型模拟城市生长和形态，取得了一些很有意义的研究成果。

在城市演化模拟中，最重要的方向之一是元胞自动机（CA）模拟分析——CA 被认为可能是代表 21 世纪地理学的新范式（Batty et al.，1997）。实际上，分形模拟中的 DLA 和 DBM 模型本质上是最简单的 CA 模型。分形模型和 CA 模拟如今已经有效地结合起来了（Batty，2005）。目前看来，CA 在地理学中不是一种简单的方法，而是一种模型家族和方法体系。在 CA 模型的基础上，人们不仅发展了地理自动机系统（geographic automata system，GAS），而且发展了广义的元胞空间（cellular space）模型和多重智能体系统（multi-agent system，MAS）（Bura et al.，1996；Sanders et al.，1997）。国外在有关领域的成果不断涌现，国内学者也有非常突出的研究工作（黎夏等，2007）。在应用研究如城市和区域规划研究中，GAS、MAS 与地理计算（geo-computation，GC）逐步交融起来（Albeverio，2008；Fischer and Leung，2001；Diappi，2004）。当然，上述研究工作通常需要 GIS 技术和遥感数据的支持。借助计算机模拟实验，地理研究可以从现实的世界进入可能的世界（Batty and Xie，1997）。实际上，计算机模拟展现的世界已经被认为是独立于现实世界和理论世界的另外一种世界，有人称之为模拟世界（sim-worlds）（Casti，1996）。

世界上没有完美的事物，没有万能的工具。有特长则必有特短。计算机模拟可以弥补地理系统不可实验性的某些不足，但模拟实验有其自身难以克服的缺陷。这些缺点集中表现在如下方面。

其一是揭示概念的功能局限。"复杂系统的模拟具有很大的应用价值。……然而，模拟对我们在概念这一更高层次上理解系统行为规律并无助益。"（Bossomaier and Green，1998）美国圣菲研究所（Santa Fe Institute，SFI）的科学家在计算机模拟方面大多是顶级高手，他们对各种自然现象和社会系统进行了广泛的模拟研究，其模拟能力之强令人惊叹。"然而，在那里，透过海量的数据和图像，洞悉所得的概念却相对贫乏……"（郝柏林，1999），城市模拟实验开展多年，有关学者也不得不承认一个现实："城市 CA 模型的缺陷之一就是，在一些案例中，揭示的理论相对而言非常有限。"（Torrens and O'Sullivan，2001）

其二是可重复性较差。地理模拟主要是基于 GIS 平台，借助 CA 开展模拟分析。然而，自从 CA 规则在地理研究中逐步放松以后，整个研究失去了一定的规范，各家的模拟研究有各自的程序。这些程序所依据的规则究竟有几分可靠程度，别人很难重复操作和进行检验。科学的标准在于可重复性和可检验性，一项研究无法重复和接受检验，其学术意义就容易受到置疑。现在，中山大学的黎夏团队已经将它们用于模拟实验的计算机源代码在网上公布，这是地理模拟的一个巨大进步，标志地理模拟过程的可重复和可检验时期已经到来。

其三是模拟规则的混乱。仍然以 CA 为例来说明。CA 是一种计算能力极强的算法，其计算功能等价于图灵（Turing）机，因此模拟出各种地理图像不足为奇。当初 von Neumann 等发展 CA 模型，原本是期望借助简单的规则揭示大千世界的复杂行为。但是，地理学者为了模拟出逼真的图像，逐渐放弃了 von Neumann 规则体系和邻位的定义，对 CA 的迁移转换规则有随意放松的倾向；规则一旦乱套，模拟结果很难相互印证。因此，有人感叹，现在的地理 CA 模拟研究过程有时成为一种纯粹的技术设计。

无论如何，模拟实验虽然是重要的研究工具之一，但毕竟只是一种工具，这种工具必须与数学方法和理论分析有效结合、相辅相成才能真正发挥作用。当一种方法与另外一种方法协同作用的时候，不仅可以功能互补，同时也会形成一定的约束，避免个别方法的滥用。尤为重要的是，概念层次的问题有赖于理论方法的指导。理论在科学研究中至关重要，没有理论，任何经验观察和实验测定都没有可靠的保证。地理学的调研分析和模拟实验都应该在理论的指导下进行。发展模拟、实验和理论三位一体的研究模式是地理研究今后努力的方向之一。黎夏等（2006）进行的 CA 和 MAS 模拟已经与神经网络、遗传算法等数学方法结合起来了。今后可能会有更长足的进步和发展。

### 7.2.3 经验分析（E）–模型求解（M）–模拟实验（S）集成分析过程

在地理研究特别是人文地理学的理论建设过程中，数学模型与模拟实验是两个功能互补的方法。数学模型用于相对准确地表征复杂地理系统的逻辑关系，模拟实验则主要用于理论研究中对数学模型的检验和应用研究中的因果关系揭示与预测分析。对于不可实验的复杂系统，现代科学研究一般基于数学模型进行数值实验和模拟分析。最近十多年来，西方物理学家和理论地理学者利用数学方法与模拟实验研究城市系统演化问题，给出了一系列成功的范例（Helbing et al.，1997；Makse，1998；Manrubia and Zanette，1998；Zanette and Manrubia，1997）。归纳起来，他们的工作大体上可以分为三步，不妨将其发展为地理理论研究的"三步分析法（EMS 法）"（陈彦光，2009a）。

第一步，借助地理观测数据建立数学模型并且估计参数，这种模型是一种经验模型。这是整个研究的现实基础。

第二步，构造假设，建立方程并求解。如果求解的结果给出前述经验模型，并且参数的理论预期与第一步经验模型的估计结果吻合，则完成了逻辑检验过程。否则，重新构造假设并再次建模、求解，直到得到满意结果为止。

第三步，基于第二步的假设，借助计算机编程技术开展模拟实验分析。如果模拟实验的结果与第一步的观测现象一致，则完成了"经验"的检验工作。

上述三个阶段不是各自独立的，构造假设 – 建模求解的过程要依据对现实观察的理解，经验建模本身就蕴涵着这种理解；模拟实验要基于建模的假设和模型表达本身，否则模拟分析将失去检测意义（图 7-7）。以城市人口的空间分布为例，观测数据表明，单中心城市人口密度一般呈现负指数分布；负指数分布总是与最大熵趋势有关，借助信息熵最大化构造假设，建立模型并求解，解的结果也刚好是负指数方程；最后，如果能够基于熵最大化思想对城市人口的集散规律进行模拟，且模拟的人口分布表现出负指数规律，则整个研究就完备了。当然，现实中的人口分布会有许多例外，这种例外正是地理系统复杂性的表现之一。

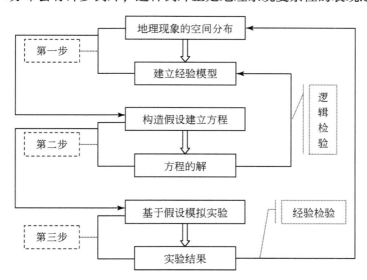

图 7-7　地理研究的三步分析法：经验建模、理论推导和计算机模拟（EMS 法）
资料来源：陈彦光，2009a

在地理理论研究的三步分析法中，第一步是经验建模的过程，在逻辑上属于归纳分析过程，是从特殊到一般的过程；第二步是模型的理论解析过程，在逻辑上属于演绎分析过程，是从一般到特殊的过程；第三步是模型的检测过程，不属于逻辑过程，而是属于实验过程，但该过程与逻辑分析过程存在密切的联系。在一项地理研究工作中，如果上述三个步骤同时完成，将会取得令人满意的分析结果。但是，通常情况下，很难同时完成三大步骤。有时候，完成上述步骤，需要几代地理工作者的不懈努力。城市人口密度分布的负指数规律的求证就是典型的一例。

　　经验建模的困难在于基础数据的提取。当年 Clark 提出城市人口密度分布的负指数模型即所谓 Clark 定律的时候，分析了欧美的二十多个城市的人口分布密度数据。在当时的技术条件下，这项研究工作是颇为来之不易的。即便在遥感和 GIS 技术非常发达的今天，城市人口密度数据也不是唾手可得，因为一般的国家人口普查 10 年一次，要想利用普查资料研究一个国家城市的人口密度变化，至少要"10 年等一回"。确定数据之后，模型的选择也是非常繁琐的，有时需要对数据进行技术性的处理，如细节归并、平均转换等。

　　理论解析过程通常是一个漫长的分析过程。当我们从经验上选定一个数学模型之后，这个模型是否具有普适意义？如果是普适的，模型刻画的系统演化本质又是什么？所有这些，都需要开展适当的理论分析。仍以关于城市人口密度的 Clark 模型为例，绝大多数单中心的城市人口分布服从这种规律，但也存在例外的情况。以中国城市为例，杭州市的人口密度多年来表现出明确的负指数分布，但北京市的人口密度分布就复杂多了，很难采用 Clark 模型进行全局的描述（冯健，2004）。为了明确模型的适用范围以及支配模型的物理机制，构造假设、发展理论是必要的。在 Clark 模型提出 20 年后，西方学者借助最大熵方法导出了负指数分布（Bussiere and Snickers，1970）。但是，这还不是一个严格意义的城市人口密度模型的推导，而是从 Wilson（1970）的空间相互作用模型出发，间接演绎出来的结果（Batty and Longley，1994）。时间又过了 30 年之后，严格意义的城市人口密度模型的推导过程才真正完成（Chen，2008）。可是在此基础上的模拟实验研究至今仍告阙如。

　　如前所述，模拟实验可以分为数值模拟实验和图形模拟实验。这只是一个概略的区分，在表达上不甚严格。实际上，无论是数值模拟实验，还是图形模拟实验，其最终结果都需要借助图像表现出来。对于地理研究而言，数值模拟实验的图形不必是地图，可以是坐标图、示意图等，而图形模拟实验则是以地理图像的形式给出结果。在地理研究中，目前最为流行的是第二类模拟实验方法。但是，对于地理理论研究而言，第一类模拟实验，即所谓纯粹的数值仿真过程，也是非常重要的检测途径。

## 7.2.4　虚拟现实

　　模拟技术的发展方向之一，就是向虚拟技术的延伸与拓展，并借助虚拟现实（virtual reality，VR）技术进一步发挥模拟实验的研究功能。VR 是基于计算机技术发展起来的三维空间直观显示的综合集成技术。借助立体头盔和数据服装，人们可以进入 VR 生成的虚拟环境，对研究对象形成一种亲临其境的现场感受。这种技术在应用地理学中能发挥巨大作用。考虑到许多读者对 VR 技术未必熟悉，下面借助网上自由百科全书（Wikipedia）的资料对 VR 作一简明扼要的介绍。

VR 可以提供一种用户与计算机模拟环境（computer-simulated environment）交互作用的技术，这个环境可以是现实世界的模拟结果，抑或是一个想象的世界。当前的 VR 环境主要是一种形象化技能，使用户得到一种视觉的体验，这种体验可以借助计算机屏幕实现，或者通过特殊的显示器以及体视镜（stereoscopic）显示器完成。不过，有些模拟包含附加的感官信息，例如通过扬声器和耳机形成的声音信息。当前有些高级的触觉系统包括触觉信息，如通常所知的在医疗和游戏中提及的用力反馈（force feedback）。用户可以与虚拟环境或者虚拟人工品（virtual artifact，VA）交互作用，途径有二：一是通过标准输入装置，如键盘和鼠标；二是通过多种模式的仿真装置，如有线手套（wired glove）、Polhemus 吊臂（Polhemus boom arm）以及全向踏车即无定向踏车（omni-directional treadmill）。

模拟环境可以类似于现实世界的真实情况，也可以与现实非常不同，后者如同 VR 中的游戏。在实际工作中，目前最困难的是创建高保真的虚拟现实体验，这主要是受限于计算机的处理能力、图像分辨率以及通信带宽。不过，如果计算机中央处理器、成像以及数据通信技术变得更为强大并且经济上更为切实可行，则上述障碍有望最终得以克服。

对 VR 的定义带有某些超前的浪漫主义色彩。理解 VR，有七个不同的关键词值得注意：模拟（simulation）、交互作用（interaction）、人工性（artificiality）、拟真性（immersion）、远程呈现（telepresence）、全身浸入（full-body immersion）以及网络通信（network communication）（Heim，1993）。VR 的普及与应用得力于如下技术的发展：计算机辅助设计（CAD）软件、图像硬件加速器（graphics hardware acceleration，GHA）、头盔显示器（head mounted display，HMD）、数据库手套以及小型化技术。虚拟环境被广泛地应用于地理描述，特别是与拟真的、高度直观的三维环境联系了起来（Portugali，2006）。

与模拟技术相比，VR 是一种更为综合的技术，它可以将模拟实验集成到一个虚拟分析过程之中。了解了 VR 的基本概念，我们就可以想象 VR 在地理学中的应用了。这种技术在未来的城市规划、交通规划、景观规划、旅游规划、文物保护等诸多领域将发挥作用。以城市规划为例，过去的城市规划方案主要通过二维平面图表示出来，后来发展到计算机图形学和 GIS 的动态显示。规划后的真实效果，我们无法体验。借助 VR 技术，规划师可以将城市规划方案实施后的效果逼真地显示出来，决策者坐在计算机前，利用 HMD 和数据服装可形成一种身临其境的现场感受，从而对规划方案有一个更准确的评价，以便发现问题、提前调整方案。城市规划之类是一个不可逆的过程，事先全面、准确了解规划方案的虚拟效果十分必要。当然，VR 无法解决城市演化的不可预测问题，虚拟的效果与未来的真实效果可能大相径庭。不过，有了 VR 形成的直观体验，总会对规划方案的评价和优选有所裨益。

可以想见，VR 技术在旅游景区规划之类的较小尺度规划中，可能发挥更大的作用。因为规划的范围越小，人类有效控制的程度越高。

模拟可以作为虚拟分析的一个组成部分，虚拟技术可以将模拟技术集成到有关模型之中。VR 在地理理论研究中，也不失为一种辅助分析技术。如果说 VR 用于规划是模拟生成现实可能的世界，则其用于理论研究将可以生成一种完全想象的世界，甚至是一种纯粹的游戏。以色列特拉维夫（Tel Aviv）大学地理与人文环境学系的环境模拟实验室（Environmental Simulation Laboratory，ESLab）将模拟技术、认知技术和 VR 技术结合起来，生成了复杂的人工环境，用于研究城市理论和规划，特别是探索自组织城市规划理论和方法（Portugali，2006）。笔者曾经向 Portugali 教授请教城市模拟和虚拟的关系，对方的回答非常简单：城市模拟过程可以集成或者嵌入城市 VR 技术之中，从而更直观或者在更大尺度上发挥城市模拟分析的效果。

## 7.3　地理学与标准科学

### 7.3.1　地理学与标准科学

科学被分解为各种各样的学科，不同学科之间的相似性在于它们采用相同的研究方法和分析手段（Cullen，2005）。不同的学科在研究内容和理论建构方面各有自己的独特性，但在研究方法方面具有普适性，在理解自然界方面也具有相似性。所有学科都应该参与探索宇宙的共有规律以及有助于理解自然如何工作的公共课题。如果某个学科在方法、手段和目标追求方面过于与众不同，则它就会成为"例外"的学科。不幸的是，地理学一度走上了例外主义的道路。第 10 章对地理学的"例外论"有深入而有趣的探讨，本章仅从理论与现实的角度简单地比较地理学与标准科学的异同点。

20 世纪初期，《欧洲历史研究》丛书开始出版发行，其中的不少著作属于第二版，《科学革命和现代科学的起源》一书就是其中之一。该书作者 Henry（2002）从历史和哲学的角度讨论了科学的发展与革命，其中第 3 章专门讨论科学方法。作者将科学方法归结为两个方面：其一，世界图景的数学化（mathema-

tization of the world picture）；其二，经验和实验（experience and experiment）。具体说来就是："科学方法的两大要素在于：利用数学和测度来给出世界及其组成部分运行方式的精确描述，利用观测、经验——如果必要，还有人工设计的实验，来获得对自然的理解。"Henry（2002）对科学方法的描述是科学界的共识。早在1953年，爱因斯坦（Albert Einstein, 1879—1955）在致斯威泽（J. E. Switzer）的信中就曾经指出："西方科学的发展是以两个伟大的成就为基础，那就是：希腊哲学发明的形式逻辑体系（在欧几里得几何学中），以及通过系统的实验发现有可能找出的因果关系（在文艺复兴时期）。"（Einstein, 1953）由于"逻辑包括数学，并与符号之间的关系有关"（Bunge, 1962），形式逻辑运用的极致便是数学语言。因此，西方近代科学方法有两个显著特征：一是实证道路，二是数学语言（冯天瑜和周积明，1986）。实证道路是针对系统实验来说的，数学语言则是针对逻辑表达而言。

作为科学史家，Henry（2002）的讨论不限于某些领域，而是针对整个科学世界而言的，当然包括地理学。在地理研究中，我们需要借助数学和测量描述地理系统，需要借助观测、经验乃至科学实验理解地理系统。在这方面，地理学与其他科学分支领域没有什么不同。但是，地理学的的确确曾经走过一条"例外主义"的道路，虽然经历了"计量革命"的冲击，地理学的基本思路至今似乎并未彻底回归。所谓"例外"，是相对于标准科学而言的。所谓标准科学，目标是寻求普遍规律，建立通用法则；任务，如前所述，原先是探索真理，如今则是建立模型；判断标准是可重复性和可检验性，具体表现为预言能力（图7-8）；研究方法是系统受控实验和逻辑方法，后者包括数学方法；至于功能，最基本的就是解释和预言，启发人类思想则是科学研究的高层次功能。将地理学与标准科学的定义进行比较，就会发现我们的"例外"表现在什么地方（表7-4）。

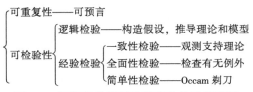

图7-8　标准科学判据及其检验体系示意图

**表7-4　地理学与标准科学的比较**

| 项目 | 标准科学 | 地理学 |
|------|---------|--------|
| 目标 | 寻求一般法则 | 关注区域差异 |
| 任务 | 建立模型 | 似无共识（积累资料？解释变化图式？） |

续表

| 项目 | 标准科学 | 地理学 |
|------|---------|--------|
| 判断标准 | 可重复，可检验 | 似无简单标准 |
| 方法 | 数学，实验（包括模拟） | 经验观察，定性分析 |
| 功能 | 解释，预言 | 说明，比较，预测 |

## 7.3.2　地理学与例外主义

　　科学研究目标的首先在于寻找一般规律，根据这些规律可以建立一般原理，从而使个别的自然过程归因于一般规则并能够从一般法则中推演出来。因此有人将规律或者法则称为逻辑思维的指路明灯。由于缺乏有效的逻辑工具，又没有相应的实验手段，传统地理学面对地球表层的复杂现象束手无策，于是只好放弃对科学规则的追求，一度走上"例外"的道路，甚至有一些地理学者根据有限的经验宣布地理系统没有规律（Johnston，1985；唐晓峰和李平，2000）。

　　在 20 世纪 50 年代的时候，欧美各国地理界的主流思潮是区域思潮。在Schaefer（1953）宣布地理学的"例外主义"之前，似乎没有人觉得有什么不妥。例外道路着重表现在研究方法方面。如果我们将表 7-4 中的有关内容展开，可以看出更为清晰的对比（表 7-5）。

**表 7-5　地理学相对于标准科学的例外特征**

| 类型 | | 标准科学 | 地理学 |
|------|------|---------|--------|
| 目标 | | 寻找普遍规律（普遍性） | 描述区域特征（独特性） |
| 方法与过程 | 数学 | 数学化和定量化 | 局部定量化，但未数学化 |
| | 实验 | 必须实验 | 很难实验（代之以经验观察） |
| 结果 | | 理论科学 | 经验科学 |

　　地理学的例外特征还可以通过与其他学科的比较看出来。我们选择三个代表性的学科：物理学、经济学和地理学。三个典型学科的比较如表 7-6 所示。我们知道，数学被誉为自然科学的王后。物理学可以应用的数学工具最多，它成为自然科学的贵族（Waldrop，1992）。经济学虽然在系统受控实验方面存在短缺，但它成功地应用了数学，于是它成为社会科学的王后。因为数学方法的成功运用，经济学的功能和地位大为提高。1968 年，瑞典银行为庆祝建行 300 周年，决定从翌年起以诺贝尔的名义为经济学设立奖项。次年瑞典皇家科学院著名经济学家Erik Lunderberg 在颁奖仪式上代表诺贝尔委员会对设奖决定作出了如下解释：

156

"在过去的 40 年里，经济科学在经济行文的数学规范化和统计定量化的方向上已经越来越发展。"在第二次诺贝尔经济学奖授奖仪式过程中，Lunderberg 再次致词，强调经济学突出成就的两个不同分支："一个分支是计量经济学，它是为直接的统计估计和经验应用所设计的……第二个分支定位于更加基础的理论研究，其中没有任何直接面对统计经验数据的目的。"（史树中，2002）第一个分支是计量经济学，强调定量方法（将数学方法作为数据整理的手段）；第二个分支则为理论经济学，强调理论建设（构建假设、建立模型、发展理论）。经济学的定量化固然存在种种不尽如人意之处，但其理论和实践成就也是举世瞩目的（Waldrop，1992）。对于 1974 年发生于西方世界的经济危机，经济学家利用数学建模提前 5 年就已经预知（王通讯，1986）。

表 7-6　地理学与物理学和经济学在研究方法方面的比较

| 类型 | 内容 | 物理学 | 经济学 | 地理学 |
|---|---|---|---|---|
| 逻辑 | 归纳 | + | + | + |
| | 演绎 | + | + | − |
| 数学 | 整理数据 | + | + | + |
| | 构造假设、建立模型 | + | + | − |
| 实验 | 系统受控实验－因果关系 | + | − | − |

注：加号"＋"表示成功或者好，减号"－"表示不成功或者差

今天，经济学对数学应用的难度已经让物理学家感到震惊（Waldrop，1992）。地理学呢？在一些重要的方法上至今为止依然存在缺陷，因此它的学术地位在整个科学的殿堂中仍未提高。分析形成这种状况的原因，才能看到地理学的真正前景。一方面，除了自然地理学的某些相关领域之外，地理学无法利用实验室实验，于是我们在寻找因果关系方面遇到巨大的方法性障碍。另一方面，我们对数学方法的运用也是有限度的。我们知道，各门学科所采用的数学方法主要是所谓的高等数学：数学分析（主要是微积分）、线性代数和概率与统计等（图7-9）。可是，这些数学工具在地理学中的应用却受到天然的局限。

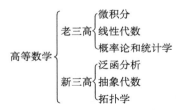

图 7-9　标准科学常用的高等数学体系示意图

其一，地理空间现象是不规则的现象，但微积分等却是基于规则的欧氏几何学发展起来的数学方法；

其二，地理系统的演化过程是复杂的非线性过程，而当前的数据处理工具主要是基于线性代数理论；

其三，地理分布主要是没有特征尺度的幂律分布，而概率论与统计学则主要是基于有特征尺度的正态分布。

简而言之，地理系统的根本性质与传统数学方法的内在属性不能契合（表7-7）。

表 7-7　传统高等数学特性以及地理学需要的比较

| 序号 | 传统高等数学 | 地理学需要 |
| --- | --- | --- |
| 1 | 微积分——规则几何学 | 不规则几何学 |
| 2 | 线性代数——线性叠加原理 | 非线性不可加和原理 |
| 3 | 概率论、统计学——有尺度分布 | 概率与统计——无尺度分布 |

## 7.3.3　地理学基本方法发展现状

有人可能会提出疑问，经济系统是典型的复杂系统，为什么经济学可以成功地数学化，而地理学不能？这个问题似乎不难回答。系统建模最大的障碍在于三个因素：时间方向的滞后（time lag，亦称时滞）、空间方面的相互作用和演化上的不对称。所有这些困难，都给地理学者遇上了。比较而言，经济学不必处理令人头疼的空间变量，因此，经济学问题可以充分简化。诺贝尔经济学奖的获得者P. A. Samuelson 有一个著名的幽默论述：你可以将一只鹦鹉训练成经济学家，因为它只需学习两个词汇，即供给和需求（潘天群，2002）。但是恐怕没有人能够将一只最聪明的鹦鹉训练成地理学者，因为要它记忆的词汇实在太多，或者干脆不知道从何教起。从《小王子》一书可以看到地理学者早年的社会形象。当然，今天情况改变了很多。

幸运的是，转机总于出现了。

第一，分形几何学的创生，为地理学描述不规则空间现象提供了有效的工具，并且，这种几何学较之于欧氏几何学具有更为抽象的能力。

第二，非线性数学的发展为我们研究地理系统的非线性过程提供了行之有效的方法。人们发现，非线性系统的演化过程，实质上是一种复杂的计算过程。生物进化、生命演化和生理变化其实都是一种对非线性系统的计算和求解过程，而生物进化、生命演化等在处理非线性计算过程时常常要比人类早先发明的数学方法要高明得多。于是科学家模仿生命演化、生理变化和生物进化创造了一系列新的数理科学，有人称之为仿生数学群，其主要内容可以概括如下（图7-10）。

仿生数学体系 {
1. 元胞自动机（cellular automata，CA）—细胞空间模型（cellular space model，CSM）
2. 神经网络（neural nets/networks，NN）
3. 进化计算（evolutionary computation）{ a. 遗传算法（genetic algorithm，GA）
                                          b. 遗传规划（genetic programming，GP）
4. 人工生命（artificial life，A-life）
}

图 7-10　仿生数学体系示意图

第三，计算机模拟实验为我们弥补了传统地理学不可实验性的不足。虽然主要的地理研究依然不能进行实验室实验，但是，如果能够有效利用计算机模拟实验，很多因果关系的问题有望得以解决。这样，地理系统及其演化过程的数学描述和实验方法就有了一个明确的体系框架（图7-11）。

{
数学 {
空间分布——分形几何学，相关数学
演化过程——非线性数学方法
时空检验——无尺度概率分布
}
实验——计算机模拟实验
}

图 7-11　未来地理学的数学语言与实验方法体系框架图

现在还有一个尚未解决的数学障碍，那就是概率论与统计学方面的问题。传统的概率论和统计学都是基于正态分布的理论，而正态分布是一种有特征尺度的分布。可是，地理现象绝大多数是没有特征尺度的，在概率上表现为 Pareto-Mandelbrot 式幂律分布。城市位序 – 规模分布就是典型的无特征尺度分布（参见图7-3 的无标度区部分）。所有的分形现象，都是没有特征尺度的现象。从事地理分形研究的目的之一，就是揭示地理系统中哪些分布有特征尺度，而哪些没有，为我们今后采用有效的数学工具奠定基础。可是，我们至今没有基于无特征尺度分布的概率论，相关的统计学工具至今尚未发展起来。

在这种情况下，我们既要看到地理学目前的方法性变革和美好前景，同时要了解有关方法依然存在局限。可是，这不是地理学者的过错。任何学科的发展都需要科学技术的支撑和相关的社会经济背景的辅助。

## 7.3.4　实然世界与应然世界

之前我们讨论了地理学的定性方法与定量方法，其实地理学的定性与定量传统都由来有自，而且定量传统的起源更早。西方地理学有两大源流：一是天文 –

地理学源流，可以追溯到古希腊的埃拉托色尼和托勒密，到德国洪堡那里中断，在 Christaller 那里以另外一种姿态发展，直到 Schaefer 之后的计量运动时期才局部复兴；二是历史－地理学源流，可以追溯到古希腊的希罗多德（Herodotus）和斯特拉波，到德国的李特尔那里得到进一步发扬，最后形成赫特纳－哈特向思潮。西方地理学发展的两条脉络交织成地理学的杂合（hybrid）历史（Philo et al.，1998），两条发展轨迹的交点似乎是康德。第一个是数理地理学的源流，在研究方法上重视数学描述，代表定量传统；第二个则是区域地理学的源流，在方法上不用数学工具，代表定性传统。由于德国哲学家康德的巨大影响，地理学研究的数学传统被局限在自然地理学的较小领域，整个地理学被定位在区域描述的学科范畴。近、现代地理学延续的主要是历史－地理学传统，地理数学传统经过"计量革命"时期短暂的回归之后又趋衰落，目前在西方有再度复兴的趋势。

无论是在中国还是在西方，地理学一方面与天文学不可分割，另一方面又与历史学紧密联系。在中国，上知天文、下知地理是知识渊博的表现，而且中国古代的地理知识的确联系着天文知识。此外，人文和区域地理知识又以方志等形式记录在史书之中。在古希腊，埃拉托色尼和托勒密首先是天文学家，然后是地理学者，他们的研究是天文、地理合一的研究，采用数学方法，这成为自然地理学、系统地理学以及数学地理学的古代起源。希罗多德和斯特拉波首先是历史学家，然后是地理学者，他们的研究是历史、地理合一的研究，采用区域描述的方法，这是今天人文地理学、历史地理学、社会与文化地理学等的早期来源。因此，"在地理学的叙述中，乃有两个世界"（唐晓峰，2009）。一个世界反映在数理地理学中，另一个世界反映在区域地理学等分支领域之内。数理地理学主要刻画地理学的理想世界，或者"应然世界"；而区域地理学则描述现实世界，或者叫做实然世界。可见，"地理学应包括两重内容，经验事实的搜集与理念系统的建立"（唐晓峰，2009）。

### 7.3.5　行为研究、规范研究和价值研究

从系统科学的观点来看，地理学应该从事三个方面的研究和三种体系的建设。一是地理系统的行为研究，这是区域地理学的主要任务；二是地理系统的规范研究，这是数理地理学的重要任务之一；三是地理系统的价值研究，这是两类地理学的共同任务。行为研究揭示系统实际如何，规范研究揭示系统应该如何，价值研究则提供行为分析和规范分析的评价标准（Krone，1980）。规范研究关注的是应然世界，行为研究关注的是实然世界，价值研究则是联系地理学两个世界的理论纽带（表7-8）。

表 7-8 地理学的两个世界与三类研究

| 两个世界 | 特征 | 研究类型 | 模型类型 |
| --- | --- | --- | --- |
| 实然世界 | 地理实在 | 行为研究，价值研究 | 预测模型，解释模型 |
| 应然世界 | 理论预期 | 规范研究，价值研究 | 规范模型，解释模型 |

地理系统不同于经典的物理系统，地理系统不是纯粹的客观存在。人类的思想、智慧和价值追求一直通过人地关系影响地理过程。换言之，地理系统既不是完美无缺、无需改进的完善组织，也不是一成不变、无法改进的机械框架，而是一种人类参与、有改进余地、可以通过人类知识进行优化的演化系统（陈彦光，2008a）。因此，地理学者既要通过实然世界认识地理系统的现实状态（行为 + 价值），也要通过应然世界了解地理系统的预期状态（价值 + 规范）。地理学的两种传统既有矛盾，也有依赖；地理学的两个世界既有差距，也有对应。现实与理想的距离，正是人类需要解决的问题（苏懋康，1988）。可是，很长时间内，地理学界总是有人希望一种传统压倒另外一种传统，一个世界取代另外一个世界。解决问题的出路也许在于地理学的价值研究的确立，因为它是沟通两个世界的理论和方法的通道。

# 7.4 小 结

由于非欧几何学——罗氏几何学和黎曼几何学——的发展，科学界的认识论发生了根本变革，科学研究的重心由寻找真理转向建设模型。与此相应，科学研究的方法也由归纳 – 演绎的推理过程转变为假设 – 求证的分析过程。因此，地理学也不必寻找不可企及的真理，地理学的主要任务也应该是模型建设。模型的种类多种多样，地图、游戏、绘画、隐喻、数学公式都可能构成模型。对于地理学者而言，最典型也最容易理解的模型乃是地图。地图的绘制过程是一种模型建设的过程，地理事物与地图符号之间的对应关系可以视为一种函数关系。科学中最重要的模型是数学模型。数学模型借助数学语言对现实进行不多不少、恰到好处的抽象和简化。利用数学模型开展演绎变换和数据分析，可以揭示地理系统的反直观性质、隐含规律以及内在图式。有趣的是，数学模型主要用函数表示，函数同义于映射——数学家的映射概念正是来源于地理学者的制图。

人类思维方式可以分为形象思维和抽象思维两大类型。一般认为，形象思维是一种非线性的整体性思维，抽象思维是一种线性的还原式思维。前者是艺术家的思维方式，后者是科学家的思维方式。两种思维在科学研究中都可利用，艺术和科学的思考方式在地理研究中可以相辅相成。形象思维主要是针对具象问题开展定性分析，抽象思维则可以将有形现象符号化、数学化，从而在简化问题的同时揭示无法直接处理的深层次规律。相应于形象思维和抽象思维，科学研究方法又有唯象分析和唯理分析之分。唯象分析主要是以观察为基础的经验分析，偏重于归纳和类比；唯理分析则是以理论为前导的逻辑推理分析，侧重于演绎和假设 – 求解过程。地理研究既需要形象思维，也需要抽象思维；既需要唯象分析，也需要唯理分析。

西方近代科学包括两大基础，一是形式逻辑（以欧氏几何学为典范），二是系统受控实验（目的是揭示因果关系）。逻辑的极致是数学，因此有人将西方近代科学的发展特征归结为实证道路（观察和实验）和数学语言（定量分析和模型建设）两个方面。地理系统是不可控的复杂系统，无法进行受控实验。另外，由于不规则性、非线性、无特征尺度分布三个方面的原因，数学语言在地理学中的运用也受到很大局限。方法的不同导致了地理学的"例外主义"道路，使得地理学在很大程度上偏离了标准科学。如今，由于计算机模拟技术的发展，可望在一定程度上弥补地理学不可实验性的不足。模拟方法的进一步延伸是虚拟技术，虚拟现实可以将模拟技术集成到更大的分析框架之中。

由于归纳与演绎的不同、定性与定量的不同、形象思维与抽象思维的不同，地理学可以区分为两个世界：一是描述现实情况的实然世界，二是反映理论预期的应然世界。与此相应，地理学的研究也应该分为三种类型：一是行为研究，二是规范研究，三是价值研究。行为研究主要探索地理系统的实际演化过程和现实状况，规范研究主要是揭示理论上的优化模型（用以指导地理空间优化、城市与区域规划等），价值研究则是探索系统行为和规范的评判标准。行为研究主要面对实然世界，规范研究主要面对应然世界，而价值研究则是联系地理学两个世界的通道或者纽带。

# 第 8 章 静态与动态

在地理研究中，静态分析与动态分析方法的联系与区别一直是引发争论的问题。探索一个地理系统如城市，首先要了解它的结构。系统的结构描述是静态行为。但是，如果系统规律不对称或者存在对称破坏，简单的静态描述就会失效，动力学刻画就成为必要。而另一方面，动态刻画往往只是手段，并非目的。研究系统动态演化过程的目的在于寻找系统背后的不变规则。因此，在地理科学方法论中，静态与动态是一对对立统一的重要范畴。在动态变化过程中，又存在量变与质变、渐变与突变、确定型变动与随机型变动等问题。这些变动类型联系着局部与整体、微观与宏观、无序与有序、简单与复杂等。本章将围绕静态与动态问题，基于地理学方法论的视角，讨论地理系统的量变与质变、渐变与突变、平稳与跳跃、随机变动与确定变动以及诸如此类的问题。

地理学中的另一对重要概念——格局与过程——与这里讨论的静态与动态有关联。地理区划、地域类型、地域结构、空间形态等地理学经典方法都可以归为格局。当代地理学更注重过程研究，诸如生物地球化学循环过程、水热平衡过程、植被演替过程、城市化过程、土地利用变化过程等。过程研究之所以重要，一方面是因为对格局的解释需要研究过程，以探索隐藏在格局规律性背后的相互关系，探寻决定格局形成的机制和蕴藏的结构，从而能优化格局；另一方面，过程从典型推向普遍需要研究格局，过程研究的应用也需要在格局的框架内展开。所以，当代地理学是格局研究与过程研究的综合，既研究格局的过程，又研究过程的格局。格局是静态的，过程是动态的，本章对静态与动态的讨论，可为认识格局与过程提供借鉴。

## 8.1 对称与对称破坏

### 8.1.1 对称性与地理规律不对称

1974 年 5 月 30 日，毛泽东紧急召见美籍华裔物理学家李政道，要与他讨论物理学中的对称问题（李政道，1999）。毛泽东注意到，"对称"对物理学家而言是一个至关重要的概念。根据马克思主义哲学，世界的本质是运动的。可是，根据韦氏（Noah Webster，1758～1843）大词典，对称意为"均衡比例"或者"由这种均衡比例产生的形状美"。这暗示，对称实际上是一个静态的概念。毛泽东感到困惑的是，既然世界是动态的，为什么物理学家如此重视静态的对称？李政道（1999）告诉毛泽东："对称这个概念决不是静止的，它要比其通常的含义普遍得多，而且适用于一切自然现象，从宇宙的产生到每个微观的亚核反应过程。"

其实，从数学的观点来看，对称性代表变换中的不变性。可以认为，对称是动态中的静态。本书第10章专门讨论普适性与例外论。普适性的前提条件在于时空平移对称性，没有对称性就无所谓普适性。地理学走向"例外主义"的根本原因在于地理系统演化规律的不对称（陈彦光，2008a；陈彦光，2009b）。以牛顿的万有引力定律为例，该规律在宏观和微观层面都具有很好的对称性。17世纪发现的万有引力公式，如今依然适用，这叫做时间平移对称；英国人发现的万有引力公式，在中国依然适用，这叫做空间平移对称。万有引力公式的数学形式不会改变，这叫做宏观层面对称；万有引力模型的参数数值不变（保持恒定为常数），这叫做微观层面对称。在一定意义上，经典物理学的巨大成就是建立在对称性概念基础之上的。可以说没有对称性就没有物理学。Gross（1996）曾经指出："假使没有对称性的存在，很难想象自然规律演绎的进展程度。我们在不同时间、不同地点重复实验的能力，正是基于自然规律的时空平移不变性。"不变性就是对称性，对称可以理解为**变化**中的不变性，在数学上则表现为**变换**中的不变性。

由于时空平移对称性，一个物理学家通过实验数据总结的经验定律，其他物理学家在世界上任何一个地方随时可以通过正确的方式重复该实验过程验证其结果。可重复性和可检验性是科学性的基本判据。

但是，地理学者就没有这么幸运了。地理学者面临的是一种规律不对称的系统，或者说，是一种规律对称发生破坏的系统。不妨以地理引力模型为例说明这个问题。地理学者通过物理学类比，将物理学的万有引力概念引入地理学，发展了地理引力模型（James and Martin，1989；Martin，2005）。但是，这个模型表现出显著的不对称性（表8-1）。第一，模型的结构不固定。有时候，模型的阻抗函数表现为负幂函数，有时又表现为负指数函数（陈彦光，2008a）。这叫做宏观不对称。第二，模型的参数不恒定。无论是距离衰减指数，还是引力系数，数值都是变化的（Mikkonen and Luoma，1999）。"计量革命"时期，理论地理学者曾经试图导出引力常数，但是无功而返（Harvey，1996）。简而言之，地理引力模型时空平移不对称。

**表 8-1 物理学引力模型与地理学引力模型的比较**

| 类别 | 物理学引力模型 | 地理学引力模型 |
|---|---|---|
| 标准模型 | $F = GMmr^{-b}$ | $I_{ij} = GM_iM_jr^{-b}$ |
| 异化形式 | 无 | $I_{ij} = GM_iM_je^{-br}$ |
| 参数 | 确定 | 不一定 |
| 比例系数 | $G = 6.67 \times 10^{-11}\,\mathrm{m^3\,s^{-2}}$ | 没有确定的数值 |
| 幂指数 | $b = 2$ | 变化于 1~3 之间 |
| 质量 | 不变 | 变化 |
| 距离 | 可变 | 不变 |
| 相互作用 | 同时性 | 反应滞后 |
| 作用与反作用 | 对称 | 不对称 |
| 适用范围 | 普适（标准科学） | 不普适（例外主义） |

资料来源：陈彦光，2008a

通过物理引力定律与地理引力模型的对比，可以看到大自然的巧妙设计。在从太阳系到银河系以至更大的宇宙尺度上（宇观层次），引力定律是时空平移对称的；但是，在人类直接生存的空间尺度上（人观层次），引力模型却发生了对称破坏。这种对称破坏是十分必要的，否则人类不会有进化的自由，甚至根本不会有生命的出现。一方面，如果在宇观层次上，引力模型的参数发生变异，那么，今天太阳从西方落下，我们就无法判定它何时何地再度升起；如果模型的结构发生退化或者异化，则太阳系就会发生星球碰撞，银河系就会出现状态紊乱，整个星系就不可能井井有条、按部就班地运行。在这种环境中，生命根本无法出现，出现了也难以生存和进化。另一方面，在我们的人观层次上，如果引力规律没有发生对称破坏，如果地理学意义的引力模型与物理学的引力定律一样对称——结构不变、参数恒定，则人类根本没有发展与进化的条件，所有的事物都会按照严格的章法形成确定的时空结构。以城市地理学问题为例，在这种情况下，城市与区域规划纯属多余：一个城市只能建设在这里，而不能建设在那里；一条铁路只能沿着此方向延伸，而不能沿着彼方向延伸。在这样的世界里，我们没有选择的自由，没有自组织，一切都是命中注定的，世界变成了绝对精确的时钟，永无错乱；人类与时钟上的一个指针或者零件没有区别，在决定性的位置发挥自己的作用而不能有任何能动性的发挥（陈彦光，2008a）！

2010 年前后，全球自然灾害连连，干旱、地震之类不断发生。特别是最近几年的地震，叫人闻风丧胆、触目惊心。有人统计，从 2008 年中国汶川"5·12"大地震到 2011 年日本本州东海岸"3·11"大地震，不到 3 年的时间，全球先后发生里氏 4.5 级以上的地震 82 次。于是外行的人们恐惧了，害怕真的遇上"2012 年世界末日"。其实，早在 20 年前，日本学者就曾预测，2010 年前后地球自转速率将会进入低谷状态，因此，太平洋沿岸，特别是东南亚，自然灾害将会显著增多，地震和干旱发生的频率将明显上升。缺乏地学知识的人们以为地球自转周期是 24 小时，准确无误（严格对称），而事实并非如此。地球的自转速度也会不断调整。地球自转周期的微小变化就会导致人类社会的巨大灾难。如果牛顿引力定律不对称（如引力常数变异），整个太阳系岂不会陷入混乱？

由于宇观、宏观层次的平移对称规律，保证了生命发育的稳定环境，又由于人观层次的时空平移对称破坏，提供了生命进化和选择的自由，从而保证了生物世界的多样性和复杂性。不仅引力模型，地理学中的很多经验规律都具有时空平移不对称性，从而不具备严格意义的普适性。对于规律时空平移对称的系统，静态的结构性描述有意义；对于规律时空平移不对称的系统，静态的结构性描述不足以表达系统特性，需要开展动力学分析刻画其动态演化。对于经典物理学而言，其研究的对象主要是对称体系，比较容易发现规律、验证规律并应用规律。对于地理学特别是人文地理学而言，就不是这样了。由于地理系统不对称，静态的描述不够用，动态的研究方法不发育。于是，地理学的理论建设的困难性就可想而知了。这门学科一度走上"例外主义"的道路也不足为奇。

## 8.1.2 对称性与规律性

地理学者在评价一种研究方法的时候，往往说某种方法"好"，原因是该方法可以描述动态过程；某种方法"不太好"，理由是该方法刻画的是静态结构。例如，早先人们评价地理学中的分形和 CA 研究，就说分形方法是静态描述，CA 是动态研究，因此后者优于前者。这种以动、静论优、劣的标准对科学研究方法而言不够切题。实际上，在地理分析过程中，分形主要用于数学描述，特别是结构的刻画，CA 主要用于计算机模拟实验，更多地属于实验方法的范畴。二者应用的视角不同，在方法上可以互补，相辅相成，并行不悖（Batty，2005；White and Engelen，1993，1994）。分形和 CA 如此，其他方法也是如此。

但是，在科学研究中，人们经过一段时间的静态描述之后，往往开始追求动态刻画。这又是为什么？其实，动态研究只是手段，并非目的。科学研究的动态分析是为了揭示更深层次的静态规则，不是为动态而动态。具体说来，如果一个系统的规律是简单对称的，静态描述就够了；但是，如果一个系统的规律发生对称破坏，单纯的静态描述就不够用，需要通过动态研究寻找隐含的对称规则。简而言之，科学研究主要是寻求变化中的不变性，以及不变中的可公度性（陈彦

166

光，2008）。变化中的不变性，表现在数学描述方面就是变换中的不变性，变换中的不变性就是对称性。

当我们探索一个地理系统的时候，我们首先关注它的结构。结构是不变的（静态的），或者变化极其缓慢（稳态的）。一言以蔽之，结构不会轻易发生统计学意义上的显著性变化，否则系统就不稳定，就会解体或者变异。认识了系统的结构，才能解释系统的功能。如果系统是他组织的，则其结构是静态的；如果系统是自组织的，则其结构是稳态的。对于自组织系统，我们不仅要了解其稳态的结构，还要了解支配系统演化的规则，这些规则也是静态或者稳态的。如果规则不稳定，则系统演化就会因为无所适从而乱套，从而变得纷扰无序。以城市为例，城市是一种自组织系统（Allen，1997；Haken，1995；Portugali，2000）。遗传算法的创始人、复杂性适应系统（complex adaptive system，CAS）研究的开拓者 Holland（1995）在其《隐秩序》一书的开篇就对城市的自组织及其复杂性表示惊叹：

> "我们观察大城市千变万化的本性时，就会陷入更深的困惑。买者、卖者、管理机构、街道、桥梁和建筑物都在不停地变化着。看来，一个城市的协调运作，似乎是与人们永不停止的流动和他们形成的种种结构分不开的。正如急流中的一块礁石前的驻波，城市是一种动态模式（a pattern in time）。没有哪个组成要素（constituent）能够独立地保持不变，但城市本身却延续下来了。"

城市是不断变化的，但变化的城市背后有一种稳定的结构和不变的规则。分形方法可以用于探索城市的稳态结构，而 CA 则可以用来探索城市演化的幕后规则。

结构和规则之类，或者不变化，或者变化缓慢、变化量很不显著，可以近似地视为不变。它们代表变化中的不变性，从而代表一种对称性。科学的动态研究的目的，不是为了追求系统不断变化的演进过程，而是为了揭示稳定的结构和不变的规则。找到这种结构和规则，就找到了系统的某种规律性或者系统演化的控制性变量。

## 8.1.3 动与静、快与慢

动与静，永远是相对的概念。关键在于观察的时空尺度。在一定时空范围内，地轴的方向是不变的，地球自转及其围绕太阳公转的速度也是不变的。但是，在大时空内考察，地球的转速以及地轴的指向其实都在缓慢改变。因此，我们可以借助统计学的显著性概念对动与静进行一个粗略的区分。如果在一定时空范围内，地理系统的变化快速，变动效果显著，则可以将其视为动态现象；如果地理系统变化缓慢，变动效果不太显著，则可以将其视为稳态现象；如果变化十分缓慢，效果极不显著，就可以视之为静态现象。

作为一种方法论研究，有必要分别从哲学和科学两个层面讨论一下"动"与"静"的辩证关系。在动、静关系之中，中国古代智者更重视静，认为"静为主，动为宾"，动者伺服静者，大概来自《老子·第二十六章》的"静为躁君"。有人可能会用马克思主义哲学来批判这种"静主动宾"的思想——既然世界是运动的，怎么能说静为主导呢？其实，中国哲人以静为主的思想与马克思主义的运动哲学没有矛盾，只是二者强调的角度不同。我们说世界是运动的，是就系统的演化过程而言的。世界上万事万物都在不停地变化，以致"一个人不能两次踏进同一条河流"（此话出自 Heraclitus，约公元前 530—公元前 470）。然而，在这千变万化的过程中，又有一些保持不变的东西，以致有人感叹"太阳底下没有新生事物"（据说此话出自古以色列国王 Solomon，？—公元前 932）。有的智者看到了系统要素的演变，强调动态；有的智者则看到了不变的结构或者规则，强调静态。着眼点不同，观点也就不一样。哲学之争有助于思想的发展。作为科学研究，则既要了解动态的过程，又要了解静态的结构。动态分析更多地是为了预测，静态研究则更多地用于解释。

根据协同学理论，一个自组织系统的变量可以分为快变量（fast variable）和慢变量（slow variable）两大类别。在系统演化过程中，慢变量可以支配快变量，快变量处于侍从地位。少数慢变量可以发展为序参量（order parameter），最重要的序参量可以发展成为决定系统演化的控制变量（Haken，1986；Portugali，2000）。快变量没有发展成为系统控制变量的机会。就系统变量而言，慢支配快，慢比快重要。有趣的是，在心理学中测验人的创造力的时候，判断指标之一是对新生事物反应的敏捷程度。一个对新生事物反应很快的人，恰恰是创造力低的人；创造力越高，对新生事物的反应反而越慢。郝柏林（2004）指出：

> "相对于个人而言，文化和语言是慢变量，而人生是快变量。即使是日后成为语言大师的婴儿也不可能发明出自己的语言，他只能用在摇篮中学到的语言去进行创造，写出千古名句，留下不朽作品。"

其实，对于人类而言，掌握科技和文化的智识阶层是慢变量，其他阶层是快变量。从农业社会到工业社会再到信息社会，智识阶层的地位变化缓慢，但稳步上升，最终成为社会的决定力量。在更短的时间尺度里，见风使舵、唯利是图、随波逐流、缺乏定力和主见者一定是快变量，即便这类人突然暴发、炙手可热、红得发紫，也不会成为社会的中坚力量。相反，那种坚持原则和主见、按照自己的追求持续、稳步发展的人，可以成为慢变量。这类人中一部分最终会发展成为主宰社会乃至影响历史的中流砥柱。宋代无名氏有一首《题峻极中院法堂壁》诗，吟咏的正是快与慢的关系：

> 一团茅草乱蓬蓬，蓦地烧天蓦地空。
> 争似满炉煨榾柮，慢腾腾地暖烘烘。

这首诗以七绝的体裁、打油诗般的通俗语言讲出了"快变"与"慢变"的深刻哲理，被作为题壁诗的代表之一收入《千家诗》。这首诗从艺术的角度反映了协同学的快变量与慢变量的关系。

最能说明动与静、快与慢的关系的，也许就是我们人体自身了。人体构成材料时刻在改变，人身内在模式（pattern）却相当稳定。根据传统的科学观，构成人体的原子每隔 7 年左右全部更换一次。因此，从原材料来看，7 年后的一个人与 7 年前的一个人已经完全不一样了（Cole，1999）。其实，组成人体的原子每时每刻都在变化。因此，"一个人不能两次踏进同一条河流"这个命题也可以表述为对偶形式："一条河流不能两次遇到同一个人"——即便河流不变，人也变了。虽然构成一个人的原材料全部更换，但一个人却有不变的东西，那就是决定一个人自身特征的内在模式。否则，几年之后，一个人就无法认出另一个人来。人体内在模式并非不变，只是变化缓慢。人体材料全部更新之后，人生也有相应的不同。古人以 7 年的倍数划分人生发展阶段：0 ~ 7 岁为童年，8 ~ 14 岁为少年，15 ~ 21 岁为小青年，22 ~ 28 岁为青年，29 ~ 35 岁为壮年……

对于一个城市系统来说，一方面，买者、卖者、管理机构、街道、桥梁、机场、车站、楼堂馆所，诸如此类，经常变化，这些都是快变量（Holland，1995；Portugali，2000）。"人生七十古来稀"，大约 70 年左右，一个城市的人口几乎全部更换一次。可是，没有哪一个人，或者哪一个建筑物，对于一个城市而言是必不可少的。无论是破坏一条街道，抑或炸掉一座桥梁，都不会影响城市的结构和生长。另一方面，特定的地理位置是慢变量。有时候，一场天灾（如地震）或者人祸（如战争）可以毁掉一个城市的绝大多数乃至全部建筑物。但是，只要地理位置合适，这个地方或迟或早，还要发育出一座城市。当然，地理系统的快与慢也是相对的。在更大的地理尺度上，城市是快变量，区域则是慢变量。因此，Portugali（2000）有"快城市、慢区域"的观点。对于一个区域来说，没有哪一座城市是必不可少的，但城市体系的结构却变化缓慢并且处于支配地位。

动与静、快与慢属于认识论层面的问题，但对方法论具有重要影响。在地理研究中，了解动与静的辩证关系，准确识别系统的快变量与慢变量，对我们正确理解研究对象的演化机制至关重要。当然，变与不变、快变与慢变等都是相对而言的。就人文与自然而言，人文地理现象大多是快变量，而自然地理背景主要是慢变量；在人文地理系统中，小型城乡聚落是快变量，而主要交通网络是慢变量；在城乡聚落中，人口要素是快变量，用地结构是慢变量；在城市人口中，人类行为是快变量，文化规则是慢变量……快起快落的时髦现象是快变量，历经不同时代而保持稳定的事物是慢变量。遗憾的是，由于不懂得快与慢的辩证关系，人文地理学主流追寻的往往是快变量，而不是慢变量。随便翻翻中外文献就不难看出，大量的访谈和调查对象，都是具有时代特色而没有持久生命力的东西。为了满足世俗的好奇，地理学者耗费了过多的精力。

## 8.2　演化与变异

### 8.2.1　量变与质变

一般系统论在方法论层面对还原论是一次反动。系统论的当今体现就是复杂性理论，但后者相对于前者发生了巨大变化。系统论强调结构，着重于从静态的视角研究系统的行为；复杂性则更强调动力学，着重关注从周期变化（periodic）到灾变（catastrophic）再到混沌变化（chaotic change）的非均衡演化过程。这类非均衡变化过去被认为是"非常态"的，是对系统均衡演化的一种随机或者异常偏离。复杂性理论产生以后，人们认识到，周期、灾变和混沌其实都是复杂系统的常态行为（Batty，2000）。不过，早在20世纪60年代，一般系统论的理论家就曾试图揭示有关动力学的一般规律，但他们未能完成这个任务（Goodchild，2004）。动力学探索有待于复杂性研究的接力和深化。为了深入地、从方法论的角度理解地理系统的复杂行为，下面将从量变与质变、渐变与突变、平稳与跳跃等角度讨论系统的演化与变异。

学过马克思主义哲学的人都知道量变（quantitative change）、质变（qualitative change）及其辩证关系。量变就是事物在数量上的增加，质变则是事物的本质发生变化。前者通常以渐变的方式发生，后者以突变的方式出现。从量变到质变通常被认为是事物发展过程中的一种飞跃。笔者少年时代学习唯物主义哲学，对量变与质变的概念早有认识，但理解的深度始终没有到位。直到大学时代接触一般系统论，才认识到如下三点：其一，量变不一定导致质变；其二，质变未必就是好的变化；其三，质变主要表现为三种形式，即系统结构变化、系统状态变化以及系统与环境的关系发生变化。

可以说，地理学研究的是地球表层系统及其各种子系统。一个系统的本质特征是由系统的结构及其与外界环境的关系决定的。系统的要素可增可减，要素的增加与减少都是量变。如果改变要素的数量，但并不改变系统的结构或者系统要素与环境的关系，则无论如何量变，都不可能导致质变。有时候，要素改变的数量并不太多，但关键性的要素的增删改变了系统的结构，这个时候质变就会发生。如果系统的结构变得更为优化，则质变就是良性变化；反之，如果系统的结构转为低劣，则质变就是向着恶性方向改变。有时候，系统宏观结构没有改变，但决定微观层面相互作用的参数超过某个临界值，系统的状态发生从无序到有序或者从有序到无序的根本转换，也属于质变现象。还有一种质变表现在系统与环境关系的转变方面。人地关系的根本改变，可以导致人类社会系统的质变。

在此，有必要解释一下系统论中有关系统的三个基本概念：结构（structure）、功能（function）和涨落（fluctuation）。简而言之，结构是系统要素的秩序和关系的总和，功能是系统的有秩序的行为及其后果，涨落则是对秩序的干扰，或者对平衡状态的一种随机偏离。提起结构，人们立刻想起某些词汇：组织、排列、连贯、倾向、构架，还有次序——尤其是次序，它包蕴甚广并称为结构的根基（Pullan and Bhadeshia, 2000）。任何一个系统都是由要素的集合和把各要素连接起来、组合成一个整体的结构共同决定的。要素之间的关联方式有很多种，当系统处于停止状态，其要素的关联方式称为框架结构；当系统处于进行状态则其结构称为运行结构；要素在时间流程中的关联方式称为时间结构；要素在空间中的关联方式称为空间结构；当时间关联和空间关联兼而有之的时候称为时空结构（许国志，2000）。

系统结构与组织有关。作为动词，组织（organize）指的是按一定目的将要素有序排列，使之成为具有特定结构和功能的整体。系统的主要行为是演化，组织是系统的一种特殊演化过程，实际上就是系统结构的有序化过程。组织可分为他组织和自组织。当系统之外的组织者按照某种目标、根据一定的计划、规则和方案对系统行为进行设计、规划和引导时，我们称这种系统为他组织系统（如汽车、飞机、电视机等）；当系统演化无需外界的特定干扰、仅依靠系统内部各要素的相互协调便能达到某种目标时，我们说系统是自组织的（如国家、城市等）。当作为名词时，组织（organization）指的是一种特殊的结构。系统组分的关联方式有有序和无序之分，组织乃是一种有序的结构。

功能是刻画系统行为、特别是系统与环境关系的概念，具体说来，功能是指系统行为引起的、有利于环境中某些事物乃至整个环境的生存与发展的影响或作用。系统科学认为，系统的结构决定功能，功能反作用于结构。对于自组织系统来说，结构–功能–涨落三者的相互作用导致系统的演进与发展（Prigogine and

Stengers，1984）。

明确了结构、功能和涨落的关系，就可以进一步讨论系统的量变和质变问题了。一般情况下，系统要素的增减，并不会引起结构性的变化，至多引起系统状态对平稳状态的微小偏移。这种小小的波动叫做微涨落。不仅系统内部要素的变化，外界环境的随机冲击也会引起轻微的涨落。内部要素和外界随机冲击每日每时都在发生，系统的微涨落不可避免。但是，如果系统的涨落不断叠加导致同频共振，则微涨落可以形成大涨落乃至巨涨落。巨涨落一旦发生，系统就可能彻底偏离原来的平衡状态。状态偏离的后果有三种：一是系统修复，经过紊乱之后回归原来的状态；二是系统崩溃，要素的组织彻底解体；三是系统相变，形成新的结构，从而从原来的稳定状态进入另外一种稳定状态。后面两种情况都可以视为质变：系统解体是质的变化，系统的结构的变异和状态的漂移也是质的改变。

从地理学的角度来看，人类历史上先后发生过两次重大相变：一是从农业社会进入工业社会，二是从工业社会进入信息社会。在此过程中，人与人的关系、人与地的关系都发生了显著的变化。工业社会的结构和状态不同于农业社会，信息社会的结构和状态也不同于工业社会。农业社会以物质为主，工业社会以能量为主，信息社会则以信息为主。农业社会人地关系是简单而直接的，人崇拜或者屈从于自然；工业社会人地关系变得复杂，庞大的工具使得人类对环境的影响以及环境的反弹作用都变得非常突出，人类试图征服自然，但经常遭到自然的无情报复；到了信息社会，人类认识到人地关系的危机，开始寻求建设和谐的人地关系……

### 8.2.2　一个寓言——有限环境的指数增长

有时候，单纯的量变的确可以引起质变，原因在于系统边界的限制。这种情况会导致系统与环境关系的改变，系统与环境的关系又会诱发系统内部要素关系的改变，从而发生状态的巨变。任何一个系统都是有边界的，从而可以利用的资源是有限度的。一旦系统要素多到资源条件无法支持的时候，系统就会出现重大危机：要么经过灾难之后修复，要么经过灾变解体。物理学家 Bartlett（1978，2004）曾经发表了一个细菌生长的寓言，用以说明有限环境的指数增长。Bartlett（2002）的本意是想说明，由于化石燃料资源的限制，地球人口增长究竟能走多远。他将人与资源和环境的关系这个大问题转变成一个关于细菌的隐喻。这个例子可以定量地说明，量变如何通过系统与环境的关系导致质变。

细菌以一分为二的方式，通过分裂发展菌落。一个变两个，两个变四个，四个变八个……假定菌口的倍增期（doubling time）是 1 分钟，每过 1 分钟细菌数

量翻一番。于是菌口以指数方式增长，可以用下式描述

$$N(t) = N_0 e^{bt} \qquad (8-1)$$

式中，$N(t)$ 为时刻 $t$ 的细菌数目；参数 $N_0 = 1$ 为初始值，$b = \ln 2$ 为相对增长率。设想上午 11 点在一个瓶子中放入一个细菌，到中午 12 点瓶子爆满（表 8-2）。由此引起有关瓶中细菌的三个令人深思的问题。

**表 8-2 细菌瓶中的最后几分钟**

| 时间 | 占据空间比例 | 剩余空间比例 |
| --- | --- | --- |
| 上午 11 点 54 分 | 1/64 满（1.5%） | 63/64 空 |
| 上午 11 点 55 分 | 1/32 满（3%） | 31/32 空 |
| 上午 11 点 56 分 | 1/16 满（6%） | 15/16 空 |
| 上午 11 点 57 分 | 1/8 满（12%） | 7/8 空 |
| 上午 11 点 58 分 | 1/4 满（25%） | 3/4 空 |
| 上午 11 点 59 分 | 1/2 满（50%） | 1/2 空 |
| 正午 12 点正 | 空间全部充满（100%） | 无空 |

问题之一：瓶中何时半满，亦即什么时候瓶中空间被细菌占据一半？

回答：上午 11 点 59 分！

问题之二：假定你是瓶中细菌的普通一员，你什么时候开始认识到细菌们即将用完全部空间？

回答：这个问题没有唯一的标准答案。因此，不妨将问题改为如下形式："在上午 11 点 55 分的时候，瓶中空间大约利用了 3%（1/32 被占据），还有大约 97% 的剩余空间（有待开发利用），这个时候，你是否意识到将会出现什么问题？"

若干年前，美国有人曾经写信给玻尔得（Boulder）的报纸，声称玻尔得流域（Boulder Valley）的人口增长不成问题，因为当地还有相当于当时已利用土地面积 15 倍大小的剩余空间可以开发利用。其实，玻尔得流域当时的情形相当于表 8-2 中 11 点 56 分的情况，全部空间被利用了 1/16。

假定在上午 11 点 58 分，当空间利用了 1/4 的时候，一些有远见的细菌认识到它们的空间即将用尽，它们通过巨大的努力，耗巨资寻找新的瓶子。很幸运，在上午 11 点 59 分的时候，它们找到了三个新的空瓶。于是，所有忧心忡忡的细菌都大大松了一口气，因为这个巨大的发现使得它们的生存空间扩大了 3 倍，或者说它们现有的全部空间相当于原有瓶子的 4 倍。它们可以向瓶外殖民。因此，细菌的空间自给自足了，细菌的"自力更生计划（project independence）"实现

了预期的目标。

接下来的问题就变得相当可怕了。

问题之三：假定全部的空间资源（space resources）扩大到原来的 4 倍，菌口的增长还可以持续多久？

回答：至多两个倍增期，亦即 2 分钟（表 8-3）。

**表 8-3　三个新瓶子发现之后的效果**

| 时间 | 空间利用情况 |
| --- | --- |
| 上午 11 点 58 分 | 1 号瓶利用了 1/4 空间 |
| 上午 11 点 59 分 | 1 号瓶利用了 1/2 空间 |
| 正午 12 点正 | 1 号瓶空间全部充满 |
| 下午 12 点 01 分 | 1 号瓶和 2 号瓶空间全部充满 |
| 下午 12 点 02 分 | 1 号瓶、2 号瓶、3 号瓶和 4 号瓶空间全部充满（已无最后发展余地） |

寓言的作者是一位非常关心地球人口、能源和可持续发展问题的科学家。他以瓶中细菌为例，提出了一个暗示人类社会灾变发生过程的隐喻。Bartlett（1978）指出，在上午 11 点 59 分，当瓶中空间已经占据一半的时候，具有远见卓识的细菌意识到危机逼近，已经寝食难安，而细菌王国的政客们可能还在跑来跑去，向每一个细菌保证，没有必要限制细菌的繁殖率，因为还有相当于整个瓶中细菌发展史中用过的全部空间一样多的剩余空间可以开发利用！（Cole，1999）的确，从上午 11 点到 11 点 59 分，整个瓶中的空间只用了一半，此时细菌数目大约是 $5.7646 \times 10^{17}$ 个，还有一半的空间剩余。可是，指数增长是一种正反馈式的增长，细菌王国距离危机爆发只有一步之遥。只要再过一个倍增期，细菌再翻一番，数量就达到 $1.15292 \times 10^{18}$ 个以上，可用空间就被完全占用，没有进一步拓展的余地了（图 8-1）。如果不能发现新瓶，后果只有两种可能：一是细菌之间经过自相残杀式的"战争"降低菌口，然后重新增长，数量周期振荡；二是全部细菌饿死，细菌王国彻底崩溃，发生了一次质变。

当资源扩大到原来的 4 倍之后，延长的生存时间仅仅为两个倍增期！当消费以指数方式增长的时候，无论资源增加多快，其可供消耗的时间都非常短暂！

瓶中细菌的寓言让我们想起了我们的地球。如果将地球比做一个封闭的瓶子，人类就是瓶中的菌群。过去学者们认为地球上的人口呈指数增长，但历史数据表明，从 17 世纪至今，人口的增长模型是双曲线形式（陈彦光和余斌，2006），即有

$$\frac{1}{N(t)} = \frac{1}{N_0} - \frac{b}{N_0}t \tag{8-2}$$

174

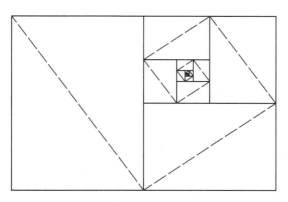

图 8-1　指数式空间充填示意图

注：假定一个系统的要素数量每 30 年倍增一次。每翻一番，系统要素就充填一个矩形区。当全部空间被占据 1/4 的时候，剩余空间似乎很广阔。但是，只要经过 30 年，右边的一半空间将被全部充填。这个时候，左边的一半空间尚待开发，空间资源危机似乎很遥远。可是，再经过 30 年，系统容量就达到极限

根据 1650～2000 年的数据估计，参数 $N_0 \approx 0.5253$，$b \approx 0.0027$，拟合优度 $R^2 = 0.9978$（图 8-2）。求导数分析表明，指数函数的相对增长率为常数，而双曲线的相对增长率为双曲线。因此，指数增长是定期翻番，双曲线式增长则是翻番的速度越来越快。也就是说，地球人口在加速翻番。

175

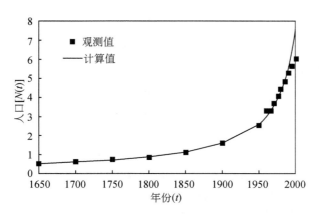

图 8-2　世界人口的增长及其双曲拟合曲线（1650～2000 年）

在地球人口暴增的同时，人类的生活水准要求越来越高，对地球的索取越来越多。根据世界生态观察组织 2010 年的一个报告，人类从 20 世纪 80 年代开始透支地球上的自然资源。该组织将人类消耗的资源（如能源、木材、饮用水、食

品等）以及自然能够消化的垃圾数量化，结果表明，1987 年 12 月 19 日，人类提前消耗了当年的全部可用资源。剩余的 12 天，人类开始透支自然资源。到 1995 年，透支日期提前到 11 月 21 日；到 2006 年，透支日期为 10 月 9 日；到 2009 年，透支日期又提前到 9 月 24 日①。人类透支地球资源的速度越来越快。放眼地球，人类似乎还可以乐观。但是，距离灾变发生的日期，也许只有一步之遥！

通过这个简单的例子，我们可以发现如下问题。第一，质变会因为系统与环境的关系引起。纯粹的量变，未必引起质变。但是，一旦系统受到环境的局限，量变就可以导致质变的发生。第二，质变可能意味着灾变。一旦环境的局限导致系统平衡状态的彻底失调，其后果将会是一场灾难。第三，灾变的发生往往突如其来。在接近灾变发生的临界点之前，系统的发展空间似乎十分广阔。因此，见识平常者对灾变的逼近会浑然不觉，他们会认为极少数有先见之明者的呼喊为杞人忧天。一旦灾难降临，采取措施为时已晚，就没有人可以力挽狂澜了。历史上很多强大的政权，在灭亡之前丝毫感觉不到不祥之兆。因为，当一个政治系统躯体腐败一半的时候，还有一半貌似正常。但是，距离全部烂掉，也就只有一步之遥。

176

## 8.2.3　渐变与突变

与量变、质变相对应的概念是渐变（gradual change）和突变（sudden change）。顾名思义，渐变就是一点一点、逐步变化，突变就是在极短的时间内突然变化。量变主要是一种渐变的过程，质变往往表现为突变，但突变未必就是质变，有时是数量巨大的跳跃性变化。渐变容易理解，突变概念则可能引起分歧甚至误解。原因在于，系统科学和生物学都有理论翻译为突变论。

早先，人们将大系统科学分为"老三论"和"新三论"。老三论包括系统论（system theory）、控制论（control theory, cybernetics）、信息论（information theory），合称 SCI 理论。新三论包括耗散结构论（dissipative structure theory）、协同学（synergetics）、突变论（catastrophe theory），合称 DSSC 理论。当然，今天的所谓新三论已经不是新理论了，混沌理论（chaos theory）、分形理论（fractal theory）、复杂性理论等相继诞生，更多的理论还在孕育和发展过程之中。需要指出的是，系统科学中有一种突变理论，也有人翻译为"灾变论"。此外，在生物学进化学说中也有一种突变论（mutationism）。该理论又译为"骤变论"，是生物进

---

① 数据来源于 2006 年 10 月 10 日《北京晚报》、2010 年 4 月 28 日《扬子晚报》。

化的一种观点。无论是系统科学的突变（灾变），还是生物学的突变（骤变），都含有突然性的结构性改变的含义。

系统演化的渐变和突变并非是对立的，有时它们在同一个过程中交织出现。典型的渐变与突变案例就是从分叉（bifurcation）到混沌的演变过程。May（1976）曾经基于生态学虫口模型的 Logistic 映射说明简单模型的复杂行为，这个过程可以出现周期倍增（period doubling），直至进入混沌状态。实际上，城市化水平变化曲线也是一种 Logistic 过程（United Nations，1980）。生态学虫口动力学的周期振荡和混沌行为，城市化动力学都可以表现出来（陈彦光，2008a）。城市化动力学 Logistic 方程的离散化结果是

$$Z(t+1) = (1+k)Z(t) - kZ(t)^2 \tag{8-3}$$

这便是关于城市化水平的"帐篷函数"（tent function）。式中，$Z(t)$ 表示时刻 $t$ 的城市化水平。为了讨论的方便，不妨令 $x(t) = kZ(t)/(1+k)$，进行变量代换。变换的目的是将变量无量纲化，并且将数值限定在 $0 \sim 1$，于是得到类似于 May（1976）的生态学模型的形式

$$x(t+1) = \mu x(t)[1 - x(t)] \tag{8-4}$$

式中，$\mu = 1 + k$ 为转换后的参数。理论上可以推知，参数的取值范围为 $1 \leqslant \mu \leqslant 4$，或者 $0 \leqslant k \leqslant 3$。

由于城市化水平增长模型与生态学的单口（single population）动力学模型结构一样，我们可以借助生态学的有关研究分析城市化动力学特征。生态学家发现，表面看来非常简单的数学模型可以表现出非常复杂的动力学行为（May，1976，1981；Messel，1985）。May（1976）的研究表明，随着参数 $\mu$ 的变化，Logistic 映射的形态也会跟着逐步改变（图 8-3）。当初始值取 $x(0) = x_0 = 0.1$ 时，Logistic 过程的变化规律如下。

当 $0 \leqslant \mu < 1$ 时，即 $-1 \leqslant k < 0$ 时，$x(t)$ 单调递减，当 $t \to \infty$ 时，$x(t)$ 趋向于 0。这意味着城市人口逐步完全改变为农村人口。这种情况对于城市化过程而言没有意义，因为现实中尚未出现完全的逆城市化或者乡村化过程。

当 $1 \leqslant \mu < 2$ 时，即 $0 \leqslant k < 1$ 时，$x(t)$ 单调递增，最后进入 $x^*(t) = 1 - 1/\mu$ 的不动点（fixed point）状态。当 $2 \leqslant \mu < 3$ 时，即 $1 \leqslant k < 2$ 时，$x(t)$ 先增后减，然后以振荡衰减式接近 $x^*(t) = 1 - 1/\mu$，这种状况为城市化的定态（fixed state）图式［图 8-3（a）］。

当 $3 < \mu \leqslant 1 + \sqrt{6} = 3.449$ 时，即 $2 < k \leqslant \sqrt{6} = 2.449$ 时，$x(t)$ 进入 2 周期振荡状态［图 8-3（b）］。

当 $1 + \sqrt{6} < \mu \leqslant 3.570$ 时，即 $\sqrt{6} < k \leqslant 2.570$ 时，$x(t)$ 逐步进入 4 周期振荡

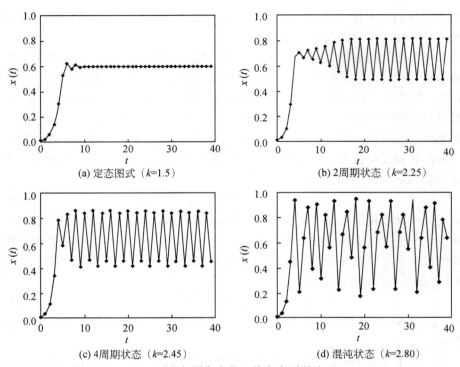

(a) 定态图式（k=1.5）  (b) 2 周期状态（k=2.25）

(c) 4 周期状态（k=2.45）  (d) 混沌状态（k=2.80）

图 8-3　Logistic 过程与周期变化：从定态到混沌（$x_0 = 0.01$）

注：原理来自 May（1976，1981）的有关文献，理论生态学著作，
或者有关混沌的著作。图片由笔者自己通过数值模拟生成

［图 8-3（c）］、8 周期振荡、…、$2^n$ 周期振荡状态（$n = 2$，3，4，…）。

当 $3.570 < \mu \le 4$ 时，即 $2.570 < k \le 3$ 时，$x(t)$ 逐步进入 $2^\infty$ "周期"振荡，即所谓混沌状态。这时系统出现一切周期，以致没有任何周期［图 8-3（d）］。

在这个从定态到周期倍增再到无规则振荡的分叉和混沌演变过程中，渐变与突变交织在一起。从定态到 2 周期变化是一个渐变的过程，当参数大于某个临界值，2 周期振荡突然出现，这是一次突变；从 2 周期到 4 周期，又是一个渐变过程，然后 4 周期突然出现；从 4 周期到 8 周期，8 周期到 16 周期，都是渐变与突变的交错出现。如果以参数 $\mu$ 为横坐标，以周期波动的吸引点位置为纵坐标，则可以绘制从分叉到混沌的周期倍增图（图 8-4）。在这个分叉图中，每一个分叉点代表一次突变，分叉点与分叉点之间为渐变过程。最重要的一次突变就是混沌，当参数值大到一定程度，突然出现各种频率的周期，以致没有任何周期，这就是混沌状态。

作为科学研究，不仅要探讨系统演变的机制，还要揭示变化中的不变性规

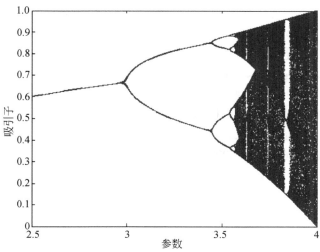

图 8-4　从分叉到混沌的周期倍增图式（局部）

注：这类分叉图连同帐篷映射等图在很多关
于混沌的图书中可以见到，如 Williams，1997

律。Feigenbaum（1978，1979）等发现，在图 8-4 中，如果以 $L$ 表述横轴方向的分叉间距，$W$ 为纵轴方向上的分叉宽度，则有参数 $\delta = L_m/L_{m+1} \rightarrow 4.6692$，$a = W_m/W_{m+1} \rightarrow 2.5029$。式中，$m$ 为分叉序号，$m = 1，2，\cdots$。其中 $\delta = 4.6692$ 叫做 Feigenbaum 常数。这意味着，在这个渐变和突变交织出现的过程中，存在一种不变量，那就是分叉间距（暗示分叉速度）和分叉宽度的比率。Williams（1997）将 $\delta = L_m/L_{m+1}$ 称为分叉速度标度律（bifurcation-rate scaling law），相应地，$a = W_m/W_{m+1}$ 为分叉宽度标度律（fork-width scaling law）。据此可得异速标度指数 $b = \ln(\delta)/\ln(a) = 1.6796$。探索这种变化中的不变量，一度是混沌科学研究的热点。可见，动力学分析要明确三方面的问题：何时渐变，何时突变，以及不变量是什么。在生态演化和城市化的非线性动力学中，标度律为变化中的不变规律，Feigenbaum 常数则是变化中的不变量。

　　讨论突变，就不能不提到一个重要概念，那就是阈值（threshold value）或者临界值（critical value）。量变与质变的哲学理论涉及三个基本概念：量、质、度。这个"度"就是临界值。阈值和临界值的最初含义并不相同。在控制论中，阈值代表自动控制系统中能产生一个校正动作的最小输入值；在生理学中，阈值表示刺激引起应激组织反应的最低值。临界值则是指由某一种状态或物理量转变为另一种状态或物理量的最低转化条件量值。在演化动力学中，临界值这个概念比较合适，但实际应用中临界值与阈值通常不作严格的概念区分。阈值也好，临界值也好，都代表某种门槛值或者界限值。只要系统的某种参数或者某种数量超过一定的界限，质变就会发生，或者突变就会出现。因此，研究质变或者突变，就必须了解系统演变的临界值。

阿根廷作家 Jorge Luis Borges（1899—1986）曾经写了一个寓言性的故事，可以用于说明渐变、突变和临界值的关系。一个头脑有问题的王子在一个公园中建造了许多一模一样的柱子，并将这些柱子涂成美丽的深红色。可是，大约一周之后，所有柱子一夜之间变成了纯白色。这件事是怎样发生的呢？不同的科学家对此有不同的解读（Cole，1999；Morrison，1995）。有人指出，其实柱子的颜色每天都在改变，但变化细微，人眼不易觉察。一周之后，这些变化总量超过了临界值，效果终于显现，先前的红色变成白色了。

### 8.2.4 平稳与跳跃

为了说明平稳变化与跳跃变化，不妨先阐明时间序列分析中的平稳与跳跃概念，以免混淆。地理系统的演化过程一般包含两种成分，一是确定性成分，二是随机性成分。确定性成分具有一定的物理意义，它们又包括周期成分和非周期成分，其坐标曲线具有比较明确的规则；随机成分则表现得没有任何规则，其坐标曲线似乎是任意摆荡和振荡的轨迹，这种轨迹很难从物理上进行阐释，只能借助随机过程理论和方法予以分析（陈彦光，2011）。系统演化过程可以采用时间序列反映其动态特征。时间序列通常包括平稳和非平稳两种情况，二者的性质有很大不同。更具体地，时间序列的分类和构成大体如图 8-5 所示。这种分类不是特别严格的，它们之间的界限有时很难确定。在随机型时间序列中，一种类型是平稳序列；在确定型时间序列中，一种类型是跳跃型变化序列。上述类别是从数学或者统计学的角度区分的。对于地理系统演化，可以简单地区分为平稳变化和跳跃变化两大类型。

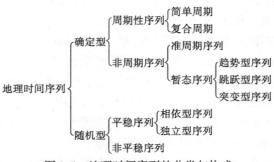

图 8-5　地理时间序列的分类与构成

时间序列的平稳是指协方差平稳，平稳性的本质是时间序列的概率结构保持不变。惟其概率结构保持不变，才可以根据过去的地理信息预测未来，从而地理系统具有可预测性。平稳序列有三个特征：①序列的均值在时间上稳定；②序列的协方差在时间上稳定；③序列方差为有限值。时间序列的跳跃型则是确定型序列中非周期暂态序列的一个小类，是相对于趋势型和突变型而言的。本章讨论的平稳变化大体对应于前面的渐变过程，跳跃变化则带有某种突变性质，但不一定意味着结构性的改变，而是速度上的突然改变。系统的演变可能是平滑的或者稳定的，但也可能包含间断或者不连续的剧烈改变。如果系统围绕非条件均值（如算术平均值）随机波动变化，那就是绝对的平稳变化；如果系统围绕条件均值（如某种趋势线）随机变化，那就是相对的平稳变化。平稳变化过程的特征是速度改变不显著。如果速度在某一时刻有突然的、显著的改变，则其变化存在跳跃，过程出现某种间断。

了解系统的这些特征和性质，对我们选择恰当的分析方法非常有用。如果我们仅仅希望从宏观上了解平稳变化过程，功率谱分析（spectral analysis）是一种合适的工具；如果我们希望揭示系统的跳跃型或者间断型变化特征，小波分析（wavelet analysis）是恰当的分析手段。

## 8.2.5 少则多、多则变

我们在第 4 章曾经讨论过复杂系统的突现问题。为了从复杂性的角度理解量变与质变、渐变与突变，有必要从另外一个角度论述突现概念。英国地理学者 Batty（2000）曾经写过一篇社论式的短文，标题令人感到意外：《少即多，多则变（Less is more, more is different）——复杂性、形态学、城市和突现》。其实这里所谓的"少即多，多则变"就是由 Holland（1998）和 Anderson（1972）两家的论点化用而来的。Holland（1998）在定义突现概念时写道："多来自少（much coming from little）。" Anderson（1972）曾经撰写一篇文章《量多则变》（*More is different*）。Batty（2000）风趣地指出，对于复杂系统，少就是多（less is more），多就是少（more is less）。这里似乎在玩文字游戏，其实讨论的是深刻的哲理和科学道理。

在复杂系统演化的过程中，有些性质和图式是突然的、意想不到地出现的，如分形、混沌吸引子、对称破坏、局域化，诸如此类的形成过程就是突现过程（Anderson，1991，1992）。以城市为例，一个城市的形态是由一幢幢建筑物、一条条道路、一处处公共设施等形成的。虽然城市规划史已逾百年，但城市形态图式的出现实际上并未经过中心规划。换言之，一栋建筑与另外一栋建筑出现的时间、地点和模式往往很不相同，甚至表面看来没有任何关系。但是，在整体上，只要城市发育到一定程度，就会出现自相似（self-similar）或者自仿射（self-affine）的分形图式（Batty and Longley，1994；Frankhauser，1994）。尽管东方与西方历史文化不同，但在城市分形形态方面并无本质差异（Feng and Chen，2010）。一座座城市彼此未必具有明确关系，但一个区域的城市体系却可以形成分形结构（陈彦光，2008a）。这类分形结构是如何出现的？西方学者将城市视为混沌吸引子（Dendrinos，1996），城市化动力学过程的确会出现混沌吸引子结构（Chen，2009c）。这种混沌吸引子是如何形成的？虽然城市用地形态表现出长程作用性质，但城市人口密度分布却具有明显的局域化特征（Chen，2008）。这种局域化又是如何演变的？在经典物理系统规律对称发生破坏的尺度，规律对称原本破坏的人文地理系统却在寻求重建对称模式（陈彦光，2008a）。对称的破坏和重构的发生机理是什么？上述种种问题，都涉及突现概念。

复杂性理论的突现概念源于一般系统论的整体性公理。对于非线性或者规律不对称系统，整体不等于部分之和。Anderson（1972）指出，即便对于简单的系统，一旦发生对称破坏，"……我们就会看到，整体不仅大于部分之和，而且与部分之和非常不同"。在这种情况下，一般系统论的整体性公理不足以解释系统的局部与整体的关系。整体具有部分不具备的新、异性质和图式（Batty，2000）。突现研究最初希望解释如下问题：一粒不起眼的种子，如何发育成美丽的葡萄藤（Holland，1998）？当我们将一颗葡萄种子埋在土壤之中以后，只要水、气、光、土等条件合适，它就会吸收水分、矿物质、气体等，逐步发芽，然后经过光合作用（photosynthesis）和新陈代谢（metabolism）过程成长为葡萄藤。这里涉及如下几个过程和特性：其一，由少变多。葡萄藤的物质、能量和信息含量远远大于一颗种子的物质、能量和信息含量。这是一个量变的过程，比较容易理解一些。其二，"无中生有"。这是质变的过程，系统的宏观层面出现微观层面所不具备的新的特性。葡萄藤表现的图式和特性是不见于一粒种子之中的。其三，理解断层。由于第二条，我们无法用种子中分子或者原子的相互作用解释葡萄藤的发育和开花、结果。

可见，具有突现性质的系统，是一种不可还原的系统。我们无法用建筑物的相互作用解释城市的分形形态，也无法用城市的地理性质解释城市体系的分形结构。同样地，我们无法用人口的城乡迁移和转换来解释城市化的混沌动力学行为。其实，不仅城市系统，经济系统和生态系统也是如此，地理系统一般都表现出规律对称破坏的性质，具有突现的结构，不可以采用还原论的方法进行有效的研究。对于具体的城市现象，Batty（2000）写道："当然，在大体上，我们知道为什么会出现边缘城市（edge cities）以及城外大型购物中心（out-of-town shopping malls），但我们无法预见这类城市和购物中心发生的特定区位。我们当然可以事后诸葛地解释美国宾夕法尼亚州（Pennsylvania）东部的普鲁士国王（King of Prussia）和英国肯特郡（Kent）的深水公园（Bluewater Park）之类超级购物中心（mega-mall）的出现，我们可以追踪其发育过程，并且用区位经济学予以解释，但我们却无法知道这类现象何时何地将会发生。于是，突现成了问题的关键。"在自然地理系统和人文地理系统中可以见到很多突现现象，如何从理论上解释它们，是今后理论地理学者的重要任务之一。在 Batty（2000）看来，建立好的模型并据此开展动力学分析，是探索突现现象并解决有关问题的重要途径。

一言以蔽之，突现问题涉及系统局部与整体、微观与宏观的关系，涉及量变与质变、渐变与突变的关系，涉及结构与动力学的关系，涉及不可还原系统的方法论问题。如果说一般系统论强调从结构的角度理解系统，复杂性科学则强调从动力学的角度认识系统；一般系统论基于整体性公理处理系统的不可还原问题，复杂性理论则基于突现性质探索不可还原系统的演化机理。所有这些思想，对我们认识地理系统、选择正确的研究方法都具有指导意义。

## 8.3　确定变动与随机变动

### 8.3.1　过程与结构

系统的演化过程与系统的内在结构具有密切的关系。结构往往是过程的"投影"。以城市系统为例，城市发育的过程，是从小镇到小城市、中等规模的城市、大城市、特大城市、超大城市，一个区域中城市等级体系的规模结构也表现为小镇、小城市、中等城市、大城市、特大城市和超大城市。城市等级体系可以反映城市在时间方向上的演化过程：

"小村变成村庄，村庄变成城镇，城镇变成城市，最后城市变成城市区域（urban region），所有这些都涉及增长过程和合成空间力（spatial forces），而它们在空间形态的演化方面都会留下某种印记。"（Batty and Longley，1994）

这些不同规模的聚落构成了城市等级体系，而城市等级体系又可以反映城市体系的空间结构（Batty and Longley，1994），"网络（network）与等级体系（hierarchy）实际上代表了一枚硬币的两个方面"。等级体系是联系基于时间的演化过程与基于空间的网络结构的关键环节。

一般而言，有什么样的演化过程，我们可以看到什么样的系统结构；有什么样的地理结构，反映了什么样的时空过程。系统的演化过程大体可以划分为确定型变动和随机型变动两大类别，系统结构也表现为确定型和随机型两种图式。理论地理学者一直在试图探索随机过程导致的不规则结构背后的某种确定型图式。中心地理论就是这种努力的成果之一。Christaller（1933）曾经设问："城镇为什么会有大小之分？它们的分布又为什么如此不规则？我们将探寻这些问题的答案。我们寻找城镇有大有小的根源，因为我们相信存在某种迄今尚且未被认知的成序原理（ordering principle），这种原理支配着城镇的分布。"

中心地理论的价值直到20世纪50~70年代的"计量革命"时期才逐步被认识，但该理论的局限影响了它的进一步发展。由于地理规律的不对称性，地理学者很难发现普遍适用的规律。20世纪80年代以后，地理学者对地理空间是否存在规律性表示质疑。后现代主义地理学者干脆否定空间秩序的存在，他们沮丧地叹息："当我们寻找空间秩序的时候，我们才发现，这个世界原来是没有秩序的。"（唐晓峰和李平，2000）没有秩序，那就意味着地理系统的演化是完全随机的，地理现象的分布是或然的和不确定的。可是，在同一时期观察世界之后，混沌学家却得出了与地理学者完全相反的结论——他们发现大自然只让很少几类现象是自由的（Gleick，1988）。不自由那就意味着并非真正的随机，从而表面紊乱的现象背后可能隐含着更为深刻的秩序。非线性科学的发展为我们探索这类秩序提供了有力的工具。混沌学研究确定型系统的随机行为，分形论探索随机现象背后的规则图式。混沌和分形研究殊途同归，都汇流于复杂性理论，该理论探索随机背后的规律、紊乱过程中的秩序。"复杂性介于随机和有序之间，是随机背景上无规地组合起来的某种结构和（秩）序。"（郝柏林，1999）

地理系统是复杂的系统，地理演化的随机过程背后存在确定的规律，地理分布的无序现象背后隐藏着有序的图式。后现代地理学的哀叹缺乏依据，关键在于找到合适的研究方法和探索的视角。认识地理系统的对称与对称破坏的对立统一，是寻找公认地理规律及其空间图式的一个关键。地理学的普适性与独特性之争，其本质是地理规律的对称与否之争。这个问题不澄清，地理学界在演化规律和空间图式方面不太可能达成共识。

## 8.3.2 随机与混沌

下面以混沌理论为例，说明确定与随机的关系，以及地理系统动力学分析的方法要点。在混沌理论产生之前，很少有人想到确定型的系统会表现出无规则的随机行为。人们以为，只要我们能够为一个系统建立一个确定的动力学模型，那么这个系统的因果关系也就是确定的，演化轨道也是可以准确地预测的。这类系统的不规则行为仅仅是外界随机冲击或者扰动的结果，是非常态的现象。然而，混沌理论彻底颠覆了这类认识。人们突然发现，确定的系统也会表现出非常复杂从而难以预知的随机行为，以致有人将混沌定义为确定论系统中的内在随机性（刘式达和刘式适，1993）。本书不打算讨论什么是混沌，下面借助简单的实例说明混沌与随机的联系和区别，旨在启示复杂地理系统研究方法的基本思路。

学过高等数学的人都熟悉下面的二阶 Bernoulli 式齐次微分方程

$$\frac{dZ(t)}{dt} = kZ(t)[1 - Z(t)] \tag{8-5}$$

式中，$t$ 表示时间；$Z(t)$ 表示某种测度在时刻 $t$ 的量值；$k$ 为参数。数学生物学家 Verhulst 最早将上述方程引入虫口或人口动力学分析和预测，该方程的解就是著名的 Logistic 模型

$$Z(t) = \frac{1}{1 + [1/Z_0 - 1]e^{-kt}} \tag{8-6}$$

式中，$Z_0 = Z(0)$ 表示初始值，为常数。式（8-6）可以用于预测生态系统的虫口变化，区域和城市的人口增长，以及一个地区的城市化水平，如此等等。因此，式（8-5）可以用于虫口、人口和城市化水平等的动力学分析。将式（8-5）离散化，得到式（8-3）；将式（8-3）正规化，得到式（8-4）。式（8-3）、式（8-4）和式（8-5）具有确定的数学结构，给定参数 $k$ 值就表示确定型的动力系统。但是，May（1976）却发现，当 $k$ 值超过一定的临界值的时候，却会出现不确定的随机行为［图 8-3（d）］，这个随机过程对初始条件具有敏感依赖性。

当系统进入混沌状态之后，涉及三个要点：其一，模型及其参数是确定的，从而系统是确定的，但模型的动力学行为是随机的，其演变轨迹没有规则可寻。其二，改变初始条件即 $Z_0$ 或者 $x_0$ 值，系统演变的轨迹大不相同，从而不可预测。其三，系统具有有序的自我关联性，这种关联可以形成规则的曲线或者图式。地理学者 Malanson 等（1990）曾经总结出混沌理论有三个中心原则：其一是简单的确定性系统能够产生复杂的行为，这类行为一般不可预见；其二是对初始条件的敏感依赖性，它意味着初始值的毫厘之差，可能导致结果的千里之异；其三是无序之中隐含着有序。混沌中的秩序一般体现为自相似结构，即分形图式。

为了说明混沌序列与随机序列的区别，不妨给出两个简单的实例。首先，我们借助电子表格 Excel 或者数学软件 Matlab 生成一个随机数列。考虑到形态的可比性，不妨基于均匀分布，在 Excel 中产生 251 个数值介于 0~1 之间的随机数据点，构成一个随机数列［图 8-6（a）］。然后，取初始值 $x_0 = 0.01$，参数值 $\mu = 4$

（$k=3$），借助式（8-4）生成一个数值介于 0～1 的混沌序列［图 8-6（b）］。直观看来，随机序列与混沌序列具有微妙的差别，但我们很难简单地说清楚这个差别。随机序列似乎在围绕平均值变动，而混沌序列则不像是围绕某个平均值波动。两个序列的共性倒是非常明显，它们的变化表面看来都没有任何规则，具有演化上的不确定性。

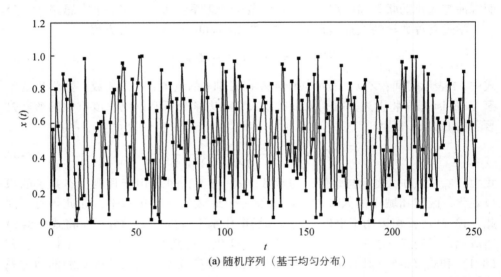

(a) 随机序列（基于均匀分布）

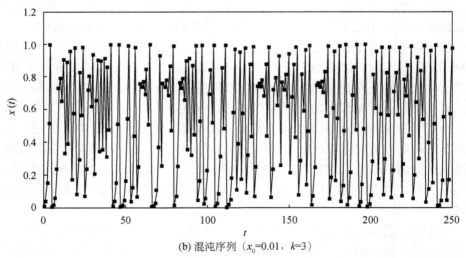

(b) 混沌序列（$x_0=0.01$，$k=3$）

图 8-6  随机序列与混沌序列的比较（A）

但是，如果我们以 $x(t)$ 为横坐标，以滞后一期的数值 $x(t+1)$ 为纵坐标，绘出自映射图，则混沌序列与随机序列的差别立即显现。随机序列的自映射没有规则，依然表现为随机分布 [图 8-7（a）]；混沌序列的自映射则具有确定规则，表现为一条抛物线 [图 8-7（b）]。对于后者，多项式拟合的结果给出的正是式（8-4）。自映射图也是一次滞后的自相关图式。随机序列的自相关没有规则可寻，混沌序列的自相关具有确定的模式。在科学研究中，特别是在工程应用中，随机数非常重要。有人提出，混沌模型可以作为随机数的生产工具。可以看到，采用混沌方程式生成随机数不切实际，因为混沌序列并非真正的随机，而是一种貌似随机的序列。将混沌用于随机数生成是选错了应用方向。

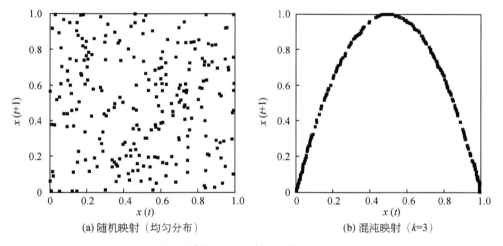

(a) 随机映射（均匀分布）　　　　　(b) 混沌映射（$k$=3）

图 8-7　随机映射与混沌映射的比较（250 个数据点）

混沌的变化是不可预测的，但并非没有规则。混沌的特点在于，貌似随机的现象背后具有确定的模式，貌似无序的过程背后具有明确的规则。混沌理论的教益在于：确定的系统可以表现出随机的行为，无序的表象背后可能具有深刻的秩序。大自然中的很多随机现象，可能并非真正的随机，它们只是混沌的一种伪装图式。只要采用适当的方法，可以将表面紊乱无序的现象背后的规律揭示出来。长期以来，科学界关注的是确定性，认为随机行为不过是系统的随机扰动。混沌理论产生以后，很多学者对确定性丧失了信心，认为世界的本质就是不确定的（Prigogine，1997）。其实，正是在确定与不确定之间，世界变得复杂（Waldrop，1992）。地理系统的图式，如城市形态的分形结构，就是出现在确定与随机、有序与无序之间（White and Engelen，1993）。

### 8.3.3 蝴蝶效应、偶然与必然

混沌过程与突变存在关系，可能暗示一种小涨落引起的大灾变。混沌的基本特征之一是对初始条件的敏感依赖性（Lorenz，1995）。在图 8-6（b）中，初始值取 $x_0 = 0.01$，如果将初始值改为 $x_0 = 0.011$ 和 $x_0 = 0.012$，混沌序列立即变得大不相同，且越往后面差别越大（图 8-8）。初始值的小小改变，导致演化路径的巨大变异，所谓"失之毫厘，谬以千里"，这就是对初始条件敏感依赖性的原意。为了用通俗的方式解释混沌时间序列对初始条件的敏感性，Lorenz（1995）杜撰了"蝴蝶效应"（butterfly effect）一词：一只蝴蝶在美国得克萨斯扇动一下翅膀，可能在巴西引起一场龙卷风（Gleick，1988）。一只蝴蝶扇动翅膀对气流的扰动是微不足道的，只能算是大气循环系统中的微小涨落。但是，如果蝴蝶翅膀导致的气流中的微小涡旋触发更多的涡旋，小涡旋触发大涡旋，最终可能形成龙卷风。

上述问题牵涉偶然和必然的辩证关系。李自成原本是一个小小的驿卒，正是他颠覆了大明帝国；洪秀全是一个落第童生，他领导的太平军虽然没有推翻清政府，却导致军权从满人手中逐渐转移到汉人手中，最终推崇洪秀全的孙中山以"大总统"的地位为诱饵，借助掌握军权的袁世凯之力颠覆了清朝。由于塞尔维亚青年普林西普（Gavrilo Princip）在萨拉热窝（Sarajevo）的一次刺杀行为，第一次世界大战爆发；在第一次世界大战过程中，作为普通军人的希特勒（Adolf Hitler）几乎丧命，由于那个瞄准他的英国军人一念之差，放他一马，世界历史

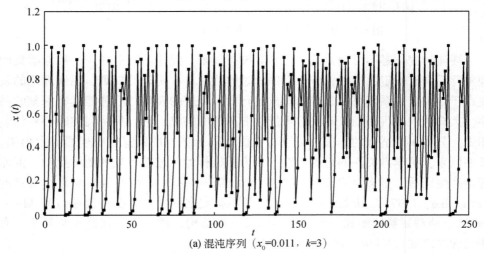

(a) 混沌序列（$x_0$=0.011，$k$=3）

图 8-8　随机序列与混沌序列的比较（B）

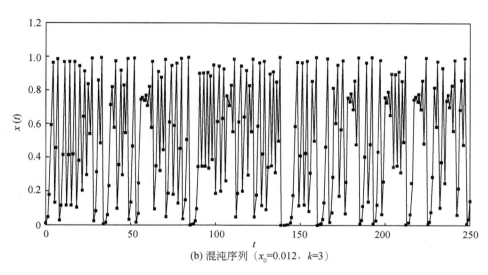

(b) 混沌序列（$x_0=0.012$，$k=3$）

图 8-8  随机序列与混沌序列的比较（B）续

因此改写……物理学者 Buchanan（2000）在其《普遍性——历史的科学或为什么世界比我们想象的更简单》一书中的开篇，列举了大量类似的例子，用以说明一个偶然的、不太起眼的小事件可能触发大型的历史性的突变或者灾变事件，甚至结构性的变化——突然的结构性的改变，也就是革命性的转变。于是偶然的变动转化为必然趋势。

李自成、洪秀全、普林西普、希特勒等在人类历史的长河中原本都是一只只毫不起眼的"蝴蝶"，绝大多数这类蝴蝶扇动的气流都无声无息地消失了。但是，时势造英雄，也造就希特勒这样的枭雄。唐人有诗句"时来天地皆同力，运去英雄不自由"。小气流引发龙卷风，微涨落导致大变革，平时不太重要的快变量也能产生巨大影响，甚至暂时左右系统的演化，那真是"天地同力"；在这种情况下，一些重要的序参量也不能力挽狂澜，甚至根本无法发挥作用，正所谓"英雄末路"。以李自成为例，我们看看当时的偶然是如何成为必然的。根据作者有限的知识，可以列举的历史和地理背景如下。

第一，政治腐败。明代自万历以后，朝政日益败坏，以致最后腐败透顶（看看 8.2.2 节的那个细菌隐喻）。

第二，气候变化。明朝末年，中国气候干冷，自然灾害频繁发生。

第三，生态破坏。陕西当时处于明朝防守蒙古人的边疆地带——所谓"九边"的一部分。大量的驻军无节制砍伐木材，严重破坏了陕北自然地理环境，使得当地生态条件变得十分脆弱，从而人地关系陷入混乱。

第四，外族入侵。东北后金军队长期骚扰，明帝国军队疲于应战。

由于财政危机，明王朝采纳了一个普通官员的建议，下令裁减驿卒。李自成"下岗"了，这是一个偶然的事件。由于李自成在人文环境和自然地理环境双重败坏的陕北难以谋生，最终走上了反叛道路。正是各种天灾人祸的合力，包括政治的、历史的、地理的、气候的、民族的诸多因素，成就了"闯王"发展的环境。当然，明王朝的覆灭，最根本的原因在于其自身的腐败。

当一个系统处于平稳的渐变过程中，任何一只蝴蝶的翅膀都难以引发龙卷风。但是，当系统演化到一个临界点附近，情况就不一样了。一个临界点，往往就是一个分叉点。这时一个不起眼的偶然因素可以决定系统未来的走向。图 8-4 给出的是二分叉图式，还有三分叉、四分叉图等。系统演化的轨道究竟进入哪一个分叉方向，通常微不足道的偶然因素就可以决定。在渐变的轨道上，小人物屈从于大人物，次要因素服从于主要因素。但是，在临界点附近，情况可能超乎想象。这时小人物可以决定大人物的命运，甚至小人物摇身一变成为大人物。系统要素的主次地位此时可以翻转，结构性的变革可以意想不到地发生。历史过程如此，地理过程也是这样。

混沌理论已经从哲学层面和科学层面影响了众多的学科以及人类社会（Gre-bogi and Yorke，1997），当然也会深深地影响地理学。无论是自然地理学，还是城市地理学，都已经打上了混沌思想的某种烙印（Chen，2009a；Dendrinos，1992，1996；Malanson et al.，1990）。反过来，我们也可以从地理学的角度影响混沌理论，从而提高地理学在整个科学体系中的地位（Chen，2009b）。混沌理论分别从认识论、方法论和方法层面影响地理学研究。首先，地理现象不仅涉及确切的实体和模糊实体，还有介于二者之间的混沌的实体；其次，过去我们认为毫无秩序的地理现象背后可能隐含着更为深刻的规律；再次，在利用归纳和演绎法研究地理系统的过程中，数值模拟是一种不可或缺的探索工具；最后，作为后现代数学工具，混沌数学和分形几何学为地理学研究提供了具体的描述手段（Batty et al.，1997）。这些数学工具与计量运动时期地理学者采用的数学方法有本质的不同。

## 8.3.4 确定性的终结与方法论的变革

在方法论的意义上，像自组织理论一样，混沌理论的发展是为了帮助人们摆脱还原论的束缚。

"在过去数百年中，越来越多地充斥在我们周围的科学文化（scientific culture）一直采用一种分析的、定量的、对称的、机械的观点来看待世界，有人甚至认为我们已经被上述思维监禁。混沌理论可望帮助我们从这种监禁中解脱出来。"（Briggs and Peat，1999）

随着自组织理论、混沌理论和复杂性理论的发展，人类对世界的认识日渐变得深刻。认识论改变了方法论。人们不再像以前那样倚重确定性模式，动力学分析开始占据主导地位。决定系统功能的不仅仅是系统结构，同时还包括系统与环境的交互作用。结构与功能的关系不是一种静态的函数，而是一种动态的过程。对于系统的整体性原理，也不再限于量的理解，同时还包括质的认识。整体不仅在数量上大于部分之和，而且在性质上不同于部分之和。这样，突现概念就代替当初的整体性公理占据了认识过程的关键位置（表8-4）。

**表8-4 静态系统研究与动态系统研究的特点比较**

| 状态 | 静态 | 动态 |
| --- | --- | --- |
| 理论基础 | 一般系统论 | 复杂性理论 |
| 研究重点 | 结构 | 动力学 |
| 研究方法 | 数学描述 | 计算机模拟 |
| 理论关键 | 整体性原理 | 突现机制 |
| 整体与部分的关系 | 整体大于部分之和 | 整体在数量上大于部分之和，在质量上不同于部分之和 |
| 系统状态 | 平衡态 | 非平衡状态 |
| 研究现象 | 平稳序列、趋势变动…… | 周期倍增、混沌、灾变…… |

上述认识上的变革影响了整个科学界，当然也在深刻地影响着地理学。由于地理系统是不可还原的复杂系统，标准科学普遍运用的研究方法对于地理研究而言缺乏效果。一般系统论产生以后，地理学者开始借助系统思想寻找方法论的出路。信息论、控制论、协同学、耗散结构论等交叉学科的概念也先后被引入地理分析过程。有些是地理学者主动"拿来"，有些则是有关领域的科学家主动"送来"。以城市地理学为例，系统论的创始人 Bertalanffy 与 Naroll 合作，将系统论的异速分析引入城市定量研究（Naroll and Bertalanffy，1956）。Allen 等在借助耗散结构理论研究中心地演化的过程中，与耗散结构论的创始人 Prigogine 有过合作（Allen and Sanglier，1981；Prigogine and Allen，1982）。协同学的创始人 Haken（1995）利用他的协同学理论研究城市演化，并与地理学者合作将信息论的思想和自组织理论方法用于城市分析（Haken and Portugali，2003）……在西方一些著名的地理学文献中，很容易看到系统理论对地理概念系统的影响（Berry，1964；Goodchind，2004；Ullman，1956）。20 世纪 80 年代，系统理论和系统方

191

法开始影响中国地理学，大量基于系统思想的地理学理论和应用文献开始出现。到了 90 年代，中国地理学从理论到方法都打上了系统科学的深深烙印。吴传钧（1981，1991）提出将人地关系地域系统作为地理学的研究核心；陆大道（1988，1995）提出了点－轴地域空间系统模型；钱学森（1989b，1991）等倡议将地球表层视为开放复杂巨系统，并在地理界倡导从定性到定量综合集成的研究方法。从"老三论"到"新三论"，再到复杂性理论，西方地理分析从倚重结构分析发展到倚重动力学分析（表 8-5），但中国地理学目前似乎没有跟上复杂性研究的步伐。

表 8-5　从系统科学到复杂性理论对地理学方法的影响

| 理论框架 | 系统科学理论 | 对地理学方法的影响 | 主要影响时期 | 方法重点 |
|---|---|---|---|---|
| 老三论（SCI） | 系统论 | 整体性原理 | 20 世纪 50~60 年代 | 结构研究（静态分析） |
| | 控制论 | 调控与反馈分析 | | |
| | 信息论 | 信息分析 | | |
| 新三论（DSSC） | 耗散结构论 | 宏观自组织分析 | 20 世纪 70~80 年代 | 过程研究（演化分析） |
| | 协同学 | 微观自组织分析 | | |
| | 突变论 | 系统演化分析 | | |
| 复杂性科学 | 混沌学 | 非线性动力学分析 | 20 世纪 80 年代至今 | 动力学分析（动态分析） |
| | 分形论 | 不规则几何学分析 | | |
| | 自组织临界性 | 复杂演变分析 | | |
| | CA 和多重智能体 | 计算机模拟 | | |
| | 复杂性理论 | 突现机制分析 | | |

# 8.4　案例分析：城市化与相变

## 8.4.1　城市化、自组织与相变

西方学者认为，城市化过程通常联系着四个概念，即城市形态（urban form）、城市生态（urban ecology）、城市性态（urbanism）和城市体系（Knox and Marston，2006；周一星等，2003）。其实，还有一个概念与城市化不可分割，那就是城市动态或者动力学（urban dynamics）（Dendrinos，1992）。城市化是一种复杂的动力学，该过程可以表现出从分叉到混沌的复杂行为（陈彦光，2008a；

Chen，2009b，2009c）。下面以城市化过程为例，具体地讨论量变与质变、渐变与突变、随机变动与确定变动的关系。研究这个复杂的过程，对我们发展地理学理论、改进地理学方法、指导城市建设都具有一定的学术意义。

从系统论的观点来看，城市化过程本质上是一种自组织临界相变过程（陈彦光，2004）。相变（phase transition）的原意是物态由于分子层次上的重新组织而发生的宏观变化。在系统科学中，相变被引申为自组织过程中的某种状态的转变，具体说来，就是系统演化过程中由于微观层次的重新组织而形成的宏观层次的状态变化。讨论相变，自然涉及自组织概念。自组织一词的原意是：给系统注入能量，系统参数可以自发地达到某个临界值，从而形成一种新的状态，出现新的秩序和模型。最简单的实例是水（$H_2O$）的三态变化。对液态水注入正能量（加热），温度达到100℃变为气态；或者注入负能量（冷却），温度降到0℃变为固态。这种状态的转变就是相变，水分子在受/释热变化过程中就会发生自组织。今天，自组织的定义更为一般化了。当系统演化无需外界的特定干扰、仅依靠系统内部各要素的相互协调便能够自下而上地形成某种图式的时候，我们就说系统演化是一种自组织过程。

城市是复杂的自组织空间系统（Allen，1997；Portugali，2000；Wilson，2000），因为只要给城市输入物质、能量和信息流，它们就可以自发形成一定的结构和秩序（陈彦光，2006）。2006年4月19日，自组织城市理论专家、以色列 Tel Aviv 大学的 Juval Portugali 教授到北京大学作题为 "复杂自组织系统及其对规划的意义" 的学术报告，有听众问他 "高度规划的城市如中国深圳等是否是自组织的"，Portugali 的回答非常干脆："所有的城市都是自组织的，没有例外。"实际上，所有真正理解自组织理论的学者都能认识到 "所有城市都是自组织的"。城市化过程是农村人口向城市人口的复杂转化过程（周一星，1995）。如果将城市人口视为一种状态，农村人口视为另一种状态，则农村人口向城市人口的转变过程可以视为一种相变（Sanders et al.，1997）。更长尺度的人口城市化的演变则是一种自组织过程，这种自组织是以社会、经济的不断发展为能量输入。

可以看出，相变过程在空间尺度上涉及微观和宏观两个层次：微观层次的个体行为与宏观层次的状态变化。那么自组织与相变又是什么关系呢？其实，在时间尺度上，相变是自组织进程中的临界转变过程，相变的历程较之自组织似乎要短很多。所以，在时间方面，相变的尺度小于自组织的尺度。但在空间方面，相变更多地体现在宏观层面，而自组织则主要表现于微观层面（表8-6）。给液体水注入能量之后，水分子便可能开始了自组织过程，但此时并没有发生相变；当温度上升到临界数值附近的时候，相变才开始进行，直到水体全部蒸发为止。在特定情况下，受热水体会形成所谓 Bènard 元胞——这是自发形成的空间秩序，与外力没有任何关系，自组织的要义就在于此。Bènard 元胞是由 Bènard 得到的一个实验结果（Prigogine and Stengers，1984）。用两块平行的玻璃板做成容器，盛水之后，在底部加热，水体由于温差发生对流。当温度达到某个临界值，水面突然出现六边形花样，这是一种非外力强制的有序结构，其形态类似中心地景观，故地理学者由此联想到 Christaller-Lösch 中心地理论的自组织机制。

表 8-6　自组织与相变的时空位置

| 空间/时间 | 空间尺度 | | |
|---|---|---|---|
| | 尺度 | 微观 | 宏观 |
| 时间尺度 | 小尺度 | — | 相变 |
| | 大尺度 | 自组织 | — |

人口城市化在本质上与此类似，当然演化过程要复杂得多。城市化过程中的空间秩序便是中心地景观，这是地理学意义上的 Bènard 元胞（Allen，1997；Portugali，2000；Prigogine and Stengers，1984）。事实上，Allen（1982）及其合作者借助耗散结构理论模拟生成了动态的 Christaller-Lösch 中心地空间图式，其中正是利用了 Bènard 实验提示的自组织思想（Allen and Sanglier，1979）。在过去 20 年里，西方学术界借助 Prigogine（1997）的耗散结构理论和 Haken（1986）的协同学方法研究城市的自组织过程，为地理学者认识城市变化提供了另外一种视角。如前所述，Prigogine 和 Haken 都曾直接参与了自组织城市及其复杂性的研究工作，为城市地理学的理论进步发挥了重要的推动作用。近年来，随着分形、混沌等复杂城市研究的崛起，自组织城市领域更显得生机盎然（Albeverio et al.，2008；Batty，2005；Portugali，2006）。

## 8.4.2　城市 SOC 及其地理标志

接下来，需要重点明确的问题是城市化作为自组织演化过程的标志和特性。借助标志，可以了解系统发育的阶段性特征。系统自组织过程中最重要的事情之一就是临界相变，即当系统参数达到某个临界值（如水的温度上升到 100℃或者下降到 0℃左右）的时候，系统行为和结构是最为复杂的。西方学者如 Kauffman（1995）、Bak（1996）等对复杂系统的临界相变过程进行了大量研究，有许多重要发现，也提出了一系列相关的理论和模型，这些理论和模型对我们研究城市化过程具有重要启发意义。美国学者 Langton 将物态的相变过程与系统变化的有关性质或现象进行了如下类比（Waldrop，1992）：

固体→"相变"→液体

秩序→"复杂（性）"→混沌

过于稳定（安静）→"生命/智能"→过于扰动（喧嚣）

……

在上述类比系列中，我们自然想到添加如下类比：

农村→"城市化"→城市

我们本章讨论动态与静态，其实生命和智能恰恰出现在动与静的对立统一的矛盾运动过程中。

自组织系统中最为重要的事情和最奇异的现象既不出现于过于稳定的有序状态，也不出现于过于躁动的混沌状态，而是出现于混沌与秩序交接的边缘"地带"，"混沌的边缘"（the edge of chaos）概念应运而生（Bak，1996；Kauffman，1993；Lewin，1999）。所谓混沌的边缘，是指复杂系统的自组织演化过程中，各种因素既不会静止于某一状态（有序），也不会动荡到瓦解的地步（混沌），而是处于两种极端状态的交变位置。城市似乎就是一种挣扎于有序与无序、静态与动态之间的一种复杂现象，是处于混沌边缘的一种演化过程（White and Engelen，1993，1994）。城市要素每时每刻都在变化，但城市模式却相当稳定。需要特别说明的是，混沌的边缘未必意味着相变结束。在边缘状态，系统既不进入混沌状态也未达到常规意义的有序状态。中国古人所谓的"过犹不及"、"物极必反"即寓此意：寻求"中和"，是自组织系统永恒的目标。"混沌的边缘"其实也就是"秩序的边缘"，系统的复杂特征似乎距离混沌更为接近一些，故"混沌的边缘"一词较之"秩序的边缘"更为贴切一些——城市化过程的复杂形态距离城市状态较之农村状态更为接近，这一点在我们今后的研究中将会具有启示意义。

与混沌的边缘紧密联系的是自组织临界性（self-organized criticality，SOC）概念，这个概念由丹麦学者 Bak（1996）提出。有证据表明，城市演化过程可能是一种 SOC 过程（Batty and Xie，1999；Portugali，2000）。SOC 对应于弱混沌状态，可谓是与混沌的边缘"同出而异名"。它刻画的也是系统在自组织演化达到某个临界状态出现的复杂图式，这种复杂图式正是发生在混沌的边缘地带。Bak（1996）指出，SOC 通常有四种标志：大灾变事件（catastrophic event）、$1/f$ 噪声、分形结构和 Zipf 定律。但对于人文地理系统而言，通常只有后面三个标志表现出来（表 8-7）。$1/f$ 噪声又称 $1/f$ 涨落，主要出现在时间过程，由频率（$f$）－谱密度（$P$）关系定义如下（Feder，1988；Mandelbrot，1999；Peitgen and

195

Saupe，1988）：

$$P(f) \propto f^{-\beta} \tag{8-7}$$

式中，$\beta$ 为功率谱指数。当 $\beta=1$ 时，上式化为 $P(f) \propto 1/f$，人们将功率谱指数为 1 的系统信号变化过程称为 $1/f$ 涨落。实际上，现实中满足 $0<\beta<2$ 的时间序列都可笼统地视为 $1/f$ 噪声（Bak，1996）。分形结构出现于空间分布中，分形维数由尺度（$\varepsilon$）–测度（$N$）关系定义（Batty and Longley，1994；Mandelbrot，1983）：

$$N(\varepsilon) \propto \varepsilon^{-D} \tag{8-8}$$

式中，$D$ 为分维。至于 Zipf 定律，城市地理工作者都比较熟悉，由位序（$r$）–规模（$S$）关系表示（周一星，1995；Zipf，1949）：

$$S(r) \propto r^{-q} \tag{8-9}$$

式中，幂指数 $q$ 具有分维性质，故有人称之为 Zipf 维数（张济忠，1995）。城市规模（$S$）可以用人口（$P$）测度，也可以用城区面积（$A$）度量。

表 8-7　自组织临界性的三种标志及其与分维的关系等

| 领域 | 复杂标志 | 定义方法 | 模型表达 | 与分维的关系 | 实例：中国 |
|------|----------|----------|----------|--------------|------------|
| 时间 | $1/f$ 噪声 | 频（率）–谱关系 | $P(f) \propto f^{-\beta}$ | $\beta=5-2D$ | $\beta=1.583$ |
| 空间 | 分形 | 尺度–测度关系 | $N(s) \propto s^{-D}$ | $D=-\ln N(s)/\ln s$ | $D=1.472$ |
| 等级 | Zipf 定律 | 人口位序–规模关系 | $P(r) \propto r^{-q}$ | $q=1/D=D_p/D_f$ | $q=0.792$ |
| | | 面积位序–规模关系 | $A(r) \propto r^{-q}$ | $q=1/D=D_a/D_f$ | $q=0.735$ |

注：数据来源于陈彦光，2008a，有调整；时间、空间和等级行对应的 $D$ 都表示分维，但其数理意义不同

　　上面的公式有些抽象，不妨以中国的实例来具体说明。借助 1949～2000 年中国城市人口比重的时间序列，通过 Fourier 变换，由式（8-7）可以计算出功率谱指数为 $\beta=1.583$，测定系数 $R^2=0.888$（图 8-9）；根据中国城市的空间分布规律可以计算出关联维 $D=1.472$，测定系数 $R^2=0.997$（图 8-10）；利用中国城市 2000 年的非农业人口数据可以计算出 Zipf 维数为 $q=0.792$，测定系数 $R^2=0.991$ ［图 8-11（a）］——全部城市统计了 664 个，无标度区内包括 511 个城市。如果用建成区面积代替非农业人口为测度，拟合结果是 $q=0.735$，测定系数 $R^2=0.976$ ［图 8-11（b）］。讨论这些参数的意义不是本章的主题。我们感兴趣的是：上述三个表达式都是关于标度的幂律形式。SOC 概念的要义在于无标度性质：复杂的动力系统可以自发地演化到某种临界状态，在这种状态下系统的时空动力学

不具备特征时间尺度和特征空间尺度，从而表现出具有各种尺度的幂律分布和时空关联（White and Engelen，1993）。临界状态又可以细分为亚临界状态、临界状态和超临界状态，$1/f$ 涨落和分形结构分别是 SOC 在时间过程和空间分布中的"指纹"（刘式达和刘式适，1993）。不过，对于自组织城市而言，Zipf 定律的重要性绝不亚于 $1/f$ 涨落和分形结构，因为位序－规模分布是城市系统时空关联的复杂性"签名"（图 8-11）。

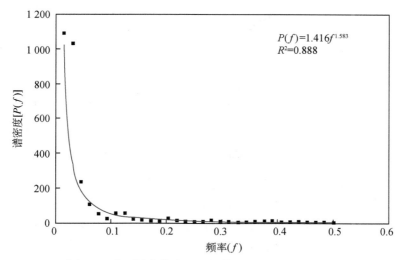

图 8-9　中国城市化水平的频谱图（1949～2000 年）

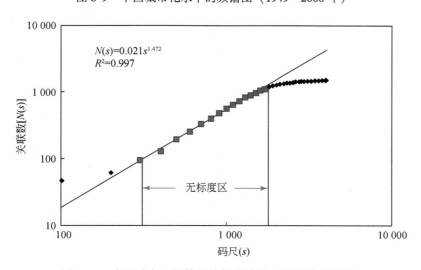

图 8-10　中国城市空间关联的标度关系（基于欧氏距离）

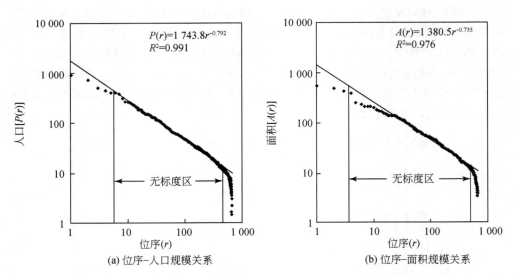

图 8-11　中国城市人口和城区面积的位序 – 规模分布图（2000 年）

在城市化过程的复杂性测度和研究中，分形理论和方法作用至关重要。实际上，功率谱指数和 Zipf 维数都与某种分维有关（Feder，1988；Peitgen and Saupe，1988）。对于一维的时间序列，分维与功率谱指数的关系为 $\beta = 5 - 2D$，由此可以算出中国城市化水平的自仿射记录维数为 $D = (5 - 1.583)/2 = 1.709$；对于位序 – 规模分布，其 Zipf 指数实则是分维的倒数，即有 $D_p = 1/q = 1.262$，或者 $D_a = 1/q = 1.360$。进一步的研究发现，$q$ 值是城市体系人口分布和空间结构的广义维数之比，即有 $q = D_p/D_f$，或者 $q = D_a/D_f$（陈彦光，2008a）。各种临界标志与分维的关系暗示分形在研究城市化的自组织临界过程中具有统率性质和关键意义。

城市体系本质上是一种自组织网络，这种网络具有无标度的结构。所谓无标度，就是没有特征尺度。分形的基本性质之一就是无标度性，或者叫做标度不变性（scaling invariance）。无标度网络在一定时空条件下就会发育成分形系统。城市的分形结构就像是为在有序与无序之间寻求一种平衡而突现的复杂性态（White and Engelen，1994）。可以认为，无标度是自组织网络的一种结构特征，分形则是无标度网络达到临界状态的奇异结构。从自组织到无标度，从无标度到分形，城市地理系统渐次演进到临界状态。在此期间，中心地景观和位序 – 规模结构突现出来。

### 8.4.3 城市化过程中的空间复杂性

从自组织的角度看来，城市化过程本质上是一个复杂性问题。在"农村人口→城市人口"的复杂转换过程中，宏观与微观、有序与无序、稳定与动荡、复杂与简单等矛盾运动及其对立统一过程造就了深刻而又美妙的地理图式。城市化自组织临界过程的空间复杂化在地理系统中形成了两个方面的实证判据：一是空间上的中心地景观，二是等级上的位序 – 规模分布。前者意味着分形结构，后者联系着 Zipf 定律。此外还有一个判据，那就是等级上的 $1/f$ 分布和时间上的 $1/f$ 涨落（陈彦光，2008a）。后面我们将会看到，中心地等级体系与城市位序 – 规模分布其实是一个问题的两个方面：中心地模式推广到随机领域便是无标度网络（scale-free network），空间上的无标度性导致了等级上的递阶（cascade）结构，递阶式等级分布反过来作用于无标度网络的自组织过程。

对于过于稳定的有序状态，系统结构一般比较简单；对于过于喧闹的混沌状态，系统结构也并非真正的复杂（Waldrop，1992）。复杂性出现于从有序到混沌转换的边缘地带，SOC 实则是从自组织的角度对时空结构复杂性的理解和阐释（Bak，1996）。如前所述，郝柏林（1999）曾经指出，复杂性介于随机和有序之间，是随机背景上无规地组合起来的某种结构和秩序。然而，对于城市系统，我们反过来理解也能成立：城市和城市体系乃是有序背景（如三角点阵格局）上的随机结构（现实中的城市系统形态）（Bura et al.，1996；Sanders et al.，1997；陈彦光，2008a）。这种有序与无序矛盾运动的空间模型就是中心地分形（图 8-12）。标准中心地模型的织构（texture）可以借助确定性分形几何方法构造出来（Arlinghaus，1985；Arlinghaus S L and Arlinghaus W C，1989），其结构（structure）则可以利用 Koch 雪花等分形模型进行"拟合"（陈彦光，1998；Chen and Zhou，2006）。中心地的镶嵌式正六边形结构不仅与 Bènard 元胞具有相似的几何形态，也具有相似的自组织动力学——中心地晶态结构的非晶化过程可以借助耗散结构理论的有关思想模拟生成（Allen，1997；Portugali，2000）。中心地模型是从随机分布的城市体系中提炼出来的有序结构，而中心地非晶化模拟则是将理想状态的有序结构还原为具有现实意义的地理景观。在城市化的演化模拟过程中，有序结构似乎是从某种隐藏的地方突然显现出来的，这种"突现"行为和对称破缺机制正是复杂性科学关心的重要问题之一（郝柏林，1999）。

城市地理系统空间复杂性的另一个重要判据就是位序 – 规模法则，在模型上则体现为 Zipf 定律。我们知道，Zipf 定律即式（8-9）是 SOC 的一个标志，其实它也是地理系统空间复杂性的典型规律。城市位序 – 规模分布本质上是一种突

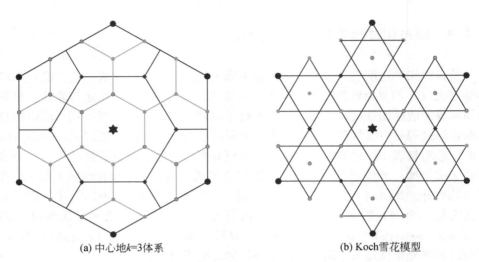

(a) 中心地 $k=3$ 体系  (b) Koch雪花模型

图 8-12　中心地与分形景观的等价变换

注：这里分形构造只示意前三步，城市等级到第四级

现：它是一种宏观现象，不见存于微观层次的个体水平。但是，这种宏观现象却是区域中众多的个体城市通过自组织过程形成，即自下而上演化出来的。对于任何一个区域，城市位序－规模分布不是从来就有的；但当城市系统进化到某种临界状态，这种宏观规律却好像是从某个地方突然"冒"了出来——这就是突现的要义：整体大于部分之和，个体的相互作用在整体层面形成新的图式；而一旦形成，又会变得非常稳定（Holland，1998）。Madden（1956）曾经基于人口普查数据研究了 1790 ~ 1950 年 10 年一次的美国城市位序－规模分布，发现各年的城市规模分布近乎以同样的斜率平行地随时间而推移。美国城市规模分布近年似乎有些微妙的变化，但在较大的时空尺度上其分布依然保持稳定（图 8-13）。

　　临界状态的城市变化十分复杂，但宏观规律却相当稳定，形成规则也比较简单——一组几何级数式的标度定律就足以刻画城市规模分布的递阶过程。假定将系统自上而下划分为 $M$ 个等级，城市等级体系（包括中心地）可以简单地表示为指数函数式分布模型。从这些的指数律出发可以推导出一组幂律（power law），包括三参数 Zipf 模型

$$S(r) = C(r - \zeta)^{-d_z} \tag{8-10}$$

和异速生长定律

$$A_m = \eta P_m^b \tag{8-11}$$

式中，$P_m$ 为第 $m$ 级的城市平均人口；$A_m$ 为第 $m$ 级的城区平均面积；$r$ 为位序；$S$ 为城市规模；$C$、$d_z$、$\varsigma$、$\eta$、$b$ 为参数，其中 $d_z = \ln r_p / \ln r_n = 1/D$，$b = \ln r_a / \ln r_p$。这

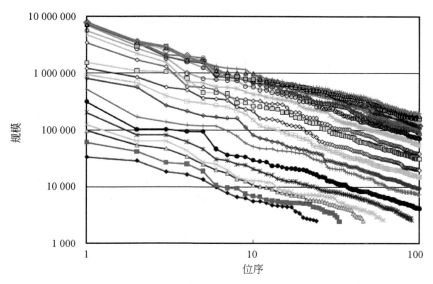

图 8-13　美国城市位序 – 规模的稳定分布（1790 ~ 2000 年）

资料来源：美国人口普查资料网站，http：//www. census. gov/population

里 $D$ 为城市规模分布的分维。可以看出，式（8-10）正是式（8-9）的精确表达形式。不同学科的学者分别从各自的领域推导或者归纳出这个模型（Gell-Mann，1994；Mandelbrot，1983；Winiwarter，1983）。在地理学中，可以基于中心地理论和广义二倍数法则导出这个三参数 Zipf 定律（陈彦光，2001；Chen and Zhou，2003）。当微调参数 $\varsigma \to 0$ 时，式（8-10）便返回式（8-9）。

在城市化过程中，还有一个不太稳定的标度关系，那就是城市人口（$u$）与乡村人口（$r$）的异速生长关系（Naroll and Bertanlanffy，1956）

$$u_i = Cr_i^\sigma \tag{8-12}$$

式中，$i$ 表示时刻或者区域编号；$C$ 为比例系数；$\sigma$ 为标度指数。这个式子可以从城市化过程的 Logistic 模型中推导出来（陈彦光，2008a）。

上述数学过程揭示了如下问题或规律。其一，城市等级体系和中心地网络可以用相同的标度定律进行刻画，这正印证了理论地理学者的一个猜想：空间网络与等级体系是一个问题的两个方面（Batty and Longley，1994）。其二，表征分形的幂律图式可以从指数式标度定律推导出来，这意味着复杂的分形结构可以通过递归方式从简单的规则中衍生出来。其三，城市规律的表现似乎有一定的尺度限制：当尺度太大或者太小时，标度不变规则就会失效（Bak，1996）——宏观规律的有效区域便是所谓无标度区。上述模型变换过程从逻辑上证实了无标度区的存在，中国城市规模分布则从经验上证实了标度局限性质（图8-11）。其四，城市规模没有特征尺度，因而城市没有典型规模，当然也就谈不上"最佳城市规模"问题。

第四个方面的问题具有重要的现实意义。城市等级体系的标度定律实际上标示了一种能量分布法则，而级联结构中能量规模不存在任何典型的尺度（Bak，1996）。能量分布法则在城市地理中的一个重要启示就是城市无所谓最佳规模："这种幂律图式（power-law pattern）的含义在于：对于美国或者其他任何一个地方的城市而言都不存在典型的规模（'typical'size），最大城市的出现也没有特定历史或者地理缘由。正如我们业已看到的那样，城市的生长是在大型不稳定性中寻求发展平衡的一种临界过程。"（Buchanan，2000）我们知道，分形的一个基本含义就是无标度，即没有特征尺度。既然城市化是一种 SOC 过程，城市规模分布是空间复杂化的结果，在理论上就不可能找到所谓最优城市规模——"寻求最佳城市规模是不可能的"，这理当是城市地理学中的又一个"不可能定律"。"不可能定律"在科学研究中具有非常重要的价值，它们能够使我们少走弯路，避免毫无意义的浪费。例如"能量是不可能消灭的"、"永动机是不可能制造的"、"长期天气预报是不可能的"，诸如此类。在城市地理学中，"城市化水平是不可能客观度量的"（陈彦光，2003）、"城市是不可规划的"（Portugali，2000）等亦属此类抑或近似此类。国内外城市研究都曾试图探索最佳城市规模，这类研究注定劳而无功。

但是，虽然没有一般意义的最佳城市规模，但区域城市体系却有一个最佳城市规模分布：一方面，城市规模分布的维数（$D = \ln r_n / \ln r_p$）不能太大，太大意味着城市规模的等级差别较小，从而城市体系的经济产出较小，用地浪费；另一方面，分维也不宜太小，太小表明等级差别过大，从而城市体系物质、能源耗费较大，环境压力沉重（陈彦光和刘明华，1998）。在城市经济产出、土地利用和物、能消耗方面必然有一个良好的分布（理论上 $D \to 1$ 较好），其数值可用位序 – 规模分布坐标图的斜率表征（在图 8-11 中，2000 年中国城市人口规模分布的参数为 $D = 1/q = 1.262$）。这种推论的现实意义就是：我们在实践中既不能片面地强调发展大城市，也不能不讲实际地强调发展小城镇（周一星，2001）。基于自组织的思想发展城市和城市体系才是城市建设方针的科学基础。

## 8.4.4  城市化分析的方法论启示

本书的主题不是城市化，基于非线性动力学解析城市化过程的目的是从方法论的角度讨论动态与静态、量变与质变等问题。通过上述问题，我们对城市化过程具有如下认识。

第一，变化与不变的关系。城市化无疑是一个动态过程，在这个不断演变的过程中，却出现一些不变的规则和图式，那就是时间、空间和等级上的标度关系以及与此相关的时空结构模型。时间上的 $1/f$ 涨落（功率谱图式），空间上的分形结构（自相似图式），等级上的 Zipf 定律（位序–规模图式），是三个典型的标度性质的体现。除此之外，城市人口–城区面积异速生长关系和区域城市人口–乡村人口异速生长关系也是两种标度关系。这些标度关系具有普遍性质，东方城市和西方城市都服从这类标度定律。

第二，量变与质变的关系。城市化是一种量变过程，乡村人口逐渐转化为城市人口。如果我们将乡村人口视为一种地理状态，城市人口视为另外一种地理状态，则城市化也是一种相变过程。在此过程中，乡村人口主导的状态逐步转换为城市人口主导的状态。城市化水平通常可以采用 Logistic 模型如式（8-6）描述。根据这个模型，当城市化水平达到饱和值一半的时候，城市化速度最快，此后逐步减速。如果城市化水平的饱和值近似为 100%，则 50% 为饱和值的一半，此时城市化最为快速。这样，50% 可以视为一个临界点。城市化水平小于 50% 时，叫做城市少数（urban minority）状态；当城市化水平超过 50% 时，就叫做城市多数（urban majority）状态。

那么，这个转变何时开始呢？从式（8-6）出发，可以导出一个城乡人口比公式

$$X(t) = \frac{Z(t)}{1 - Z(t)} = \left(\frac{Z_0}{1 - Z_0}\right)e^{kt} = X_0 e^{kt} \tag{8-13}$$

这是一个指数增长公式，指数函数暗示一种特征尺度，即 $t_0 = 1/k$。以美国城市化过程为例，1790～1960 年，$k \approx 0.0224$，于是 $t_0 \approx 1/0.0224 \approx 45$ 年。对于美国而言，从工业化激发城市化开始，大约 45 年，以农村人口为主导。在城市人口进入饱和值之前约 45 年，相变大体完成，以城市人口为主导。此时人文地理系统结构发生质变。在此期间，是一个漫长的城乡结构演变过程。当然，这里假定美国的城市化水平饱和值为 100%，因此这些参数仅仅是一种近似估计。

第三，简单与复杂的关系。指数分布意味着简单，幂律分布暗示着复杂（Barabasi and Bonabeau，2003）。对于城市化过程以及与之相关的城市体系而言，简单与复杂是交织的和对立统一的。一方面，分形景观、位序–规模分布和 $1/f$ 噪声都表现为幂律，城市人口–城区面积异速生长以及城–乡人口异速生长也是幂律，这些都是城市化过程复杂性的表现；另一方面，在时间或者等级方向上，所有这些幂律都可以分解为指数律（陈彦光，2008a）。简单与复杂纵横交错，对立统一。

第四，确定与随机的关系。城市化过程可以分解为三种变动过程：趋势性、

周期性和随机性（陈彦光，2007）。趋势性和周期性代表确定性，随机性则是不确定性了。这些矛盾运动过程交织在一起，共同形成了城市化的复杂演变过程。

城市化研究既联系着混沌动力学过程，又关系到分形几何图式。混沌与分形的理论交叉点是标度律。常规的分形定义在实际空间中，而混沌特征则通常在时间过程和相空间中刻画。分形研究的进一步拓展就进入时间和相空间。借助上述标度关系，我们可以对地理空间进行分类，将具体空间延拓到抽象空间。我们知道，维数是空间的参数，空间特征用维数来表征。"直观地说，维数就是为了确定几何对象中一个点的位置所需的独立坐标的数目，或者独立方向的数目。"（郝柏林，1986）人们常说一维空间、二维空间、三维空间和 $n$ 维空间。"在平直的欧氏空间中，维数是很自然的：地图上的点有经纬两个坐标，一只箱子有长、宽、高三个尺寸，它们分别是二维和三维的几何对象。"（郝柏林，1986）可是，对于海岸线、城市边界线之类的不规则现象，维数就不能采用单纯的整数表示了，于是产生了分形维数概念，进而又有分维空间。可以说，地理现象对应的空间主要就是分维空间。

然而，分维反映的并非都是具体的、实际的空间现象。基于 $1/f$ 噪声、中心地景观和位序－规模分布得到的分维含义是不一样的。在本节中，$1/f$ 噪声定义在时间方向上，中心地景观是典型的空间结构，位序－规模分布则定义在等级方向上。其中只有基于中心地分形的维数反映真实的地理空间特征，这是狭义的地理空间。基于时间序列和等级体系得到的分维都不是直接的地理空间参数，为此我们需要广义的地理空间，否则这些维数没有空间与之对应。于是，基于时间演化过程定义一个相空间，基于等级体系定义一个序空间，狭义的地理空间定义为实空间，从而得到广义地理空间的分类体系（陈彦光，2008a）。在这个分类体系中，存在一系列的矛盾统一体（表 8-8）。更多的讨论超出了本书的主题，但可以肯定的是，我们需要相应的方法体系探索多元地理空间的复杂结构。

**表 8-8　城市地理系统有序与无序的对立统一**

| 空间类型 | 领域 | 空间 | 实例 | 对应的矛盾体 | |
| --- | --- | --- | --- | --- | --- |
| 狭义地理空间 | 空间 | 实空间 | 中心地景观 | 粒子性 | 波动性 |
| 广义地理空间 | 时间 | 相空间 | $1/f$ 噪声 | 随机性 | 周期性 |
| | 等级 | 序空间 | 规模分布 | 阶梯性 | 平滑性 |
| 综合 | 时空 | 地理空间 | 一般空间 | 无序性（混沌） | 有序性（秩序） |

注：本表中的地理空间有狭义与广义之分，前者为"实空间"，即通常理解的地理空间，后者包括时间意义的"相空间"和等级意义的"序空间"，为地理数学意义的空间（陈彦光，2008a）

# 8.5 小 结

　　静态和动态联系着格局和过程，分别代表地理研究中两种不同的方法论，但二者并非截然对立。在许多情况下，两种方法可以有机结合、相辅相成。通过地理系统的动态分析，可以更为有效地揭示不变的规则和稳定的模式；认识不变的规则和稳定的模式，有助于我们深入理解地理系统的动态演化过程的支配规则。地理系统的静态特征可以定性地描述，也可以采用数学方法简明地刻画；地理系统的动态演化既可以借助数学工具建模分析，也可以利用计算机技术开展数值实验或者模拟实验。今天，采用定性 – 定量相结合的方法，借助数学建模和计算机模拟，可以更为全面而深入地探索地理系统的复杂发育过程及其内在规律。

　　静与动是相对的概念，世界上没有绝对的静止。因此，在静态与动态之间需要一种稳态概念。如果系统的变化是显著的，就是动态的；如果系统的变化极其不显著，就可以视为静态；如果系统的变化不太显著，但可以感到它在某些方面的改变，则可以看成是稳态。借助统计学的平均值、标准差和显著性水平等概念，可望对静态、稳态和动态给出具体的划分。于是，动与静的问题可以转换为快变与慢变的关系问题。中国古代智者认为静支配动，西方科学发现慢变量支配快变量。动与静的关系、快与慢的研究对地理分析方法具有多方面的启示。

　　对称性概念有助于我们认识动态与静态的联系和区别。所谓对称，原本是变化中的不变性，在方法论层面可以理解为变换中的不变性。在地理系统演化过程中，如果存在某种不变的规则，我们就说这个规则体现了系统的某种对称性。为了揭示这种对称性，可以建立模型，然后实施某种变换。经过变换之后某种模式或者参数没有改变，我们就可以利用这种模式及其参数揭示地理系统演化的本质性规律。对称性意味着规律的普适性，只有对称的系统才服从普遍适用的定律。地理规律时空平移不对称，因此地理学不可能揭示经典物理学那种严格的定律。不对称是地理学研究一度走向"例外主义"道路的根本原因。但是，地理系统服从标度对称，我们需要从新的角度认识地理学的规律性。

　　标准科学的方法论基础是还原论，但地理系统是不可还原的系统，常规的科学研究方法无效。一般系统论的发展和复杂性研究的兴起，代表科学界对还原论的两次明确的反动过程。一般系统论重视结构概念和整体论思维，主要是静态描述；复杂性理论则强调突现概念和动力学分析，主要是动态研究。从一般系统论的引入，到空间复杂性研究的兴起，地理方法论在对抗还原论的同时，也逐步由静态研究发展到动态分析。

　　地理学动态分析涉及量变与质变、渐变与突变、平稳与跳跃、确定型变换与随机型变换等对立统一的过程。量变引起质变的机理在于三个方面：一是系统的结构变换，二是系统与环境的关系发生改变（主要表现之一是系统边界的约束），三是系统状态的根本转变。量变的过程通常是一种渐变的过程，质变则通常表现为突变。量变的过程比较平稳，质变则会发生跳跃。在系统的演化与变异过程中，确定型的因素和随机型的因素都会发生作用。在地理系统演化到某个临界点之前，变化是数量上的、逐步的和平稳的。但是，一旦到达临界点，就会发生突然的、跳跃式的质性变化。质变有时是革命性的，有时是灾难性的，后者又可以视为灾变事件。地理学可以从两个角度认识上述各种变化：一是通过周期倍增发生的从分叉到混沌的演化过程，二是城市化的非线性动力学过程。

# 第9章　微观与宏观

在哲学研究领域，微观（microcosm）与宏观（macrocosm）是互为对应的概念。微观一般指分子、原子、原子核、基本粒子以及与之相应的场所构成的物质系统。学术界对微观有不同的定义，有人认为，微观是指空间尺度小于 $10^{-7}$ ~ $10^{-6}$ cm 的物质系统；也有人认为，微观是人们不能直接观察、但能以物质手段加以影响和变革的时空区域。宏观一般指地球上的物体、卫星、行星、恒星等以及和它们相应的场所构成的系统，是经典物理学的研究对象。宏观以微观为基础，宏观的物质都由微观的原子、电子、基本粒子等组成。宏观和微观的物体都统一于物质。20 世纪 80 年代以来，有人从认识论角度认为，宏观是人们可以直接观测、且能以物质手段加以影响和变革的时空区域（冯契，2007）。

地理研究的微观与宏观，由地理研究视野的微观与宏观以及地理研究对象的微观与宏观所构成，其关键是地理时空尺度，即地理研究的具体时空标志。

地理时空尺度，可分述为地理空间尺度与地理时间尺度。地理空间尺度，包括微观空间尺度 [通常是指县域以下的区域，如地块、地方、乡镇（乔家君和李小建，2008）、住宅小区（肖宝玉等，2006）、旅游景点（冯卫红和苗长红，2008）、企业（谭传凤和李祥妹，2001）等]、宏观空间尺度（指省区以上的区域，如大区、全国、洲际与全球）、中观空间尺度（介于微观与宏观之间的省区与市区）。地理时间尺度，包括微观时间尺度（通常是指 10 年以内）、宏观时间尺度（100 ~ 10 000 年）与超宏观时间尺度（10 000 年以上）。

地理时空尺度分为客观存在的本征尺度与主观设定的非本征尺度。地理研究对象的微观与宏观，以地理本征时空尺度为基础；地理研究视野的微观与宏观，以地理非本征时空尺度为基础。

## 9.1　地理研究对象的微观与宏观

地理研究对象（即地理事物、地理环境、地理环境各要素及其现象）的微观与宏观，以其本身客观存在的本征时空尺度为基础，可分述为地理时间尺度（简称时间尺度）与地理空间尺度（简称空间尺度）。在地理研究中，存在着四种时空尺度的地理研究对象：微观时间微观空间（即微观时空，简称微观）地理、宏观时间宏观空间（即宏观时空，简称宏观）地理、微观时间宏观空间地理以及宏观时间微观空间地理。上述四种地理研究对象又可称微时微空地理、宏时宏空地理、微时宏空地理以及宏时微空地理。

### 9.1.1　微时微空地理

微时微空地理，简称微观地理，是微观时间与微观空间的地理研究对象，即时间跨度在百年以内、空间范围小于或等于市县域的地理研究对象。

在现代地理研究、近代地理研究与历史地理研究中，均包括微时微空地理研究对象。如现代地理研究的武汉市新洲区农户居住空间行为（李伯华和曾菊新，2008）、河南省巩义市吴沟村的地形（李小建和乔家君，2004），近代地理研究的 1907～1931 年大连港的中转贸易（姚永超，2004）、1949 年的水岚村文化地理（王振忠，2005），历史地理研究的北京建城之始（侯仁之，1990）等地理专题研究，均以微时微空地理现象作为研究对象。

### 9.1.2　宏时宏空地理

宏时宏空地理，简称宏观地理，是宏观时间与宏观空间的地理研究对象，即时间跨度在百年以上、空间范围大于或等于省市域的地理研究对象。

由于现代地理研究对象的时间尺度通常都小于百年，因此，宏时宏空地理，主要是指大时空尺度的历史地理研究对象，如历史时期中国人口迁移（安介生，2004）、2300 年以来的黄河下游沉积（许炯心和孙季，2003）、7000 年以来的长江三角洲环境（张强等，2004）等地理专题研究，其研究对象的时间尺度都在数千年以上，空间尺度都大于省区。

### 9.1.3　微时宏空地理

微时宏空地理，是微观时间与宏观空间的地理研究对象，即时间范围在百年以内、空间范围大于或等于省市域的地理研究对象。

大凡空间范围大于省市域的现代地理研究对象，均属微时宏空地理，其时间范围均在百年以内。而小时间尺度、大空间尺度的近代地理与历史地理的研究对象，也属微观宏空地理。如近代地理研究的 20 世纪 20～30 年代中国北方农民离村问题（李凤琴，2004）、历史地理研究的 861～907 年凉州政区（李军，2006）等专题研究，其研究对象的时间范围均在百年以内，但其发生的时间段分别是民国时期与唐代。

### 9.1.4 宏时微空地理

宏时微空地理，是宏观时间与微观空间的地理研究对象，即时间跨度在百年以上、空间范围小于或等于市县域的地理研究对象。

由于现代地理研究对象的时间尺度小于百年，因此，宏时微空地理，主要是指大时间尺度、小空间尺度的近代历史地理与历史地理的研究对象。如明代至民国的韩城县境景观（于凤军，2004）、元清两代北京万柳堂园林（孙冬虎，2006）、宋代太原城址迁移（张慧芝，2003）等专题研究，其研究对象的时间范围均在百年以上，但其空间范围都小于或等于县域。

## 9.2 地理研究视野的微观与宏观

地理研究视野的微观与宏观，以地理研究者主观设定的非本征时空尺度为基础，与地理研究对象的本征时空尺度不尽一致，可分述为地理时间视野（简称时间视野）与地理空间视野（简称空间视野）。在地理研究中，存在着四种时空视野：微观时间微观空间视野、宏观时间宏观空间视野、微观时间宏观空间视野以及宏观时间微观空间视野。

### 9.2.1 微时微空视野

微时微空视野，即微观时间微观空间视野，简称微观视野，是地理研究者在地理分析中所采取的非本征微观时间尺度与微观空间尺度。

微时微空视野，在任何时空尺度上的地理研究中，均可采用。如在区域地理研究中，以年为时间单位、以村落为空间单位的分析，在城市地理研究中，以10 年为时间单位、以街区为空间单位的分析，在行为地理研究中，以小时为单位、以个人日常活动范围为空间单位的分析，在土壤地理研究中，以季为时间单位、以厘米为空间单位的分析，在气候研究中，以小时为时间单位、以市域辖区为单位的分析等，均属微时微空视野。

地理研究的实验分析、地图分析、计算机模拟分析、定点定时观察分析中，往往采用微时微空视野。

### 9.2.2　宏时宏空视野

宏时宏空视野，即宏观时间宏观空间视野，简称宏观视野，是地理研究者在地理分析中所采取的非本征宏观时间尺度与宏观空间尺度。

宏时宏空视野主要应用于大于或等于省区空间尺度的历史地理研究与古地理研究，如中国历代政区沿革地图编制，即以中国历史朝代为时间单位、以历代中国疆域为空间范围。

宏时宏空视野不应用于现代或当代地理学的自然与人文地理专题研究，因为现当代地理研究包含大于或等于省区空间尺度的宏观空间视野分析，却不包含以世纪或千年为时间单位的宏观时间视野分析。

但在现代或当代地理学科或部门或分支地理的学科概述中、在地理学科的理论探讨中，以及在大于或等于省区空间尺度的现当代地理研究的文献综述中，往往需要宏时宏空视野。因为学科发展历史的时间间隔、学科思想起源的时间跨度以及相关文献检索的时间范围，有时需要以上百年为时间单位的分析。

### 9.2.3　微时宏空视野

微时宏空视野，即微观时间宏观空间视野，是地理研究者在地理分析中所采取的非本征微观时间尺度与宏观空间尺度。

微时宏空视野可以应用于大于或等于省区空间尺度的现代地理研究，如我国河流水环境容量空间分异与工业生产力的宏观布局（鲍全盛和姜文来，1998），就是以5年为时间单位、以省区为空间单位的现代经济地理研究。

微时宏空视野也可以应用于大于或等于省区空间尺度的近代地理研究或历史地理研究，如近300年中国东部季风区雨带进退图谱与模拟诊断（葛全胜，2006），就是以年度为主要时间单位、以自然地理大区为空间单位的近代自然地理研究。

### 9.2.4　宏时微空视野

宏时微空视野，即宏观时间微观空间视野，是地理研究者在地理分析中所采取的非本征宏观时间尺度与微观空间尺度。

宏时微空视野主要应用于市县域以下空间尺度的历史地理研究与古地理研究，如北京古代运河研究（侯仁之，2001）与玉门关研究（李并成，2005），即以宏观的中国朝代为时间尺度，以微观的北京运河与玉门关为空间尺度。

宏时微空视野不应用于近现代地理研究，但在市县域以下空间尺度的近现代地理研究的文献综述中，需要采用宏时微空视野。

## 9.3 地理研究的微观与宏观

在地理研究中，研究者需要同时把握研究视野的非本征时空尺度与研究对象的本征时空尺度，即要清晰地明确地理专题研究的微观宏观时空模式：是在何种时空尺度的地理研究视野下对何种时空尺度的地理研究对象进行研究。

由于地理研究视野与地理研究对象分别具有四种微观与宏观的地理时空尺度，因此，在理论上，地理研究专题至少有十六种微观宏观地理研究模式。

### 9.3.1 微观视野下的地理研究

地理研究的微观视野，在时间尺度上，适合于现代、近代与历史地理的所有研究对象，在空间尺度上，适合于省区以上或以下的任何地理研究对象。微观视野下的地理研究，包括十六种地理研究模式中的第 1~4 种模式。

第 1 种模式：微观视野下的微观地理研究，如对某一城市金融机构的微观集聚分析（林彰平和闫小培，2007），即在微观视野下，对微观地理对象的研究。

第 2 种模式：微观视野下的宏观地理研究，如对某一国家所有城市的微观分析（蒋荣，2005），即在微观视野下，对宏观地理对象的研究。

第 3 种模式：微观视野下的微时宏空地理研究，如对某一省区现代农业经济的微观分析（乔家君和李小建，2008），即在微观视野下，研究微观时间宏观空间的地理对象。

第 4 种模式：微观视野下的宏时微空地理研究，如对某一聚落地点的历史地理考证（陈致远，2004），即在微观视野下，研究宏观时间微观空间的地理对象。

### 9.3.2 宏观视野下的地理研究

地理研究的宏观视野，在时间尺度上，主要适合于近代与历史地理研究对象，在空间尺度上，适合于省区以上的地理研究对象。宏观视野下的地理研究，包括十六种地理研究模式中的第 5~8 种模式。

第 5 种模式：宏观视野下的微观地理研究，如地震灾害的宏观分析研究（李钜章，1995），即在宏观视野下，对微观地理对象的研究。

211

第 6 种模式：宏观视野下的宏观地理研究，如中国疆域地理研究（张耀光等，2003）即在宏观视野下，对宏观地理对象的研究。

第 7 种模式：宏观视野下的微时宏空地理研究，如 1903～1931 年间东北经济研究（姚永超，2005），即在宏观视野下，研究微观时间宏观空间的地理对象。

第 8 种模式：宏观视野下的宏时微空地理研究，如大夏国都统万城研究（吴宏岐，2004），即在宏观视野下，研究宏观时间微观空间的地理对象。

### 9.3.3　微时宏空视野下的地理研究

地理研究的微时宏空视野，在时间尺度上，适合于现代、近代与历史地理的所有研究对象，在空间尺度上，适合于省区以上的地理研究对象。微时宏空视野下的地理研究，包括十六种地理研究模式中的第 9～12 种模式。

第 9 种模式：微时宏空视野下的微观地理研究，城乡地域系统空间组织研究（余斌等，2006），即在微时宏空视野下，对微观地理对象的研究。

第 10 种模式：微时宏空视野下的宏观地理研究，如我国区域开发的宏观战略研究（陆大道，1987），即在微时宏空视野下，对宏观地理对象的研究。

第 11 种模式：微时宏空视野下的微时宏空地理研究，如当代中国行政改革研究（吕达和叶贵仁，2003），即在微时宏空视野下，研究微观时间宏观空间的地理对象。

第 12 种模式：微时宏空视野下的宏时微空地理研究，如青海德令哈地区千年降水量分析（黄磊等，2006），即在微时宏空视野下，研究宏观时间微观空间的地理对象。

### 9.3.4　宏时微空视野下的地理研究

地理研究的宏时微空视野，在时间尺度上，主要适合于近代、历史地理研究对象，在空间尺度上，适合于省区以下的地理研究对象。宏时微空视野下的地理研究，包括十六种地理研究模式中的第 13～16 种模式。

第 13 种模式：宏时微空视野下的微观地理研究，如广西梧州经济地理研究（方一平，1995），即在宏时微空视野下，对微观地理对象的研究。

第 14 种模式：宏时微空视野下的宏观地理研究，如中国沿边地区开放开发研究（靖学青，1998），即在宏时微空视野下，对宏观地理对象的研究。

第 15 种模式：宏时微空视野下的微时宏空地理研究，如我国宏观区域政策研究（宋全启，1991），即在宏时微空视野下，研究微观时间宏观空间的地理对象。

第16种模式：宏时微空视野下的宏时微空地理研究，如清末以来开封市水域景观研究（丁圣彦和曹新向，2004），即在宏时微空视野下，研究宏观时间微观空间的地理对象。

上述十六种地理研究模式中，研究视野的非本征时空尺度与研究对象的本征时空尺度均吻合的有第1、5、11、16 种这四种模式；完全不吻合的有第2、5、12、15 种这四种模式；时间尺度吻合而空间尺度不吻合的是第3、8、9、14 种这四种模式；时间尺度不吻合而空间尺度吻合的是第4、7、10、13 种这四种模式。

## 9.4 小 结

地理研究的微观与宏观，具有两重性质，一是非本征尺度地理研究视野的微观与宏观和本征尺度地理研究对象的微观与宏观；二是时间尺度的微观与宏观和空间尺度的微观与宏观。严格地讲，在不分研究视野与研究对象或不分时间尺度与空间尺度的情况下，所谓的微观地理研究或宏观地理研究，都是不准确的阐述。

本章所述的十六种微观与宏观地理研究模式，只是为了清晰分析而作的划分，在实际的地理研究中，情况更为复杂。某些地理研究专题未必能够明确地归属哪一种模式，如一项专题研究中同时出现两种以上模式，又如一项专题研究的模式前后出现变化。本章所举的研究案例，也未必与所述模式完全相符。事实上，存在着更为复杂的宏观微观时空地理研究模式，远不止十六种。

# 第 10 章 例外与普适

地理学是一门"例外的"还是具有"普适性"的学科，这一问题引起了地理学史上一次很重要的方法论争论①。它又集中体现为以哈特向为代表的区域学派和以舍费尔为代表的实证主义地理学之间的争论。本章选择这两个学派，尤其以哈特向和舍费尔的论著为主要案例，剖析和评价这场大争论产生的历史根源、背景、内容和意义，并深入阐发这场争论的现实意义及其对中国地理学发展的启示。

## 10.1 例外与普适之争的历史根源与背景

地理学到底是一门"独特的"科学，还是与其他科学学科那样追求"普遍性"的法则？这就是所谓的"例外"与"普适"的问题，实际上是关于系统地理学与区域地理学二元关系的争论。地理学者对这一问题的争论，有着深刻的历史根源。

### 10.1.1 系统地理学与区域地理学的最初划分

就地理学而言，区域地理学（或区域学派、地志学派）与实证主义地理学（或"计量革命"派、空间分析学派）的争论，实际上也就是区域地理学和系统地理学（或普通地理学）的争论，其渊源可上溯到公元前 6 世纪左右的古希腊时期。

对于古希腊时代的地理学，赫特纳（1983）在回顾并总结地理学史时认为：对地球的整体描述或以数学的方法研究地球形成了一种流派（实际上就是系统地理学，赫特纳不主张称其为数理地理学），它的代表人物是有"古代第一个地理学者"之称的、绘制了第一幅地球图的阿那克西曼德（Anaximander）；而以地方

---

① 第二次世界大战以前，地理学并不是一个热衷方法论争论的学科；第二次世界大战以后，与其他学科（如经济学）相比，地理学方法论争论仍然欠缺，直到 1953 年舍费尔发表了《地理学中的例外论：方法论的检视》，挑起了"计量革命"派与区域学派的争论，并持续了十多年，到 1989 年还有专门的论文集总结这两派的争论，可见其影响程度。这一争论的更大影响在于改变了地理学界方法论讨论沉寂的局面，也可以说是现代地理学与近代地理学的分水岭。争论意义阐述详见 10.3 节。

志、民族志和历史记叙为主的代表另一个流派（实际上就是区域地理学，赫特纳不主张称其为历史地理学），它的代表人物是米利都的赫卡泰（又译为海卡特，Hecataeus）。之后，由于仪器的不完善，地理学者"稍稍收敛了他们（在测量地球）方面的雄心"，使区域研究得到很大发展，经历了一个描述地理学的"黄金时代"（佩迪什，1984）。

进入古罗马兴盛时代之后，这两种学派继续发展。斯特拉波和托勒密分别是两派的代表人物。斯特拉波非常强调区域研究，比如他指出：

> "在地理的研究上，我们不仅要观察一个地方的形状和大小，而且像我们说过的，要观察它们的互相联系……我们必须谈到地方的各种自然条件，因为它们都是经常不变的，而各种人为条件是要发生变化的。……地理学者应当以已经测量过的整个地球的报道作为真理，并相信地理学者过去所相信的原理，首先测定我们所居住的土地（人类居住的全部区域）的面积、它的形状、自然特性和对它所有土地的关系，这就是地理学的特有对象。然后，地理学者还要对陆地和海洋的个别部分作适当的报道。"（波德纳尔斯基，1986）

215

通过这些论述以及斯特拉波所做的工作来看，斯特拉波并不是一个主张系统地理学和区域地理学严格划分的二元论者，而是一个以区域地理为基调的地理学者。正如克拉瓦尔（2007）所评价的，"区域尺度的变化是他（斯特拉波）的方法论的核心"；《古代的地理学》的编者波德纳尔斯基（1986）也评论道："斯特拉波是一个典型的地方志学家……但他对于普遍地理学不是门外汉。"也就是说，斯特拉波虽更偏向区域地理，但他也积极提倡系统地理学。

相比之下，托勒密在系统地理学和区域地理学之间划分了一道严格的界线，并认为只有系统地理学是"地理学"，某种意义上是区域与系统二元论的始作俑者。托勒密指出：

> "地理学是我们对地球上一切已知的部分以及其上存在的一切事物作线条的描绘。地理学与地方志不同之点在于：后者就是一些个别的地方——加以研究，并记载得非常详细……地理学描述我们所知道的唯一的、永恒的地球，指出其自然条件和其全部外形的真正情况……地方志的任务，可以比作画家观察他所准备要画的头颅上的各部分……地理学的任务好比为了充分画出头的外形，而研究整个头部一样。……地方志主要是从质量方面，而不是数量方面来进行研究……地理学则可以说是从数量方面来研究的……地理学完全不需要描述，因为它只用线条和符号来绘画地位和外形。因此，地方志根本不需要数学方法，可是数学方

法在地理学中是最主要的部分。"（波德纳尔斯基，1986）

## 10.1.2　瓦伦纽斯正式界定系统与区域地理学

第一个提出并界定系统地理学和区域地理学的是贝恩哈德·瓦伦纽斯（Bernhard Varenius）。他于1650年出版的《普通地理学》（*Geographia Generalis*）被认为是"第一部企图把普通、数理及自然地理学与地方地理学结合在一起的著作"（迪金森，1980）。瓦伦纽斯认为：

> "地理学是混合数学的那一部分，它依靠数量，即形状、位置、大小、运动和天体现象等来解释地球及其各部分的状态。有些人把它理解得太狭窄了，认为它仅是对一些国家的单纯的描述；另一些人又理解得太宽，他们想把政治组织也描述一番。……普通地理学是研究整个地球的总的情况，并解释其各种性质，它不考虑个别的国家。但专门的或特殊地理学则单独地描述每一个国家的结构和位置；它也有两种：即描述范围广大地区的地方地理学，或说明地球的某个地方或一小片地段的小地区地理学。"（迪金森，1980）

迪金森（1980）认为：

> "瓦伦纽斯抱怨人们总是牺牲普通地理学而去讲授特殊地理学，并因此而声称地理学几乎不配享有科学的尊严。在特殊地理学中，各种特点应该用一般的规律来解释，才能使局部地区的地理学合乎逻辑和可以理解。"

由此可见，瓦伦纽斯的观点与300年之后舍费尔坚持地理学应该追求普遍法则的主张基本一致，他似乎是一个前现代时期地理学的"科学主义者"。然而，瓦伦纽斯也有论述日本地理的区域地理著作，虽然"采取区域描述的形式，成果不及他书中的地学通论令人印象深刻"（克拉瓦尔，2007），但至少也表明他是比较看重区域地理学的。

关于瓦伦纽斯提出的普通地理学与专门地理学的划分，何以演变成系统地理学与区域地理学这一问题，哈特向（1996）曾予以清楚地说明：

> "瓦伦纽斯使用过的'普通'和'专门'地理学这些术语，以后成为欧洲地理学中关于这两个方面的标准术语，虽则以后许多作者对它们并不满意。德国作者在描述'普通地理学'时频频使用'Systematische'（系统）这个形容词，支持了该国通用的'系统地理学'（Sys-

tematic geography）这个术语。'专门地理学'这个术语在德国文献中大部分为'Lönderkunde'（区域地理学）所取代，此词虽有明显的缺陷，却比非德语的'专门地理学'或如今在德国以外几乎已普遍使用的'区域地理学'一语更为人所喜用。"

赫特纳（1997）认为这种系统和区域地理学的二元论是历史的产物，他对此进行总结和批评：

"地理学历史发展的考察表明，如果不算那些较小的分歧，现在地理学主要有两种互相对立的观点：一种是把地理学视为一般的地学的观点，这种观点把一般地理学置于特殊地理学或称地志学之上的地位，只是由于出现某种程度有限的矛盾，才把地志学列入地理学中；另一是把地理学视为研究地表各种不同形态的科学这样一种观点，这种观点把地志学置于突出的地位，并认为一般地理学含有一般的比较地志学的内容。只要科学的分类学在其区分上只取研究对象的物的差别性这种观点，它就只能承认地理学是一门一般地球科学。但是，对科学体系的广泛考察却表明这种观点是片面的，表明年代的或者历史的、区域的或者空间的考察，应具有与系统的或物的考察同等的地位，因此，一门论述地表的区域科学不仅有存在的理由，而且是完善的科学体系所要求的。因此，这种观点不但有更大的历史的理由，而且也有同样的或者甚至更大的逻辑的理由进入科学的舞台。"

## 10. 1. 3 两种划分形成的不同传统

在从古希腊罗马时期到近代地理学时期之前的漫长历史中，地理学者已经形成并积淀了延续至今的多种传统。而 20 世纪五六十年代区域与实证地理学的大争论，实际上脱胎于古已有之的区域与系统地理学的界分。随着托勒密片面地强调系统地理学以及瓦伦纽斯正式界定了系统地理学与区域地理学，地理学的这两个方面已经具备一种二元论的雏形。虽然一些地理学者（包括瓦伦纽斯）都认为（或他们的著作表现出）系统和区域地理学都是地理学的两个必不可少的组成部分，但是出于各自不同的偏好，他们对这两者的侧重和强调不一样；另一些地理学者，有的过于看重区域描述而忽视了系统研究的重要性，有的（如托勒密）干脆否认了区域地理是"地理学"，这些极端观点为后来区域与系统地理学的大争论埋下了种子。正如迪金森（1980）所指出的：

　　"以托勒密和斯特拉波为一方、以康德和瓦伦纽斯为另一方的两类著作中着重点的差异，产生了在现代地理学的整个发展过程中始终存在着的研究方法上的差异。这些不同的方法，近来被人们分别叫做理论的（推论的）和经验的（描述的）方法。理论的方法是，寻求建立涉及各地方的位置及其相互关系的理论，寻求建立规律，并在这些规律的基础上进行推论。经验的或会意的方法是，特别着重于通过陆地、海洋、区域及地方来描述那些国家和民族的特定的组合。它不寻求建立规律，但要找出现象在地方的特点及其与其他地方的相互关系上起什么样的作用。这是所有地理研究中两种基本的方法和传统；而且随着人们对地表知识的增加，它们的差异和冲突已变得越来越显著，越来越难于消弭和调和。"

　　归结起来，近代地理学形成之前，系统与区域地理学的主要区别如下。

　　1）在研究对象上，系统地理学侧重于整个地球（甚至宇宙），而区域地理学侧重于国家、民族和各个地方。

　　2）在研究方法上，系统地理学主要采用数学和几何方法进行地图制作，而区域地理学主要是文学或艺术描述。

　　3）在研究目的上，系统地理学侧重于"解释"或形成比较"普遍"的法则，而区域地理学则侧重于"描述"或研究单个区域的特性。

　　在区域地理与系统地理之间的差异和矛盾中，"例外"与"普适"问题逐渐成为争论的焦点。舍费尔－哈特向之争则是两者矛盾最为激化而大爆发的集中体现。

## 10.1.4 《地理学的性质》发表之前的美国地理学界

　　虽然"例外"与"普适"大争论是以 1953 年舍费尔发表《地理学中的例外论：方法论的检视》（后文简称《例外论》）一文，对哈特向等所代表的区域学派进行批判而最为激化，但它并非偶然的爆发，而与当时的学术环境和学者个性有关。对哈特向和舍费尔两人的学术路径及其相关背景进行分析，将有助于我们理解这场争论何以发生的一些缘由。

　　在第一次世界大战后至 20 世纪 30 年代期间，美国地理学界存在多种地理学研究范式，这是哈特向力图提出一个统一的地理学核心概念的基础。从地理学发展历史看，20 世纪之前的几个世纪，地理学似乎主要是德国人的事业。从 16 世纪的明斯特尔（Sebastian Münster）、17 世纪的瓦伦纽斯到后来的康德、洪堡、李特尔直到 20 世纪初期的赫特纳，德国一直是世界地理思想和学术发展的"中心"。但从 20 世纪初期开始，随着美国国力的强盛，它的科学研究也渐渐赶上并有超过欧洲之势。此时的很多美国地理学者在取法德国与其他欧洲国家的基础上［如森普尔（Ellen Semple）师从拉采尔，另一著名地理学者巴罗斯（Harlan Barrows）也深受德国学派影响］，开始形成自己国家的地理学特征。但理论和方法论的变革并非一蹴而就，所以，直到 20 世纪初期，德国地理学者赫特纳的地理学方法论仍然对美国地理学界有着巨大的影响。在第一次世界大战之后到哈特向提出他的方法论主张之前的时期，美国地理学界的各种新概念和方法频出，仍没有形成较为统一的地理学方法论。马丁（2008）认为当时美国学界存在四种思潮或范式：人类生态学、景观学派、历史地理学和空间功能组织。其中，前两者是哈特向批判的重点。

"人类生态学"概念系由巴罗斯提出，但这个概念并非巴罗斯首创，系由经济地理学者古德（Paul Goode）在 1907 年提出，而其思想无疑受欧洲地理学者，比如洪堡的植物地理研究、维达尔（Paul Vidal Blache）学派人地关系研究的影响。针对自然地理学很少考虑人文因素的弊病，巴罗斯认为随着社会发展，地理学的研究重心已经由"偏重自然"过渡到了"偏重人类"，"自然环境"意即自然和生物环境的结合，地理学是研究人类生态学的科学，"人类生态学"将成为地理学发展的目标，

> "地理学将致力于自然环境与人类的分布和活动间关系的研究，地理学者将从人类适应自然，而不是从环境的影响开始研究，这可以把环境因素所造成的影响减少到最低。"（Barrows，1923）

以索尔为代表的地理学者在承袭德国地理学派，尤其是洪堡和李特尔关于"地志学"的观点的基础上，引入人类学的方法，开创了景观学派或伯克利学派。在著名的《景观的形态学》一文中，索尔引入德国地理学者帕萨格和施吕特等人的"景观"概念，将"景观"定义为"包括自然和文化的显著联系而构成的一个地区"，并认为人类的文化对其自然特征产生影响，最终将它转化为文化景观（Sauer，1925）。在后来的文章中，他强调地理研究需要重视时间维度，即并非一再发生、非循环而不断向前的时间，认为时间对地理学就像地点一样重要，而偏离这一方向的地理学会无果而终（Sauer，1974）。

"人类生态学"和景观学派以及其他的一些理论范式并存，致使地理学是否有统一的主题成为地理学者最关注的问题。哈特向正是在批评巴罗斯和景观学派方法论主张的基础上，进行了自己的方法论建构。比如，他认为巴罗斯对环境决定论有所修正，但是其概念以取消自然地理学为代价，因而背离了地理学史（哈

219

特向，1996）；对于索尔的景观概念，他也大加批评，认为用此概念阐释地理学是不妥当和不必要的（哈特向，1996）。另外的一个原因是，政治地理学是哈特向的一个研究方向，但是"索尔在景观形态学等方法论文献中几乎没有给政治地理学留一席之地，特别是他一直认为地理学者关心感官所及之物，并没有给政治地理学留出更多空间"（Martin，1994）。所以，哈特向认为索尔误导了美国地理学。再加上索尔的弟子莱利（John Leighly）发表了攻击区域地理学的文章，哈特向对此进行尖锐批评，认为其不该发表。《美国地理学者协会年刊》（*Annals of the Association of American Geographers*，后文简称《年刊》）的编辑惠特尔西（Derwent Whittlesey）就让他写一个对莱利的回应（Martin，1994）。这就将哈特向和《地理学的性质》（*The Nature of Geography*）推上了历史舞台。

## 10.1.5　哈特向与《地理学的性质》

理查德·哈特向（1899—1992），美国著名地理学者[①]。1899 年生于美国宾夕法尼亚州（Pennsylvania），1920 年获普林斯顿大学（Princeton University）理学学士学位，1924 年获芝加哥大学（University of Chicago）哲学博士学位，同年任教于明尼苏达大学（University of Minnesota），1940 年到威斯康星大学（University of Wisconsin），1941 年成为教授。

哈特向具有广博的地理学思想史知识和较为深厚的地理哲学素养，这是他能够写出《地理学的性质》这部方法论巨著的一个主要条件。他在地理学领域内涉猎甚广，早期所发表的论文包括农业区域、运输和城市发展、气候以及工业区位、种族和政治地理等方面，其主要成就却在地理学思想和方法论方面。广博的知识面和研究兴趣也为他写作地理学方法论论著打下了良好的基础。

哈特向于 1938~1939 年去欧洲，在各大图书馆收集了许多文献资料，并会晤了一些地理学者。在此基础上，他对原先应《年刊》之约而在学校写就的方法论初稿进行了修改和扩充，最后于 1939 年写成《地理学的性质》，惠特尔西对此文评价甚高，并力促该文发表在《年刊》上。作为鸿篇巨制，《年刊》史无前例地用整整两期刊载该文，美国地理学者协会也随即于当年将其出版成书。

《地理学的性质》出版后，被翻译成多国文字，很快成为风行欧美、影响世界地理学界的方法论著作，也奠定了哈特向在地理学思想史和方法论领域的学术

----

① 以下对哈特向学术生涯及其相关事迹的介绍，除注明来源的之外，其余的主要参考了马丁纪念哈特向的论文（详见 Martin，1994）。马丁与哈特向私交甚笃，并有"超过 20 年的对地理学思想史的共同讨论"（Martin，1994），他的这篇回顾和纪念文章引用了许多档案材料和哈特向的个人文档，可信度很高。

地位。比如，该书 1957 年才有完整的日文译本，但在 1954 年，东京大学的学生们就已组织了持续 6 个月的每周读书会逐章对其进行研读讨论，研究热情非常高涨。在中国（人文）地理学界，李旭旦和吴传钧等先生都曾受到该著的强烈影响。李旭旦于 1940 年获得此书，"如获至宝，反复诵究，获益良多"，并于 1941 年在中央大学地理系高级班开设地理方法一课，"同学听讲之后，均颇具兴味"（李旭旦，1943）。1943 年李旭旦著文对它进行详细评介，认为该书使他对"整个地理学之观念、内容、范畴及其哲学基础，得一全貌之参悟，心头为之大快"（李旭旦，1943），并认为"在任何情形下，评者以为此书为对地理一学有志深造者之所必读文献，亦为历来综述地理思想文字中之一空前巨著"，可见其评价之高。吴传钧（1999）不但认为哈特向的"区域差异论"是美国地理学派的代表思想，而且在提及他早年留学英国研读哈特向此书时，表达了与李旭旦一样的深切感受①。中国台湾学者池永歆（2008）也指出，除了陈正祥直接引述德国地理学者文献之外，中文的地理思想文献中关于 19 世纪到 20 世纪初叶德国地理学的观点，大抵承袭自哈特向此书。

《地理学的性质》被地理学界奉为经典，其思想"统治"西方地理学界十多年，即使在舍费尔 1953 年发表《例外论》对其进行全面批判的情况下，其影响仍然延续不止。1959 年，应一些地理学者的要求，在回应和反驳舍费尔的论文的基础上，哈特向进一步精炼地总结和修正原来的观点，出版了《地理学性质的透视》（*Perspective on the Nature of Geography*），进一步阐述了他的主张。1989 年，为纪念《地理学的性质》出版 50 周年，美国地理学者协会组织一些地理学者特地出版了一本关于哈特向及《地理学的性质》的回顾和反思的论文集（*Reflections on Richard Hartshorne's The Nature of Geography*），全面评述了哈特向著作与思想的学术地位、引起的争论以及对当代产生的影响。有学者指出："哈特向综合了前人的工作，成就非凡……即使地理学在第二次世界大战后方向改变，但哈特向的论著不会过时……他一直提醒我们思考学科的本质，地理学在科学发展历史中的地位以及地理学与其他学科的关系。"（Souza，1989）总体来看，虽然对哈特向及其著作的学术地位与作用大小仍然存在争议，但哈特向仍然是地理学思想史上的关键人物，他的地理学方法论研究继承、综合和发扬了大部分地理学者的思想，因而成为一个集大成者。

---

① 吴传钧. 2005. 建立具有中国特色的人文地理学. 北京：中国科学院地理科学与资源研究所人文地理学理论与实践课程博士生讲座.

### 10.1.6 舍费尔与《例外论》

(1) 舍费尔其人与《例外论》的哲学立场

《例外论》的作者弗雷德·舍费尔（1904—1953）是德国地理学者①。1904年出生于柏林，曾修习政治学和政治地理学。但是纳粹上台后，他作为活跃的社会民主党人被投进集中营，后来逃脱并流亡欧洲其他国家。1938年到纽约，1939年初到艾奥瓦州，战时曾在军队参与一些培训计划。1946年，艾奥瓦州立大学成立地理系，他获得一个教职，至1953年逝世前，他一直在该系任教，主要讲授地理学思想史、政治地理学以及欧洲和苏联地理。就后一研究领域而言，他除了在美国地理学者协会的年会上作过苏联地理规划内容的报告之外，再没有更多的学术活动记录。舍费尔非常推崇古典区位论和数学、统计方法。他与同为德国流亡来的艾奥瓦州立大学哲学系的伯格曼（Gustav Bergmann）教授结为好友，深受其逻辑实证主义哲学的影响。实际上，《例外论》就持这种哲学立场。在准备写作专著《政治地理学》中的一章"地理学的性质"时，通过与伯格曼等友人的交流，他愈发感觉和确信地理学方法论问题的重要性，并认为写一篇独立的论文比只是作为专著中的一章更有意义。于是，地理学史上最具争议的论文就此诞生。

(2)《例外论》引发的剧烈争议

在发表《例外论》之前，舍费尔是一个名不见经传的学者和教师，所以对其生平事迹关注者甚少；在该文正式发表之前，他又因心脏病复发去世，甚至论文的校订也是《年刊》的主编亨利·肯德尔（Henry Kendall）委托伯格曼教授代为完成的。该文矛头直指当时地理学界如日中天的、以赫特纳–哈特向为代表的区域学派，批判他们关于地理学的研究对象是区域差异、地理学不同于其他科学的主张是"例外论"（Schaefer，1953）。因而论文在审稿和编辑部讨论时就引起很大争议，但是亨利·肯德尔最终顶着压力和风险，力排众议，决议刊发该文。

这篇论文发表后，引发哈特向的强烈反响。他先是给编辑部写了一个简短的回复发表在《年刊》上（Hartshorne，1954），然后致函编辑部和一些著名地理学者，猛烈驳斥和批判舍费尔的观点，甚至在给编辑的一封信中认为编辑部刊发舍费尔对他和赫特纳以及康德等地理学者的"错误评述"是"史无前例的犯罪（the annals has committed a crime unparalleled in its history）"，并力图澄清自己和

---

① 对舍费尔的生平事迹及《例外论》发表前后相关事件的介绍主要参考了地理学者邦奇和马丁的两篇论文（Bunge，1979；Martin，1989），这两人分别是实证主义地理学与区域地理学的支持者。

赫特纳等并非"例外论者"。其后，哈特向在《年刊》上发表了《地理学中例外论的再检视》（*Exceptionalism in geography：re-examined*）一文，引注达百余条，几乎是对舍费尔文章的逐行逐条回应和批驳（Hartshorne，1955）；随后他在《年刊》上又发表了《作为一门空间科学的地理学概念：从康德和洪堡到赫特纳》一文，详细考证从康德、洪堡到赫特纳对地理学概念和性质的阐述，该文部分目的是"回击"舍费尔的挑战，而主要目的，正如他自己所称，是"作为一个地理学思想史的研究，主要关心地理学概念的（可能的）起源，及其在随后的一个半世纪的影响和意义……在于追溯从地理学概念的缘起到赫特纳在 1895～1905 年间的重要阐述这一阶段的历史，关心的不仅是学者的生平事迹，而且关注在普遍的科学氛围中，学科概念的问题在当时何以被同时代人忽视，又何以被后来者重视的一般问题"（Hartshorne，1958）。1959 年出版的《地理学性质的透视》，对舍费尔的主张又一次进行驳斥（哈特向，1963）。哈特向凭借其深厚的地理学思想史功底和地理学界的权威地位，获得了许多地理学者的支持。然而，虽然他在当时的争论中占了上风，但舍费尔挑战权威的勇气和犀利的论证方式，尤其是他提出的完整一贯的方法论纲领，既顺应了当时科学发展趋向实证主义的大势，又瞄准了地理学界急需新的理论和方法论营养的内部需求，所以他的论文被年青一代地理学者所遵奉，成为第二次世界大战后地理学计量革命的先导之作。

　　值得注意的是，地理学史上也有人（如马丁等）把这场方法论大争论称为"舍费尔 - 哈特向之争"（Schaefer-Hartshorne debate），或许在反映争论的更深层面意义上并不那么严格。因为这种提法把方法论立场的分歧和争论归于个人，虽然较为简便和吸引人，但是一则违背了舍费尔此文的立场，即舍费尔真正（想要）批判的对象并不是康德、赫特纳或哈特向个人，而是"例外论"（主义）；二则在于它强调和强化了个人与学派的冲突，而容易使人忽视争论的实质性内容及其对于学科发展的意义。不过，这个提法也确是当时状况的写照。因为除了哈特向持续地发表他的反驳文章而产生一边倒的结果外，其他的地理学者似乎对这个争论并不热衷，因而这篇早在 1953 年发表的论文直到 20 世纪 60 年代才受到重视。也许是预见到他的方法论有被误解的可能性，舍费尔在文中强调："方法论的讨论基本上是辩证的，对各自主张的相互批判更能澄清事实；它不是残酷的，也不是初次相见那样热衷争论。"（Schaefer，1953：243）应该说，这种对方法论讨论与争论的态度值得我们学习和依循。

## 10.2　争论的焦点与余波

　　以哈特向为代表的区域学派与以舍费尔为代表的实证地理学之间的争论所涉

223

内容纷繁复杂。为便于分析和抓住要领，本节聚焦于两个主要问题：地理学方法论是侧重于依循前人还是不断演替？地理学是侧重追求普遍法则还是区域研究？并对它们进行具体分析。

## 10.2.1 地理学方法论是侧重于依循前人还是不断演替？

就地理学方法论的定义而言，虽然哈特向与舍费尔对方法论的内涵理解大致相同，但是舍费尔明确地给出了定义，并区别了方法论和方法①。这表明至少在方法论的形式（或语言）规定上，舍费尔要比哈特向更为明确一些。

在关键概念在不同语境下的含义方面，舍费尔对哈特向的批评也值得我们深思。舍费尔认为哈特向将德语中的科学概念直接套用在英语中，因而误解了赫特纳的意思：赫特纳所用的科学一词，在德语中为 wissenschaft，比英语中的科学一词含义更宽泛，具有任何被组织的知识的意思；舍费尔认为这导致哈特向对"科学"认识不清，进而使他对地理"科学"的性质产生错误认识（Schaefer, 1953）。而哈特向（1963）则有力地反驳道："把科学法则形成看做科学的终极目的，是混淆了手段和目的。"但是，在关于什么是"科学"的认识上，他们两人都很看重的德国大哲学家康德（哈特向对他推崇备至，舍费尔则归谬于他）曾有过的经典论述却被他们都忽视了②。

一个至关重要的区别是，哈特向是一个"保守的"方法论"承袭"主义者，而舍费尔却是一个"激进的"方法论"演替"主义者。哈特向的这种"保守性"，在于他认为地理学的性质来自于它的历史，尤其是康德、洪堡、赫特纳等古典地理学者对地理学性质的阐发。但是，舍费尔对此却持有相反的论调或偏

---

① 详见第 1 章 1.1 节的具体内容。

② 康德对科学的论述及其方法论含义详见第 1 章 1.1 节相关论述。另外，冯克利先生在翻译韦伯的演讲 *Wissenschaft als Beruf*（《以学术为业》）时，曾回顾分析了德文中的科学（Wissenschaft）含义的来源，颇有参考价值。冯克利（1998）认为："'Wissenschaft'一词一般译为'科学'。由于它是从'Wissen'（有'知道、懂得、理解'等义）而来，所以凡是以追求'系统知识'为目的的认知活动，都可被德国人称为'某某科学'。由此造成的一个问题是，有些学术领域，在英语世界里冠之以'科学'（science，它的来源是拉丁语'scientia'，原意为'分割'、'辨别'、'区分'）是要慎重的，在德语中却显得十分自然，在传统的'人文学科'（英语中的 humanities 应是指'人文学科'，而不该译成'人文科学'，因这个词的含义之一，恰恰就是为了与现代'科学'相区别）中，德语便有'艺术科学'（Kunstwissenschaft）、'文化科学'（Kulturwissenschaft）的说法，换成中文，在我们听来便很不习惯（如一定要这样说亦非不可，但这里我们需要对'科学'有更复杂的定义）。由此可见，德文的'科学'，含义要比英语或我们所说的'科学'更为宽泛，它几乎可将所有'学术'活动都包括在内，倒是很类似于我们中国人所说的'学问'。从这个词在韦伯演说中使用的情况看，他在大多数情况下是取其'自然科学'的含义。"

好，也就是他认为方法论的一个基本性质是动态演替性，也就是"方法论寻求变化和演进"（Schaefer，1953）。方法论争论乃至批判是促使它演进的必然途径。因此，舍费尔提出"（在新兴学科中）方法论争论是学科健康发展的标志"（Schaefer，1953）。这是因为，科学和学科发展是一个动态过程，不断需要并追求新的概念、法则和假设或者理论。方法论必须适应和反映这个变化过程，并指出它的内在逻辑和因果关系。科学总是在争议中发展。舍费尔写作该文的一个强烈感觉就是，相比其他自然和社会科学热烈地讨论方法论并取得很大进展的状况，当时地理学的方法论讨论却非常沉寂；地理学者对方法论讨论漠不关心，并坚持认为地理学和历史学是"综合性学科"，完全不同于其他学科；舍费尔认为这导致地理学很难出现抽象的理论和新的认识，结果是地理学发展甚至滞后于一些社会科学，比如经济学（Schaefer，1953）。在舍费尔看来，地理学方法论发展滞后最值得注意的例子当是，截至他这篇论文发表时，哈特向在 1939 年发表的《地理学的性质》仍是西方地理学界的权威方法论著作，14 年未遇到挑战（Schaefer，1953）。如果再上溯到前赫特纳时期就已奠定的传统，这种着重区域研究的范式和方法论基调长期主导地理学，对学科发展非常不利。

就方法论的实质而言，舍费尔并未局限于自己逻辑实证主义的方法论立场，而是颇有前瞻性地指出方法论依附于本体论和认识论之上，而且并无"定法"。舍费尔认为地理学理论和方法论之所以发展滞后，主要有两个原因：一是在独特的综合性学科体系下，地理学不清晰的思想和所谓"独特性"方法论引致不现实的抱负，实际上就是在本体论上的误区与目的论上的自大；二是地理学者甚至对事后诸葛亮似的夸大言辞不抱歉意，实际上是指地理学者缺乏哲学思考和自我批判精神。针对这些，他认为"一门科学的出现毕竟主要是劳动分工的产物，需要'无方法论'的公正性"（Schaefer，1953）。这并不是主张取消方法论，而是进一步强调地理学方法论应该求新求变的必然趋势。所谓"无方法论的公正性"，实际上类似于美国著名科学哲学家保罗·费耶阿本德在 20 世纪 70 年代提出的"怎么都行"的方法论原则。费耶阿本德（2007）认为最成功的科学研究从来不是按照理性方法进行的，不应要求科学家遵从一种方法论从事科学活动，而应以知识论的无政府主义取代理性主义。费耶阿本德是实证主义和唯理主义科学方法论的主要批判者，而舍费尔的方法论立场虽然是逻辑实证主义，但是其具体观点并不能完全用这个"主义"去套。"主义"的阵营和立场划分往往容易消弭个人性格、意识和观点的复杂、多变的实际，这是我们在分析方法论论争中必须注意的。

225

## 10.2.2 地理学是侧重追求普遍法则还是区域研究?

### 1. 哈特向和舍费尔都是一元论者

在面临系统和区域地理学的二元论时,哈特向与舍费尔的观点是基本一致的。他们都赞同赫特纳对二元论的坚决批判,并主张系统地理学和区域地理学都不可偏废。

(1) 哈特向的一元论主张

对于自认为是赫特纳体系的继承者的哈特向而言,无论是从对赫特纳的推崇的角度,还是自身的深切感受,都使他强烈反对系统与区域的二元论。比如,哈特向(1996)征引了赫特纳方法论文献中反对二元论的话:

> "仅仅从事系统地理学工作而不培植区域地理学,这样的地理学者就会冒着完全脱离地理学基地的危险。不懂区域地理学的人就不是真正的地理学者。单有一门区域地理学而没有系统地理学固然不完全,但究竟还有地理性;系统地理学如果没有区域地理学,就不能履行地理学的完全职能,并且容易脱离地理学",而且自己也认为"地理学领域中两种方法都大有可为。专于一种方法的学者与用另一种方法工作的学者不应相轻。"

在《地理学的性质》的结论中,哈特向(1996)总结了系统与区域地理学之间的差异,但更强调了二者相辅相成的关系:

> "地理学内部,在组织地理知识的两种主要方法——系统地理学和区域地理学——之间,存在着性质上最大的差别。两种方法都包括所有这些专门领域各自所属的部分。除了这两部分在组织形式上的差别外,还有一个根本差别,即可以用普遍原理——不论是一般概念还是关系原理——来表达知识的程度之别。……地理学既需要系统方法,也需要区域方法,来研究现象,组织知识。要了解每一类现象的地区差异和支配其相互关系的原理,系统地理学是必不可少的。然而单是这一点还不能使人了解个别地球单元,反而剥夺了这些单元的色彩和生命的丰富性。要了解每个地区在与他区相比时的全部特性,我们必须研究不同地区单元所存在的相联系特征的总和——这就是区域地理学。虽然这些方法代表着不同的观点,但两者对地理学的单一目的都是必不可少的,因此把它们包括在这个统一领域里也是恰当的。此外,这两种方法是密切联

系、相辅相成的。地理学的终极目的——研究世界的地区差异，在区域地理学里表现得极其清楚；只有经常保持与区域地理学的联系，系统地理学才能牢牢抓住地理学的目的，而不至于消失于别的科学之中。另一方面，区域地理学本身是不会结果的，不从系统地理学不断地汲取一般概念和原理的营养，在解释其发现时就不可能达到更高程度的准确性和可靠性。"

在 1958 年的考据性论文中，他也指出"像其他学科一样，地理学关心一般概念、普遍原理和科学法则的发展和应用；像历史一样，它在很大程度上也关注单个的、独特的事例的知识及其理解"（Hartshorne，1958）。

在另一专著中，哈特向（1963）又一次阐发了这种主张：

"'系统的'或'普通的'地理学和'区域的'地理学这两个术语所表达的对比，并不是将地理学划分为两半；亦不是两个显著不同研究方法的对比，一个在某些研究中应用，另一个在另一些研究中应用。不管所研究地区的大小，我们是在分析一个在地区上作极其复杂方式变异着的极其复杂的现象统一体。为了把这个双重复杂性划分成为可以控制的方式，在任何地理学研究中有必要在某种程度上并且交互地应用两个不同的分析方法——统一体的分片分析及地区的分段分析。"

总体来看，哈特向自始至终都在反对系统和区域的二元论。

（2）舍费尔的一元论主张

舍费尔认为，在系统地理学研究中，地理学者往往热衷于分类，而轻视和忽视解释，这是学科发展迟缓的重要原因，并认为"如果科学研究止于分类，那么它将会了无生气"（Schaefer，1953）。

与哈特向相似的是，舍费尔认为区域地理学和系统地理学孰轻孰重的争论有较深的历史渊源，其原因在于地理学者的不同偏好（Schaefer，1953）。他认为系统和区域二元论有两个重要阶段（Schaefer，1953）：一是 19 世纪晚期，自然地理学者受自然科学发展的影响，强调系统研究而忽视或甚至主张放弃区域研究；另一是 20 世纪初期以来地理学者批判系统研究缺乏足够的社会科学内容，他们试图以区域描述为主要手段，发现促使社会变量的空间状况改变的法则，在认识论上却走向另一个极端，认为任何寻求一般性的、清晰性的认知活动都是空洞的和不实际的。

舍费尔认为区域和系统地理学的门户之争实质上类似鸡与蛋何者先有的问题，实在没有必要，争论的另一个原因在于个人感情和心理因素；"即便以物理学为例，不是每个好的理论物理学家都是实验专家，反之亦然。而且一般而言，擅长理论组织者并不一定对数据收集感兴趣和擅长，将法则用于具体的情形也需要特殊的才能。但是，将这些掺杂个人情绪的分歧具体化，并赋予它伪方法论的地位是毫无道理的。争论结果只是反映出没有人再认为区域或系统研究完全无用而应当废弃"（Schaefer，1953）。

**2. 哈特向和舍费尔对区域和系统方法的兴趣与偏好有重大分歧**

虽然哈特向和舍费尔都反对只强调系统和区域地理学中的一个而忽视另一个的做法，但是，他们的价值观导致的偏好却使他们在立场上对此二者的倾向是不一样的。甚至，这种倾向也决定了他们对地理学方法论的最终看法。

（1）哈特向对区域地理的偏好

哈特向虽然强烈反对二元论，但是，他还是将地理学最终归结为"描述和解释作为人类世界的地球各地方之间变异特性的科学"（哈特向，1963），从这个表述来看，哈特向是倾向于将地理学视为关于区域差异或分异的研究。如果再联系到他认为近代地理学的奠基人基本上都倾向于地理学是一门"方志学"，他就为他的这种倾向找到了一个"历史的"根据。

除此之外，哈特向还强调了个人兴趣对方法论立场选择的影响。在《地理学的性质》中，哈特向（1996）除了强调区域和系统地理研究不应相轻之外，还特地引用一位地理学者的话来说明这种兴趣导致的方法论研究侧重点的取向应该互相包容：

> "地理学领域中两种方法都大有可为。专于一种方法的学者与用另一种方法工作的学者不应相轻。正如克罗伯所说，'方法之别，归根结底，可能主要还是取决于个人兴趣之别'。进一步诠释此语，我们可以作出结论：把自己的兴趣局限于系统地理学的特殊方法或区域地理学的综合方法，或者视情况而两者交替使用，都是完全合理的。但容忍的雅量实质上是可取的，确实也有利于理解：有利于 scientia（科学）"。

在《地理学性质的透视》中，他又一次指出"每一位学者都可按自己的兴趣对研究类型有所偏重，而不会与此处所表达的观点相冲突"（哈特向，1963）。值得注意的是，虽然哈特向在这句话的脚注中抱怨《地理学的性质》的许多批评者忽视了他对系统地理学的观点，认为"他们企图从少数字句或比喻中判断对两个研究类型的偏重程度，有几位甚至断言，从该书来看，地理学基本是个别事例研究（idiographic）"（哈特向，1963），但是，他对地理学性质的表述、他在叙述思想史时对"方志学"的重视以及他的兴趣最后反映出他还是将地理学的"重心"放在了区域研究上。也就是说，虽然方法论的形式规则和目的要求使他必须拒斥二元论，他的个人兴趣和思想史观的砝码却添加到区域地理学，由此在实质上导致他对地理学性质的认识仍然偏重于区域地理。

（2）舍费尔对系统地理的偏好

在逻辑实证主义哲学的导引下，以洪堡作为追求科学法则的代表，借鉴自然科学和经济学发展的实例，舍费尔将寻求空间法则看做地理学的最终目的。他认为地理学是关涉到地表特定的空间分布法则的科学：

> "地理学必须注意地域现象的空间排列，而非现象本身；空间关系是地理学者的专门领域，非空间关系则是其他领域的专业。"（Schaefer，1953）

在此基础上，舍费尔批判了区域学派。他认为赫特纳提出地理学的核心在于区域，哈特向虽然认为系统性研究对区域工作绝对是不可或缺的，但是他仍然坚持地理学的核心毫无疑问是区域；哈特向的地理学者只是在整合异质现象方面区别于其他科学家的论调是荒唐的，因为系统地理学建立的规则和法则能应用于区域地理学，区域地理学同样能为系统地理学提供具体素材，所以它们实际上是并列的、互相联系却平等独立的学科（Schaefer，1953）。

接着，舍费尔以一般的理论科学与应用学科的关系为例，阐述区域与系统地理学关系，再一次重申了区域与系统地理学并不存在孰轻孰重的观点，并批判了将偏重应用的区域地理学视为地理学核心的例外论。他指出：

> "根本性的要点在于，只存在科学及科学的应用，而不存在纯科学和应用科学的明确划分。无论这种划分的根据是否实际，个人兴趣还是研究重点等理由。'纯'科学家寻求与他的'应用'科学家同事所用的的法则并无区别……作为纯科学和应用科学的对应例子，如果误导系统和区域地理学相互进入相反方向则是错误的……'应用'（application）这个概念也不是像人们想当然的那样清晰。它至少有两层意思。区域地理学者应用法则解释一些区域特征，而区域规划者或土壤保护专家则应用同样的法则工作，但他的'应用'含义与区域地理学者不同，他是一个社会工程师。"（Schaefer，1953）

在文章结尾，舍费尔重申了他对系统地理学的强调：

> "只要地理学者在系统性上多下工夫，对地理学自身的学科发展的确有益。……如果地理学拒绝寻求法则，以提升区域研究为其目的而把自身更多地仅局限在描述上，我对其发展前景不会乐观。结果只能是，系统地理学者将互相靠拢并最终加入系统科学。"（Schaefer，1953）

### 3. 哈特向和舍费尔的地理学史观有很大差异

（1）哈特向对地理学史及其与地理学性质的关系的认识

在 1958 年的那篇经典的考据文献中，哈特向追溯了从康德到赫特纳对地理学概念的看法，将这段历史分为六个阶段，即 1750 年前、康德和洪堡时期（1756～1859 年）、19 世纪前半期、19 世纪后半期、赫特纳时期（1895～1927 年）、康德和洪堡概念的重新发现时期（1905～1939 年），最终得出了康德、洪堡和赫特纳关于地理学的地位和特征的观点基本一致的总结论（Hartshorne，1958），其具体结论如下①。

1）1793 年后的洪堡研究了 1802 年出版的康德地理学著作，并进行了重要的引证；在洪堡 1793 年的地理学性质论述中，几乎没有管当时风行德国的康德讲义；洪堡早期完全有可能听闻了康德的地理学概念，尽管没有片纸为证，但其受到康德影响的可能较大；如果不是，那就是两人独立地得出相似的结论（第 101 页、第 102 页）。

2）康德关于地理学性质的论述在 19 世纪不受重视，其原因首先在于学者们觉得有了李特尔和洪堡的论著就够了，没必要关注哲学家康德；这也是因为李特尔和洪堡在采用康德的思想和论述时，常不注明来源；更重要的原因则是现代地理学的创建人反对哲学家的地理研究，他们认为地理研究应该采取实际的方法和知识，而不相信自然哲学的理论推演（第 104 页）。

3）哈特向认为赫特纳与洪堡对地理学的认识存在较大差异：洪堡试图建立统一天文学和系统地理学的宇宙学，赫特纳则认为地理学与天文学是两个独立的学科；洪堡的宇宙概念包括整个地球，赫特纳则遵循李特尔及许多其他地理学者的划分认为地理学的研究对象在于地表；洪堡将系统地理学从区域地理学中分离出来，而赫特纳则遵循自瓦伦纽斯到李希霍芬的传统，将区域和系统地理学统一于地理学之下。虽然赫特纳自信他的地理学理论继承和延续了洪堡的工作，但可以确信他对地理学性质和地位的阐述独立于洪堡的认识（第 106 页）。

由这篇涉及漫长历史的考据性论文延伸，哈特向阐发了他的地理学方法论要义：

　　"不管被谁以及何时发现，当地理学者借用其他学科，尤其是某个自然科学或社会科学的观点来考察地理学时，概念本身被忽视了。地理学者只有从学科本身固有的特征出发考察学科，才能得到更多的响应。

---

① 以下是对哈特向该文进行的三点归纳，在每条归纳的最后括注了该文所涉的页码。

而地理学的固有特性在于：它是世界上生活在相互关联的区域的人们努力认知和理解现象之间联系的产物。与其说这些特性形成了与其他学科不同的特殊概念，倒不如说它们构成了一个正确的概念建立基础的实际事实。接受概念当然不是地理工作的根本，但是对于那些希望理解学科本质和以之与其他学科进行比较的学者是有价值的。……特别是，早期时代以来的地理学者的工作不同于其他学科之处在于：因其特殊的研究主体，地理学者没有一个特定的客体或现象的分类体系，而是研究被整合在一个区域内的多数异质事物的事实；地理学不能被归入自然科学或者社会科学的某一类，也不是简单的在它们中间起桥梁作用，而是必须研究紧密联系在一起的各种现象之间的联系。"（Hartshorne，1958）

最后，哈特向作了一个最概括他本文内容的一般化结论：

"形成于康德和洪堡，并被赫特纳深化拓展的地理学概念给我们提供了地理学实际事实的一个合情合理的解释……它并不是某个人或少数学者的发明，而是无数地理学者为寻找一个可供借鉴的一般框架而形成的集体认识。"（Hartshorne，1958）

由以上陈述可知，即使在舍费尔对他的方法论猛烈批判的情况下，哈特向仍然非常强调地理学的学科特性：区域，并愈发强调了从这种"学科特性"出发的重要性，而且哈特向对地理学方法论的基本主张也并没有多少改变。这篇回应文章也许从反面验证了舍费尔批判的正确性。也许从某种意义上讲，舍费尔的批判以及在此过程中暴露的思想史知识的一些缺陷反而促使哈特向更加坚定了自己原先的方法论信条。

（2）舍费尔对地理学史及其与地理学性质的关系的认识

与哈特向将康德视为确定地理学概念的第一人截然相反的是，舍费尔却认为康德是例外论的始作俑者。他甚至认为虽然康德是 18 世纪伟大的哲学家，但是他的地理学相比同时代人，甚至比早他 150 年的瓦伦纽斯都要逊色很多，正是康德提出了历史和地理不同于所谓的系统性科学，在科学体系中处于独特的地位的观点；这种将历史与地理相提并论的方法吸引了后来的学者，而地理学是独特学科的论调，无疑是这种历史独特论的变体（Schaefer，1953）。

舍费尔认为康德的地理学对后世产生了长期的不良影响，但他同时认为洪堡与康德是不同的[①]：

231

———————

① 舍费尔对洪堡和康德学术观点之间联系的论证不确切，甚至有自相矛盾之处。详见哈特向的文章《地理学中例外论的再检视》（Hartshorne，1955）。

"康德讲授自然地理学大概 50 次，他的讲座和笔记在 1802 年出版（他逝世前 2 年）。就是这部著作中关于历史和地理的理论被人们满怀敬意地、反复地引用，并将之视为地理方法的基石。李特尔如此，赫特纳如此，最后哈特向也如此。有趣的是，洪堡从未引用和持有康德的观点，克兰福特也没有……康德只停留在分类，洪堡则追求法则；康德的地理学类似于洪堡的宇宙学，洪堡只是涉及地理学；洪堡的宇宙是描述性的，而赫特纳和哈特向却错误地将其应用于地理学的方法论。"（Schaefer，1953）

在具体分析和批判康德的这种例外论的科学主张时，舍费尔则出现了失误。比如，他归结了康德将物理学分离出来以及忽视所研究对象的时空不可分割性的观点是错误的，其原因在于青年康德还未接触到牛顿力学，因而其地理学思想是不成熟的；但是康德的地理学讲座手稿是在 1802 年出版的，而且康德接触并认真学习了牛顿力学，舍费尔的这个指责显然与他前面的论述自相矛盾。另外，舍费尔认为康德在社会科学方面没有吸收英国古典经济学和法国启蒙运动思想家的观点，因而其地理学概念从狭义上讲只强调了描述，这也是不确实的；事实是，康德非常关注启蒙运动并系统地吸收了卢梭（Jean-Jacques Rousseau）等人的思想并将其充实到自己的哲学著作中。

在舍费尔看来，康德 – 赫特纳 – 哈特向一脉相承，形成地理学"例外论"的历史链条，赫特纳不但没有跳出康德的圈子，而且以独立地获得与康德相同的地理学观点而感到欣喜，他们的权威和巨大声望使"例外论"渐渐根深蒂固；这使地理学遭到了非科学甚至反科学思想的入侵［比如"来自独特性的典型的浪漫论调，大量整体论的关于变量之间相互作用的陈词滥调，与地理学的特殊综合功能有关的谬断，严肃、客观的标准科学方法甚至遭到了调查者要求诉诸直觉和艺术情感的挑战等"（第 235 页）[①]]。从我们今天的观点来看，舍费尔显然是"科学主义"的坚定拥护者，而在他之后地理学的实际发展历史否定了他这种极端的"科学主义"的论调（比如人文主义地理学）。

总体来讲，舍费尔认定赫特纳的基本哲学立场是反科学的历史主义（认为现在只是过去的产物），"它是好的读物，但不是地理学"，而赫特纳强调法则重要性的论述也被美国地理学者普遍忽视（第 238 ~ 239 页）。

综合来看，这场争论产生的一个主要原因在于两种看待地理学思想史的不同视角：舍费尔的视角从（当时地理学的）"现状"和（其他科学发展的）趋势出

---

① 以下括号内标注的页码，是舍费尔 1953 年论文的原文页码。

发，对历史主要持批判态度，将对法则的追求视为科学的核心和目的，然后将地理学视为一门与其他学科一样追求普遍法则的科学；而哈特向的视角则是以忠实于学科的"历史"特性为出发点，对历史（尤其是他所认可的方向）主要持肯定态度，认为继承这种历史特性就是维护地理学的基本性质，并认为这就是地理学者努力的方向。因此，可以说是价值观（个人兴趣、偏好和目的）和思想史观决定了不同的方法论。

## 10.2.3　哈特与《地理学者艺术的最高形式》

随着"计量革命"浪潮的兴起，区域学派逐渐失去声势。其后，地理学更是涌现了激进主义、人文主义、行为主义和马克思主义等潮流。20 世纪 70 年代后的实证主义地理学几乎有了与 60 年代的区域学派一样的遭遇。但是，值得注意的是，在 20 世纪 80 年代，地理学界又出现了一些复兴"区域地理学"的呼声。具有代表性的是三篇美国地理学者协会主席的致辞（Hart，1982a；Lewis，1985；Abler，1987）。其中，哈特的《地理学者艺术的最高形式》更是引起了他与格里奇（Reginald Golledge，1999 年美国地理学者协会主席）代表的实证主义派的争论。值得深思的是，这个争论某种意义上与哈特向和舍费尔所争论的内容有惊人的相似，在程度和深度上却有所不及，可以说是区域与系统地理学大争论的余波。

《地理学者艺术的最高形式》，系出自哈特 1981 年在洛杉矶召开的美国地理学者协会第 77 次年会上的主席演说辞（presidential address）。年会的主席演说辞由担任主席的地理学者在年会上进行报告，然后紧接着在《年刊》上发表，它往往代表着当时地理学者对地理学性质、范围和方法的一般阐释，因而具有重要意义。但是，与其他大多数主席致辞不同的是，哈特的这篇致辞形成的论文引起了较大争议。哈特在此文中重申了地理学重在研究区域的传统观点，指出"地理学研究区域是社会的定位，地理学应该避免'科学主义'的误导，不能为了过分地追求'科学'而失去地理学的生命力；区域的思想是综合地理学不同分支的基本主题，地理学者艺术的最高形式是产生便于理解和评价区域的、生动的描述，区域是主观的艺术设计"（Hart，1982a）。

在具体的论述中，哈特首先批判了地理学中"科学主义"的做法和倾向：

"我们必须相信自己的学科。我们必须有勇气显示自己的本色并且以地理学实践者的身份宣告自己的价值。……正如挥舞手术刀不会使一个人成为外科医生，会用显微镜并不意味着就是生物学家。我们既不能

233

寄希望于借用其他学科的声望和地位，也不能躺在它们的荣光里安详度日。我们必须以地理学者而立足。我们将通过我们的创造为人所知，而不是那些外在的装饰和程序，也不是通过未获报酬的美德的宣言。好的学术成就使我们获得渴盼的认可，同时我们必须揭示那些拙劣之作。作为地理学者，我们应该十分满足，我个人对此感到非常自豪；为其他人否认地理学是一门科学而费心劳神实无益处。我们尤其不应该受到那些地理学不是社会科学的主流的指责的困扰，因为所谓的主流社会科学有一个令人生厌的、动辄就变的陋习，并且今天的主流明天可能就过时。"（Hart，1982a）

紧接着，他从名词的角度分析，认为名词只是人们归类和便于理解现实特征的手段，它并不代表着名义与现实事物的一一对应，更不意味着这个名词就具有某种"专有权"和"优越性"；因此，他认为

"通过称呼地理学为'科学'而提高其地位的假定是一种谬误，它只是一套大的诡辩术而已……许多科学的定义具有很强的自我服务性，他们就像假牙一样，除了对使用者有用而对他人则毫无用处，他们主要的用处是排除异己"（Hart，1982a）。

然后，哈特指出了科学主义的两个根源：现实根源是在特定机构的课程分配的要求，理论根源是"计量革命"，虽然它运用数学工具和模型方法从而极大地推进了地理学理论的发展，但是后来却狭隘地认为只有一个正确的方法，只有一件正确的事情，这就走向了科学主义（Hart，1982b）。

因为担心被误解，所以哈特强调了他所批判的是"科学主义"（自以为优越和坚持唯一尺度与方法的主张），而不是科学，一些地理学者所做的工作无疑是一流的科学工作，但是另一些地理学者的突出成就可能不属于一些人所定义的"科学"（Hart，1982a）。科学与学术的区别在于：

"好的科学成就是基础性的、令人敬仰，好的学术成就也是如此，后者的范畴比前者更广。科学在学术范畴之内，反之则不然；一个人要成为优秀的科学家，必先成为一个优秀的学者；但一个平庸的科学家，绝不会成为一个优秀的学者。我们地理学者的目标应该是追求高水平的学术成果，我们不应该为好的学术成就是否适应某些特定的科学定义而劳神。"（Hart，1982a）

因此，就有必要强调一种多样化的地理思想：

"对于学科，我们需要一个更加宽松的、绝不武断的方法。我们必

须向那些想要进入地理学领域的人敞开大门。我们必须尊重任何类型的学术成就，我们不能被那些打着科学旗号的人吓倒。我们必须为那些想成为地理学者的人提供一个适宜的家园，而不是迫使他们成为科学家。不是所有人都希望成为科学家，也不是所有人都能渴望成为艺术家，但是我们应该尊重人们选择自己做什么的权利，我们应该和那些想成为地理学者的人共同耕耘，携手并进。"（Hart，1982a）

由于地理学所涉议题的广泛性，一个地理学者不能忽视其他地理学者的工作，而应该相互理解和尊重彼此的哲学立场、价值观和信仰，应该更加宽容，欢迎并鼓励一切有益于学科发展的兴趣尝试和工作，而不是强迫他人和抱有门户之见（Hart，1982a）。

## 10.2.4　哈特和格里奇之争

哈特此文引致"实证主义地理学者"的批评。加利福尼亚大学圣巴巴拉分校（University of California，Santa Barbara）以雷金纳德·格里奇为首的 10 位地理学者，在《年刊》上发表了一篇对该文的评论文章，严厉地指责哈特此文会"使地理学倒退到 30 年前非科学的黑暗时期……使地理学成为一门不入流的高中课程，而不是强有力的大学课程"，并表示不同意哈特对地理学中运用分析模型、数学方法等科学方法的"攻击"（Golledge et al.，1982）。哈特回复了这个评论，认为格里奇等误解了他的论文：他只是对地理学中极端的"科学主义"的批评，并非对地理学采用科学方法的批评（Hart，1982b）。其他地理学者（如 Healey，1983）也从不同角度评论了哈特的论文以及它引起的争论。如果我们将哈特对"科学"与地理学关系的看法与哈特向的看法相对照，就会发现，哈特等地理学者的主张实际上只是哈特向方法论主张的一个侧面的响应和些许的深化，格里奇等人的主张在舍费尔那里也能找到理论源泉。约翰斯顿对此作出了较为中肯的评价：

> "数学模型只是一种描述和理解世界的一种方法而已，在学术的分工中并不具有优势地位……模型在简化和联系，以及理解和改变现实世界方面仍有作用……'普适性'不是地理学者追求的唯一科学目标，模型是辨明那些重要的模式、关系和趋势的重要工具，它不是'无用的、邪恶的或者反演化的'，而只是一个简单的结果或对因果关系的理解。……理论的含义在过去十多年已经改变。对于那些 60 年代、70 年代首先使用它的人来说，它是一整套相关联的陈述（法则或约束条

235

件），它是解释和推演可检验的假设的基础；这与实证主义的认识论完全一致。但是对那些采用其他认识论立场（比如实在论）的地理学者而言，它是为理解现实而建构的抽象思维框架，尽管在一些例子中抽象理论存在着像实证主义一样的令人担忧的问题。理论仍在统治——但已不可同日而语。"（Johnston，2003）

相比以往的区域与系统二元论争论，哈特向此文及其引发的争议影响程度要小很多，它在实质上或许只是舍费尔－哈特向之争的余波或尾声。这一方面表明这种争论可能仍会延续，另一方面，这个还未完全展开就已停歇的争论也从某种程度上表明，无论是论辩的双方还是观众，似乎都已开始怀疑这种简单地比较"鸡与蛋"先后和重要性的争论的意义与价值，并感到厌倦。

## 10.3　争论的遗产与启示

### 10.3.1　哈特向《地理学的性质》的当代意义

第二次世界大战以后，特别是 20 世纪 50 年代之后，地理学界频发的理论"革命"和思潮似乎远远超出了哈特向的预期。哈特向强调地理学区域传统的声音在实证主义、结构主义、人文主义和后现代主义地理学等此起彼伏的钟声撞击之下，似乎渐渐变得微弱。导致这种剧烈变化的根本原因，也许正如一位学者所指出的，在于哈特向关注的是"地理学是什么？"，而第二次世界大战以后，地理学者们则更多地考虑"地理学应该是什么？"（约翰斯顿，1999a）。这从另一层面反映了价值判断对第二次世界大战以后地理学的强烈影响。

价值观的嬗变随着时代和社会的急剧变化对地理学者提出了更为切实的要求，也使地理学更多地面向现实和未来，而不是沉浸和滞留于传统。从历史来看，尤其从哈特向的学术轨迹及其方法论主张的影响看，这一点更加明显：任何经典都会成为传统，这种传统甚至是一个学科区别于其他学科的标志，但也面临着被后人遗忘的命运。哈特向同时也指出优秀的传统在后世必然回归的可能，虽然他对这种数典忘祖的、迟滞的认识结果极为不满。哈特向沿袭和发掘的传统是否会在某时某地重新复归呢？无论如何，我们可以明确的是，这种传统绝不会原封不动地再出现在后来者的认识诉求当中。任何传统的复兴都包含着复兴它的时代命题，并在它的激发和制约下进行。所以，区域与系统地理学之间的方法论争论实际上是一个涉及历史与现代、传统与变革以及地理学者选择的永恒话题。

## 10.3.2 舍费尔《例外论》的当代意义

相比哈特向《地理学的性质》的备受推崇，除了邦奇等地理学者，舍费尔的《例外论》却没有受到如《地理学的性质》一样的礼遇。然而应该看到，《例外论》引起了地理学史上前所未有的一场方法论大论战，引发"计量革命"，揭开了第二次世界大战后地理学理论革命的序幕；而且，该文当时提出的问题和争论与中国地理学界当下面临的问题有颇多相似之处，很值得我们借鉴。因此，虽然该文的发表距离现在已经五十多年，部分内容也经由一些学者所作的较为细致的介绍而众所周知（约翰斯顿，1999a），却并非如某些学者所认为的"时过境迁，重要性消失"（华昌宜，2007）。实际上，该文的一些结论、争论和论证过程及其映射的相关问题仍有重大的现实意义和参考价值，需要重新审视和评价。

在地理学思想史上，就一篇论文所引发的争议和影响程度来看，无出《例外论》一文其右者。西方地理学者曾经长期地讨论"舍费尔 – 哈特向之争"，立场不一，褒贬各异，态度差别非常之大。《例外论》一文所要讨论问题的复杂性与该文内容的复杂性交织在一起，使得讨论清楚它也成为不亚于讨论方法论本身的一个难题。但是，马丁的下述观点，可作为对这场方法论大争论的一个较好透视：

> "在不了解争论者的动机、心理、性情和抱负等条件的情况下，透视争论是一件错综复杂的麻烦事。分享知识的过程也是传递谬误的过程。这一过程产生于热情、逻辑和非逻辑，却不会带来一个确切结论。地理学者通过他们自己的性情喜好从争论中获益。有人认为舍费尔的论文只是一种学术骗术，有人从中择取所需并以它为源头和方向，还有人将舍费尔对哈特向和他人著作的不准确论述置之一旁，想要继续沿着这条路走下去。但是，这场争论已经变得陈旧。我希望它只是作为《地理学的性质》发表 50 周年的一个插曲。"（Martin，1989）

马丁对这场大争论的分析及其效应的表述是比较准确的，但是，他最后表达的价值偏向和结论却是维护正统的，因而也就丧失了公正。在地理学史上，哈特向的《地理学的性质》无疑是地理学思想的集大成之作，但正由于此，它同时也意味着地理学以区域为核心研究对象的范式的终结。我们不能想象地理学成为一种只遵守既定范式和方法的、一劳永逸的、没有理论突破的"实用"学科。地理学实际的发展历史也不是这样。科学需要不断地发展认识并形成理论。任何学科都以理论创建为最高使命和最终任务。批判是理论和方法论重构的必经之路。但是，对经典理论和方法论的批判并不是也不会灭失经典的价值，而是以当下的新认识指出历史时期某个伟大的个人或群体必然存在的局限性，由此使后来者能不断完善和替代他们。然而要打破一个既定的思维框架、原理与工作模式是非常困难的，再进行重新构建则尤其困难；从这个角度看，舍费尔的批判性重构与哈特向的承继式发扬这两种途径和方式都很重要。从历史来看，任何新思想都会陈旧黯淡，但是追求并实现突破的勇气和精神将永放光芒，并激励着后来者继续奋斗和进取。

《例外论》一文，不但是"计量革命"的先导之作，而且开了第二次世界大战以来地理学重理论探索和变革传统的先河。在地理学思想史中，敢于并有能力对传统地理学哲学和方法论进行如此彻底批判的学者寥寥无几。舍费尔遇到了有眼光和魄力的主编肯德尔，则说明了机遇对科学革命的作用。马润潮（2004）先生也指出，舍费尔和他的这篇论文引发的"计量革命"，"最主要的意义并不在于它将计量方法带进了地理学，而在于它是一场大型、猛烈及影响深远的思想革命"。现在来看，虽然该文的部分内容和观点已经过时，但其在地理学思想史上"开风气之先"的重要意义则愈发彰显。

这样一个艰巨的、史无前例的批判和建构工作，却在一篇论文中进行，这注定了舍费尔的观点和内容难免偏颇，疏漏乃至错误之处也甚多；其批判可谓彻底，建构则显不足。对此，哈特向和其他学者有详细的考证与论述。哈特向对舍费尔引征地理学思想和人物观点时的失误之处的揭示，言语虽然过激，却有据而严谨。舍费尔的观点和论证因涉及历史、哲学和地理学思想史等诸多重大问题，所以仍有必要进一步辨析、澄清、拓展和深究。哲学、地理学思想史以及地理学本身三者的结合，是每个意图在地理学方法论研究上作出贡献的学者的必要条件。方法论的探寻永无止境。

当我们回顾并重新评价这场五十多年前发生在大洋彼岸的地理学方法论大争论时，崇敬、感叹、遗憾等多种情绪交织。崇敬——舍费尔的批判精神和坚持己见的勇气，主编肯德尔的慧眼识珠和科学精神，以及哈特向终生孜孜于地理学方法论研究的热情和认真严谨的态度；感叹——舍费尔的方法论主张在地理学界经历了一个漠视－冷视－重视－仰视－忽视－漠视的过程，这也许是大多数学说的命运；遗憾——作为当时地理学方法论旗手的哈特向并没有立刻接受舍费尔批判中合理的成分，以及当时地理学者对方法论争论的漠不关心，导致方法论研究的迟滞。总而言之，这场方法论大论战充满了必然和巧合，幸运和不幸。

### 10.3.3　发展方法论的不同途径

如果我们抛开这场方法论大争论中一些过于偏激和"钻牛角尖"的分歧以及个人情绪，那么可以看到在哈特向和舍费尔之间的共同性大于差异性。比如，他们都将地理学视为一种空间科学，都非常重视康德对地理学性质和理论的奠基作用，都非常重视地理学思想史对方法论研究的重要性，都将方法论视为论证地理学基本性质和核心概念逻辑的工作；甚至使他们对立的"例外论"与"普适性"两种主张，现在看来实际上也只是对区域与系统研究的侧重点不同，而不是根本立场上的分歧。今天的人们已经熟知并谴责这种地理学中贻害已久的"二元论"观点（马丁，2008）。那么，为什么两个学派却在当时产生了势同水火，几乎不可调和的矛盾呢？也许，可能的原因是研究者的差异甚至比研究对象的差异还大，地理学者的差异比区域的差异还大。从近代主要地理学者的方法论旨趣、偏好和推进方法论的方式上，我们可以归纳出三种类型的地理学方法论发展途径。

第一种，传承型。强调对以往地理学者工作的充分和正确了解，有扎实的地理学思想史功底和哲学头脑，方法论上力图整合前人，本体论上大都强调区域差异是地理学的主要特征（甚至是核心）。其代表人物是赫特纳、哈特向等。

第二种，革新型。能充分了解以往地理学者的工作，具有充分的批判精神，寻求拓展地理学的外延，即强调向其他学科的借鉴和学习，方法论上批判前人并寻求开创，本体论上并无确定指向。其代表人物是舍费尔、段义孚等。

第三种，调适型。在对待地理学者以及地理学与其他学科的态度上介于前两种类型之间，故而其方法论立场也多变，并易受本体论和认识论变化影响而发生转化。代表人物如哈维。

这种划分在某种程度上显得刻板和粗略，并不能反映地理学者群体的丰富性和复杂性。但之所以划分这三种类型，并不是要分出孰优孰劣，而是想说明三种类型的地理学者对于地理学都不可或缺、同等重要。因为就方法论立场而言，无论是发扬地理学的传统优势，还是批判地理学的弱点而力图改进，还是跟随时代变迁而调整适应，在地理学史上都不乏先例，并都对地理学理论和方法论的发展做出了重大贡献。而哈特向对舍费尔和编辑部的过激批评，以及众多地理学者在舍费尔文章发表后的呼应寥寥，都使本来应该出现的地理学方法论变革推迟了10年。这警醒我们，开放的平台和平等、多元化的讨论在地理学（和任何学科）中是何其重要！

方法论是学科列车前进的驱动轮。关于《例外论》的这场方法论大论战还提醒我们，在方法论争论中，一定警惕不能陷入个人意气和学术之外的争论。因此，似乎特别需要强调舍费尔真正（想要）批判的对象并不是哈特向个人或区域学派，而是"例外论"（主义）。而对于什么是方法论争论中应持的态度，我们还是再度温习舍费尔观点以为警示：

> "方法论的讨论基本上是辩证的，对各自主张的相互批判更能澄清事实；它不是残酷的，也不是初次相见那样热衷争论。"（Schaefer，1953）

## 10.3.4  对中国地理学的启示

方法论的动态演替性使现代地理学，尤其是第二次世界大战以后的地理学方法论交叉化的倾向尤为突出。第二次世界大战以后，地理学开始频繁地借鉴并融汇其他学科的概念、理论和方法，使这五十多年来方法论的变革超过以往任何时代，从而大大促进了地理学理论的发展。这种变革的一个突出特征就是地理学从其他学科（如哲学、经济学、马克思主义、社会学等）吸取、接受并改造、转化，最后形成了自己的方法论。除了舍费尔将逻辑实证主义哲学引入地理学方法论讨论之外，还可以列举一些重要实例，如哈维从实证主义地理学者向马克思主义地理学的转变（Harvey，1985，1988），段义孚将心理学、哲学的方法引入地理学而提出人文主义地理学（Tuan，1976），"制度和文化转向"中，地理学者从经济学和社会学中借鉴理论等（Martin，2000；Thrift，2000）。现代地理学频繁更替固然受整体科学交叉化发展趋势的影响，但更重要的原因是地理学本身的综合性特征以及作为主要研究内容的人地关系中关于"人"的认识不断深化与拓展。这是需要深入探究的另一论题。

反观中国地理学的发展史，看不到类似《例外论》的方法论争论。中国地理学理论和方法论发展滞后，学术地理学（academic geography）远未建立，这已是学界同仁的共识。究其原因，恐怕正如当年舍费尔批评的美国地理学界：缺乏哲学思考和自我批判，缺乏方法论争论这种"学科健康发展的标志"。中国地理学不一定因循西方地理学的发展道路，但是绝对应该从中借鉴经验和吸取教训，重要的一步就是鲁迅先生说的"首先得拿来"。但是就方法论这一层面而言，迄今我们对西方地理学的"拿来"远远不够。我们从"例外论"及其争议中能借鉴的最重要启示就是：打破当下方法论研究的"沉寂"局面并促进方法论创新。这不仅需要地理学者个人对方法论研究的热情、勇气、坚持、穷究和创新精神，也需要期刊、出版社、基金会等为他们的创新尝试提供机遇和支持，更需要地理学者群体的共同努力和积极行动。

# 10.4 小 结

地理学中"例外"与"普适"问题的争论实际上是一种区域地理学与系统地理学的二元论之争。这一争论有着深刻的历史根源，而以哈特向为代表的区域学派和以舍费尔为代表的实证主义地理学之间的大争论为两者矛盾激化的顶峰。

虽然哈特向和舍费尔都反对只强调系统和区域地理学中的一个而忽视另一个的做法，但是，具体来看，两人的研究旨趣、价值观和历史观存在较大差异。舍费尔从（当时地理学的）"现状"和（其他科学发展的）趋势出发，对历史主要持批判态度，将对法则的追求视为科学的核心和目的，然后将地理学视为一门与其他学科一样追求普遍法则的科学；而哈特向则是以忠实于学科的"历史"特性为出发点，对历史（尤其是他所认可的方向）主要持肯定态度，认为继承这种历史特性就是维护地理学的基本性质，并认为这就是地理学者努力的方向。因此，他们的兴趣、价值观导致的偏好和历史观使他们对区域和系统地理学的实际倾向不一样，这也决定了他们对地理学性质和方法论发展走向的最终看法。

这场区域与系统地理学之间的方法论大争论及其余波反映了历史与现代、传统与变革以及地理学者选择等更为广泛和持久的议题。哲学、地理学思想史以及地理学本身三者的结合，是每个意图在地理学方法论研究上作出贡献的学者的必要条件。方法论的探寻永无止境。开放的平台和平等、多元化的讨论对地理学非常重要。方法论的基本性质是动态演替性。地理学方法论发展的途径有传承型、革新型和调适型，对于地理学都不可或缺。方法论的发展不断经历着"否定之否定"的辩证过程。地理学能够并且应该为方法论研究和争论创造平台。当前中国地理学界迫切需要加强方法论的探索和革新。

# 第 11 章　思想与历史

地理学思想史是研究方法论的主要途径之一。本章首先界定和分析思想与地理学思想史的含义，然后以杰弗里·马丁（Geoffrey Martin）的《所有可能的世界：地理学思想史》（后文简称《所有可能的世界》）为主要案例，将之与其他思想史研究文献进行比较，最后探讨地理学思想史与方法论之间的关系。

## 11.1　思想、思想史与地理学思想史

通过严谨扎实的思想史研究，可得出关于地理学方法论的更为深刻和系统的认识。无论是地理学的入门者还是专家，都应该具备一定的地理学思想史知识和素养。相比西方地理学界，我国对地理学思想史的研究比较缺乏，这也是地理学方法论发展滞后的主要原因之一。

### 11.1.1　思想与思想史

**1. 思想："我思故我在"**

"思想"（thought）一词虽经常被应用，但对其确切含义却很少有人探究，即使在众多以思想和思想史为题的论著中也是如此。人们对思想与观念、理论和方法等概念的区别往往是模糊的，在很多场合也是以"大概如此"的态度来界分它们。这导致了认识起点上的失误。因此，有必要从词汇本身及其哲学含义上进行认识和辨别。

在《牛津现代高级英汉双解词典》中，与我们所要讨论的"思想"直接相关的，也是最普遍使用的定义有三种：①（power, process of）thinking；②way of thinking characteristic of a particular period, class, nation etc. ；③idea, opinion, intention, formed by thinking（张芳杰，1988）。这三种定义都来自于动词"思考（think）"，并由此衍生出以下三个层面的含义。

一是作为思考力和思考过程的思想，这是"思想"的基本内涵。

二是作为"思潮"的思想，反映某一阶段、某个集体的思想特征，是外延层面的界定。

三是作为"观念"、"观点"或"意图"的思想，是思想的形式。

除了将"思想"视为一种或几种主要意思或命题的观点之外，另外一种关于思想的多义性观点也值得重视。日本思想史学者丸山真男（2009）认为日文中的"思想"含义非常不明确且多义（一个美国学者认为与思想相近的观念一词竟包含 42 个意思），同一词语随时代发展含义也在变化，而且表征它的语言也在变化，这就给思想研究造成困难。其实，汉语中的"思想"一词，也存在这样的问题。但总体而言，学术上对"思想"含义的探讨，主要是围绕思想（力或过程）、思潮、观念这三个主要方面展开的。

上述三种定义概括了思想所涉及的三个主要方面。从思想的意义来讲，思考是人的天性，所以，思想几乎是人类自身的必然活动，甚至是人的本质属性。笛卡儿（2000）曾指出，"我不知道什么东西属于我的本质，只知道我是一个在思想的东西，或者是一个本身具有思想能力的东西"；"我是一个本体，他的全部本质或本性只是思想"。由此，他提出了著名的"我思故我在"（笛卡儿，2000）的主张①。而且，有趣的是，由于笛卡儿不是地理学者，他认为"我"的这种本体属性，也就是思想，并不依赖任何物质的东西和地点而"存在"。笛卡儿（2000）还区别了思想、观念以及观念的客观实在性这几个概念，认为思想是在心里、被我们直接意识到的东西，观念是思想的形式，观念的客观实在性指观念所代表东西的存在性。因此，在笛卡儿看来，思想是人类本源和本质属性，观念只是思想的形式，所谓的"客观事物"只是思想和观念的反映而已。现代哲学家维特根斯坦（1996）认为思想是事实的逻辑图像，并把它作为其七大命题之一予以阐发。

## 2. 思想与历史："一切历史都是思想史"

思想和历史，都是内涵复杂、外延广大而且存在许多论争的概念或范畴，致使由它们二者所构成的思想史概念，要明白它的确切含义，或者找出一个普遍接受的定义非常困难。所以，即使严谨的丸山真男（2009）也断言："在思想史领域里，能作为学界公共财产而被认可的方法几乎还没有诞生。"某种意义上，这也确实是真实的写照。马丁（2008）《所有可能的世界》篇首引用地理学者

---

① 笛卡儿《谈谈方法》的中文译本译者王太庆认为，应该将"我思故我在"改译为"我想，所以我是"，认为由于中西语言有别，原作意思是系动词"是"，有"起作用"的意思，而"在"不能反映这个意思（参见笛卡儿，2000）。笔者认为，翻译成"是"，正如王先生所说，与汉语所表示意思仍有差别，习惯上也不容易将其理解为本体或"起作用"的意思；既然如此，不如维持已经通行的原译，只是专业研究者须知这个"在"并不是简单的"在场"，而是反映了本体论的"在"即可。

约翰·赖特（John Wright）的一个比喻表明了思想和历史概念及其关系的复杂性：

> "我们可以把人的思想比做一面镜子。这面镜子不仅具有反映的能力，而且可以对它所反映的内容进行保存、记载，以及进行带有或多或少偏差的解释。这不是一面干净、明亮，可以正确反映影像的镜子，这面镜子经常是扭曲、模糊、有污点的、存在裂缝并且破碎的。无论反映的是什么，镜子中影像的表现，在很大程度上受到镜子本身的特性和积聚在镜面上的污点、尘埃以及其他外来因素的影响。"

在思想、历史与自然的关系上，哲学家柯林伍德（1999）主张从"自然的观念走向历史的观念"，也就是"作为思想形式的自然科学，存在于且早已存在于一个历史的连贯性中，并且为了自身的存在，它依赖于历史思想。……一个人除非理解历史，否则他就不能理解自然科学，除非他懂得历史是什么，否则就不能回答自然是什么这个问题"。也就是说，对自然的真正理解和科学研究，必须要遵循思想史的路径。柯林伍德（1997）在后来更是将其归结为"一切历史都是思想史"！

按照丸山真男（2009）的观点，思想史又可细分为三种类型：①"教义史"（history of doctrine），是对高度抽象的理论体系或学说的历史研究，往往以著名思想家和学者为研究对象；②"观念史"（history of ideas），以某个时代或某个文化群体的通用观念为对象，研究它与其他观念变化的关系；③"范畴史"或者叫"思潮史"，"以某个特定时代为对象，综合性把握时代精神的整体结构，从而解明其历史的发展状况"。丸山真男认为后两者的独立性相对高一些。

要透彻了解和理解思想，首先应该从它的历史开始。一种思想的发展有其脉络可循，它的演化可能千头万绪，但一般总有一些根源性的认识。而且，思想史并非单纯的观念史，它也反映并体现着人们（受某种思想支配或反对某种思想）的行动。这两方面结合来看，思想史研究的一般路径，从理论形态和过程上来讲，是明确它的"源流派系"，也就是厘清作为一种"过程"的思想的演化轨迹；从实践或行动层面来讲，在于把握它的"起承转合"，它是对应于思想演化的重要阶段和时期的实践。

### 3. 思想史：思想与历史之间辩证的张力关系

思想往往体现为观念，属主观层面；但历史，一般而言，是已经发生的"客观"事实。因此，思想与历史的关系讨论实际上延续了对主观与客观问题的探讨。思想史往往反映了思想与历史之间辩证的紧张关系。这种辩证关系表现为：

一方面，思想本身是无疆界的。正是思想的无疆界，才使人们能够自由地发挥自己的想象力和创造力，从而重塑历史、自然和自身。比如，就整体的思想史而言，"地理" 只是一个模糊的主题框定和形式约束，不具有严格约束功能，地理学的很多思想就是在和别的学科碰撞的过程中产生、形成和发展的。另一方面，历史虽然需要思想和观念作为研究先导，而且人们既有的思想观念也影响着对历史事实的认识，但是，相比思想而言，历史更讲究或更需要 "铁一般" 的事实为其基础。

思想和历史的这种辩证的张力关系对思想史研究者提出了严峻的挑战。对此，丸山真男（2009）提出了一种折中调和的应对策略：

> "思想史家的思想毕竟是过去思想再创作的产物。换言之，思想史家的特征是：埋没于历史中时表现得傲慢，从历史中脱出时表现得谦逊。一方面是严守历史的拘束性，另一方面是自己对历史的能动工作。在受历史制约的同时，积极对历史对象发挥能动作用，在这种辩证的紧张关系中再现过去的思想。这就是思想史本来的课题，也是思想史之妙趣的源泉。"

## 11.1.2 地理学思想史

### 1. 什么是地理学思想史？

地理学思想史是地理学史的一个重要组成部分，甚至可以说是地理学史的精华，它渗透并体现在地理学史的发展过程中。但是，思想与历史内涵的复杂性，使得对于地理学思想史的认识就像思想史本身一样没有定论。而且，由于不同时代和地区的人们对 "地理学" 的性质和意义的认识不同，所以对地理学史应该包括哪些内容也并无定论（Livingstone，2003）。地理思想史家们对地理学思想史的阐述和解释往往也具有个性特征，而且也不太区分思想史与一般历史的关系。比如，马丁就没有细致的区别地理学史与地理学思想史，也许某种程度上他认为二者是可以等同并且是不可分割的。因此，对于地理学史和地理学思想史的关系，马丁（2008）开宗明义地指出：

> "地理学史由过去时间里发现、认识、思考和评价地理事物的方法所构成。其中包含的思想，有些是正确的，有些是错误的，但它们都是帮助人类认识周围环境的地理思想发展长河中的一部分。"

虽然如此，对思想史与 "事实" 的历史进行一定的区分还是很有必要的。

赫特纳（1983）认为在地理学史中，相比地理事实发现和空间位置确定，思想或知识具有更高层次（这实际上还是点出了思想史只是地理学史的一部分，却是最重要的一部分）；所以，他特别强调，

> "地理学史必须阐明：在各个不同的时代，人们对地球上各个不同地区的自然状况和文化已经认识到什么程度……必须研究地理学的看法是怎样逐渐形成的，然后研究它和其他科学的关系如何，及它在科学体系中的地位是怎样形成的"。

这实际上指出了地理学思想史研究具有认识地理学性质及其地位的主要任务，这就将思想史看做方法论研究的必然途径。马丁（2008）秉承了这种正统的思想，进一步指出地理学思想史"是人类努力获得更多的、合乎逻辑的、并且有用的关于人类居住以及人类在地球上分布的知识的记录。这些知识是合乎逻辑的，对观察到的事物的解释经得起验证和检验，因此学者可以接受；这些知识是有用的，因为获得的知识使人类可以更容易适应地球上不同的环境，可以对不利的环境进行可能的改造，甚至可以获得控制的方法"。这实际上指出了地理学思想史在理论和实践上的性质和方向。约翰斯顿（1999a）也指出，"研究学科史不仅仅是开列一份成绩的年表，而是要做团体社会学的探索，考察人们对问题进行的讨论、思考、裁决以及后果"。因此，在地理学史研究中，除了对地理事实、团体组织、教学研究活动的记录，更应该从这些学术活动中抽象出指导和决定它们的思想。而对这些思想的产生过程的研究就是地理学思想史研究。

我国地理学思想史学者中，刘盛佳（1990）认为"地理学思想史研究的对象是地理学的学术史，即研究地理学理论体系的产生、形成和发展的过程"。杨吾扬（1989）将地理学史划分为地理学发现史（人类开发、探险以获得新的地理知识的过程）、地理图籍史和地理学思想史（地理学说发展史）三大部分，并认为地理学思想史是地理学史的核心部分，研究地理学思想史应该从其产生的地理环境、社会经济背景以及哲学和科学基础三方面结合入手。虽然将思想史等同于学说史（实际上就是丸山真男所说的"教义史"）忽略并模糊了它与"观念史"和"思潮史"的区别，但是这种划分明确了地理学思想史在地理学史中的地位和作用，并且敏锐地看到社会经济和哲学、科学是地理学思想史的研究背景，对现今的地理学思想史研究仍具有重要意义。

**2. 地理学思想史有什么用？**

学科思想史的研究无疑对学科发展具有重要意义。不论是对于一个学科和专业的入门者，还是对于专业精深的研究人员，思想史的知识和修养都是必须的。

杨吾扬（1989）在其《地理学思想简史》前言开头就谈到国外大学将地理学思想史作为大学生与研究生的必修课，他认为有两个目的：一是能使学生系统了解地理学的来龙去脉，二是通过国内外地理学发展比较获得知识并确定工作和研究方向。马丁（2008）也着重指出："对于思想严谨的地理学者来说，研究领域知识的创新是扩大理解能力的先决条件。这是理解我们学科发展轨迹必不可少的方法。"

地理学思想史研究不但是了解地理学内容和理解地理学性质的必然路径，而且也是地理学方法论研究的必由之路。赫特纳、哈特向、阿努钦、哈维、皮特等在方法论方面作出突出贡献的地理学者，都非常重视思想史研究，而且也有着精深的思想史造诣。即使像舍费尔、段义孚等强调借助其他学科思想而革新地理学方法论的学者，也有着扎实的地理学思想史知识基础。比如，舍费尔在对哈特向及区域学派的批判中，就将哈特向所持的方法论溯源到赫特纳和康德（Schaefer，1953），并将它与亚历山大·洪堡（Alexander von Humboldt）的观点进行比较；段义孚也将近代地理学的奠基者洪堡与其兄，也就是作为教育学家和语言学家的威廉·洪堡（Wilhelm von Humboldt）进行比较后得出了人文主义地理学者既需要掌握大量事实，又需要追问其意义的结论，而这正是人文主义地理学基本的方法论主张（Tuan，1976；段义孚，2006）。如果没有丰富的地理学思想史知识基础，他们将地理学与其他学科进行分析、比较和批判，最后提出一套新的方法论框架将几无可能，也就很难获得地理学者群体的认同。克鲁格曼的"新经济地理学"之所以遭到一些地理学者的冷落乃至批判的一个原因可能也在于此。

然而，在专业化的学术分工体系之下，思想史虽然对每个学科都不可或缺，但始终也没有得到人们应有的重视，研究者也寥寥。究其原因，固然是在科学和学科发展偏重应用性、技术性和面向就业市场等主导倾向之下，没多少"技术含量"和"可有可无"的思想史受到冷落；更重要的却是研究思想史绝非易事。地理学思想史的研究也是如此。

## 11.2 案例剖析

### 11.2.1 背景

马丁（2008）所著的《所有可能的世界》是经典的地理学思想史著作和教科书，至今已出 4 版。第 1 版和第 2 版由普雷斯顿·詹姆斯（Preston James）独著，但是杰弗里·马丁帮助他做了很多工作，所以第 3 版就由他们二人合著。詹姆斯是资深的地理学思想史学者和拉丁美洲问题权威，由于他于 1986 年逝世，所以现在的版本著者只有马丁一人。与旧版相比，新版除增添了部分内容之外，大体内容、架构和主导思想未变。这本书在国内也是为数不多的几本地理学思想史译著之一，其中第 1、2 版（詹姆斯，1982，1989）系由李旭旦先生所译。与另一位同样有名的地理学思想史学者克拉瓦尔（2007）的《地理学思想史》中译本（共 43 万字）相比，马丁的这本地理学思想史的中译本达 700 多页（共 66 万字），对地理学思想的内容，尤其是从古代到近现代思想史的介绍更加详细和全面。马丁是美国著名地理学者，主要研究领域是地理学（思想）史。他是伦敦大学（University of London）哲学博士，南康涅狄格州立大学（Southern Connecticut State University）教授和名誉教授。除了这部广为流传的《所有可能的世界》，他还著有《地理学的性质》（*The Nature of Geography*）等。

该书总共有 20 章，分为三大部分。其中，第一部分包括前言和第一章，可以算作全书的导言，概括介绍地理学思想史的性质、阶段划分以及地理学学科的总括介绍；第二部分是古典时期的地理学发展历史，叙述了从古典地理学的萌芽、中世纪、地理大发现时代到洪堡和李特尔时代的地理学沿革与演变；第三部分是近现代时期，作者以国家学派为主，着重介绍了德国、法国、英国、俄罗斯、加拿大、瑞典、日本、美国的地理学发展，而尤以美国介绍为多（共 3 章），并用两章专门介绍应用地理学以及新的观察和分析方法，最后总结和展望了地理学的传统和创新。值得一提的是，书末还有许多地理学者或著名哲学家等的生平简介，为我们提供了较为丰富的背景知识。依据该书的主旨和结构，我们选取地理学与地理学思想史、地理学思想史的发展阶段与国家学派、创新和传统这三个主要问题进行阐发。

## 11.2.2 从思想史看地理学的关键与特点

地理学思想史研究的任务并不仅仅是讲述地理思想和知识的产生、形成和演变过程，而且要通过这一过程达到对地理学性质的把握和准确认识。因此，在《所有可能的世界》的前言部分，马丁精炼地总结了地理学的特点和关键、发展阶段及著述目的，该部分虽占全书篇幅较少，却是对全书主旨、重点和内容的概括。

通过了解地理学思想史，我们应该把握地理学的关键并抓住它的突出特点。在什么是地理学的关键问题上，马丁（2008）比较倾向于传统观点，他赞同著名地理学者赖特的"地理多样性"（geodiversity）的提法，即认为地球表面的差异性是地理学的关键。这是因为，感受地方差异可以说是人的本能之一。在史前时期甚至更早，人们离开居住地就会感知不同地方的差异，并产生最初的地区差异概念；区域差异是地理学传统的、甚至可以说是特有的研究对象。从洪堡和李特尔时期直到赫特纳和哈特向，都把区域作为地理学的主要或核心的研究对象。

对区域的刻画不能仅停留在具体的表面现象，必须把它抽象成意象（mental images），并告诉他人，随着人类活动范围的扩大，建立地方之间更加整体化的、清晰和有机的联系就变得重要和必然，这也导致系统地理学的出现，它研究世界普遍的地理现象和规律；但是相对世界的广大，人类个体的视野和居地非常狭小，人们只能选择特定的地点来建立对世界的认识，这就形成了地理学与众不同的特点，即考察事物的相对位置（马丁，2008）。这种相对性具有丰富的内涵，由每个地理学者选择的参照系和标准的不同而演绎出不同的学派。

人类有一种探究因果关系的天性。人们首先对区域差异的存在感到好奇，在形成一种地理多样性的意象之后，随之必然产生获得解释的渴望（马丁，2008）。关于"解释"的目的、意义和地理学中解释的方法论研究，最权威和全面的莫如哈维（1996）的《地理学中的解释》，他将解释视为一个涉及哲学、思辨、感知、图像的方法论形成过程。马丁（2008）指出，"（解释只是）使这种意象看似更加真实或可接受又为他们提供了选择和坚持的理由……但意象和一代学者的解释难以满足下一代学者的需要。寻找符合当代信仰的新的和更好的意象以及相关解释的一种继续，这种意象的变化，以及言之成理的理论框架的建立就是地理学思想史的内容"。

## 11.2.3 地理学思想史的阶段与国家学派

地理学思想史是一个综合而庞杂的思想体系和历史过程集合。它包含许多分支学科和专业，发展特点也因国家而异。这种国家模式或地域性特征对地理学的影响非常之大。现代，虽然全球化和信息化使知识传播与文化交流变得极为方便，地理学研究也趋向交流频繁，但是各个国家的地理学仍然有很大不同。在这一点上，地理学不但与其他自然科学有区别，而且也不同于经济学、社会学等社会科学。这种国家学派特征是在地理学长期的发展历史中形成的。

**1. 地理学思想史的阶段划分**

划分阶段是思想史研究的重点。不同学者，因其立场和角度不一，即使看待同样的地理史实，他们也可能产生完全相反的观点和结论。蔡运龙（2008）在对克拉瓦尔的地理学思想史的评述中，认为克拉瓦尔主要划分了四个重要的转折时期。马丁（2008）划分的尺度与克拉瓦尔有很大不同，更加宏观一些，他将地理学思想史主要划分为两个阶段："第一个时期延续数千年，从地理学的朦胧时代到 1859 年"；1859 年之后就是第二个时期，也就是所谓新地理学的时期。1859 年之所以成为一个分界线，是因为近代地理学的奠基者洪堡和李特尔同时在这一年逝世（更为巧合的是，赫特纳在这一年出生），这意味着古典时期的终结和近现代时期的开始。新地理学，或者地理学的近现代时期虽然只有 150 年，却发生了以往几千年也不曾有的变化。在此时期，地理学成为一个稳定的专业领域，吸引了大批学者，学科也向纵深发展，并成为既具有自然学科内容，也具有社会科学和人文学科内容的一门学科。

### 2. 古典时期

古典时期的地理学并不是一个独立的学科领域。早期的文明中包含许多地理的思想和知识，地理学思想和知识也常见于古希腊等国的文学、艺术、历史与哲学作品中。在方法上，地理学也积累了文学（描述）、数学（测量或几何学）、图形（地图）研究的传统。因此，在地理学的发轫时期，就已经是蕴含科学和艺术方法和内容的一门学问。很多哲学家、历史学家等对地理学有出色的论述，其中大哲学家康德对地理学的影响最为重要。他将地理学与历史学并列，认为地理学是关于空间的学科，从整体科学体系角度考察地理学的性质（Hartshorne，1958）。马丁（2008）指出，"（康德）对地理学史的最大冲击在于，提出了所运用的方法和面临的问题的本质，而不是仅仅获得和展示新材料"；哈特向也将近现代地理学性质的理论阐发的源头归于康德，高度评价他是"最早阐述地理学性质和学科地位概念的哲学家"（Hartshorne，1958）。被公认为近现代地理学的创始人的洪堡和李特尔也是比较全面的学者，他们一个偏重于天文、植物和地理的统一，一个强调历史与地理的有机结合。虽然方法和目的不同，洪堡和李特尔都试图建立"新地理学"，接受地球是人类家园的知识，继承了康德等学者提出的地理学是研究起源不同但存在内部联系的各种事物的观点，认识到寻找普遍规律的重要性，都创作大量著作并创建了自己的理论体系，对地理学界产生了巨大和深远的影响（马丁，2008）。另外值得注意的是，从地理学科学概念的创始直到 20 世纪 30 年代这一时期，德国在地理学的哲学和思想领域占据优势和主导地位，他们向外输出思想，成为其他国家学习和效仿的对象。

古典时期之所以历经数千年的漫长时间，主要是受语言文字传播范围和速度的限制。语言文字是传播思想最直接和最有力的工具。近代以前，尤其是造纸与印刷术未发明和广为传播以前，思想的产生和扩散受到很大制约，进而影响到人类文明的进步。近代以后，造纸与印刷术发明传播使文字和语言交流频繁，交通设施和条件的改善与创新扩大了人们的视野和活动领域。在地理活动上，地理大发现等事件使人们对地理环境的认识产生了大的飞跃。从 19 世纪中叶开始，思想交流增强、范围进一步扩大，"从世界视角认识地理学成为可能，学者们开始尝试从全球视角认识地球表面及其空间形式"（马丁，2008）。随着知识的极大丰富与趋于复杂，科学对专业化的要求也变得必然。地理学逐渐从其他学科中分离出来，成为一门独立的学科。

### 3. 近现代时期

马丁将大学里设置地理学专门教席的时间作为地理学思想史上近现代时期的开端，具体时间是 1874 年，地理系在德国大学设立；随后几十年，地理学作为高等教育的一个专业，不但在德国、法国、英国建立，而且在世界范围内普遍建立（马丁，2008）。但是，最初德国的地理学教授并没有受过专业地理学训练，因而对地理学性质缺乏清晰的认识；在探寻地理学性质的过程中，各个国家的地理学讲授和研究也具有自己国家的一些特色，并形成各自的传统。

马丁（2008）认为，成为一门专业领域需要三个要件，也就是从理论、组织、职业三个方面结合，形成"从研究对象，到学科，到专业，到专业的传播，一个研究领域发展的过程"。具体来讲，这三个方面可概括如下（马丁，2008）。

1）专业行为范式，即一套完整的概念、理论和方法体系；

2）学术组织和专业培训，如社团、协会、刊物以及大学对地理学专业的教育；

3）职业地理学者队伍，不断发展和完善学科理论体系。

专业知识的积累，社团组织机构的建立以及职业地理学者队伍的扩大使地理学走上了稳定、持续发展的轨道。地理思想的交流和传播变得频繁。各国的学者在互相交流和学习的过程中，虽然遵循了一些共同的地理学思想和原则，同时受一些在地理学思想上占主导地位的国家的学术范式的影响（如 20 世纪 30 年代前是德国，30 年代后则是美国），但仍然出于自己国家的研究历史和需要，保留了许多本土特色。马丁分别对德国、法国、英国、俄罗斯（或原苏联）、加拿大、瑞典、日本以及美国的新地理学进行了述评。

第二次世界大战以后，地理学进入了一个异常活跃的理论和方法论变革时期。实证主义、结构主义、人文主义、马克思主义、女权主义、后现代主义等研究范式几乎 10 年一更迭，而空间分析学派、行为地理学、制度和文化转向，关系转向等显示了一个异彩纷呈的发展局面。局促而激烈的变化超出以往任何时代地理学的状况，也超过其他自然和社会科学发展状况，更使得对于"地理学的核心是什么"这一问题的回答变得茫然。马丁对现代地理学思想并不像古典时期和近代那样着墨过多，这也许因为他基本上是一个传统的（即认为地理学的特色和优势在于区域）地理学思想史学者。第二次世界大战后频繁的理论革新，使他深切认识到"关于地理学核心方面的问题，没有一个简单的、能满足所有人的答案，或者，甚至不能满足多数学者的要求"（马丁，2008）。这也是大多数地理学者的深切感触，如著名经济地理学者阿兰·斯科特（Allan Scott）在一篇回顾经济地理学学术史的论文中也指出，"任何对于'经济地理学的核心是什么'这一问题的回答都可能带有历史随机性"（Scott，2000）。

一方面，在当代，随着全球化和信息化的迅速演进，地理思想的跨国界交流已经成为学术活动的必然环节，不同国家的地理学已经被纳入全球和世界这样的整体范畴之下；但是另一方面，文化的作用使地理学的国家模式仍然延续并维持着传统的特点。正如克拉瓦尔（2007）所指出的，全球化威胁下民族意识的自我肯定也是今后的一个主要方向，而每个国家都有其提供独特贡献的空间。

马丁非常注重这种国家模式，他虽然兼顾和强调了不同国家地理学思想的渊源联系、相互影响、交流融合与共生，但是阐述思想史的体例主要还是根据各个国家发展的情况分别论述。就不同国家形成的学派而言，他认为"每个国家的地理学及其学派都有其必然性"（马丁，2008）。在地理学思想史上，各学派一般都通过一些主要人物，依托其特有的理论和方法论，通过学术活动的交流，经由学生群体得以树立、传播和绵延。

## 11.2.4 地理学思想的传承

### 1. 地理学者的研究误区

我们的认识及其进一步发展都建立在历史积淀的基础之上，所以，了解、学习并继承过去的地理学思想几乎是不自觉的，这一过程的发生和作用甚至不论你意识到与否都会如此。但是地理学者在传承过去的思想时，也存在一些认识误区（马丁，2008）。

标新立异是第二次世界大战以后地理学发展的一个特征。但是，如果真正考较起来，现代所提倡的许多"新"地理学，是否真的就是"新"的呢？马丁（2008）指出，"近年来的地理学，与过去一样，是创新和传统的复合体……问题主要在于理解这些是如何产生的"；地理学者在发展理论和提出"新"的见解时，也走入了一些误区，这是应该吸取的教训，主要有以下两种。

1）忽略历史时期和同时代学者的思想和著作。这种现象是普遍性的。马丁（2008）举了古希腊地理学者斯特拉波的著作被同时代人忽视的例子。我们还可以举一个最有名的例子，就是哈特向在《作为一门空间科学的地理学概念：从康德和洪堡到赫特纳》一文所指出的，康德于 18 世纪晚期关于地理学的性质和学科地位的论述，长期被人忽视，直到 20 世纪初期才重新引起赫特纳等人的广泛关注，而他们的结论是相似的（Hartshorne，1958）。这些事例也凸显了思想史研究的重要性。

2）语义陷阱。人类的一大进步是发明了语言。但是，语言与其指代的"事实"的界限也不易区分。比如一些专业术语，常常存在多种模糊的解释。在地理学中，诸如景观、区域、空间等核心概念就是如此。另外，我们常用的"秩序"、"因果"也是不易辨清的。

这种语义陷阱在地理学中的一个突出表现就是二分法。二分法有多种类型，尤以人与自然的二分法为典型。这种二分法将人与自然对立起来，实际上对某些人而言，它可能是不存在的。这些二分法还有：①地理学不是描述性的科学，而应该是解释性的，二者不可兼得；②自然地理学与人文地理学是地理研究的两个独立分支，具有不同的概念结构；③地理学不是系统的就是区域的；④地理学不是演绎法就是归纳法；⑤地理学不是科学就是艺术。但是，"事实上，地理学论著可以放在所有这些范畴之内，这就打破了二分法的合理性"（马丁，2008）。二分法引致互相的攻击和对自己所属领域重要性的无谓争论，实际上类似于"先有鸡还是先有蛋"的争论。著名地理学者阿努钦（1994）、舍费尔（Schaefer，1953）等也对此进行了批判。

**2. 地理学的传统**

威廉·帕特森（Pattison，1964）在《地理学的四个传统》一文中指出地理学的四大传统：人地关系、区域研究、空间分析、地球科学之间存在互补和统一。大体来讲，不同时期流行的研究范式和理念，虽然出于地理学者的价值偏向和兴趣爱好，也表现了当时的时代环境和社会变化的要求，因而与其他时期的传统有差异，但对于地理学整体而言，地理学所具有的综合性和包容性使它们都被整合在一个框架体系中。因此，争论这些不同传统的理论和研究方法的孰优孰劣纯属空费精力。马丁（2008）指出，"与其他知识领域类似，地理学要通过所有这些途径寻找问题的答案，不能忽略其中任何一个……从文字纠缠中解脱出来，就可能辨认出新生事物并记录朝向这些陈述所规定的目标的发展过程。重要的是找出什么是新的东西，并把它和传统的内容放在平衡的位置"。

正如一句名谚"地理学就是地理学者所做的事"所揭示的，地理学者之间，地理学与地理学者之间形成了一种互相补充和促进的关系。马丁（2008）指出，"传统不会轻易消亡，因此可以添加。在对地理学历史的研究中，这些传统仅仅具有智力上的意义。但是在实践领域的地理学中，地理学者容纳了不同年代和不同传统，这些学者可能都在同一所大学的地理系授课。他们相互提醒着对方：要理解地表上人类的活动，并没有完全恰当的方法。变成传统的创新是学科发展中必然的过程"。

最后，马丁（2008）用一段非常具有总括性和号召性的语句结束了他的这部洋洋大观的著作：

> "我们拥有一个历史悠久的、荣耀庄严的地理学研究的传统——即采用那些引导我们思维的符号来努力辨明在地表上占据空间的事物的秩序。我们必须前进，避免重复过去的不必要的错误，同时，我们要勇于提出新的假说，并让它接受挑战或被推翻。这一过程将永无止境，因为随着符号的变化和我们所提出问题的变化，我们所表达的秩序也变化。在我们的视野之外，总是存在另外一个等待我们去描述和解释的新世界，这是永远的挑战"。

以此来看，以"所有可能的世界"为地理学思想史的主标题，可谓匠心独具，含义深远①。联系哈特向（1963）曾指出的"人类对视野以外的世界（这个世界与本国具有不同程度的差异）的普遍好奇心是所有地理学的基础"，除了视野之外的现实世界，头脑中思维的世界不正是人区别于其他动物，并似乎具有无穷创造力的最大特征和基础吗？所以，这个标题一方面点明了地理学思想史的主要内容在于考察（"所有的"）"世界"这个概念和范畴；另一方面，题目中的"世界"，不管是现实世界，还是思想的世界，它都不是既定的，而只是"可能的"，也就是包括已知和未知，并永远处在人们的探究中的、生生不息的"世界"。

# 11.3 地理学思想史研究

## 11.3.1 《所有可能的世界》与其他同类著作的比较

《所有可能的世界》是一部优秀的地理学史和地理学思想史著作和教科书。它详细地介绍了地理学思想从起源时期到近现代的发展历史和轨迹，结合地理学

---

① 关于书名译法，李旭旦先生在第 1 版的《地理学思想史》述评中认为该书是一部"严整的学术性专著"，所以他并没有采用他所译的"万千世界"为书名（详见李旭旦，1982）。但是我们认为，"万千世界"并不是原著者"所有可能的世界"的准确译法；"所有可能的世界"的译名也并没有损害这本书的"严整性"，相反，却是这本书精髓和主旨的反映。

发展阶段展现了近现代时期国家学派的发展状况，是一部史料丰富、脉络清晰、通俗流畅的广博之作，这种时空结合的思维和论证方式也是地理学者的特长和优势。这本著作是地理学者的思维方式和特征在思想史研究上的突出和具体的体现。它既适合作为对地理学感兴趣的其他学科人士和本学科初学者的教科书和工具书，又是地理学研究者必备的参考书。

通过阅读该著，一个从未接触过地理学的人也能了解地理学思想发展变化的来龙去脉，历史沿革与国家特色，从而初步理解地理学的性质及其变化。但遗憾的是，该书并没有完全达到地理学思想史理论的层次，或许原因正如作者所言"很明显，本书的特点在于广博而不是深度"（马丁，2008）。但是，之所以说"并没有完全"，实际上也是表明，该著论述和引证过程中含有理论的总结、反思与某种价值倾向，只是并未深入展开、继而提出和形成著者独特的"见解"体系。对于读者而言，著者笔下生动、有趣而细致的地理学思想史内容可以通过直接阅读获得了解和理解，而理论性和较深刻的内容，虽占全书篇幅很少，却最为重要，是需要读者反复体会、把握，乃至批判地继承的。

与克拉瓦尔的《地理学思想史》和皮特的《现代地理学思想》相比，马丁的这本书，对现代的思想介绍得比较少，而且理论深度上有所欠缺。当然，理论深度并不代表着晦涩难懂，而是指（广义上的）哲学探讨。如果归纳起来，《所有可能的世界》与其他的地理学思想史著作的不同有以下几点。

1）在内容上，《所有可能的世界》更侧重于史实，而克拉瓦尔和皮特等的著作更侧重思想一些。

2）在时间上，《所有可能的世界》对第二次世界大战以前的历史介绍详尽，而克拉瓦尔和皮特等的著作对现代的介绍比马丁丰富。

3）在范围上，《所有可能的世界》讨论的内容多在地理学内，而克拉瓦尔和皮特等的著作则强调了哲学、科学和社会思潮对地理学思想的影响。

4）在处理国家学派问题上，《所有可能的世界》按国别划分地理思想，对欧美"主要"国家的地理学都予以介绍；克拉瓦尔和皮特则并未按国别论史。

5）在表达上，《所有可能的世界》的文字叙述详细生动，克拉瓦尔和皮特的叙述则简练概括。

总体来看，《所有可能的世界》所代表的是一种传统的地理学思想史视角，相比而言，克拉瓦尔和皮特的思想史代表了一种更为现代的视角。也许，产生这种区别的原因之一是《所有可能的世界》成书较早，而书的最初著者詹姆斯以及后来的马丁基本上是比较传统的地理学者。但更为重要的原因或许在于，以不同的哲学和价值观立场出发，就会有不同的地理学思想史版本。其中有趣而值得深思的问题是，当传统地理学者更多地局限在地理学学科之内时，现代地理学者对地理学与其他学科以及政治、经济和社会关系的广泛考察，在某种程度上响应并印证了传统地理学思想史家詹姆斯和马丁所提出的地理学思想史展现"所有可能的世界"的学术抱负。

相比西方地理学界，中国对地理学思想史的研究比较欠缺和匮乏，对世界地理学的影响也有限。目前已出的地理学思想史著作，或比较简略，或厚古薄今，或厚中薄外，正如毛曦和何小莲（2000）所说："国外的地理学思想史的研究工作开展的较早，著作也有许多，与此相比，我国的地理学思想史的研究工作起步较晚，专著也极为稀少，虽说对中国地理学史的研究工作已做了许多，且有一些著作，但系统的对中国地理学思想史的研究却并不多见。"这种情况也导致国外地理学思想史家所写的著作中，涉及中国的，尤其是近现代中国地理学思想成就的也少之又少。以《所有可能的世界》为例，书中涉及欧美很多国家，包括日本都专辟一章介绍，而中国地理学思想的贡献只是略微提及，而且大多是古代的成就，书末附录里中国地理学者的介绍也少之又少。这一方面说明外国学者对现代中国地理思想和成就的了解以及中西地理学思想的交流相当有限；另一方面，值得我们警醒的是，我们自身在继承和发展现代地理学思想和理论上大大落后于西方国家。从思想和理论创新的角度看，只有通过对国外经典文献的翻译与评介、吸收与批判，才能实现我国在地理学思想、理论和方法上的自主创新。

## 11.3.2　地理学思想史研究的四个层次

通过了解和理解地理学思想史的史实，地理学者应该深刻地理解历史与思想这两个重要范畴。对于它们，西方史学家和哲学家们曾有两个著名的观点，其一为"一切历史都是当代史"，另一为"一切历史都是思想史"①。前一种观点指出了历史研究的重要性以及历史与现代的关系，后一种观点则强调了思想意识对历史的塑造与决定作用。从根本上来讲，历史是连续的，历史发展具有继承性，今人的创新乃是建立在对前人的理解与批判的基础之上；所以，当马丁最后总结"创新已经成为我们的传统"时，意味着这位传统的地理学思想史学者已经有了更为开放的视野。而正是在开放包容的视角之下，地理学的思想和内容才不断地更迭并变得丰富。新思想既是历史的原点，又是我们工作的起点。

---

① 著名意大利历史学家贝奈戴托·克罗齐（Benedetto Croce）是这两种观点的代表人物。他曾指出："历史是活的编年史，编年史是死的历史；历史是当前的历史，编年史是过去的历史；历史主要是一种思想活动，编年史主要是一种意志活动。"（详见克罗齐. 1982. 历史学的理论与实际. 傅任敢译. 北京：商务印书馆：8）英国著名哲学家柯林伍德也是这种理论的继承和发扬者，他的相关论述见柯林伍德，1997。

对地理学思想史学者而言，将地理学、思想、历史这三者有机地结合为一个整体是他们的任务。它对地理学思想史的教师和研究者提出了四个层次的要求：不但需要掌握与学科发展历史有关的学者的思想和学术活动的详尽资料和准确事实，而且在此基础上，更应该把握学科的性质及其在学科体系中的地位，并由此梳理和提炼出学科思想史变化的特征、轨迹和线索，最后提出和形成思想史的"理论"或哲学。这实际上代表了思想史著作的四个层次：史实、性质、过程、理论（或哲学）。其中，能够发展一种思想史理论（哲学）是思想史研究者的最高目标，但鲜有人达到。

## 11.4　小　　结

地理学思想史的任务并不仅仅是讲述地理思想和知识的产生、形成和演变过程，而是要通过这一过程达到对地理学性质的把握和准确认识，这实际上是一个方法论问题。因此，具备地理学思想史的学识是地理学方法论研究的基础和必要条件。通过地理学思想史研究可以把握地理学的要旨：地球表面的差异性是地理学的关键，而对此进行描述和解释是地理研究的主要内容。地理学思想史有两个大的发展阶段：古典时期和近现代时期。不同国家在不同发展阶段有各自的传承和特色。在面临坚持传统与积极创新的抉择时，地理学者应该多从思想史中吸收和借鉴，并避免掉入二元论的语义陷阱。未来地理学会聚焦于那些 21 世纪人类发展面临的重大问题。

相比而言，《所有可能的世界》代表一种传统的地理学思想史视角，克拉瓦尔和皮特的思想史著作则代表了一种更为现代的视角与方法。产生这种区别的主要原因可能在于作者们各自不同的哲学和价值观立场。相比西方地理学界，中国对地理学思想史的研究比较欠缺和匮乏，对世界地理学的影响也有限。通过思想史的研究，有助于我们进行中外地理思想的交流和中国地理学理论与方法论的创新。

将地理学、思想、历史三者有机结合为一个整体是地理学思想史研究者的任务。这实际上代表了思想史著作的四个层次：史实、性质、过程、理论（或哲学）。

# 第 12 章　传统与创新

"创新是一门学科发展的主旨。"（马丁，2008）任何一门学科都要面对传统与创新的问题。地理学从来都是传统与创新的复合体（马丁，2008）。一方面，我们的认识及其进一步发展都建立在历史积淀的基础之上，所以，了解、学习并继承传统几乎是不自觉的，这一过程的发生和作用甚至不论你是否意识到。另一方面，时代的要求和个人的渴望却促使我们打破赖以成长的传统基础，发展知识、创造知识，获得更大的突破。所以，传统与创新，也可以说历史与现代这一问题成为困扰地理学者的一个矛盾。

科学史上的重大创新在开始时往往表现为"异端"，例如"日心说"就是统治中世纪思想界的正统"地心说"的"异端"，这种"异端"在地理学史上也层出不穷。20 世纪 70 年代初期，西方地理学界出现了激进主义这一流派，其影响延续至今。按照正统地理学的观点来看，这一流派是一种"异端"，其关键是科学立场的变革。正如马丁（2008）所指出的：创新更多是科学立场的产物。激进主义地理学的产生和发展，不仅颇能说明科学立场变革对于创新的作用，还能启示一些创新的前提条件，包括本学科科学思想的发展、研究工作的社会环境、相关学科的发展以及地理学者个人的创造力等。

本章以激进地理学和马克思主义地理学为分析对象，以激进地理学代表作《异端的传统》和哈维学术转型为典型案例，在分析其发生发展背景的基础上，从激进地理学的理论、实践等方面总结和提炼激进地理学的发展历程与要点，剖析其转向马克思主义的原因，评价其对地理学思想和方法创新的贡献，并总结它对中国地理学思想和方法创新的启示。

## 12.1　现实问题与学术转向

自第二次世界大战以来，西方人文和经济地理学经历了几乎每 10 年一次的理论和方法论"转向"。这种相对频繁的理论和方法论交替状况，其合理性何在？有哪些值得我们借鉴的经验和吸取的教训？这两个问题，是中国的地理学方法论研究者非常关注的。通过经典的案例剖析，既可以使我们将抽象的理论和方法论与现实事例对应起来，又可以以点带面、"窥一斑而见全豹"（叶超和蔡运龙，2009b，2010b）。

第二次世界大战以后地理学理论的快速发展和变化促使地理学有了一个"坚固的外围",但是缺乏一个传统的核心;"这提供了更加灵活的思想,创新似乎成了一种传统";而"核心的缺失,新的流动性,以及研究传统边界线的中断,已经释放出了想象力和热情"(马丁,2008),这使地理学的发展实际上符合了洪堡和李特尔时期就强调的地理思想多样性的传统。这种研究对象——地表事物的多样性,学科特点的综合性以及研究者的丰富性,使地理学者困惑,同时也使地理学繁荣发展。对此,索尔也早有论述:

> "就像我所说的,我们曾经是,而且依然是有着不同个性的复杂群体,不能说这是由哪种价值观或气质、精神力量或情感动力所决定,但我们知道,我们通过有选择的紧密联系走到一起。虽然描述地理学者就像定义地理学一样困难,但我对这两者都满意且寄予希望。虽然我们完成的工作中存在很多缺陷,但令人满意的是,我们并未真正地压制同行(不同于我们)的调查、方法或思想活动。我们时常作出与此相反的努力,但是我们不久就会放弃这些努力,而去做我们最想做的工作。有制度和课程的压力,但是没有学术的导向。最聪明的大学管理者曾说过,划分系别大都是考虑预算的方便。
>
> 因此,地理学的非专业特性似乎是合适的。每个研究者必须努力获得他最关注的事物的独特见解和技能。然而,我们整体的兴趣并不主导个体的方向。我们不能抛弃我们的独特优势。我们,无论个体还是群体,都在试图探索地球表面现象的差异及其相互作用。我们欢迎任何来源的一切有能力的工作,而且不要求拥有所有权。在生命的历史中,较少单一化的物种易于生存和繁殖,而在功能上作茧自缚的类型却成为化石。对我们来说,这种类比是有意义的;因为通过很多不同的思想和爱好,确实发现了志趣相投的有价值的协作,并增进了个体的技能和知识。我们依靠交流和多样性繁荣发展。"(Sauer, 1956)

马丁(2008)在展望地理学的未来时,认为吸引年轻学者的学科将获得较大发展,反之学科将趋于消亡。同时,他也对这种吸引力的两个方面进行了预测:首先在于对 21 世纪人类所面临的最重要问题作出广泛认可的贡献;其次在于清楚地说明理论在解决重要问题时的贡献。

激进地理学和马克思主义地理学正是在这两个方面为地理学理论作出了创新性贡献。我们先以第二次世界大战后西方地理学中的重要流派——"激进地理学"——为研究对象,选取该流派的代表性著作——布劳特的《异端的传统》(Blaut, 1979)——为案例,展现并剖析激进地理学产生、发展及其转向马克思

259

主义地理学的过程，并讨论其方法论含义。

之所以选择该学派和该文作为案例，一个原因是当前国内对该学派的介绍相当有限。迄今国内专门评介激进地理学的论文几乎没有，虽然有少量介绍马克思主义地理学的文章附带提及（张祖林，1994；顾朝林和刘海泳，1999），但马克思主义地理学与激进地理学虽有密切联系却是完全不同的两种派别（布劳特此文就论及它们二者之间的关系）；在著作方面，顾朝林等（2008）编著的《人文地理学流派》具有一定代表性，它专辟一章对激进地理学的理论渊源、哲学基础、主要理论和代表人物进行了概括介绍，但可能是顾及全书体系和教材的定位，这一章的内容相对简略一些，对一些激进地理学的代表人物（如邦奇和布劳特等）及其重要活动和论著则没有涉及；译著方面，约翰斯顿（1999a）的《地理学与地理学家》（*Geography and Geographers*）专辟一章叙述"激进派"，则是对激进地理学的泛化和广义化，其中杂糅了许多其他哲学和学派的观点，因而无法清晰地看到激进地理学的演进轨迹，皮特（2007）在《现代地理学思想》（*Modern Geographical Thought*）中较好地评述了激进地理学的发展过程，但在侧重点和目的上，他阐述激进地理学更多是为马克思主义地理学作铺垫，也就不免忽视一些重要内容。总体来看，国内对激进地理学的了解还不全面和透彻，对它的研究尚需深入。

选择布劳特此文进行案例剖析的另一重要原因在于它的重要意义：①指出了激进地理学产生的根源是地理学者的文化（阶级 – 种族）约束性，这个分析和批判的视角是其他地理学者，甚至很多激进地理学者也很少触及的；②深入分析并展现了激进地理学怎样从不被接受的异端思想到有了自己的理论阵地和实践活动，乃至到马克思主义的发展过程；③现身说法的论证方式，反映了地理学者难能可贵的自我批判精神。

## 12.2 《异端的传统》：激进地理学

### 12.2.1 激进地理学代表人物布劳特

詹姆斯·布劳特（1927—2000），美国地理学者，著名地理学思想史学者和马克思主义地理学者，激进地理学的发起者和倡导者之一。他是路易斯安那州立大学（Louisiana State University）哲学博士，曾任克拉克大学（Clark University）地理学教授，后在伊利诺伊州（Illinois）的芝加哥大学（University of Chicago）任教（马丁，2008；Mathewson and Stea，2003）。

布劳特的主要研究领域与兴趣是文化和心理地理学、地理学思想史及哲学。在接受马克思主义之后，他的学术思想发生了根本性的变化，即由一个传统的地理学者迅速转变为一个马克思主义地理学者。他的影响也扩展到人类学、历史学、政治学、心理学和社会学等领域，成为最广为人知的地理学者之一（Mathewson and Stea，2003）。比如他的代表作，已经有了中译本的《殖民者的世界模式：地理的文化传播论和欧洲中心论的历史》（*The Colonizer's Model of the World*：*Geographical Diffusionism and Eurocentric History*），就以系统和历史的论证破除了在西方社会科学界占主流的"欧洲中心论"（布劳特，2002），这个理论成果不但被地理学者所推崇，而且得到了历史学家和社会文化学者的重视。除了《异端的传统》，他早期还有论述帝国主义和新殖民主义的《帝国主义的地理模型》（Blaut，1970），《资本主义从哪里产生?》（Blaut，1976），以及后期的著作《国家问题：非殖民主义的民族主义理论》（Blaut，1987）和遗著《八位欧洲中心论历史学家》（Blaut，2000）等。

布劳特对欧洲中心论、殖民主义和种族主义的深刻批判以及积极推动马克思主义地理学发展的努力与成就，获得了许多地理学者的尊崇。著名的激进地理学刊物《对立面》（*Antipode*）2005年的第5期基本上就是纪念布劳特的专号，多位地理学者从不同层面缅怀和高度评价了布劳特的学术活动与贡献。例如，肯特·马修森等认为布劳特在地理学和发展研究领域内所涉及的范围、丰富的方法论和理论的统一性方面成就斐然（Mathewson and Wisner，2005）；谢泼德（Sheppard，2005）不但坦陈布劳特的"世界模式"对他的思想有"巨大的"影响，而且认为世界模式理论"也许是近30年来关于全球发展争论中最有特色的地理学贡献……是马克思主义地理学经久不衰的洞见之一，（因为）我们仍然生活在'殖民者的世界模式'中"；皮特不但认为布劳特是"一个坚定不移的反抗者，为了让农民、工人以及所有被压迫人民有更美好世界的社会批判者"，而且他还将布劳特对"欧洲中心主义"的批判延伸到"美国中心主义"进行了深刻地批判（Peet，2005）；大卫·哈维用"最典范"（the most exemplary）一词评价布劳特的理论、方法和实践活动，并引用马克思的名言"对一切事物都无情地批判（For a ruthless criticism of everything existing）"为题纪念和评价他（Harvey，2005）；而且，哈维在其《资本的空间》（*Spaces of Capital*）序言末尾特别提到以他的这本书纪念于2000年逝世的布劳特，并号召年青一代继续布劳特等开创的批判地理学事业（Harvey，2001）。综合来看，布劳特的学术生涯和成就充分表明他是一个马克思主义与地理学，以及理论和实践结合的典范。

261

## 12.2.2　激进地理学产生的背景和理论前提

从现实角度看，20世纪60年代后期开始，资本主义世界发生了一系列社会、政治和经济危机，如美国国内的民权运动和反对越战的呼声高涨，1968年法国巴黎学生和工人的起义，北美和西欧经济衰退导致失业率和通货膨胀居高不下，昔日繁荣的产业区域（如美国中西部、德国鲁尔区、英格兰中部等）变得萧条等。这些重大的社会、经济、政治变化也深刻影响到思想文化领域和科学研究工作。地理学，尤其是人文地理学受这些事件的影响非常之大。

从地理学学科内部看，在第二次世界大战后掀起的"计量革命"浪潮的推动下，实证主义方法论占据主导地位。但是，实证主义地理学对社会、政治与经济结构及其关系考虑不够，不足以解释和应对严重的危机局面。这方面比较突出的实例是，实证主义地理学曾经试图通过计量分析的工具摒除个人感情和价值判断因素，以追求"科学"的结论，但最终被证明与"真实世界"存在相当差距；这种"机械模式"因其忽视社会和人文要素也遭到了批判（克拉瓦尔，2007）。于是，一部分地理学者通过研究资本主义制度和意识形态与城市、贫困、经济与社会危机等问题之间的关系，阐释资本主义政治、经济社会和文化结构变化的空间效应和结果，并发起了一系列重要的实践活动。在地理学思想史上，人们把这个思潮、学派及其运动称之为"激进地理学"。到20世纪70年代末，激进地理学已经进入一个发展的后期，大部分学者开始转向马克思主义。布劳特抓住这个时机，对激进地理学历史及其与马克思主义的关系进行了深刻的分析和总结。

任何一种理论都有其前提条件和基本假设，在此基础上，才能进行归纳和演绎、推论并下结论。地理学理论自然也不例外。地理学者发明和应用地理学理论，然而一个至关重要的问题是，地理学理论并不像一些地理学者一厢情愿的那样"纯粹"和"客观"。这方面比较突出的实例是，实证主义地理学曾经试图通过计量分析的工具摒除个人感情和价值判断因素，以追求"科学"的结论，但最终被证明与"真实世界"存在相当差距，而且它过分强调单一工具的作用，在某种程度上也背离了科学发展指向真理的目的论。西方地理学有句名谚——"地理学就是地理学者所做的事"，这并非笑谈。然而，地理学者到底怎样影响与决定了地理学理论和学科发展，却存在多种观点。布劳特认为起决定作用的因素是文化，主张地理学者的思想受文化约束。所以，正如布劳特所称，《异端的传统》本为庆祝美国地理学者协会成立75周年而作，"一个目的在于考查美国20世纪的地理学者集体"（Blaut，1979）。

地理学者与文化的关系是怎样的呢？布劳特首先从地理学者说起。一般而言，地理学者身份常是双重的，即作为普通人和专业科学家，地理学者并非脱离现实的群体，所以作为普通人，其思想必定是某种文化基质的反映；然而作为科学家，他们却宣称自己研究的是"纯粹、客观的科学"（Blaut，1979）。这就产生了一个矛盾。布劳特的观点是地理学者应该承认这种文化约束的作用。从强调文化约束作用的人类学角度出发，布劳特指出所谓理论其实是一套信念体系，它们可以通过两个方面得到确证："一是科学工作中的实际证据，另一个则来自于我们头脑中根深蒂固的文化观念……。因此，一个真信念的基础在于得到科学和种族－阶级标准的双重确认……"种族－阶级价值观影响科学信念，但是它们却并非发自我们的精神和灵魂，而是反映了我们这个群体牢固的现实利益和实际目标"（Blaut，1979）。

从地理学与社会、政治以及利益集团的关系来看，文化，尤其是种族－阶级对地理学研究的影响是巨大的。其原因和结果如下（Blaut，1979）。

首先，地理学不是一门社会和政治中立的学科，它从不会如此，也不可能如此。

其次，具有支配权的社会政治集团通过建立劳动分工来确立地理学者的地位，它们虽然不是完全地决定，但必定是强烈地影响科学工作（批准研究者获得职业资格、获准研究，研究的问题，理论与概念图等）。

结果是，异端将很难生存。

在资本主义占据支配和统治地位的阶级与利益集团的把持和控制下，持有异见的学者面临诸多困难，比如在专业中难谋一席之地（理由诸如：他竟然不理解某个理论，他的论题没有现实意义），很难在重点院校任教和在重要期刊上发表论文，被完全驱逐出行业，甚至被流放［如早期两位无政府主义地理学者彼得·克鲁泡特金（Peter Kropotkin）和埃利兹·雷克昌（Elisee Reclus）的遭遇］（Blaut，1979）。虽然异端成为传统的阻力很大，但是布劳特还是对其未来发展前景抱有信心，认为"虽然地理学总体上盛行种族—阶级的顺应性，但是异端地理学者只要迎流行的逆流而上，就可到达成功的彼岸"（Blaut，1979）。

正是从地理学者这一影响地理学方法论的最直接、最重要也是最难分析的要素切入，才使布劳特富有洞察力地看到了地理学者的文化（种族－阶级）身份的决定作用，并指出理论是科学和种族－阶级两个标准共同作用的结果，从而使地理学对社会和政治的关切以及与它们结合变得可能和必然。这个对地理学者的种族－阶级属性的分析与判断是激进地理学产生的重要理论前提。

### 12.2.3 激进地理学运动

（1）由异端成为传统

"异端"与"主流"相对。在布劳特看来，主流地理学关注和顺应资本主义的存在形式并为之辩护，而异端地理学者的立场与主流不同，其任务自然不同：异端地理学者的任务在于"顺应或试图顺应不同阶级、不同种族文化和女性的利益，也就是强调工作者和受压迫者的利益"，但是主流与异端之间的区别"不在于主流地理学的根基是科学而异端的根基是政治或意识形态，而在于两种传统代表了不同利益，它们都有科学和意识形态两种成分"（Blaut，1979）。

就传统而言，每个传统都不仅是学术运动，而且是社会运动，调动职业地理学者尽其所能去解释，并考虑可能解决的那些发生在特定时空条件下的特殊的社会危机（Pattison，1964）。激进地理学也正是在这样一个大的危机的背景下出现的。布劳特认为激进地理学与旧传统的主要不同在于它不是为少数精英服务，而且它的解释和解决办法既不会有助于精英，也不会让他们舒服，因此，激进地理学最好被描述为"异端的传统"（Blaut，1979）。

激进主义始于20世纪60年代，其历史不长，那么为什么在此之前没有产生激进主义地理学呢？布劳特认为主要有三个原因（Blaut，1979）：根本原因在于以往的异端缺乏对资本主义社会及其制度的深刻、彻底批判，他们没有像激进地理学那样直截了当地将问题根源的矛头直指资本主义制度及其精英阶层，也并不试图改变它；二是与地理学专业人员的社会历史结构有关（第二次世界大战前美国地理学者协会的会员主要来自中产阶级或上流社会，只有一位女性，全是白人）；三是与第二次世界大战后麦卡锡主义（McCarthyism）对异端的压制和打击有关。

（2）激进地理学的实践

作为一个学派，除了应具备理论和方法论基础与内容之外，还应该在实践中形成和扩大自己的思想、学术以及社会政治影响。在实践和运动方面，激进主义地理学主要通过主办刊物、组建团体、开展实践活动等树立了激进主义的学派。

1969年创办的激进地理学的专刊《对立面》，是激进地理学的主要阵地，至今已经成为人文地理学和社会科学领域很有影响的刊物之一。激进地理学者还积极建立了两个组织："社会和生态责任地理学者"（Socially and Ecological Responsible Geographers，SERGE）和"社会主义地理学者联盟"（Union of Socialist Geographers）。依托期刊和学术团体，激进主义理论开始应用于解释与解决理论和实际问题，并初步显示了它的作用和效果。

在实践活动方面，最值得一提的是地理学者中的"改良派"发起和组织的底特律地理学考察队（Detroit Geographical Expedition）。这个运动响应底特律黑人社区的要求，就学校种族隔离、城市扩展等问题写了研究报告，并进行了人员培训等社会活动。该运动持续十多年，极大地增进了大学学者与内城贫民之间的理解和互助（Horvath，1971）。它也促成了"改良派"和倾向马克思主义的"激进派"在 1969 年的美国地理学者协会会议上互相理解，从而使激进主义运动正式固定下来，激进主义的传统随之诞生（Blaut，1979）。

20 世纪 70 年代中期，激进主义地理学内部产生分化，大部分学者走向了马克思主义。在 1974 年社会主义地理学者联盟建立之前，许多人的共同目标只是将激进主义扩展为关注社会正义或激进的社会变革的科学。但是之后，激进主义阵营分化为两个部分：一派相对比较"左倾"，主要以哈维为代表，走向马克思主义；另一派以邦奇为代表，则相对"温和"（也就是寻求改良，而不涉及资本主义的根本制度）（Quaini，1982）。布劳特指出，主流（人文）地理学的模型和假定牢牢扎根于资本主义社会的上层阶级精英，地理学者不能脱离他们，因此需要构建一个完全不同的理论基础；而激进主义地理学寻找可替代的新理论基础，因为他们的事业目标不仅仅是"激进"，而且是社会主义，所以它们最后走向马克思主义具有某种必然性（Blaut，1979）。

（3）从激进地理学到马克思主义地理学

在对资本主义作深刻批判的基础之上，激进地理学者开始进行新的理论寻找和探索。正如皮特（2007）所指出的："（激进地理学对传统地理学的）主题上的改变揭示了理论和技术上的弱点，以哈维的《社会公正与城市》为引导，激进地理学在 20 世纪 70 年代中期经历了向马克思主义地理学的更进一步转变……马克思主义的根本任务就是把空间、环境与社会、经济联系在一起，通过马克思主义与社会的联系使得地理成为整个激进社会科学的一部分。"因此，大多数激进主义地理学者选择了马克思主义理论作为他们的理论基础和依据。但并不是所有激进地理学者都选择马克思主义理论为其理论依据。布劳特虽然不否认非马克思主义的方法对激进地理学是有效和有用的，也不否认马克思主义地理学从传统和主流地理学中吸取了许多营养，但是他认为激进地理学最基本的任务在于研究"种族－阶级一致性"的问题，因此马克思主义的理论和方法是反映穷人和被压迫阶层利益的最好代表和希望所在（Blaut，1979）。

激进地理学的文献非常之多，但布劳特并没有通过分析这些文献进行论证，而是采取现身说法，以自己的转变经历来阐明马克思主义是激进地理学的最终选择，这样显得真切、坦诚和更有说服力。在激进运动之前，布劳特的主要研究兴趣在于地理学哲学和思想史、农作方面的微观地理学、儿童的环境认知变化等。

265

激进主义在两个方面影响了他的研究：改变了研究的价值观，从而改变了他的研究目的，并使他意识到先前的错误掩藏在"种族 - 阶级一致性"的假定和模型之中；也就是传统或主流的研究模式不会考虑一些重要变量，比如资本积聚和阶级冲突，而它们可能是最根本和最重要的（Blaut，1979）。运用马克思主义理论，布劳特还追踪和透视了地理学起源时就具有的为殖民主义与侵略活动提供条件和基础的一面，使他认识到农民贫困的问题全然不是微观农业地理学的问题，而是一种掠夺问题，与资本主义制度密不可分。

总体来看，布劳特认为地理学的历史是在内部力量（在共同的兴趣和能力之下，围绕一系列关联问题创建关联的理论的一群学者）和外部力量（阶级精英的实际和意识形态的利益）的辩证运动中形成的（Blaut，1979）。在激进地理学者们倡导和开展激进主义运动的同时，激进主义也唤醒了地理学者前所未有的批判精神和批判意识，从而推动了方法论的变革。通过激进主义运动，布劳特重新发现、审视并改变了研究兴趣，使他积极运用马克思主义武器，终生致力于民族主义的文化地理学和殖民主义的历史地理学研究，并取得了很大成就。

## 12.2.4 《异端的传统》的方法论含义

《异端的传统》是认识和理解激进地理学观点、历史以及理论渊源与依据的重要文献，并且因其紧密联系地理学学科性质和历史演变阐发激进地理学的内容，而具有更为广泛的理论意义，因而在地理学思想史上也颇为重要。在《异端的传统》一文中，布劳特对激进地理学的理论基础、产生背景、发展历史和影响、理论根据与来源作了出色的阐述和总结，并结合自身认识与实践活动的深刻体会，论证马克思主义对激进地理学的理论支撑作用，具有很强的说服力。布劳特是在资本主义制度下成长起来的，却强烈反对和揭露资本主义所谓"优越性"的荒唐，以及殖民主义、种族主义丑恶实质的"异端"，他以自己的学术勇气和批判精神实践了马克思主义，并推动了马克思主义地理学的发展，确实是马克思主义者和地理学者的"典范"。

不是每一种"异端"都能（很快地）成为传统。从历史来看，现时的"异端"，往往可能就是"创新"，也很可能成为以后的"传统"。实际上，这种现象不止发生在地理学界。因此，异端与传统的话题和命题的意义超出了激进地理学和地理学的范围，值得学者们深入思考和探讨。

《异端的传统》也是一篇优秀的地理学方法论论文，它的方法论含义及特色体现在以下三个方面。

首先，通过对地理学者的文化属性，也就是种族 - 阶级属性的深入分析，揭示了地理学并非一门"客观"或"价值中立"的科学的实质。地理学理论是科学实证和文化属性相结合的产物，布劳特得出的这个结论无疑是对狭隘"科学主义"的有力反击，因而在根本上论证了激进主义的合理性。但是，他并不是极端的"文化或阶级决定论"者，而是试图在二者中间进行调和，这可能更接近地理学思想史和地理学方法论的本质要求。

其次，将激进地理学发展的背景与内容、理论与实践、原因与结果、外力与内力、历史与未来等诸多范畴结合起来，从而较为完整地勾勒与构筑了一个激进地理学的方法论面貌和框架。可以说，大多数方法论论著必须涉及这五对范畴，并应该具体地解释和论证它们。所以，这篇论文也为我们如何研究和发展方法论提供了一个思路上的参照框架。

再次，深刻的反思以及批判和自我批判基础上的重构是当今和未来地理学方法论创新的必由之路。布劳特具有深刻的批判和自我批判精神与才能，这在地理学者中是很少见的，所以其研究能独具特色和独树一帜，甚至具有超出地理学界的影响。从第二次世界大战后西方地理学理论和方法论的发展来看，相比赫特纳、哈特向传统的传承型方法论研究路径，地理学方法论的变革大都是通过革新型和调适型两种途径进行的。当然，理论重构的效果和效应可能无法令大多数地理学者满意，但方法论发展的趋势显示，深刻的批判是理论变革的先导，是方法论创新的必经之路。

## 12.3 哈维的学术转型

在由激进主义向马克思主义的转向过程中，最引人注目的地理学家是哈维。哈维对城市化历史和空间的马克思主义解读与剖析不但是对马克思主义在空间维度上的有力补充，而且还发展了马克思和恩格斯以及列斐伏尔等的城市理论，从而使其成为马克思主义地理学和新马克思主义城市学派的代表人物。所以，以他的学术转型为例分析激进地理学如何转变为马克思主义地理学具有很强的代表性。

### 12.3.1 当代地理学创新的代表人物哈维

大卫·哈维是第二次世界大战以后最有影响、最具代表性的地理学家之一。早在 1972 年他就获得了英国皇家地理学会"吉尔纪念奖（Gill Memorial Award）"，以表彰他"对理论地理学的诸多贡献"；1982 年获得美国地理学者协会杰出贡献奖，嘉奖他"在发展人文地理学分析方法和行为研究的哲学基础方面，以及在应用古典政治经济学原理对城市地理现象提供新的解释方面所作的杰出贡献"；1995 年又获得"瓦特林·路德（Vautrin Lud）国际地理学奖"，此奖被认为是地理学的诺贝尔奖，评选也严格按照诺贝尔奖的程序进行。他于 2007年被选为美国艺术和科学院院士（American Academy of Arts and Sciences）①。

哈维不仅是一位以思想见长的杰出地理学家，同时也是一位社会理论大家。作为地理学家，他既是实证主义地理学的集大成者，又是马克思主义地理学的代表人物。作为一位批判的社会理论家，他的影响已经超出地理学界，其理论对社会学、人类学、政治经济学、城市规划、哲学、文艺批评等领域产生了深远影响。哈维的学术思想也成为学术界关注的研究对象。早在 1981 年，英语国家就出版了一本名为《大卫·哈维的地理学》（David Harvey's Geography）的书（Patersol，1981）。2006 年出版的 David Harvey：A Critical Reader 一书，更是集中了 14 位地理学家（包括哈维自己），从不同角度对哈维学术思想和理论进行的综合评价（Castree and Derek，2006），哈维的影响之大，可见一斑。

哈维的学术转型是我们观察和理解第二次世界大战以后西方地理学何以发生诸多理论变革的一个重要"窗口"。哈维的兴趣和视野广博。虽然在接受马克思主义后他始终坚持这一立场，但是他并不排斥其他的学术思潮，而是力图批判地吸收。比如他对后现代主义的态度就是如此（哈维，2006a；Harvey，1990）。笔者也据此将哈维学术思想和方法论的变革归为"调适型"（叶超和蔡运龙，2009b）。在哈维的学术轨迹中，最引人注目的当是他由实证主义向激进主义、马克思主义的转向。从分别反映哈维两种不同立场的两部代表作《地理学中的解释》（Harvey，1969）和《社会正义与城市》（Harvey，1973）的出版时间间隔来看，这一转折仅历时 4 年。这种快速转向的社会背景和学术意义是一个很值得探究的问题。

哈维的代表作，除上述两部外，还有《资本的限度》（The Limits to Capital，1982，2006 年修订版）、《资本的城市化》（The Urbanization of Capital，1985）、《意识与城市经验》（Consciousness and the Urban Experience，1985）、由《资本的城市化》和《意识与城市经验》两书删节修订成的《城市经验》（The Urban Experience，1989）、《后现代的状况》（The Condition of Postmodernity，1989）、《正义、自然和差异地理学》（Justice，Nature and the Geography of Difference，1996）、《希望的空间》（Spaces of Hope，2000）、《资本的空间：走向批判性地理学》（Spaces of Capital：Towards a Critical Geography，2001）、《新帝国主义》（New Im-

---

① 引自 http：//en. wikipedia. org/wiki/David_ Harvey_ （geographer）。

*perialism*，2003）、《新自由主义简史》（*A Brief History of Neoliberalism*，2005）、《全球资本主义的空间：走向不均衡地理发展的理论》（*Spaces of Global Capitalism: Towards a Theory of Uneven Geographical Development*，2006）、《世界大同主义与自由地理学》（*Cosmopolitanism and the Geographies of Freedom*，2009）。他还发表了一系列论文，其中重要的有《人口、资源与科学观念》、《论地理学的历史和现状：一个历史唯物主义宣言》、《资本积聚地理学》等，都是当代地理学的经典之作①。

哈维的学说在国内外人文和社会科学界引起巨大反响。到目前为止，哈维的著作已有七部被翻译成中文，分别是《地理学中的解释》（哈维，1996）、《后现代的状况》（哈维，2003）、《希望的空间》（哈维，2006b）、《新帝国主义》（哈维，2009）、《巴黎城记：现代性之都的诞生》（哈维，2010a）、《新自由主义简史》（哈维，2010b）、《正义、自然和差异地理学》（哈维，2010c），有些还有两个版本（如《巴黎城记：现代性之都的诞生》），是中译本著作最多的西方当代地理学家。实际上，七个译本中，只有《地理学中的解释》是地理学者所译，其余皆是其他人文社会学科的学者翻译的。这从某种程度上反映了中国地理学界对哈维的了解和兴趣点大多还限于《地理学中的解释》，很少跟进和深入探究 20 世纪 70 年代后哈维的学术活动及其影响。虽然有极少数文章在论述马克思主义地理学时提到哈维（顾朝林和刘海泳，1999；张祖林，1994），但对哈维学术转型的内涵、实践意义和地理学方法论意义尚缺乏深入的了解与讨论。主要原因可能在于，中国地理学者穷于应对太多的"实用"问题，而疏于关注思想、理论和方法的建树。有鉴于此，理解和把握哈维如何从逻辑实证主义转向马克思主义并建立与应用资本的城市化理论和空间的生产理论，对中国地理学界应该大有启示。

哈维著述丰富且涉及多个领域，但作为地理学家，他自始至终倾力于阐发"空间"问题。*David Harvey: A Critical Reader*（Castree and Derek，2006）一书的压阵篇是哈维对自己学术思想的总结，题目就是"空间作为一个关键词"（Space as a Keyword）。据此，本节主要聚焦于哈维的空间观这一核心问题，着重从认识论角度阐述和归纳哈维在不同阶段的空间观及其特征，并探讨其转变的原因，为推进中国地理学的理论和方法建设提供可借鉴的经验和启示。

## 12.3.2 哈维对空间的认识论转向

认识论、本体论和方法论是哲学的三大范畴。但是，与作为哲学家的列斐伏

---

① http：//en. wikipedia. org/wiki/David_ Harvey_ （geographer）.

尔着力于对空间进行本体论的重新阐发（Lefebvre，1991）不同，哈维则着力于空间的认识论和方法论。哈维虽强调《地理学中的解释》（Harvey，1969）主要是方法论论著，但还是在第一章和最后一章重点阐述了认识论与方法论的关系，这反映了对两者关系的考察既是哈维学术思想的一个出发点，也是一个落脚点。虽然后来他的理论和方法论立场发生了根本变化，但他在此书中提出的"对于地理学最根本的观点是方法论与哲学二者必须兼顾"的认识立场却贯穿其学术道路的始终。

哈维认为地理学家及其群体的不同正来自于他们的认识论不同，他指出：

> "例如我们可诉诸他的社会良心，指出加尔各答街头的饥荒和悲惨境况，以此来设法转变他，使他认识到地理学在减轻饥荒和悲惨境况方面是有所作为的。或是我们可以利用他的爱美情绪，使他踯躅于罗马废墟之间，从而使他转变到这一立足点上，为景观随时间而变迁的'感觉'所包围。但是我们不能以逻辑上的争论来摧毁他的信念，我们只能以这类争论来支持自己的信念。"（Harvey，1969）

这段论述不但恰当地阐述了认识论对地理学家的影响，而且饶有趣味。有趣之处在于哈维当时无意中举的两个例子，社会正义和景观历史演变的艺术感觉，恰恰成为他在后来的两部代表作——《社会正义与城市》与《巴黎城记：现代性之都的诞生》（哈维，2010a）中表现的主题。通过对《地理学中的解释》到其后哈维空间观的变化的分析，我们可以看到这并非无意的巧合，而是隐含着哈维学术路径迅速转变的某种必然性。

根据哈维在不同阶段认识论的差异，我们可以将其学术轨迹划分为三个阶段：20 世纪 60 年代作为实证主义地理学的集大成者；70 年代早期逐渐接触和吸收马克思主义理论，成为激进地理学的先锋；70 年代中后期到 80 年代后逐渐实现了马克思主义、地理学与城市问题的有机结合，理论和方法论日趋成熟，成为马克思主义地理学和新马克思主义城市学派的旗手。

### 1. 《地理学中的解释》：以实证主义相对空间观为主的"多维"空间观

在《地理学中的解释》（哈维，1996）（后文简称《解释》）中，哈维专辟一章讨论了空间概念。若可以归纳的话，他此时的空间观一方面可以说是偏重实证主义地理学的相对空间（relative space）概念，也就是视空间为一个物体的存在与另一物存在之间的关系；另一方面，他也并不完全被相对空间概念所限制，而是提出并论证了空间本身是"多维"的观点。这两种认识有矛盾之处：既然是多维的，那么相对空间就只是其中一维，而不应作为"主要"之维。从中也

270

可看出哈维此时的空间观存在某种犹疑，但是，灵活地看待空间为一种多维概念，也为哈维空间观的转变埋下了伏笔。

之所以说哈维此时仍然是偏向实证主义的相对空间观，一方面是因为《解释》主要总结实证主义地理学方法论的著作，而实证主义地理学者往往持相对空间的观点；另一方面则是因为哈维直接批判了康德至哈特向所持的绝对空间（absolute space，就是将空间视为独立于物质的容器）理念，认为地理学者的大部分实际工作是围绕相对空间进行的，并极力阐发空间几何学（哈维，1996），这实际上是对相对空间的肯定和支持。无论是从其学术旨趣还是从其论著的内容来看，20 世纪 60 年代的哈维总体上仍然是一个相对空间的支持者。

需要注意的是，哈维此时的空间观并不刻板和僵硬。虽然着力于空间几何学并极力论述几何学与地理学中空间的关系，但是他还是引述了哲学、心理学、人类学、物理学中的空间概念，这个较为广泛的概念考察使他最后强调了空间概念的多维性：

> "地理学的空间概念建立在经验之上。……不去参照特定文化在语言、艺术和科学方面所发展的空间概念，就想理解地理学的空间概念是不可能的。关于空间的地理学观念因此被深深地置于某些较广泛的文化体验之中。但对于地理学来说，地理学的空间概念又是专门的，它发展和演化于地理学者研究现实空间问题的专业经验之外。在这方面，'空间和距离'观念的专门解释，成为构成地理学本身的学科的次一级文化的关键识别者之一。'活动空间'、'过程距离'等专门概念，反过来又可以用来阐明空间形式以及创造这些形式的过程。概念可以随即在某种空间－时间语言的形式表述之后形成，形式抽象语言可以使地理学者高居于他自己的文化背景之上，来研究在不同的文化综合体中的空间形式和过程。……已经表明'空间'一词可以用各种方式来对待，且空间概念本身就是多维的。……无论是为了哲学目的或经验研究的目的，无需对空间概念本身持一种僵硬的观点。概念本身可以看做是灵活的——可以用特定的关联域来确定，可以用特定的方式使之成为符号，可以用各种空间语言使之形式化。这种灵活运用需要谨慎对待。但它也以一种新颖的和创造性的方式为发展地理学理论提供了挑战和机会。"（哈维，1996）

这段略为抽象的论述所强调的无非是两点，这两点构成一个因果关系：因为（包括地理学中的）空间概念是特定且广义上的文化的产物，所以应该灵活地看待和使用它。这意味着即使是在当时作为主流的实证主义地理学的空间概念也并非是确然的，因为空间概念本身并非既定和必然的，而是能够不断发展的，并且必然会不断发展。这一结论与他最后所持的方法论讨论应该灵活自由的观点如出一辙。这一结论也许并不像一个结果，而更像是一项研究开始时应该抱有的理念。

**2. 《社会正义与城市》：马克思主义认识论与"社会过程－空间形式"统一体**

在《解释》中，哈维以地理学的整体为对象，侧重于方法论的阐发，空间只是其中的一个问题，城市则很少涉及。秉持着"方法论与哲学必须兼顾"的信念，对哲学问题非常敏感，而且具有灵活的空间观和方法论态度的哈维，受到当时迅速变化的社会政治环境的影响，迅即转入了对空间、城市（化）本质的哲学与实践的关切。这促使他在地理学范畴之外寻求跨学科解决问题的途径。他的主要认识是：

"主导20世纪60年代晚期的问题是城市化、环境和经济发展。这些问题不应被简单地视为互不相关。如果要有效地解决它，那么每个问题都需要一种跨学科的方法。"（Harvey，1973）

但是，如何将不同学科的方法有机地结合起来，从而更好地综合、解释并解决这些问题呢？哈维给出的答案是：

"能够联系多学科并将城市化、环境和经济发展这样的问题聚拢为一的唯一方法，建立在形成恰当版本的辩证唯物主义基础之上，正如辩证唯物主义在马克思所定义的结构总体意义上起作用一样。"（Harvey，1973）

马克思主义认识论成为哈维的最终选择。

"在马克思的著作中，认识论和本体论相关。知识被视为人类经验的一部分，随人类实践而增长——它和它所在的、被视为一个整体的社会是一种内在关系。意识和知识是社会情势的产物。但知识获取是有生产性的活动，因而它也被视作社会转化所在之处的更一般过程的一部分。"（Harvey，1973）

如果我们把上述引文的"知识"一词换成"空间"，就会发现这几乎就像是对空间生产的理论口号——"（社会）空间是（社会的）产物"（Lefebvre，1991）——的阐发。其中蕴含的核心思想就是空间与社会是统一体。在地理学中，社会－空间统一体首先由哈维在《社会正义与城市》中予以阐发，只不过哈维采用的是"社会过程－空间形式"（social-process-spatial-form）这一合成词组。就"社会过程 – 空间形式"而言，哈维有如下论述：

> "在很大程度上，如果不是在现实中，那就是在我们的思想上认为社会过程和空间形式存在差别，而这也是我这几年一直关心的一个基本问题，现在正是弥补这显现得不同的两种事物和矛盾的分析模式之间的思想裂痕的时候。……我们在社会过程与空间形式之间的区别常被认为是幻想而非真实，但……这种区别在相当不同的意义上讲是不存在的。空间形式并不是被视为它所处并展现它的社会过程中的非人化客体，而是'内蕴'于社会过程，而且社会过程同样也是空间形式的事物。"（Harvey，1973）

正是选择并运用了马克思主义的认识论，才使得哈维聚焦于城市空间和社会正义之间的关系，最终形成了"社会过程 – 空间形式"的概念。尽管社会过程 – 空间形式概念在内容上还不完善，在实质上却已经是空间 – 社会统一体的思想，而这正是空间的生产理论的精髓（Lefebvre，1991）。在这方面，虽然哈维认为他和列斐伏尔并行不悖地发展出了各自的理论，而且存在很大相似之处，但是也有一定区别（Harvey，1973）。为《社会正义与城市》作序的卡赞尼尔森（Katznelson，1988）也指出：

> "尽管受到列斐伏尔的激发，但是哈维完全拒绝了列斐伏尔将空间关系视为一种独立的决定性力量的主张。对于哈维而言，空间不是一个类似本体论的范畴，而是一个既形塑人们又被人们形塑的社会维度"。

《社会正义与城市》，不但标志着哈维转向马克思主义的起始，也是马克思主义地理学的开端，它"作为城市研究领域的一种主要'异端'而震动学界……是左翼风格地理学的首要范例；哈维作为一个先驱，开启了马克思主义地理学持续发展的大门"（Castree，2004）。

### 3. 资本、城市化与空间的综合：历史 – 地理唯物主义的空间体系

历史唯物主义是马克思主义的基本立场。但是传统的马克思主义对空间研究非常欠缺，很多其他领域的学者对空间的生产以及资本主义城市化问题也不太重视，而且持有学科偏见。相对于学者们共同关注的焦点——"时间"而言，"空间"在传统的社会科学研究中往往被忽视。哈维认为，虽然马克思和恩格斯也注意到了地理要素以及"空间问题"，尤其是资本主义政治经济发展不平衡的问题，但是马克思对空间的关切远不如时间，这甚至使得 20 世纪七八十年代主要的马克思主义刊物也大都不关注空间问题，而历史唯物主义也忽视了资本主义

273

"生产"的地理；因此，"历史唯物主义必须升级为历史—地理唯物主义，资本主义的历史地理学必是我们理论化的目标"（Harvey，1985）。作为马克思主义地理学者的哈维首先要做的工作就是补充马克思主义对空间认识的不足，从而发展出历史—地理唯物主义的理论。这使得哈维必须将资本流动、城市化、空间以及与之相关的社会政治问题进行综合分析，并由此导出一个体系。正如他在分析资本的城市化时所说的：

> "通过聚焦于城市化，我并不想把它当做一个与'资本主义是什么'分离的、理论化的特殊分析对象。正如马克思所强调，资本不是物而是一种过程。研究城市化就是研究资本主义通过自然和社会景观以及意识形态的生产而展现自身的过程。研究城市化不是研究一种法律和政治实体或者加工物。它（城市化）关乎资本循环的过程，劳动力、商品和货币资本的流动，生产的空间组织和空间关系的转换，以及信息流动和在基于领土形成的阶级联盟之间的地缘政治冲突等。"（Harvey，1985）

将个别城市以及城市的个别现象上升到普遍的城市化问题（资本主义空间问题的焦点），并从历史过程（时间）与资本（资本主义物质形式的集中体现）运动相结合的角度予以阐发，这意味着哈维初步建构了一个三位一体的"历史–地理唯物主义"框架。

在1984年发表，被认为是地理学思想史上的经典文献的《论地理学的历史和现状：历史唯物主义宣言》一文中，哈维提出了这种历史–地理唯物主义宣言的目标（Harvey，2001）：

> 1）建立一种普遍的地理学，摆脱偏见却反映真实的冲突和矛盾，并能为相互交流和共同理解开辟新路。
> 2）创建一种人民的应用地理学，不狭隘的、不务强权阶层的特殊利益，而是基于本义的广泛民主。
> 3）接受科学诚实和非中立性的双重方法论原则。
> 4）将地理敏感性整合进源于历史唯物主义传统的一般社会理论。
> 5）制定一个以历史—地理术语看待资本主义向社会主义转变的政治计划。

在《正义、自然和差异地理学》中，哈维继续深入阐发了历史–地理唯物主义，并总结了它的要点（Harvey，1996）：

> 1）自由地"图化空间"（mapping space，这既包括真实的地图和

图像表示空间，也包括一些将空间图像化的隐喻等）的活动是任何知识结构化的基本先决条件。没有将区位和位置所发生的空间"图像化"的区位和位置是没有意义的。

2）这个"图像化"包括权力（斗争）。

3）社会关系总是空间性的，且存在于某种空间性的生产框架中。

4）物质实践改变了源于全部空间知识体验的空间。

5）制度是或多或少地持续地被生产出来的空间。最明显的就是领地化（territorialization），控制的领域、组织管理的控制，承担对工具空间（如纪念碑、圣地、墙、门、居室内部空间等）的组织等。

6）想象（思想、幻想和渴望）是所有可能的空间世界的丰富源泉，它可以被没有条理地预想为不同的言说、权力关系、社会关系以及制度结构和物质实践的全部样式。

综合来看，哈维要建立的历史－地理唯物主义，首先建立在对实证主义地理学伪装的"价值中立"进行深刻批判的基础之上；其次，借助辩证法，通过将历史唯物主义延伸为历史－地理唯物主义，哈维将资本、权力、阶级与空间的生产紧密地结合起来，并形成一个理论体系，其主要内容包括资本运动（经济方面）、阶级冲突（社会方面）、权力扩张（政治方面）在内的物质实践本身是具有空间性的，而且它们的运动也赋予空间以生产的功能，因此，空间的生产与物质实践就成为处于同一过程、难分彼此的同种事物；再次，按照历史－地理唯物主义，想象的或者概念化的空间同样是物质实践的产物，它们也是构成空间的生产的重要部分；最后，按照马克思（1995）的指示"问题在于改变世界"，需要建立人民的地理学，并基于历史－地理唯物主义而进行改造资本主义经济、社会和政治的实践。

## 12.3.3 哈维学术转型的原因分析

从传统的历史地理学者[①]到实证主义地理学的集大成者和终结者，再跃变为激进主义先锋，最后成为一个马克思主义地理学家，如果再算上参与后现代思潮的讨论这一阶段（但哈维最终还是坚持马克思主义立场，并未成为一个后现代主义思想家），哈维经历了数次重大转变，而且在这几个领域都有开创性的贡献，这在现代西方地理学家中堪称绝无仅有。其学术转型跨度之大、创新之显、著述

---

① 哈维 1961 年以《论肯特郡 1800~1900 年农业和乡村的变迁》一文获牛津大学哲学博士学位。

之丰，令人惊叹，以至于哈维的学术转向本身就成了一个重要的学术现象和研究论题。

哈维 2000 年在《新左翼评论》（*New Left Review*）上发表了与该刊记者的对话录，这篇对话录的题目是"再造地理学"（reinventing geography），无疑对应着哈维学术转型的过程及其对地理学产生的影响。哈维很快将这篇文献收入 2001 年出版的《资本的空间》一书，而且作为该书的序言，反映了它的重要地位。他在这篇对话录中提到了他之所以转向城市、空间问题以及马克思主义的一些原因，我们将其归纳如下①。

第一是因为城市史、城市经济学、城市政治学在当时是边缘学科，而城市地理学却是地理学的中心，且理性有效的城市和区域规划是热门，这使得哈维的研究视角开始转向城市问题。

第二则是正当哈维埋头写作《解释》之时，20 世纪 60 年代末的周遭世界却在"崩解"：政治事件不断升温，马丁·路德·金被刺引起的城市暴动，美国的反战运动和民权运动如火如荼，许多大城市发生的大规模学生运动，这些使得当时持费边社会主义立场的他对哈罗德·威尔逊的社会主义完全丧失信心，并意识到《解释》中貌似中立的调子与剧烈变化的现实并不合拍，他必须重新反思原以为合情合理的许多事情；另一方面，他早在《解释》中就强调了哲学（信念）的重要作用，这种个人的哲学敏感性使他自然由方法论研究转向了对哲学的关切和考察。

第三则是哈维就职的约翰·霍普金斯大学（地理学与环境工程系）有着鼓励跨学科交叉研究的良好氛围，使他的研究并未局限在地理学内，而曾经在布利斯托尔大学和剑桥大学经历的扎实地理学专业训练又不会使他偏离地理学。

第四则是他 70 年代后长期居住的约翰·霍普金斯大学所在地巴尔的摩，正经历经济衰退和社会政治变动，这为他提供了很好的分析素材，被他看做当代资本主义城市化的一个绝佳"试验样本"。哈维以巴尔的摩为案例，写了不少关于城市空间的生产的论文（如 Harvey，1973，2000）。

第五则是因为他发现他原先所持的费边社会主义和自由主义都不管用，所以抱着试试看的心态转向马克思主义，并在 1971 年参加并组织了由研究生提议成立的研读《资本论》的读书会，但由于各种条件限制（如麦卡锡主义对社会主义思潮和运动的压制，他们甚至很难接触到马克思的英文著作等），他们对马克思主义的认识还不深入和透彻，当时哈维也不是马克思主义者。

---

① 主要依据 Harvey，2001；同时参考了该文缩减的中文编译版，参见哈维，2001。

所以，哈维在认识论上迈出的这至关重要的一步，总体来看是由于剧烈变动的社会政治环境、他的个人禀赋和志趣、他的教学研究工作氛围、地理学当时的学科状况以及其他一些偶然因素（如工作单位和地点的变动）共同决定的。这关键性的一跃，不仅使他逐渐成为坚定的马克思主义信徒，并扩展马克思主义的理论为历史－地理唯物主义，综合分析资本、城市化与空间问题，形成了他自己的空间生产理论体系，最终成为马克思主义地理学的主要创建者，而且带动了马克思主义与地理学的结合研究。其深远意义，正如皮特（2007）所评价的：

> "马克思主义关于自然和空间的社会生产的中心观点将地理学的两个传统学派融合成一个可统一理解的不同方面。人文地理学最终融入社会科学，作为社会科学更有批判性的组成部分，它利用了所有社会科学的概念，同时又给它们增加了复杂的环境空间的概念。地理学者走进了地理学的中心舞台，即解释环境的变动以及经济和文化的全球化。"

## 12.4　启　示

在中国的语词和文化中，"激进"因与传统文化的"中庸之道"相悖，故大都带有"过激"和"急于求成"的贬义，而这也许是激进地理学并未受到国人重视的一个重要原因（地理学者的文化约束性！）。然而，我们回到"激进"的本义去考察，激进（radical）还有"根本的"意思，而正是这种"根本性"的面向，才使激进地理学能够站在批判资本主义制度的立场，从而树立起自己的旗帜。一种"根本性"的地理学是什么呢？它也许并不仅仅代表着马克思主义的哲学或意识形态立场，更重要的是，它反映了地理学者（乃至更多人）寻求并且实践新的或更高"真理"的渴望和行动。从这个意义看，"激进"是反映这种诉求的、任何其他词汇都难以比拟的贴切用语。也正是因为此，罗素·金（Russell King）才准确地把激进地理学定义为"一种以渴望脱离旧范式和有效地改变现实世界为特征的包含多种方法的意识形态和哲学"（King，1982）。

值得一提的是，除了布劳特、皮特、哈维等少数关注第三世界和发展中国家的激进地理学者之外，大多数地理学者对社会主义国家缺乏关注（约翰斯顿，1999b），这也许反映了地理学发展中根深蒂固的国家本位意识和以"自我"为中心的特征。更值得深思的另一个问题是，当激进地理学借助马克思主义的理论和方法深入开展并不断进步之时，原苏联、中国等马克思主义"指导"下的社会主义国家，对这种激进地理学却无响应；中国对激进地理学的理论与实践活动介绍甚少，更没有堪与激进地理学相提并论的中国的马克思主义地理学。

通过对布劳特和哈维学术思想的解读，我们至少可以得到以下启示。

## 12.4.1 如何看待逻辑实证主义地理学

逻辑实证主义的"科学方法"无疑加强了地理学的科学化。可是以地理学研究对象（人类社会与地理环境的关系）之复杂，逻辑实证主义只是揭示这种复杂性的一种哲学理念和方法论，并非唯一"科学"的方法。而且，过于看重形式的"科学化"，往往会脱离实际。哈维在《城市经验》中尖锐地指出："严格的科学绝不中立于人类事务；试图将自身置于历史之外，最好不过就是产生出严格意义上的、善意的伪科学。"（Harvey，1989a）地理学的对象其实是连续的历史–地理进化流和生动的现实世界，所谓客观中立的地理学是不存在的，实证主义地理学只是在伪装价值中立（Harvey，2001）。对日常生活的关注和社会实践的强调使他接近马克思主义，而这正是历史唯物主义的认识基点。

哈维从逻辑实证主义到马克思主义的认识论立场变化，与马克思、恩格斯存在相似之处。马克思、恩格斯对数学都很热衷、看重并有精深的研究，马克思甚至写过《数学手稿》，但是，他们在人文社会科学研究上都反对脱离现实世界而作纯数学的推演。正如恩格斯所指出的，"整体的所谓纯数学都与抽象有关，严格来讲，它的所有量度都是想象的。一切抽象走向极端就变成荒谬或走向自己的反面。虽然是无意识的，但数学上的无限源自现实，所以它不能从自身、从数学的抽象来说明，而只能从现实来说明"（恩格斯，1971）。人类社会不是数学，地理学研究的对象更不是数学。马克思、恩格斯创立的历史唯物主义和自然辩证法，其视角、境界和作用皆大大超越数学。哈维将此理论发展为历史–地理唯物主义，是其认识论立场的大飞跃，也是对逻辑实证主义地理学的超越。

哈维虽然在认识论立场上扬弃了逻辑实证主义，但写作《地理学中的解释》过程中形成的逻辑严密的风格，却始终体现在他后期所有的著作中。他极大地包容各种后现代论题，又反对后现代主义话语（即反权威、反历史、反中心的趋向）。他始终在探索地理学合理、自洽的理论结构，他的目标并不仅仅在于解释，更注重结合现实进行解释的框架建构。虽然他后来的认识论立场与逻辑实证主义大相径庭，但在科学逻辑和方法论上却仍有着密切的联系。

然而，目前我国地理学界对逻辑实证主义地理学的认识却存在一些偏差。一种偏向是固守所谓"科学化"立场，往往将不符合所谓"科学"标准的研究都看做是"不科学"或"软科学"，而加以矮化或排斥。对"科学"的这种理解很有点哈维指责的那种"善意的伪科学"的味道。另一种偏向则是强调逻辑实证主义地理学在西方已受到批判，已过时，因而盲目地追求所谓"多样化"地理学（后现代地理学）。殊不知逻辑实证主义地理学受人诟病的并非其方法论，而是其认识论。诸如逻辑性、深刻性、合理性、假设的提出和细心检验、可靠的证据、严格的逻辑推理、与其他研究的对比等方法论途径，正是我国地理学还需加强的地方。

## 12.4.2　联系社会发展的学术构建

哈维在其著作中一再引用马克思的名言："哲学家们只是用不同的方式解释世界，而问题在于改变世界。"（马克思和恩格斯，1995）正是剧烈变动的社会政治环境使他强烈地认同马克思的这个观点，这是他认识论立场转向的一大思想基础。哈维的兴趣因而转向了"主导 20 世纪 60 年代晚期的城市化、环境和经济发展诸问题"，后来更关注福利分配、贫困、社会公正、发展、妇女地位、规划决策、人类精神、知识与发展困境的相关等重大社会问题。但他的目标始终是建构历史 – 地理唯物主义的理论。正如前面已经指出的，他的目标并不仅仅在于解释，更注重进行解释的框架。他联系社会发展，构建了一套关涉资本、城市化、空间、环境等重要概念的历史 – 地理唯物主义理论体系，作出了独特的学术贡献。

中国的"农民工"、"城中村"以及低收入群体的贫困问题亦很严重和突出，金融危机对中国已经产生较大的影响，这些问题与社会公平和正义、阶级分化和差距扩大、资本的城市化密切相关，完全可以参考和借鉴马克思主义、激进地理学以及马克思主义地理学的工具和方法作出解释与应对，但是，这方面的相关研究却显得苍白甚至空白。中国社会目前正在经历城市化、环境和经济发展的巨变，也面临诸多类似问题的困扰，其中多数也受到中国地理学者的关注。但我们在研究这些问题时不要忘记地理学应该有自己独特的学术贡献。其中，空间内涵由非人化的、客体化的容器和几何图式向注重人的、主体化的一体化社会空间转换，是一个应当捕捉的前沿议题和重要方向。哈维为我们如何直面现实社会重大问题、洞察其深层次原因并建树理论提供了一个榜样。

在规划和实践活动中，根本的立场在于面向底层社会和低层阶级，融入并透彻理解我们的研究对象，响应马克思（1995）所提倡的"问题在于改变世界"的号召，切实地开展服务社会（尤其是底层社会）的实践活动，使地理学与人民大众的生活与利益紧密地联系和结合。对中国地理学而言，无论是主客观条件和形势还是社会需求，都充分说明，开展马克思主义地理学的理论研究和实践活动不但极为必要，而且非常重要和迫切。

279

### 12.4.3 地理学者的批判精神

哈维一直坚持几个核心观点：空间概念及地理结构、关系和过程，社会公正，联系社会发展的学术构建，对现实社会的批判。"批判"精神成为他全部学术创新的一个重要源泉。

"西方学术地理学（academic geography）发展的主要资源在大学体制内。"（克拉瓦尔，2007）哈维一直在大学工作，是一个典型的学术地理学家。据说他从不接受官方的科研项目，可能的原因大概是这种科研项目的"知识环境比大学较少激发想象力和创造力"（克拉瓦尔，2007）。哈维完全以"独立之精神，自由之思想"做学术研究，因此身在资本主义社会却能"激进"地建立批判性的资本城市化和空间理论。

在前面提到的那篇访谈录中，哈维说：

> "撰写《社会公正与城市》时我得到一个重要的经验，可用马克思用过的一段话来说明，他说我们可以通过不同概念的碰撞来点燃智慧之火。在这种摩擦冲突中，人们决不应完全放弃自己的出发点。只要原有因素还没有完全被吸纳为新思想，思想之火就会燃烧。当我阅读马克思著作时，我清楚这是一部政治经济学的批判性著作。马克思对斯密和李嘉图的学说深表尊敬。但是，在思想的创新过程中，他也把他们的概念同其他人如黑格尔或傅立叶的概念进行比较分析。于是，这成为我从事研究工作的一个准则……你应该努力把冲突的理论结合起来，看看有什么新东西诞生。"（Harvey，2001）

"独立之精神，自由之思想"，"通过不同概念的碰撞来点燃智慧之火"，正是当前中国地理学界亟待加强的批判精神之实施途径。

布劳特及其《异端的传统》一文对地理学和地理学者实质的反思与解释、自我分析和自我批判精神以及发展激进地理学的方法，值得中国地理学者学习。从思想渊源来讲，激进主义的理论与实践对同为马克思主义指导下的中国及中国地理学来说有许多值得借鉴之处。在理论上，应该在理解激进地理学和马克思主义地理学的基础上，开展中西方马克思主义地理学发展（或不发展）的比较研究和对话，鼓励并开展中国马克思主义地理学的研究，形成马克思主义地理学的中国学派。

# 12.5 小 结

激进地理学是"一种以渴望脱离旧范式和有效地改变现实世界为特征的包含多种方法的意识形态和哲学"（King，1982）。当前国内对激进地理学和马克思主义地理学的研究相当有限。布劳特的《异端的传统》是论述激进地理学产生、发展及其马克思主义地理学转向的代表作，哈维的学术转型也是第二次世界大战后人文地理学发展的一个重大事件，它们具有重要的方法论研究价值。

通过解读和剖析这两个案例，可以得出如下结论：①激进地理学在资本主义危机和实证主义地理学存在内在缺陷的背景下产生；②其理论前提在于地理学者固有的种族－阶级属性使地理学成为科学实证和文化属性相结合的产物；③激进地理学者主要通过创办刊物、建立团体、开展运动树立了激进主义学派，使它由"异端"成为传统；④马克思主义是多数激进地理学者的理论选择，马克思主义地理学凭借社会－空间辩证法，力图构建历史－地理唯物主义的理论体系并进行实践；⑤批判和自我批判基础上的重构可能是当今和未来地理学方法论创新的主要途径。

激进地理学和马克思主义地理学对中国地理学理论与方法创新具有重要借鉴意义，启示我们正确对待逻辑实证主义地理学；直面现实社会重大问题，洞察其深层次原因并建树理论；以"独立之精神，自由之思想"为学术和社会作出应有的贡献。中国应该积极开展激进地理学和马克思主义地理学的理论研究与实践活动。中国地理学者要以深刻的批判精神与自我批判勇气为动力，实现理论和方法的自主创新。

# 第 13 章  创新地理学

正如所有现象都在时间中存在而有其历史一样，所有现象也在空间中存在而有其地理（Rediscovery Geography Committee，1997）。以人类环境、人地关系和空间相互作用为主要研究对象的地理学，已成为一门包含自然科学、人文社会科学和工程技术科学的综合性学科，建立了完整而独特的学科体系。地理学在人类知识体系中具有独特和不可替代的重要地位。地理学者提出的地域分异规律、区域要素综合、人地关系、人类干预的地球系统、地图学方法、对地观测与地理信息技术、自然地理过程、空间结构（包括景观生态学和区位论）、空间过程、地缘政治与地缘经济，被认为是"改变世界的十大地理学思想"（Hanson，1997）。

中国的地理学发展到今天，经历了若干发展阶段和学科革命，也是不断继承、融合和发扬中外地理学的结果，挖掘、梳理和集成其发展进程中的思想与方法精华，对于推进未来的自主创新很有助益。

## 13.1  西方地理学主要发展阶段及其创新

西方地理学的发展（哈特向，1996，1981；马丁，2008；皮特，2007；约翰斯顿，1999a；克拉瓦尔，2007），可按不同时期的社会需求和知识环境（哲学、社会理论和对自然的认识）梳理出最重要的四个阶段。

### 13.1.1  传统地理学及其创新

古希腊时期的学者埃拉托色尼（被西方地理学界尊为地理学之父）首先合成了 geo-graphica（意为"大地的描述"）这个术语，这就是西方地理学概念的起源。在此之前的古希腊学者希洛多德（人称历史学之父）提出，地理学是一个以空间差异为基础的综合学科。在其后的两千多年里，这一直是地理学的核心思想。这种传统地理学一直延续到"文艺复兴"时期，当时的艺术和科学蓬勃发展，地理考察和发现的积累为认识世界提供了丰富的自然、人文及二者关系的具体素材。西方地理学在考察技术革新、资料积累和建立地理唯物论哲学的基础上，为建立近代地理学创造了前提。

德国地理学者洪堡和李特尔集传统地理学之大成，创始了近代地理学。洪堡的代表作《宇宙》阐述了地球是统一整体，人类是自然的一部分；探讨了地表各区域相互关联现象的差异性；注重联系与周围环境的关系来研究特定的自然要素。洪堡的这种"综合的、辩证的、比较的自然要素编整"，被恩格斯誉为"打破 19 世纪保守自然观的六大缺口之一"（恩格斯，1971）。李特尔在其代表作 19 卷的《地学通论》中，确定了区域的概念和层次，指出地理学的基本概念是差异性中的一致性，从而导出这门学科的两个基本部分：系统地理学和区域地理学。李特尔指出"土地影响着人类，而人类亦影响着土地"，被认为是近代地理学中人地关系的最早阐发者和人文地理学的创始人。

另一些学者也为近代地理学的创新作出了贡献。例如，俄国地理学者道库恰耶夫创立的自然地带学说，把地理学对自然现象的描述传统改造成空间分异和地域结构规律的探讨；美国地理学者马什第一个指出和分析了人类活动对自然环境的干预（Marsh，1864），成为现代环境保护运动的先驱；美国地理学者戴维斯将进化论引入地理学，创建了地貌轮回理论及其分析方法；美国地理学者怀特关于自然资源、自然灾害和人类环境的综合研究，开启了环境管理的先河。

根据自然科学不断取得的成果，人类不但有能力解释世界，而且可预测世界的演化。越来越多的学者相信理性也能改革社会和经济生活，一些科学思想和方法也被引入人文地理学。整个地理学中出现的统计学方法、历史调查法、野外考察法、科学地图学、解释方法、景观概念和进化概念等，都是这种理性思维的反映。

近代地理学是与工、商社会相适应的知识形态，其特点是对地球表层各种现象及其关系的解释性描述。虽然其概念体系渐趋完善，学科分化也日益精细，但其知识形态与传统地理学并无本质差别。传统地理学是传统生活方式的产物，地理概念如方位、环境及其可开发的方式、社会组织与社会互动的空间性，都源于实际的生产活动与社会生活。传统地理学一直是解释性描述的学科，通过描述和解释人类在地表的分布状况而推进了科学认识。其主要研究范式是地表形态与景观、人与环境关系、区域类型与结构、空间关系。相应地有四个学派和传统，即地学传统与自然地理学派、生态传统与人地关系学派、描述传统与区域学派、空间传统与区位学派（Pattison，1964）。

## 13.1.2 "科学的"地理学及其创新

传统地理学本质上依然是一门经验性学科，其方法论以经验论归纳主义为基础，其研究基本途径是各地事实的调查、收集、归纳整理和表述，并未建立普适性的规律，被德裔美国地理学者舍费尔批评为"例外论"（Schaefer，1953）。随着所收集事实的增加和认识的发展，人们进而要求深入了解事实的内在本质和事实之间的相互联系，需要认识事物的普遍规律从而预测事物的发展，而经验主义显然不能为此提供锐利武器。与此同时，随着地理学中系统研究的发展，地理学者们与相关学科的接触更为密切了，最先作为物理学然后作为整个自然科学，甚至也成为经济学和社会学研究框架的实证主义被引入地理学。20 世纪 60 年代后，地理学者普遍强调建立普适性科学法则从而能够进行预测的重要性。于是地理学将自然科学与工程技术中的很多科学思想和方法引入其中，企图通过科学方法论的构建来实现自身的科学化，同时强调社会和经济的空间互动，强调创新的扩散途径，从而产生了"计量革命"、空间经济学、理论地理学、时间地理学等在内的"科学的"地理学。其科学思想和方法论的主要体现是实证主义或逻辑经验主义。

在地理学者们看来，实证主义科学观的特点是"实在，有用，精确，确定，相对"（Gregory，1978）。实证主义地理学思想和方法的要义是：第一，一切关于事实的知识都以经验的实证材料为依据；第二，在事实的领域之外，则是逻辑和纯数学知识，也就是关于观念关系或纯形式的科学。实证主义着重于科学理论结构的逻辑分析，但又以经验证据来解释科学的概念和理论。这样，就把科学形式的逻辑分析和科学内容的实证（经验证实）结合在一起。实证主义方法论的中心是证实原理，即科学解释的演绎 – 法则模式和科学理论的假设—演绎观点。这成为 20 世纪五六十年代地理学者们所神往的"科学方法"，其目的就是"建立普遍的法则来概括所论学科关注的那些经验事件或客体行为，从而使我们能将关于孤立的已知事件的知识联系起来，并对未知事件作出可靠预测"（哈维，1996）。实证主义地理学研究的基本途径是取法自然科学方法，着重于理论、模型和计量化，推求因果关系，寻找普遍性抽象法则，追求地理学的"科学"化（蔡运龙，1990）。

实证主义方法论的引入，使地理学（尤其是人文地理学）发生了以下革命性的变化：第一，地理学作为研究空间关系的科学重建了研究内容和理论主体。传统地理学关注地方（place）特点因而是独特的，理论发展受到抑制；空间科学的地理学则寻求用空间（space）分布的普遍规律来解释各地区的独特事件。例如，人文地理学就确立了中心地方法论、农业区位论、工业区位论、城市社区论、空间相互作用论等理论主体。第二，在空间科学的理论框架内更多地采用假设 – 演绎方法。第三，强调实证研究所需的技能，尤其是数量化技术，以数学或统计学的形式表达研究成果，这意味着精确性、可重复性和确定性。这样，实证主义方法论的引入就加强了地理学的"科学"化。

作为实证主义地理学的一个重要成果，系统论思想和方法得到广泛认同与应用（Chorley and Kennedy，1971；威尔逊，1997）。系统论不仅应用于自然科学，也应用于社会科学，对于在探讨真实世界时兼顾自然和社会要素的地理学，更增加了一个有力的思想和方法武器。特别是系统模型在地理学研究中有突出的进展，出现了一些重要的模型（大部分是数学模型），包括生态学模型、土壤侵蚀模型、水文学模型、跨界层模型、全球模型和区域模型、演化模型等，甚至还可以模拟人类活动的影响。

计量化和系统方法在地理学中的应用，引发了一个更有影响的创新，这就是地理信息系统的发明和发展，成为地理学和所有涉及空间信息的其他学科的一个强大工具，大大推动了科学研究手段的进步。

这个阶段出现了地理学思想和方法创新的很多经典案例。其中，瑞典籍美国地理学者邦奇是这个转型的先驱，其著作《理论地理学》（邦奇，2009）强调地理学的发展应与实证主义科学概念一致，并总结了地理学中符合实证主义科学概念的思想和方法。英国地理学者哈维的《地理学中的解释》（哈维，1996）从方法论高度总结了实证主义地理学，被誉为"地理学圣经"。瑞典地理学者哈格斯特兰关于创新中心及其扩散的分析（Hagerstrand，1968）被认为是实证主义地理学的典型范例。美国地理学者阿布勒和古尔德以《空间组织：地理学者对世界的看法》（Abler and Gould，1971）总结了实证主义地理学的核心研究领域——空间关系。

实证主义地理学是在一定的社会需求和学术背景下发展并取得重要成就的。社会需求方面的因素包括城市和区域规划、产业布局和转移、资源环境管理等；学术背景方面则不能不提科学哲学的进展和"科学革命"的概念、计算机技术和遥感技术的发展与广泛运用等。

## 13.1.3 "人本的"地理学及其创新

实证主义地理学取得了重要成就，但随着认识和社会需求的发展，其缺失也逐步显现。

从科学哲学和方法论层面看，其缺失和不能自圆其说之处可归纳如下：①观察依赖理论，事实并非"客观"；②不可能充分证实，因为观察再多，也不能证明一个全称命题为真；③实证主义方法论是为基础科学定义的，而像地理学这样的综合科学太复杂，以至于难以用这样严格的科学观来限定；④实证主义社会理论试图排除价值的"中立"科学不仅是不可能的，而且由于其抵抗这种不可能性而把自身置于科学的应有之义之外。

从地理学与社会实践的联系看，"科学的"地理学缺少社会内涵，不能用以解决重大社会问题；此外，实证主义关于"社会和人的模式"以及"市场经济中的人是有理性的经济人"的两种简单假设，远不能反映实际生活经验的复杂性。针对这些缺失，地理学中发展出两种新的思想和方法途径。

一是从"关注社会公正"的宗旨出发，在马克思主义中寻求思想和方法武器，因为马克思主义理论提供了许多对社会不平等、不均衡发展和剥削等作解释的可能性。此派被称为激进地理学，其干将包括曾经集实证主义地理学之大成的哈维和邦奇，被视为地理学发展过程中的另一次革命。此阶段哈维发表的一系列论著（Harvey，1973，1982b，1985，2001）成为马克思主义地理学的代表作。马克思主义地理学还建立了历史－地理唯物主义和空间辩证法，对历史唯物主义和自然辩证法作出了重要的发展与补充。

二是针对"科学主义"倾向于认为要在科学而不是人本的范畴内来讨论人的话语权，指出人类不是机器，社会也不是。由此产生了一个地理学的新研究取向，即将焦点集中在"人对空间和大地的经验"。这就是包括地方感、地理个性、文化及空间生存经验、现象学方法、诠释学方法等在内的人文主义地理学途径。人文主义地理学是美国华裔地理学者段义孚将心理学、哲学的方法引入地理学而创建的。人文主义地理学着重于知识的主观性，因为人是一种有思想的生灵，人的意向性创造他在其中行动的世界。人文主义地理学主张包容性，虽然对"科学主义"持批判态度，但并不否定和抛弃科学，并以科学为其基础之一。人文主义地理学以对人与环境关系的深入理解为目的而考察地理现象。探索的主要论题是人与环境的关系，以及人与人在其特定空间关联域内的相互关系。段义孚认为：人文主义地理学的主题包括地理知识、领地和地方（territory and place）、拥挤和私密（crowding and privacy）、生计和经济（livelihood and economics）以及宗教等。人的经历、意识和知识是讨论这些主题的基本途径（Tuan，1976）。人文主义地理学的目的并不在于增进解释和预测能力，而在于增进认识和理解。所取得的认识被用来帮助各种人理解他们自己，并理解他人，从而能够改善生活质量。

马克思主义地理学和人文主义地理学的焦点分别是社会公正和人类的情感、经验，都关注社会中的人，因此这里以"人本的"地理学包含两者。从"科学的"走向"人本的"地理学，主要原因固然受整体科学交叉化发展趋势的影响，但更源于地理学本身的综合性特征，以及对人地关系中"人"的认识的不断深化与拓展。

## 13.1.4 多样化的地理学及其创新

传统地理学、"科学的"地理学和"人本的"地理学都在发展。然而，在全球化背景和后现代思潮的影响下，地理学思想和方法出现了更加多样化的趋势。

地理学在后现代社会里的重要性有如在传统或工业化社会里一样，因为人们总是依赖环境。不过人们不再只依赖当地生态系统，也消费遥远地区所生产的物品。所以人们不仅关注居住的环境，也关注全球性生态平衡。地理学者更深入地探讨生态机制及其人类响应。人类的经验与景观、聚落和遗址相联系，地方的重要性重新得到重视换为领域，而集体的认同经常源于此。地理学者的兴趣已趋于多样化，地理学探索人对地方的认同，强调人地关系的多样性，用以联结群体中的成员，并赋予生活以新的意义，倡导一种既民主又尊重自然的社会组织模式。这种文化取向使地理学者认知真实世界有了一个生动的新维度，出现了地理学的"制度和文化转向"（Martin，2000；Thrift，2000）。

随着大众文化的娱乐化，一方面，许多曾具社会性的或有价值的内容已被消融，另一方面，高层文化也失去了作为社会导向的意义，结果是传统意识形态的衰退和虚无感的广布。面对这样的现实，地理学也试图去探索"认同"（identity）问题。人们的选择以主观价值考虑为主，例如，希望享受健康、参与体育、活得更久等，这都与理性和经济学无关。经济转型的动力不是来自传统经济因素，而是来自文化。在这样的文化转向时代，重建人文地理学的途径之一是"研究别人的观点"。地理学所探讨的"世界"，应是芸芸众生之眼所见的"世界"，世界基于无数个人的经验，这就涉及感知、表征、意象及经过这些组合而成的广阔场景或叙事，于是要探讨现实世界中主观的一面。重建人文地理学的途径之二是"分析真实与符号"。地理学者专注于地球表层事物，专注于人们如何治理和改变这样的实物世界，但对世界的探索要通过研究者的"眼睛"，这意味着"表征"的重要性有时会超过对"客观"因子（如生态和经济）的追寻。地理学者需要探索世界表征及价值问题。重建人文地理学的途径之三是"认识世俗与神圣"。作为"科学的"地理学有理由忽视神圣性的存在，因为神圣性基于信仰而无法验证。但若承认学术应不只是研究理性行为，则无法否定别人研究宗教。学者不一定非要相信别人的认知，但他们亦无权拒斥别人的经验。于是地理学由功效主义的道德范畴转到了伦理学境界。这才有可能解释世界上某些地区为何有与现代主流社会完全不同的社会逻辑。

总之，随着自启蒙时代以来主宰思想的历史哲学之终结，随着对现代化的反思以及"科学代表进步吗？"的质疑，地理学开始强调后现代世界的空间观点，不仅以理性来解释世界，也重视人类感知和地方的复杂性，更加关注知识的条件、论述的角色及社会状况的文化方面，注重探索人对环境及其变化的感知，强调人地关系的多样性，重视"空间"也重视"地域"，探索"认同"及其与地域的联系，以文化的视角认识经济转型的动力，并涉及感知、表征和意象，重视伦理和信仰对社会逻辑的作用，地理学不再是一种纯科学和技术性的知识，已转化为对人文的反省，并导致了区域研究兴趣的再兴。地理学似乎又回到了哈特向所强调的"区域差异"，但已不可同日而语。地理学思想和方法不断经历着"否定之否定"的螺旋式上升辩证过程，呈现出多元化局面。

## 13.1.5　西方地理学多样化的反思

值得注意，对于地理学的多样化，特纳指出，那些"混沌"（chaotic）和"多样化"（anarchic）的基础理论，无论在支持者中多么流行，都无助于地理学的繁荣，还很难在知识重构中幸存，而这种知识重构已在科学中开始并必将展开（Turner，2003）。特纳还警告，地理学对哲学和多样化的兴趣，超过了对适当发展学术结构和体制的兴趣。这其实指出了地理学思想和方法的多样化必须有一个合理、自洽的结构。哈维对此进行了探索，他极大地包容各种后现代论题，又反对后现代主义话语（Harvey，1990）。他的目标并不仅仅在于解释的结果，更注重建设解释的框架。他提出"具体抽象"（concrete abstraction）的概念，这是一种认识论途径，一种分析总体社会结构的具体概念工具，包括三个方面的任务：第一，"努力表明各种各样的具体抽象……是如何必然地联系着的"；第二，"选出那些有力地综合和解释这些具体抽象之间联系的基本概念"；第三，"运作这个整体系统，建立一套说明（尽管是不完全的说明）社会运动必然规律的综合体，以便解释社会的历史和地理"（Harvey，1989b）。

哈维是首先反思和批判"科学的"地理学的那批学者之一，但他又是"科学的"（实证主义）地理学的集大成者（蔡运龙，2002）。很多其他开拓"人本的"地理学和多样化地理学的著名学者，也都经过严格的科学训练。正因为他们对"科学的"地理学认识极深，把握极准，才能批判性地在地理学学术思想和方法上作出很多创新。因此，可以说"科学的"地理学是地理学发展的必经阶段。而我国还没有完成这个阶段，我国地理学者（尤其是人文地理学者）尚需提倡科学方法，多做"实证"的研究，而不要盲目追随所谓"后现代"思潮。其实，无论什么样的地理学，之所以为"学"，统一性、自洽性、逻辑性、深刻性、合理性、简明性等总是基本的，其方法论（这里不涉及本体论、认识论和目的论）总应该是"科学的"。

288

中国还处在前现代，地理学要为中国的现代化服务，要在现代化进程中有自己的话语权。后现代主义有反权威、反历史、反中心的趋向，与中国目前的国情格格不入。中国地理学者如陷入西方后现代地理学而不能自拔，就难免被边缘化。

# 13.2 中国地理学主要发展阶段的创新

## 13.2.1 中国古代地理学的创新

殷周之际的《易经·系辞》就论述到"仰以观于天文，俯以察于地理"，"地有山、川、原、濕，各有条理，故称理也"，这个"地理"概念比西方的"geography"（大地的描述）更符合地理学本质。孔子主张"畏天命"，老子提出"人法地，地法天，天法道，道法自然"，都涉及人地关系思想，分别具有唯心和唯物的倾向。在方法论方面，中国古代主要以阴阳、五行、八卦学说来解释地理现象。战国时代的《尚书·禹贡》将古代中国版图分为九州，并概要记载各地自然条件、经济活动和物产交通，堪称世界上第一部综合地理区划著作。同一时代的《管子·地员》探索了中国土地的分类和山地植物的垂直带谱，是世界上最早对土地进行系统分类的著作。中国古代在方志、沿革地理、域外地理、自然地理和地图等方面也有很大的成就。15 世纪中国的郑和"七下西洋"，在时间上比 18 世纪西方的地理大发现更早，船队的规模、航海的技术也远胜，然而其社会意义和对地理学的影响则相去甚远。中国古代地理学者进行的实地考察和描述性记载，以《徐霞客游记》最具代表性。

中国传统的古代地理学具有如下特点：①始终保持自然、经济、人文统一的传统，未经历西方那样的学科分化和还原论分析方法发展；②数理基础薄弱，文学传统深厚；③朴素唯物辩证法的哲学思想基础；④具有为国家政治、军事、财政、外交服务的"经世致用"传统；⑤虽然强调"究天人之际"，但缺乏对自然规律的探讨。

## 13.2.2 西方地理学的引入与中国近代地理学的奠基

鸦片战争后，许多西方国家地质地理学者来华考察，如德国的李希霍芬，俄国的谢苗诺夫 – 天山斯基、奥勃鲁契夫、科兹洛夫和普尔热瓦尔斯基，美国的亨廷顿、庞佩利、维利斯，瑞典的斯文赫定，英国的麦克唐纳、布朗、海登、布拉德和罗士培，法国的勒克莱尔、兰登诺、戴普拉，日本的西德二郎、福岛安正、小川琢治、横山又次郎、小藤文次郎等。他们以实地考察为基础，发表了不少关于中国地质地理的著作。还有一批西方地理学者受聘来华任教，如美国学者葛利普、葛德石，德国学者克勒脱纳、卞莎和费思孟。他们传授了近代地理学的理论与方法，培养了一批地理学者，撰述了一些高水平的地质地理学著作，促进了近代地理学在中国的形成和发展（郑度和杨勤业，2010）。

一些先知者认识到中国要摆脱列强的侵略和掠夺，必须走富国强兵之路，了解世界各国的发展态势，调查清楚国内的资源和配置，探讨经济发展的战略，这成为中国近代地理学产生和发展的一个重要思想基础。例如，张相文积极引进西方近代地理学，倡议并贯彻"学以致用"的地理学思想，开拓了中国地理教育，还于 1909 年在天津创立了中国地理学学会。

从美国学成归来的竺可桢于 1921 年创办了我国第一个大学地学系，是中国现代地理学的主要开拓者。竺可桢等研究中国气候特点及其与世界气候的关系，揭示了中国气压场、季风、降水及其相互关系的规律性，奠定了中国近代气候学研究的基础；他的"中国气候区域论"，开创了中国气候区划研究。竺可桢还是中国人文地理研究的开拓者，他的论文《地理与文化之关系》与《论江浙两省之人口密度》是较早研究人地关系的论著。

丁文江的《关于中国人文地理》、翁文灏的《中国人口分布与土地利用》、张其昀的《中国土地人口新统计》等围绕人地相关理论，抓住人口与土地资源的关系开展了地理学研究。

胡焕庸的《中国人口之分布》一文，特别注意地形、气候、水文和农业要素与中国人口分布及区域人口容纳量的相互关系；他首创了以等值线密度表现的"中国人口分布图"，并提出了东北起黑龙江瑷珲、西南到云南腾冲的人口分布界线，被后世誉为"胡焕庸线"。他的《江苏省之农业区域》和《中国之农业区域》是中国农业地理学的开山之作。

叶良辅重视各种地貌成因、发展规律和地文期的研究，是中国地貌学的奠基人。吴尚时开拓了我国水文地理学研究。胡先骕、刘慎谔、钱崇澍、李继侗等对中国植物区系的性质、分布、植被类型等开展了研究。林超、黄秉维等展开了自然地理的综合研究工作。周廷儒开创了古地理学和历史时期环境变化的研究。

李旭旦的《白龙江中游人生地理观察》、周立三的《农业地理》、吴传钧的《中国粮食地理》和《中国稻作经济》等对人地关系研究和人文地理学建设作出了重要贡献。任美锷在 1945 年提出"建设地理学"的概念和内容（任美锷，1945），指出地理学要为工业、农业、交通运输服务，地理学要解决重大经济建设问题。这比俄罗斯地理学者格拉西莫夫（Gerasimov，1968，1984）提出"建设地理学"早二十多年。

20 世纪 40 年代由黄国璋、李承三、林超先后担任所长的中国地理研究所组织了多专业的嘉陵江流域、汉中盆地、大巴山区、川东地区等区域的综合性地理考察，考察报告以专刊形式出版，是近代中国区域地理的经典之作。此外，一些小型分散的地理考察有对青海祁连山区至河西、成都平原东北部以及涪江流域的地理考察与土壤调查等。中央研究院西北史地考察团组织了对新疆天山南北和阿尔泰山的考察。资源委员会组织了水库损失调查、川西水力经济调查、川东鄂西三峡工程水库区经济调查、三峡水力发电计划与规划等。

上述学者的工作为中国近代地理学奠定了基础。

## 13.2.3 中国当代地理学的创新

中国当代地理学是在广泛继承基础上的创新，如上文提到的任美锷的"建设地理学"；又如中国建立的综合自然地理学，不仅继承了中国传统的整体论思想并吸收了西方和俄罗斯学派的方法和理论，而且首创了这个学科概念并由林超用英文表达为 integrated physical geography（蔡运龙，1993）。中国的综合自然地理学比之欧美学派的土地系统研究和俄罗斯学派的景观学，具有更丰富的内涵，在科学和社会中起着更大的作用。

20 世纪 50 年代后，中国地理学以解决国家与区域性重大实际问题为目标，在自然地理区划、土地类型划分、大农业生产、区域自然地理综合调查等应用基础研究方面，以及地表热量与水分平衡、化学元素迁移和转换、气候与环境变化、地域分异规律、生物地理群落等基础研究方面均取得了丰富的研究成果（蔡运龙等，2004；杨勤业等，2005）。中国地理学者早在 1956 年就根据国际自然地理学的发展趋势提出了水热平衡、化学元素地表迁移和生物地理群落等自然地理学新方向（黄秉维，1960），随后提出陆地表层系统理论，不仅其研究成果为当时的国家建设和经济发展作出了独特的贡献，而且其学术思想可以说超前于当前全球变化研究中逐渐获得共识的地球生物化学循环和地球系统科学，其前瞻性已得到证明。在地域分异规律、自然地理区划、土地类型与土地利用、区域自然地理方面（赵松乔等，1979），中国地理学者提出的"综合"思想和方法，既具有中国自己的特色，也与洪堡所开创的自然地理学辩证综合途径一致，与目前全球变化研究、地球系统科学、可持续性科学都在强调的综合（integration）或集成（synthesis）不谋而合，获得国际认可（Gregory，2000）。中国地理学者提出的"在分析的基础上综合，在综合的指导下分析；自上而下的演绎方法和自下而上归纳方法的结合"的综合研究方法，对研究"尺度综合"等当前重要学术前沿

291

问题具有非常重要的指导意义。

自 20 世纪 60 年代以来，中国地理学者在北京大屯、石家庄、衡水、民勤、德州等地开展了定点实验和观测工作，遵循黄秉维提出的水热平衡、化学元素地表迁移和生物地理群落等自然地理学新方向，建立和发展了实验地理学，成为 2000 年后开展起来的生态网络实验研究的先驱。由中国科学院统筹规划建成的中国生态系统研究网络（CERN）和特殊环境与灾害监测研究网络，继承了这一重要研究方向，成为自然地理学创新研究的重要野外工作平台（翟金良和冯仁国，2004）。中国地理学在通过实验研究农田生态系统中水分循环和水盐运动规律及其与作物生长关系、环境生物地球化学、环境背景值和环境健康、青藏高原隆起及其影响、黄土高原环境变化等方面，都取得了一系列重要的科学突破。诸如黄土、冰芯、湖芯、树木年轮、洞穴沉积等的定量测试和定年，坡面、流域、风洞、冰川冻土等的实验模拟，物质能量生物地球化学循环的实验室测试等现代实验手段在地理学中也得到了广泛应用。

中国自然地理学已经从经验科学走向实验科学，从对宏观格局的研究走向微观过程和机理与宏观格局相结合的研究，从要素和过程的分离研究走向综合集成研究；在中国自然地理学发展过程中，充分重视相邻学科理论和方法的借鉴、渗透与融合，发现了新的学科生长点，发展了自然地理学理论；借鉴生态学理论，深入研究陆地表层地域系统的结构功能及动态演变过程和土地利用的生态效应，形成了土地利用与生态过程的创新研究方向；抓住我国地质环境特色和优势，瞄准国际全球变化研究前沿，突出短尺度、高分辨率、生物指标的作用及环境变化指标的现代过程研究，形成了青藏高原和中东亚干旱环境变化与地表过程的创新研究方向；将环境地理、环境地球化学、环境化学、环境生物学和环境毒理学等相关学科的研究思路、研究方法与研究手段紧密地结合起来，针对常量污染物、微量污染物及生源要素的环境过程、环境行为、生态效应、风险评价与控制机理和技术开展研究，形成了微观机理与宏观过程以及生态效应相结合的环境生物地球化学创新研究方向；以青藏高原冰芯所具有的独特优势，通过开展国际合作研究，创建了我国冰芯和冰雪资料获取与实验技术平台，形成了具有国际前沿水平的可以独立开展现代冰川和寒区环境变化研究的创新研究方向（冷疏影和宋长青，2005）。

我国的遥感应用事业从 20 世纪 70 年代末开始，至今已能从海洋卫星、资源卫星和气象卫星等对地观测平台获取地球表面遥感数据，拓展了地理学的观测视野。地理信息系统作为传统科学与新技术相结合的产物，推动着中国地理学的发展。技术革命的成果在地理学研究和教学实践中的应用日益普及，空间分析方法逐渐在各种预报、预测和发展研究领域中得到广泛应用（郑度和陈述彭，2001）。

地理学对于科学发展观的树立，对于"统筹人与自然、统筹城乡发展、统筹区域发展、统筹经济与社会的发展、统筹全球化与中国特色"思想的普及，起到了独特的作用（陆大道和蔡运龙，2001）。周立三领衔的《国情研究系列报告》提出了建立资源节约型国民经济体系、走非传统的现代化模式、大力开发人力资源和经济发展的持久战思想。吴传钧提出地理学的核心领域是"研究人地关系的地域系统"。侯仁之在北京历史城市地理研究方法上的建树，促进了西安、开封、南京、天津、广州等城市历史地理的研究。陈述彭提出和建立了地图图谱思想和方法，在国际上独树一帜。

中国地理学者组织和参与完成了一系列关于我国自然条件、自然资源、农业发展、工业布局方面的重大调查研究任务，包括大规模的地区综合考察、综合自然区划、农业区划、黄淮海平原的综合治理、国土规划和发展战略研究等，为政府和社会提供了大量的决策建议和科学依据，产生了巨大的经济效益和社会效益，在国家建设（尤其是农业生产条件分析、国土调查、资源开发、生产力布局、环境整治、区域规划、城市规划等）中起到了独特而重要的作用。同时也大大提高了地理学应用价值和科学水平，促进了大量分支学科的发展。中国地理学面对新时代的国家需求，又在"区域可持续发展"（尤其是人与自然关系、国土整治和资源保育诸方面）的研究中不断作出新的贡献。近年来许多地理科学工作者参与了全国从中央到地方的区域发展规划、生态与环境建设与保护规划、自然资源开发规划、旅游发展规划、城市发展规划，以及土地资源的详查、减灾方案的设计、城乡信息管理系统的设计和建设等。

# 13.3 地理学的创新源泉与途径

## 13.3.1 地理学的创新源泉

### 1. 地理学的性质

地理学在空间尺度上研究地表事物之分布及其变化过程，注重实地调查和直接的现实经历，依赖精确观测、实验分析、地图、遥感技术和地理信息系统等手段。地理学着力解读因为专注细节而忽略了的整体特征和相互关系。地理学的目的是认识地球表层的复杂性、景观的多样性及其中社会经济和文化传统的丰富性。地理学关注各种不同形式的人类生计和发展问题及其与资源环境的关系。地理学通过诠释上述问题的多样性和连贯性，促进人与自然之间的和谐，促进人与人之间的相互理解和交流。地理学循着人类环境、人地关系、空间互动的核心概念发展出不同的观角，以不同的尺度来解读地表事物的空间分布及其变化，使人类对其环境、社会以及不同类型现象间的关联有更深一层的了解。

地理学是用以分析世界上形形色色现象的一套独特而一致的学科体系，是一个由动态观察世界的方法、综合的领域、空间表述组成的三维矩阵。其中的第一维包括地方综合、地方间的相互依赖，尺度间的相互依赖；第二维包括环境动态、环境/社会动态、人类/社会动态；第三维包括图像的、语言的、数学的、认知的方法。地理学的技术主要是观测（包括野外观测、遥感、采样）技术、展示与分析（包括地图、地理信息系统、地理可视化、空间统计学）技术（Rediscovery Geography Committee，1997）。

地理学的核心概念（人类环境、人地关系和空间互动）是动态的、开放的，正如地理学本身是动态开放的一样。地理学已成为自然科学、社会科学和人文科学乃至工程技术之间的一座桥梁，由此使地理学对人类与环境的相互作用、对复杂世界具有独特的洞察力，并在社会实践中发挥独特的作用。

研究对象的多样性、学科特点的综合性以及研究途径的丰富性，使地理学者困惑，同时也使地理学繁荣发展。地理学的核心不像其他学科那么清晰，但这正是地理学充满活力又令人神往的魅力所在，这提供了更加灵活的思想，使创新成为一种传统（马丁，2008）。

钱学森认为"地理科学"是一个"基础理论 – 技术理论 – 应用技术"构成的完整体系。基础理论（基础科学）层次包括理论地理学、区域地理学、部门地理学（如自然地理学、人文地理学及其分支）；技术理论（技术科学）层次主要是研究应用的地理理论，如建设地理学、应用地貌学、应用气候学等；应用技术（工程科学）层次包括灾害预报、生态设计、区域规划、计量地理学、地理制图、遥感技术、地理信息系统等方面的实际应用技术。他还将现代人类知识体系归纳为 11 个门类，地理科学为其中之一，并且充当自然科学与社会科学之间桥梁的角色。在五大开放的复杂巨系统中，地理系统是位于星系系统与社会系统之间的开放复杂巨系统。地理建设是与政治文明建设、物质文明建设、精神文明建设并列的四大社会总体建设（钱学森，1994）。

### 2. 分析性思维与规范性思维

地理学思想和方法中，西方与中国传统之间的一个显著区别在于分析性思维与规范性思维的不同。西方地理学盛行分析性思维，主要是一种假设 – 演绎方法，随着新现象的发现，不断再构思新的假设，由此日积月累，建立地理学理论和方法体系，达成真理。中国地理学有深厚的规范（normative）① 性思维传统，依赖对真相的直觉和归纳，主要目的在于应用而不是深入发现和认识。

规范性思维经常刺激分析性空间知识的社会需求，分析性知识也会刺激规范性思想的发展。西方学者有如下一段论述："有关规范性思维对地理学的冲击研究已发展于日本（例如他们强调奈良盆地的野外图案）或韩国（在那里强调新儒学的意义）。风水是规范思维宇宙论的主要集成，不幸它未被地理学者作为主要的研究。"（克拉瓦尔，2007）这对我们如何看待自己的传统颇有启示。

分析性思维与还原论方法相联系，规范性思维则采用整体论方法。西方地理学已在逐渐走向整体性方法，一个显著的进展就是地球系统科学的提出和发展。地球系统科学把地球看做一个自然系统和社会系统复合的复杂巨系统，采取多学科、多尺度、非还原、整体性的视角和方法来研究（Pitman，2005）。但这已不是传统意义上的整体性方法，而是"在分析基础上综合，在综合指导下分析"的方法，其重要途径是以在还原论基础上发展起来的复杂性科学方法为手段，不仅建立反映整体的"物理"模型，而且找出相应的算法，借助计算机求解；不仅在形态和过程研究中不断深入，而且重视机理研究（黄欣荣，2006）。

### 3. 地理学思想和方法的辨证性与多样性

地理学方法应该不断求新求变。科学哲学家保罗·费耶阿本德提出多元化方法论原则，他认为最成功的科学研究从来不是按照理性方法进行的，不应要求科学家遵从一种方法论从事科学活动，而应以知识论的多样性取代理性主义。当代地理学就表现出这样的方法多样性趋势。

地理学思想和方法论不断经历着"否定之否定"的辩证过程。

从近现代主要地理学者的方法论旨趣、偏好和推进方法论的方式上，可以大致归纳出三种类型的地理学方法发展途径，即传承型、革新型和调适型。三种类型的地理学者对于地理学都不可或缺，同等重要。

西方地理学从"传统"到"科学"再到"人本"和"多样"，大致可以归纳为"科学的"和"人本的"两大范畴。"科学的"地理学借鉴实证主义、批判理性主义、科学范式、科学研究纲领、科学多元主义等派别的思想和方法论（查尔默斯，2007）；"人本的"地理学有激进地理学、人文主义地理学、行为地理学、马克思主义地理学、结构主义地理学、后现代地理学（后结构主义地理学、后殖民主义地理学）、女性主义地理学等（约翰斯顿，1999a）。思想和方法各不

---

① normative 含有"常态"、"范围"、"价值"等含义，译为"规范"有点词不达意，但尚无更贴切的译法。

相同，各有各的用处。先后出现的各种地理学思想并非简单地后者否定前者，地理学思想和方法的多样性正如地理本身的多样性一样，既是合理的，也是有益的。

### 4. 社会需求对地理学的推动

地理学的每一次革新都反映了环境和社会的格局和过程变化，应社会之需而生，并受当时整体学术思潮的影响。地理学的发展与不断变化的社会需求紧密关联。传统生活方式、私有部门的组织形式、公共部门的组织形式、政府、民族主义与现代国家、战争和军队、航海、旅行与探险、经济形势、社会问题、环境问题、城市与区域规划、全球化、就业、可持续发展、全球变化、国家问题等方面及其发展变化，在不同时期对地理知识都提出了不同的需求，从而影响着地理学的发展。

在满足社会和国家需求方面，可以说中国地理学在世界上独树一帜。西方地理学在国家决策和社会服务中并没有取得像中国地理学这样的成就。但中国地理学在借助社会需求来推动学术思想和方法的发展方面，却明显弱于西方地理学。中西方地理学在这方面有很大的相互借鉴和融合机会。在环境和经济都全球化了的今天，中、西方的社会需求走向融合，也必然会推动地理学思想和方法的融合。

## 13.3.2 推进中国地理学自主创新的途径

中国地理学在满足国家和社会需求方面表现突出，但在学术思想、理论和方法方面，独立建树和自主创新尚与中国研究地理的独特"地利"优势（蔡运龙，2000a）不很相称，也与中国庞大的地理学研究队伍不很相称。科学技术发展历程中每一次重大突破，都肇始于新思想、新理论、新方法的创新及其应用。缺乏科学思想和科学方法上的创新意识与系统研究，已经制约着我国地理学创新能力的提高，也使其解决实际问题的能力大受局限。因此，我国地理学未来的重要任务之一是加强科学思维、科学方法和科学工具的研究与创新。为此，可从以下几方面加以推进。

### 1. 走向"人本的"科学地理学和"科学的"人本地理学

"科学的"地理学侧重物、客体、自然、客观、普遍规律、因果决定、知识、逻辑、实证、理性等；"人本的"地理学偏重人、主体、人生、主观、个体特性、自由意志、价值、直觉、体验、情感等。激进的科学主义（逻辑实证或逻辑经验主义）夸大科学方法的功效，乃至认为科学能够解决一切社会问题和人生问题；激进的人本主义走向唯意志论和无规范的浪漫主义。没有人本关怀的科学主义是盲目的和莽撞的；没有科学精神的人本主义是跛足的和虚浮的。中国地理学应该走向"人本的"科学地理学和"科学的"人本地理学。

### 2. 变革科研体制

科研体制要引导科学研究满足国家需求，但也要鼓励科学家的自由探索。国家科技规划和指南旨在集中科技力量进行攻关，有利于动员国家资源完成一些重大科技任务。但在很多场合，一统往往会窒息甚至扼杀科学的自由精神，不利于科学的发现和创新。当前的科技体制要处理好国家需求与自由探索、主流与多样性等关系。

科学发展需要法律保障，各国都有科技促进法，科学界本身也有一些规则。但现在包括科技立项、科技评估和一些科技决策在内，有些时候人的作用比规则作用还大，不利于科技发展。要完善"法制"、弱化"人治"，防止掌控话语权与决策权的人对科技资源的垄断和关于科技发展的"一言堂"。

实现科学研究的独立性，是获得创造性科研成果的必要前提。要建立独立、客观的评估机构和评估机制，以摆脱长官意志、政府行为和企业行为对科学研究的主观支配与影响。要改变片面强调个人主持课题、争研究经费、重论文数量等的评估标准，从机制上鼓励"坐冷板凳"，鼓励出源头创新成果，鼓励甘当"下手"以实现合作与协作，开展重大课题研究，多出集体成果。

### 3. 科学家的研究旨趣

科学家的研究旨趣与社会需求并不一定合拍，其知识探究的倾向常超越与社会需求的关联。科学家个人不能把科学研究仅作为一种谋生手段，而要作为一种认知上的追求。为此，必须解除科学工作者的生存之忧。现在我国这方面有了极大改善，但又出现争经费的努力超过了真正做学问的努力。现在影响我国地理学自主创新的主要问题不是缺钱，而是缺思想、缺科学精神。此外，现在的科研评估标准往往把争取到的科研经费看得很重，也逼得科学家"向钱看"；把成果数量看得很重，客观上助长了粗制滥造。应该使科技工作者有自由探索的条件而无后顾之忧；不要逼迫他们"吹糠见米"，而要提倡"十年磨一剑，不敢试锋芒"。

### 4. 思维方式和科学精神

在思维方式层面，一般认为中国的传统是综合的，而西方的主流是分析的。正是分析使得科学不断分化、深入，而中国一直在强调综合思想，其实中国传统的综合思维缺乏深入、准确、可重复等科学性质，不能成为现代科学综合的基础。这是导致现代科学技术发端于西方而不是中国的原因之一。现在有些人认为分析性思维已穷途末路，应该在中国的综合传统中寻求出路。但是综合的手段、途径不太清楚，还得借助优秀的科学技术才能做好综合。

西方科学传统比较重视形而上，重视原理、机理的探索；而中国传统文化却更重视实用，现在更是功近利，忽视"至理"。例如，段义孚因其在人文地理学上的探索与发现被选为美国艺术和科学院院士、英国皇家科学院院士，但他的学术成果在我们这里被有的学人看做是"散文"（汤茂林，2009）。

科学需要"独立之精神，自由之思想"，"科学基本上是批判性的，没有批判，学术的进步便会受到负面的影响。地理学术的发展也是这样，国内地理学术进步缓慢，原因固然很多，学者之间受传统中国观念的影响，不愿得罪人，绝少公开批评他人的著作，无疑是一个相当重要的原因"（姜道章，1999）。

### 5. 寻求重要研究方向的突破

地理学的未来趋势是：一是走向更加综合发展的道路；二是在全球变化的高度上进行研究；三是从一般性的描述走向更深入地揭示关键过程及其动态变化的机理机制；四是更加重视运用高新技术来武装；五是更加密切地为实现区域可持续发展服务（李吉钧，2003）。要针对国家重大科技需求，充分发挥中国独特、复杂、多样的地理优势，寻求重要研究领域的突破。

要以综合的观点和学科交叉的方式研究地球表层系统的演变及其动态机制。最重要的问题是人类活动与环境变化，核心是"人地关系地域系统"。要探讨这个系统的内部组成、主要关联及其与外部环境的关系。揭示人类对环境变化的感知和响应，以及人类对环境的利用和影响及环境对人类的影响。从较小空间尺度上揭示地表物质元素转化与迁移的机制，到宏观层面上研究气候变化和全球物质反映之间的关系。从不同的空间尺度研究人口、资源、环境之间的关系，并寻找解决的途径。通过较小尺度的研究，经过尺度转换，为大范围区域的整治提供理论基础和政策依据。为了促进地理学理论和地理学思想的创新，需要加强与其他专业学者之间的联系和磋商，进行跨学科的交叉和渗透。

要发展地理学综合方法。地球表层系统到处都被打上了人类活动的烙印，自然和人文如此深刻地交融、对立和制约着。把二者分割开来的地理学不可能揭示问题的本质，忽视人类活动影响的自然地理学，忽视自然生态基础作用的人文地理学，都不能在解决实际问题中有大的作为。现代地理学是统筹环境、经济、社会和人的地理学，地理学的研究重点应放在各圈层的相互作用及其与智能圈的耦合与联动上。要克服拼盘式的综合或见物不见人的综合。综合研究有不同层次，

"地球系统"科学和"可持续性"科学是高层次的综合,是一个长远目标,目前可就力之所及从较低层次的综合做起(任美锷,2003)。

要发展区域研究方法。包括全球的概念、区域差异和区域相互依赖的概念。针对不同的空间尺度界定不同的区域论题,研究发生在区域中的过程和演变规律,而不是静态地研究区域。由于地表各种过程在不同时空尺度表现差异及其自身的抗干扰能力和恢复能力不同,全球变化的区域响应、陆地生态系统的演变、温室气体增加的影响等,在不同区域有不同的表现和规律,要加强各种地带和各种类型地域(流域、区域、地方)的研究。区域或国家一体化和多样化发展,也是地理学研究的基本范畴。区域是整合微观(地点)和宏观(全球)的关键环节,这个中观尺度上的研究方法又是相对薄弱的环节。加强区域研究方法对于全球变化研究具有重要意义。

要发展格局与过程耦合的观点和技术路线。发生在各种类型和各种尺度的区域中的过程必然产生一定的格局,而格局的变化又会影响到自然、生态、社会发展的进程。这就产生了格局和过程间相互作用的研究。这种相互作用还表现在区域之间的相互依赖性,包括不同尺度区域之间的相互依赖性。如对不同时间序列、不同空间尺度的土地利用和土地覆被变化、景观类型变化的研究就是如此。实地调查、区域比较、尺度转换等传统方法和新兴的空间分析、系统模拟是这种研究的基本方法。

要发展地球信息科学与"数字地球"。研究地球信息的发生、传播、表达机理;通过观察到的地球信息反演各种地球时空过程的参数和机制;建立描述和解释地球时空过程的空间信息分析理论;系统模型与虚拟现实技术的结合实现虚拟和操作;实现对地球表层现象的实时定位、定性、定量的动态监测,积累和储备各种时空尺度的地理信息。

要发展地理实验。为了深入研究和揭示地球表层动态系统中的物质循环和要素作用机理,必须重视地理学的实验研究。从经验科学走向实验科学,从宏观进入微观,并使微观研究和宏观研究相结合,是当代地理学的一个主要趋势,也是地理学创新的一个重要途径。同时,要认识到实验研究不能代替样本研究,不能代替实地考察和观测。

# 13.4　结　　语

钱学森院士倡导建立地理科学体系,并指出地理科学应是与自然科学、社会科学、数学科学、系统科学、思维科学、人体科学、文艺理论、军事科学、行为科学等相并列的科学部门(钱学森,1994)。地理学在人类认识世界和改造世界的进程中将发挥越来越大的作用。中国地理学未来的重要任务是加强科学思维、科学方法和科学工具的研究与创新，要充分挖掘、梳理、集成古今中外的思想和方法创新成果，走向"人本的"科学地理学和"科学的"人本地理学，提倡"独立之精神，自由之思想"，提倡地理学思想和方法的多样化和科学化，在重要研究方向寻求突破，以推进自主创新。

# 参 考 文 献

阿努钦.1994.地理学的理论问题.李德美,包森铭译.北京:商务印书馆

埃思里奇.1999.应用经济学研究方法论.朱钢译.北京:经济科学出版社

艾南山.1993.曼德布罗特景观和赫斯特现象——分形理论引发的地理学革命//辛厚文.分形理论及其应用.合肥:中国科学技术大学出版社

爱因斯坦.1976.爱因斯坦文集.北京:商务印书馆

安介生.2004.历史时期中国人口迁移若干规律的探讨.地理研究,23(5):667-676

巴恩斯.2001.科学知识与社会学理论.鲁旭东译.北京:东方出版社

巴恩斯,布鲁尔,亨利.2004.科学知识:一种社会学的分析.邢冬梅,蔡仲译.南京:南京大学出版社

巴尼可夫,李丽英,穗生,等.1958.论动物地理学的几个原则、方法和任务.地理学报,13(2):119-122

白光润.1995.地理学的哲学贫困.地理学报,50(3):279-287

邦奇.1991.理论地理学.石高玉等译.北京:商务印书馆

鲍全盛,姜文来.1998.论我国河流水环境容量空间分异与工业生产力的宏观布局.地理科学,18(3):205-212

贝尔纳.2003.科学的社会功能.陈体芳译.桂林:广西师范大学出版社

波德纳尔斯基.1986.古代的地理学.梁昭锡译.北京:商务印书馆

波赛尔.2002.科学:什么是科学.李文潮译.上海:上海三联书店

布尔迪.2006.科学之科学与反观性.陈圣生,涂释文,梁亚红等译.桂林:广西师范大学出版社

布劳格.1990.经济学方法论.黎明星,陈一民,季勇译.北京:北京大学出版社

布劳格.2000.经济学方法论的新趋势.张大宝等译.北京:经济科学出版社

布劳特.2002.殖民者的世界模式:地理传播主义和欧洲中心主义史观.谭荣根译.北京:社会科学文献出版社

蔡博峰,于嵘.2008.景观生态学中的尺度分析方法.生态学报,28(5):2279-2287

蔡运龙.1990.地理学的实证主义方法论——评《地理学中的解释》.地理研究,9(3):95-104

蔡运龙.1993.林超的学术思想与成就.地理学报,48(3):272-281

蔡运龙.1996.人地关系研究范型:哲学与伦理思辩.人文地理,(1):1-6

蔡运龙.2000a.自然地理学的创新视角.北京大学学报(自然科学版),46(4):576-582

蔡运龙.2000b.自然资源学原理.北京:科学出版社

蔡运龙. 2002-05-29. 大卫·哈维：地理学实证派的集大成者和终结者. 中华读书报，第18版

蔡运龙. 2008. 西方地理学思想史略及其启示. 地域研究与开发，(5)：1-5

蔡运龙. 2009. 中西方地理学思想和方法的流变与融合. 创新方法，(1)：35-46

蔡运龙，陆大道，周一星，等. 2004. 地理科学的中国进展与国际趋势. 地理学报，59 (6)：803-810

曹学礼，陈恒，杨军生. 2006. 基础地理空间数据库的尺度与时态问题的探讨. 测绘与空间地理信息，29 (3)：28-30

查尔默斯. 2007. 科学究竟是什么？(第三版). 鲁旭东译. 北京：商务印书馆

柴彦威，王恩法. 1997. 时间地理学的基本概念与表示方法. 经济地理，17 (3)：55-61

常春兰. 2005. 科学的人文精神或人文的科学精神. 山东社会科学，113 (1)：51-53，30

陈才，刘曙光. 1999. 区域经济地理学方法论建设初探. 地理研究，18 (1)：2-7

陈刚. 2006. "后现代视野中的科学与人文精神"国际研讨会综述. 哲学研究，52 (3)：125-126

陈慧琳. 2007. 人文地理学 (第二版). 北京：科学出版社

陈嘉明等. 2010. 科学解释与人文理解. 上海：上海人民出版社

陈军. 1999. 多尺度空间数据基础设施的建设与发展. 中国测绘，11 (3)：17-21，5

陈利顶，吕一河，傅伯杰，等. 2006. 基于模式识别的景观格局分析与尺度转换研究框架. 生态学报，26 (3)：663-670

陈述彭，鲁学军，周成虎. 2000. 地理信息系统导论. 北京：科学出版社

陈雯，Soyez D，左文芳. 2003. 工业绿色化：工业环境地理学研究动向. 地理研究，22 (5)：601-608

陈彦光. 1998. 城市体系 Koch 雪花模型的实证研究——中心地 $K_3$ 体系中的分形与分维. 经济地理，18 (4)：33-37

陈彦光. 2001. 城镇等级体系的 Beckmann 模型与三参数 Zipf 定律的数理关系——Beckmann 城镇等级–规模模型的分形与分维. 华中师范大学学报 (自然科学版)，35 (2)：229-233

陈彦光. 2003. 中国的城市化水平有多高？——城市地理研究为什么要借助分形几何学？城市规划，27 (7)：12-17

陈彦光. 2004. 城市化：相变与自组织临界性. 地理研究，23 (3)：301-311

陈彦光. 2006. 中国城市发展的自组织特征与判据. 城市规划，30 (8)：24-30

陈彦光. 2007. 中国城市化水平的自回归与功率谱分析. 地理研究，26 (5)：1021-1032

陈彦光. 2008a. 分形城市系统：标度、对称和空间复杂性. 北京：科学出版社

陈彦光. 2008b. 地理学的模型建设及其选择标准——简析非欧几何学对地理学研究方法的影响. 亚热带资源与环境学报，3 (4)：1-7

陈彦光. 2008c. 西方地理学研究传统的嬗变. 华中师范大学汉口分校学报，2008，1 (1)：98-102

陈彦光. 2008d. 地理学多视角研究方法——Braess 网络车流分配过程的理论分析与数值计算.

地理研究, 27 (6)：1367-1380

陈彦光. 2009a. 地理学理论研究和科学分析的一般方法探讨. 地理科学, 29 (3)：316-322

陈彦光. 2009b. 对称性与人文地理系统的规律性. 地理科学进展, 28 (2)：312-320

陈彦光. 2009c. 空间相互作用模型的形式、量纲和局域性问题探讨. 北京大学学报, 45 (2)：
333-338

陈彦光. 2009d. 基于 Moran 统计量的空间自相关理论发展和方法改进. 地理研究, 28 (6)：
1449-1463

陈彦光. 2011. 地理数学方法及其应用. 北京：科学出版社

陈彦光, 胡余旺. 2010. 城市体系二倍数规律与位序-规模法则的等价性证明. 北京大学学报
（自然科学版）, 46 (1)：115-120

陈彦光, 靳军. 2003. 地理学基础理论研究的方法变革及其发展前景. 干旱区地理, 26 (2)：
97-102

陈彦光, 刘继生. 2001. 中心地体系与水系分形结构的相似性分析——关于人—地对称关系的
一个理论探讨. 地理科学进展, 20 (1)：81-88

陈彦光, 刘继生. 2004. 地理学的主要任务与研究方法——从整个科学体系的视角看地理科学
的发展. 地理科学, 24 (3)：257-263

陈彦光, 刘明华. 1998. 区域城市规模分布的分维研究. 科技通报, 14 (6)：395-400

陈彦光, 余斌. 2006. 人口增长的常用数学模型及其预测方法——兼谈对 Keyfitz 双曲增长等模
型的修正与发展. 华中师范大学学报（自然科学版）, 40 (3)：452-456

陈燕, 齐清文, 杨桂山. 2006. 地学信息图谱时空维的诠释与应用. 地球科学进展, 21 (1)：
10-13

陈燕, 汤国安, 齐清文. 2004. 不同空间尺度 DEM 坡度转换图谱分析. 华侨大学学报（自然科
学版）, 25 (1)：79-82

陈佑启, Verburg P. 2000. 中国土地利用/土地覆盖的多尺度空间分布特征分析. 地理科学, 20
(3)：197-202

陈兆利. 2007. 论数学教育的科学价值与人文价值. 煤炭高等教育, 24 (3)：112-113

陈致远. 2004. 西汉武陵郡治地望考. 中国历史地理论丛, 19 (2)：67-72

陈仲雍. 1983. 赫特纳著《地理学：它的历史、性质和方法》述评. 地理学报, 38 (2)：
197-203

成英燕, 程鹏飞, 秘金钟, 等. 2007. 大尺度空间域下 1980 西安坐标系与 WGS84 坐标系转换
方法研究. 测绘通报, 53 (12)：5-8

程结海, 魏峰远, 薛华柱. 2008a. 空间数据尺度转换方法与应用. 地理空间信息, 6 (4)：
13-15

程结海, 薛华柱, 胡圣武. 2008b. 空间数据尺度转换问题研究. 测绘与空间地理信息, 31
(5)：112-114, 118

程序, 刘国彬, 陈佑启, 等. 2004. 黄土高原小流域生态-经济重建模式的尺度概念和方法.

应用生态学报，15（6）：1051-1055

池永歆．2008．哈特向的地理学方法论研究：回顾与审视．地理研究（中国台湾），49：41-60

楚义芳．1988．地理学的逻辑方法和基本法则．地理学报，43（3）：250-257

德芒戎．1993．人文地理学问题．葛以德译．北京：商务印书馆

邓彦，钟添生，甘桂蓉．2007．科学教育的人文价值．教育探索，23（12）：29-30

迪尔凯姆．1999．社会学方法的规则．胡伟译．北京：华夏出版社

迪金森．1980．近代地理学的创建人．葛以德，林尔蔚译．北京：商务印书馆

笛卡儿．1991．探求真理的指导原则．管震湖译．北京：商务印书馆

笛卡儿．2004．谈谈方法．王太庆译．北京：商务印书馆

丁晶，王文圣，金菊良．2003．论水文学中的尺度分析．四川大学学报（工程科学版），47（3）：9-13

丁圣彦，曹新向．2004．清末以来开封市水域景观格局变化．地理学报，59（6）：956-963

杜学彬，谭大诚．2000．地电阻率1年尺度异常时空丛集现象与地震活动性．中国地震，16（3）：90-99

段义孚．2006．人文主义地理学之我见．志丞，左一鸥译．地理科学进展，25（2）：1-7

恩格斯．1971．自然辩证法．北京：人民出版社

范冬萍．1999．对可持续发展理念的一种系统思考——科学理性和人文关怀的协同与升华．系统辩证学学报，7（4）：6-10

方一平．1995．广西梧州经济发展滞后的宏观分析．地域研究与开发，14（4）：38-42

方一平，秦大河，丁永建．2009．全球风险和脆弱性评估方法及其尺度转换的局限性．干旱区地理，32（3）：319-326

费耶阿本德．2005．自由社会中的科学．兰征译．上海：上海译文出版社

费耶阿本德．2007．反对方法——无政府主义知识纲要．周昌忠译．上海：上海译文出版社

冯健．2002．杭州市人口密度空间分布及其演化的模型研究．地理研究，21（5）：635-646

冯健．2004．转型期中国城市内部空间重构．北京：科学出版社

冯克利．1998．脚注（第1页）//马克斯·韦伯．学术与政治．冯克利译．北京：外文出版社

冯配岳，沈伟烈．1984．关于军事地理学几个问题的探讨．地理科学，4（2）：183-187

冯契．2007．哲学大辞典（分类修订本）．上海：上海辞书出版社

冯松，汤懋苍．1998．太阳活动百年尺度的跃变与气候跃变的相关分析．高原气象，17（3）：45-49

冯天瑜，周积明．1986．中国古文化的奥秘．武汉：湖北人民出版社

冯卫红，苗长虹．2008．旅游产业集群：旅游地理学研究的微观领域．人文地理，23（3）：97-101

冯艳．2001．"科学文化与人文文化融合"研究综述．学术月刊，45（11）：107-109

高泳源．1990．竺可桢关于地理学性质、任务与方法的论述．地理科学，10（1）：20-27，97

格雷戈里．2006．变化中的自然地理学性质．蔡运龙等译．北京：商务印书馆

葛全胜.2006."过去300年中国东部季风区雨带进退图谱与模拟诊断"研究进展.地理研究，25（2）：368

葛兆光.2006.西潮又东风：晚清民初思想、宗教与学术十论.上海：上海古籍出版社

顾朝林.2009.转型中的中国人文地理学.地理学报，64（10）：1175-1183

顾朝林，陈璐.2004.人文地理学的发展历程及新趋势.地理学报，59［增刊（人文地理学专辑）］：11-20

顾朝林，刘海泳.1999.西方"马克思主义"地理学.地理科学，19（3）：237-242

顾朝林，于涛方，李平.2008.人文地理学流派.北京：高等教育出版社

归佩兰.1974.月、季时间尺度的一对大气海洋系统.气象科技资料，2（S1）：57-59

哈特向.1963.地理学性质的透视.黎樵译.北京：商务印书馆

哈特向.1996.地理学的性质.叶光庭译.北京：商务印书馆

哈维.1990.论地理学的历史和现状：一个历史唯物主义宣言.蔡运龙译.地理译报，（3）：25-31

哈维.1996.地理学中的解释.高泳源，刘立华，蔡运龙译.北京：商务印书馆

哈维.2001.英国著名学者大卫·哈维论资本主义.吴敏编译.国外理论动态，（3）：4-7

哈维.2003.后现代的状况——对文化变迁之缘起的探究.阎嘉译.北京：商务印书馆

哈维.2006a.社会正义、后现代主义与城市//罗岗.帝国都市与现代性.南京：江苏人民出版社

哈维.2006b.希望的空间.胡大平译.南京：南京大学出版社

哈维.2009.新帝国主义.初立忠，沈晓雷译.北京：社会科学文献出版社

哈维.2010a.巴黎城记：现代性之都的诞生.黄煜文译.桂林：广西师范大学出版社

哈维.2010b.新自由主义简史.王钦译.上海：上海译文出版社

哈维.2010c.正义、自然和差异地理学.胡大平译.上海：上海人民出版社

韩文轩，方精云.2003.相关生长关系与生态学研究中的尺度转换.北京大学学报（自然科学版），49（4）：583-593

郝柏林.1986.分形与分维.科学，38（1）：9-17

郝柏林.1999.复杂性的刻画与"复杂性科学".科学，51（3）：3-8

郝柏林.2004.混沌与分形——郝柏林科普文集.上海：上海科学技术出版社

郝仕龙，李壁成.2004.土地利用的尺度和尺度转换.中国土地科学，18（5）：32-36

何博传.1989.山坳上的中国——问题·困境·痛苦的选择.贵阳：贵州人民出版社

何林福.1993.论陈传康教授的地理学研究.人文地理，8（4）：38-44

赫特纳.1983.地理学：它的历史、性质和方法.王兰生译.北京：商务印书馆

侯仁之.1990.论北京建城之始.北京社会科学，5（3）：42-44

侯仁之.2001.古代北京运河的开凿和衰落.北京规划建设，15（4）：8-12

华昌宜.2007.第一版编校者序//克拉瓦尔.地理学思想史.郑胜华，刘德美，刘清华，等译.北京：北京大学出版社

黄秉维. 1960. 自然地理一些最主要的趋势. 地理学报, 26（3）: 149~154

黄秉维. 1996. 论地球系统科学与可持续发展战略科学基础（1）. 地理学报, 51（4）: 350-354

黄磊, 邵雪梅, 刘洪滨, 等. 2006. 青海德令哈地区千年来降水量的突变分析. 地理学报, 61（7）: 713-719

黄欣荣. 2006. 复杂性科学研究方法论纲. 科学技术与辩证法, 23（1）: 32-35

基钦, 泰特. 2006. 人文地理学研究方法. 蔡建辉译. 北京: 商务印书馆

吉登斯. 1998. 社会的构成: 结构化理论大纲. 李康, 李猛译. 北京: 三联书店

吉登斯. 2007. 批判的社会学导论. 郭忠华译. 上海: 上海译文出版社

季民, 靳奉祥, 李云岭, 等. 2004. 海洋渔业专题属性数据多尺度综合与表达. 测绘通报, 50（6）: 28-31

贾丁斯. 2002. 环境伦理学. 林官民, 杨爱民译. 北京: 北京大学出版社

贾文毓. 2008. 地理学研究方法引论———一般科学方法论层次的衍绎. 北京: 气象出版社

姜道章. 1999. "姚译方校中国地图学史"纠谬———兼论学术著作的翻译. 地理研究报告, 30: 103

蒋荣. 2005. 韩国近年城市化多元发展趋势的微观分析. 世界地理研究, 12（4）: 64-69, 15

蒋文燕, 朱晓华, 蔡运龙, 等. 2007. 基于不同空间尺度的旅游客源预测模型对比研究. 旅游学刊, 22（11）: 17-21

金声震, 李小聪, 王淑兰, 等. 1991. 毫秒时间尺度太阳微波辐射新特征. Chinese Journal of Astronomy and Astrophysics, 11（4）: 394-396

金吾伦. 2004. 译后记//库恩. 科学革命的结构. 金吾伦, 胡新和译. 北京: 北京大学出版社

靖学青. 1998. 中国沿边地区开放开发的宏观前景分析. 地理学报, 53（5）: 22-30

菊地利夫. 1991. 略论历史地理学中的人文主义方法———附论实证主义方法. 中国历史地理论丛, 6（3）: 23-38

凯恩斯. 2001. 政治经济学的范围与方法. 党国英, 刘惠译. 北京: 华夏出版社

康德. 2003. 自然科学的形而上学基础. 邓晓芒译. 北京: 三联书店

康德. 2005. 实用人类学. 邓晓芒译. 上海: 上海人民出版社

柯林伍德. 1997. 历史的观念. 何兆武, 张文杰译. 北京: 商务印书馆

柯林伍德. 1999. 自然的观念. 吴国盛, 柯映红译. 北京: 华夏出版社

克拉瓦尔. 2007. 地理学思想史. 郑胜华, 刘德美, 刘清华, 等译. 北京: 北京大学出版社

克朗. 2005. 文化地理学. 杨淑华, 宋慧敏译. 南京: 南京大学出版社

克罗齐. 1982. 历史学的理论与实际. 傅任敢译. 北京: 商务印书馆

库恩. 2004. 科学革命的结构. 金吾伦, 胡新和译. 北京: 北京大学出版社

拉卡托斯. 2005. 科学研究纲领方法论. 兰征译. 上海: 上海译文出版社

冷疏影, 宋长青. 2005. 中国地理学面临的挑战与发展. 地理学报, 60（4）: 553-558

黎夏, 叶嘉安, 刘小平, 等. 2007. 地理模拟系统: 元胞自动机与多智能体. 北京: 科学出版社

李并成.2005.石关峡：最早的玉门关与最晚的玉门关.中国历史地理论丛，20（2）：120-125

李伯华，曾菊新.2008.农户居住空间行为演变的微观机制研究——以武汉市新洲区为例.地域研究与开发，27（5）：30-35

李凤琴.2004.20世纪二三十年代中国北方十省农民离村问题研究——以华北地区山东、山西、河南、河北为重点.中国历史地理论丛，19（2）：112-120，161

李宏伟，郭建忠.2003.多尺度地理空间数据的分布式存储与管理.地球信息科学，8（3）：56-59

李后强，艾南山.1996.关于城市演化的非线性动力学问题.经济地理，16（1）：65-70

李吉钧.2003.地理学呼唤新理论.中学地理教学参考，（4）：4-5

李钜章.1995.地震灾害宏观分析研究.地理研究，14（2）：35-40

李军.2006.晚唐（公元861—907年）凉州相关问题考察——以凉州控制权的转移为中心.中国史研究，28（4）：77-89

李军，庄大方.2002.地理空间数据的适宜尺度分析.地理学报，57（增刊）：52-59

李霖，应申.2005.空间尺度基础性问题研究.武汉大学学报（信息科学版），49（3）：199-203

李令福.2000.中国历史地理学的理论体系、学科属性与研究方法.中国历史地理论丛，15（3）：215-234，253

李润田.1999.全国第一次人文地理学讨论会的片断回忆.吴传钧，施雅风.中国地理学90年发展回忆录.北京：学苑出版社

李双成，蔡运龙.2005.地理尺度转换若干问题的初步探讨.地理研究，24（1）：11-18

李伟芬，丁静，苗卿.2007.空间数据多尺度研究综述.电脑知识与技术（学术交流），14（13）：134-136

李伟平，季劲钧，董文杰，等.2008.年际时间尺度上全球植被与大气相互作用的诊断分析.大气科学，33（1）：75-89

李侠.2004.试论人文主义与科学主义的断裂与整合.齐鲁学刊，64（5）：71-75

李小建.1999.经济地理学研究中的公司访谈定性分析方法及其应用实例.经济地理，19（3）：2-7

李小建，乔家君.2004.地形对山区农田人地系统投入产出影响的微观分析——河南省巩义市吴沟村的实证研究.地理研究，23（6）：717-726

李醒民.2008.科学方法概览.哲学动态，（9）：8-15

李旭旦.1943.评哈特向著地理思想史论.地理学报，10：139-146

李旭旦.1979.现代地理学的几个问题.地理知识，（9）：1-2，5

李煜，夏自强.2007.水域生态系统的时间尺度与空间尺度.河海大学学报（自然科学版），51（2）：168-171

李政道.1999.李政道文录（Essays of Lee Tsung-Dao）.杭州：浙江文艺出版社

李志林.2005.地理空间数据处理的尺度理论.地理信息世界，3（2）：1-5

里夫金，霍华德．1987．熵：一种新的世界观．吕明，袁舟译．上海：上海译文出版社

梁珺，郑辉．2007．空间数据融合的多尺度转换．中国资源综合利用，26（11）：39-41

林彰平，闫小培．2007．广州市金融机构微观集聚案例．经济地理，27（1）：84-88

刘丙军，邵东国，沈新平．2007．作物需水时空尺度特征研究进展．农业工程学报，24（5）：258-264

刘吉平，吕宪国，殷书柏．2005．GAP 分析：保护生物多样性的地理学方法．地理科学进展，24（1）：41-51

刘纪根，蔡强国，樊良新，等．2004．流域侵蚀产沙模拟研究中的尺度转换方法．泥沙研究，49（3）：69-74

刘继生．1997．现代日本的水田开发——开发地理学方法的研究．经济地理，17（4）：112

刘建梅，裴铁璠．2003．水文尺度转换研究进展．应用生态学报，14（12）：2305-2310

刘妙龙，李乔．2000．从数量地理学到地理计算学——对数量地理方法的若干思考．人文地理，15（3）：13-16

刘前进，蔡强国，刘纪根，等．2004．黄土丘陵沟壑区土壤侵蚀模型的尺度转换．资源科学，28（S1）：81-90

刘盛佳．1990．地理学思想史．武汉：华中师范大学出版社

刘式达，刘式适．1993．分形与分维引论．北京：气象出版社

刘曙光．2002．新时期我国区域经济地理学发展问题初探．地域研究与开发，21（2）：1-4

刘卫东，陆大道．2004．经济地理学研究进展．中国科学院院刊，19（1）：35-39

刘学军，卢华兴，仁政，等．2007．论 DEM 地形分析中的尺度问题．地理研究，26（3）：433-442

刘亚彬，刘大有，王飞．2003．定性空间表示与定性空间的研究与发展．计算机科学，30（3）：65-67

柳锦宝，杨华，张永福．2007．基于尺度转折点的尺度转换方法研究．测绘科学，32（6）：123-125，83，208

鲁学军，周成虎，龚建华．1999．论地理空间形象思维——空间意象的发展．地理学报，54（5）：401-408

鲁学军，周成虎，张洪岩，等．2004．地理空间的尺度—结构分析模式探讨．地理科学进展，23（2）：107-114

陆大道．1987．我国区域开发的宏观战略．地理学报，42（2）：97-105

陆大道．1988．区位论及区域研究方法．北京：科学出版社

陆大道．1995．区域发展及其空间结构．北京：科学出版社

陆大道．2005．西方"主流经济地理学"发展基本议题演变的评述．地理科学进展，24（3）：1-7

陆大道，蔡运龙．2001．我国地理学发展的回顾与展望——地理学：方向正在变化的科学．地球科学进展，16（4）：467-472

陆丽姣.1990. 人文地理学概论. 武汉：华中师范大学出版社

吕达, 叶贵仁.2003. 当代世界行政改革的宏观趋势与中国行政改革的微观分析. 延安大学学报（社会科学版）, 25（2）：38-41

吕一河, 傅伯杰.2001. 生态学中的尺度及尺度转换方法. 生态学报, 21（12）：2096-2105

骆剑承, 周成虎, 梁怡, 等.2002. 多尺度空间单元区域划分方法. 地理学报, 57（2）：167-173

马丁.2008. 所有可能的世界：地理学思想史（第四版）. 成一农, 王雪梅译. 上海：上海人民出版社

马尔凯.2001. 科学与知识社会学. 林聚任等译. 北京：东方出版社

马尔凯.2007. 词语与世界. 李永梅译. 北京：商务印书馆

马克思, 恩格斯.1995. 马克思恩格斯选集（第一卷）. 北京：人民出版社

马润潮.2004. 西方经济地理学之演变及海峡两岸地理学者应有的认识. 地理研究, 23（5）：573-581

马勇.1997. 三维动态时空时间尺度变换. 重庆师范学院学报（自然科学版）, 14（4）：18-21

迈尔斯.1986. 系统思想. 志信, 葛明浩译. 成都：四川人民出版社

迈那.1991. 方法论导论. 王路译. 北京：三联书店

麦金德.1985. 历史的地理枢纽. 林尔蔚, 陈江译. 北京：商务印书馆

毛曦, 何小莲.2000. 地理学思想史研究中值得注意的几个问题. 中国历史地理论丛, （3）：233-238

茅于轼.1985. 择优分配原理——经济学和它的数学基础. 成都：四川人民出版社

梅尼埃.1999. 法国地理思想史. 蔡宗夏译. 北京：商务印书馆

孟斌, 王劲峰.2005. 地理数据尺度转换方法研究进展. 地理学报, 60（2）：277-288

苗长虹, 魏也华.2007. 西方经济地理学理论建构的发展与论争. 地理研究, 26（6）：1233-1246

缪尔达尔.1992. 亚洲的戏剧——对一些国家贫困问题的研究. 谭立文, 张卫东译. 北京：北京经济学院出版社

莫里尔.1989. 地理学理论化的紧迫性. 马建华译. 地理译报, （3）：17-21

莫斯.1985. 地理研究的科学方法. 李德美译. 地理译报, （1）：54-58

墨素娟, 秦勇.2007. 空间信息尺度变换在铁路数据处理中的应用. 科技信息（科学教研）, 24（33）：452-453

默顿.2003. 科学社会学. 鲁旭东, 林聚任译. 北京：商务印书馆

牛文元.1992. 理论地理学. 北京：商务印书馆

潘天群.2002. 博弈生存——社会现象的博弈论解读. 北京：中央编译出版社

潘玉君, 武友德.2009. 地理科学导论. 北京：科学出版社

培根.2007. 学术的进展. 刘运同译. 上海：上海人民出版社

佩迪什.1984. 古代希腊人的地理学——古希腊地理学史. 蔡宗夏译. 北京：商务印书馆

彭纪南．1998．科学精神与人文精神的融汇——走向 21 世纪的科学．自然辩证法研究，14（3）：63-66

彭加勒．2006．科学与方法．李醒民译．北京：商务印书馆

彭晓鹃，邓孺孺，刘小平．2004．遥感尺度转换研究进展．地理与地理信息科学，20（5）：6-10，14

彭志良，赵泽英，李中元，等．2008．喀斯特山区村级尺度下农田土壤中微量元素空间变异特性．贵州农业科学，37（6）：87-90

皮特．2007．现代地理学思想．周尚意等译．北京：商务印书馆

齐德利，李加林，葛云健，等．2004．沿海生态旅游资源评价指标及尺度研究——以江苏沿海为例．自然资源学报，19（4）：508-518

钱新强．1999．环境遥感对地理学研究方法的拓展．地域研究与开发，18（3）：87-89

钱学森．1989a．关于地学的发展问题．地理学报，44（3）：257-261

钱学森．1989b．现代地理科学系统建设问题．地理环境研究，1（2）：1-6

钱学森．1991．谈地理科学的内容及研究方法．地理学报，46（3）：257-265

钱学森．1994．论地理科学．杭州：浙江教育出版社

乔家君，李小建．2008．基于微观视角的河南省农区经济类型划分．经济地理，28（5）：832-836，840

邱扬，傅伯杰．2004．异质景观中水土流失的空间变异与尺度变异．生态学报，24（2）：330-337

阙维民．2010．论地理学构想的哲学体系．地理研究，29（11）：2099-2107

任美锷．1945．建设地理新论．上海：商务印书馆

任美锷．2003．地理学——大有发展前景的科学．地理学报，58（1）：封二

沈泽昊．2002．山地森林样带植被–环境关系的多尺度研究．生态学报，22（4）：461-470

石树杰．2009．论乡土地理教学中科学与人文的融合．河南职业技术师范学院学报（职业教育版），29（1）：66-67

石崧，宁越敏．2005．人文地理学"空间"内涵的演进．地理科学，25（3）：3340-3345

史树中．2002．诺贝尔经济学奖与数学．北京：清华大学出版社

思里夫特．2008．空间：人文地理学的基本材料//霍洛韦，赖斯，瓦伦丁．当代地理学要义——概念、思维与方法．黄润华，孙颖译．北京：商务印书馆

斯科特．2003．经济地理学：伟大的半个世纪//克拉克，费尔德曼，格特勒．牛津经济地理学手册．刘卫东等译．北京：商务印书馆

斯密．1997．道德情操论．蒋自强，钦北愚，朱钟棣，等译．北京：商务印书馆

斯密．2002．国民财富的性质及其原因的研究．郭大力，王亚南译．北京：商务印书馆

斯诺．1994．两种文化．文化生活译丛．纪树立译．北京：三联书店

斯佩丁．2008．景观与环境：生态物理过程、生物物理形态//霍洛韦，赖斯，瓦伦丁．当代地理学要义——概念、思维与方法．黄润华，孙颖译．北京：商务印书馆

斯特拉波.1986.地理学//波德纳尔斯基.古代的地理学.梁昭锡译.北京：商务印书馆

宋全启.1991.论我国的宏观区域政策.地域研究与开发，10（3）：15-17，31-63

苏理宏，李小文，黄裕霞.2001.遥感尺度问题研究进展.地球科学进展，16（4）：544-548

苏懋康.1988.系统动力学原理及应用.上海：上海交通大学出版社

孙冬虎.2006.元清两代北京万柳堂园林的变迁.中国历史地理论丛，21（2）：35-39

孙广华.2000.论科学文化与人文文化的融合.长沙电力学院学报（社会科学版），15（2）：
　　32-35

孙庆先，方涛，郭达志.2005.空间数据挖掘中的尺度转换研究.计算机工程与应用，42
　　（16）：17-19

孙庆先，李茂堂，路京选，等.2007.地理空间数据的尺度问题及其研究进展.地理与地理信
　　息科学，23（4）：53-56，80

谭传凤，李祥妹.2001.试论区域经济空间相互作用的微观机制.地理研究，20（3）：315-321

汤茂林.2009.我国人文地理学研究方法多样化问题.地理研究，28（4）：865-882

唐晓峰.2007.序//皮特.现代地理学思想.周尚意等译.北京：商务印书馆

唐晓峰.2009.地理学的两个世界.书城，（9）：15-20

唐晓峰.2010.从混沌到秩序：中国上古地理思想史述论.北京：中华书局

唐晓峰，李平.2000.文化转向与后现主义代地理学——约翰斯顿《地理学与地理学家》新版
　　第八章述要.人文地理，15（1）：79-80

梯利.1995.西方哲学史.葛力译.北京：商务印书馆

田庆久，金震宇.2006.森林叶面积指数遥感反演与空间尺度转换研究.遥感信息，21（4）：
　　5-11，85

丸山真男.2009.日本的思想.区建英，刘岳兵译.北京：三联书店

万华伟，王锦地，屈永华，等.2008.植被波谱空间尺度效应及尺度转换方法初步研究.遥感
　　学报，23（4）：538-545

汪永进，孔兴功，邵晓华，等.2002.末次盛冰期百年尺度气候变化的南京石笋记录.第四纪
　　研究，45（3）：243-251

汪自军，陈圣波，韩念龙，等.2007.地学尺度转换理论及方法研究.地理空间信息，5（4）：
　　60-63

王德民，黄春华.2003.广义建筑学的人居环境空间尺度概念.四川建筑科学研究，29（4）：
　　100-102

王飞，李锐，杨勤科，等.2003a.水土流失研究中尺度效应及其机理分析.水土保持学报，17
　　（2）：167-169，180

王飞，李锐，杨勤科.2003b.土壤侵蚀研究的尺度转换.水土保持研究，19（2）：9-12

王洪杰，史学正，李宪文，等.2004.小流域尺度土壤养分的空间分布特征及其与土地利用的
　　关系.水土保持学报，18（1）：15-18，42

王家耀，成毅.2004.空间数据的多尺度特征与自动综合.海洋测绘，24（4）：1-3

王晋中.1998. 对科学理性与人文精神的思考. 自然辩证法研究, 14（1）: 47-49

王丽霞, 任志远, 李小燕.2005. 西北农牧交错带千年时间尺度中强沙尘暴序列的建立与分析. 干旱区资源与环境, 19（5）: 34-37

王茂军, 张学霞, 吴骏毅, 等.2009. 社区尺度认知地图扭曲的空间分析——基于首师大和北林大的个案研究. 人文地理, 24（3）: 54-60

王培娟, 谢东辉, 张佳华, 等.2007. 基于过程模型的长白山自然保护区森林植被净第一性生产力空间尺度转换方法. 生态学报, 27（8）: 3215-3223

王士性.2006. 五岳游草·广志绎. 北京: 中华书局

王淑芬, 魏中华, 任福田.2008. 公路路侧结构物空间尺度对人的影响机理. 北京工业大学学报, 35（4）: 408-411

王通讯.1986. 论知识结构. 北京: 北京出版社

王英杰, 余卓渊, 程维明.2009. 用一生织绘大地——论陈述彭先生的地图学思想实践. 地理信息世界, 7（5）: 17-20

王玉刚, 肖笃宁, 李彦.2007. 流域尺度绿洲土壤盐分的空间异质性. 生态学报, 27（12）: 5262-5270

王振忠.2005. 水岚村纪事·一九四九年. 北京: 三联书店

王铮, 丁金宏, 章可奇, 等.1991. 论现代地理学对象、内容、结构和基本方法. 地理研究, 10（3）: 68-77

威尔逊.1997. 地理学与环境: 系统分析方法. 蔡运龙译. 北京: 商务印书馆

韦伯.1998. 以科学为业//韦伯. 社会科学方法论. 杨富斌译. 北京: 华夏出版社

韦伯.2004. 韦伯作品集: 经济与历史支配的类型. 康乐等译. 桂林: 广西师范大学出版社

韦伯.2007. 新教伦理与资本主义精神. 康乐, 简惠美译. 桂林: 广西师范大学出版社

维特根斯坦.1996. 逻辑哲学论. 贺绍甲译. 北京: 商务印书馆

邬建国.2000. 景观生态学——格局、过程、尺度与等级. 北京: 高等教育出版社

吴传钧.1981. 地理学的特殊研究领域和今后任务. 经济地理, 1（1）: 5-10

吴传钧.1990. 国际地理学发展趋向述要. 地理研究, 9（3）: 1

吴传钧.1991. 论地理学的研究核心——人地关系地域系统. 经济地理, 11（3）: 1-5

吴缚龙.1992. 人文地理学新思维. 人文地理, 7（1）: 63-68

吴宏岐.2004. 关于大夏国都统万城的城市形态与内部布局问题. 中国历史地理论丛, 19（3）: 130-144, 161

吴江华, 赵鹏祥, Roulet N, 等.2008. 空间尺度转换与跨尺度信息链接: 区域生态水文模拟研究空间尺度转换方法综述（英文）. 地球科学进展, 23（2）: 129-141

夏军.1993. 水文尺度问题. 水利学报, 38（5）: 32-37

咸鹏, 李崇银.2001. 国际上年代际到世纪时间尺度气候变化的研究. 气候与环境研究, 6（3）: 337-353

小川直树.2006. 给讨厌数学的人. 李毓昭译. 哈尔滨: 哈尔滨出版社

肖宝玉，张文开，章牧．2006．居住用途宗地集约利用潜力微观评价探讨——以福州市为例．亚热带资源与环境学报，21（4）：69-77

胁田武光，沈象仁，张豪禧．1983．经济地理学的性质和方法．经济地理，3（2）：149-153

熊宁．1984．我国近代（1840～1949年）人文地理学的发展概况．地理研究，3（2）：1-13

徐弘祖．1980．徐霞客游记．上海：上海古籍出版社

徐静，任立良，程媛华，等．2007．基于TOPMODEL的DEM空间尺度转换关系探讨．水利学报，52（S1）：404-408

徐效坡．1990．区域经济地理学理论方法建设简论．云南地理环境研究，2（1）：14-20

许迪．2006．灌溉水文学尺度转换问题研究综述．水利学报，51（2）：141-149

许国志．2000．系统科学．上海：上海科技教育出版社

许炯心，孙季．2003．黄河下游2300年以来沉积速率的变化．地理学报，58（2）：247-254

闫雪．2009．通用式设计视角下的中国传统院落空间尺度控制方法探析．中外建筑，15（10）：70-72

严中伟，李兆元，王晓春．1993．历史上10年—100年尺度气候跃变的分析．大气科学，18（6）：663-672

晏昌贵．1996．历史地理学的统一性与方法手段的多样化——《时期与地点：历史地理学研究方法》评介．中国历史地理论丛，11（4）：189-196

杨保．2001．小冰期以来中国十年尺度气候变化时空分布特征的初步研究．干旱区地理，24（1）：67-73

杨春燕．2008．三峡洋渡场镇街道空间布局与尺度分析．华中建筑，26（6）：175-177

杨存建，刘纪远，张增祥，等．2001．土地利用数据尺度转换的精度损失分析．山地学报，19（3）：258-264．

杨国安，甘国辉．2003．人文地理学研究方法述要．地域研究与开发22，（1）：1-4，13

杨勤业，郑度，吴绍宏，等．2005．20世纪50年代以来中国综合自然地理研究进展．地理研究，24（6）：899-910．

杨吾扬．1989．地理学思想简史．北京：高等教育出版社

杨吾扬，梁进社．1997．高等经济地理学．北京：北京大学出版社

杨吾扬，张超，徐建华．1996a．谈谈现代地理学中的数量方法与理论模式（下）．地域研究与开发，15（2）：6-9，13

杨吾扬，张超，徐建华．1996b．谈谈现代地理学中的数量方法与理论模式（上）．地域研究与开发，15（1）：4-7

杨玉建，仝雪芹，朱建华，等．2006．不同尺度的农业空间信息研究．农业网络信息，21（2）：22-24

杨玉建，朱建华，王殿昌，等．2008．农田尺度小麦产量的空间变异研究．华北农学报，23（S2）：325-328

杨志英．2008．服务业地理学的科学关怀和人文关怀．人文地理，23（4）：28-31

姚永超 . 2004. 大连港的中转贸易（1907—1931）. 中国历史地理论丛, 19（1）: 70-74, 82, 158-159

姚永超 . 2005. 1906—1931 年日俄经济势力在东北地区的空间推移——以港口、铁路、货物运销范围的变化为视角 . 中国历史地理论丛, 20（1）: 36-42

叶超 . 2008. 基于斯密框架的中国城乡关系研究 . 北京: 中国科学院地理科学与资源研究所, 中国科学院研究生院

叶超 . 2010. 人文地理学野外考察的指南, 方法论与方法结合研究的探索 . 人文地理, 25（6）: 158-160

叶超, 蔡运龙 . 2009a. 地理学思想史指要 . 人文地理, 24（6）: 10-15

叶超, 蔡运龙 . 2009b. 地理学方法论变革的案例剖析——重新审视《地理学中的例外论》之争 . 地理学报, 64（9）: 1134-1142

叶超, 蔡运龙 . 2010a. 激进地理学的形成与演变——以《异端的传统》为例 . 地理科学, 30（1）: 1-7

叶超, 蔡运龙 . 2010b. 地理学方法论演变与价值判断 . 地理研究, 29（5）: 947-958

叶大年 . 2000. 地理与对称 . 上海: 上海科技教育出版社

叶大年, 赫伟, 李哲, 等 . 2011. 城市对称分布与中国城市化趋势 . 合肥: 安徽教育出版社 .

叶大年, 赫伟, 徐文东, 等 . 2001. 中国城市的对称分布 . 中国科学（D 辑）, 31（7）: 608-616

尹昌应, 罗格平, 汤发树 . 2009. 乡镇尺度绿洲土地利用空间格局动态模拟与分析 . 中国沙漠, 29（1）: 68-75, 197-199

尹连旺, 李京 . 1999. GIS 中基本要素的无级比例尺数据处理技术研究 . 北京大学学报（自然科学版）, 45（6）: 117-124

雍斌, 张万昌, 符淙斌 . 2007. 用于区域气候模式的地形指数空间尺度转换效果分析 . 自然科学进展, 17（3）: 346-352

于凤军 . 2004. 明至民国时期方志舆图中韩城县境的景观格局与景观变迁 . 中国历史地理论丛, 19（1）: 83-89, 159

于浩, 杨勤科, 张晓萍, 等 . 2009. 基于小波多尺度分析的 DEM 数据综合及尺度转换 . 地理与地理信息科学, 25（4）: 12-16

于秀丽 . 2003. 地理教学中科学精神和人文精神的结合 . 白城师范学院学报, 18（4）: 34-36

于志远, 朱胜萱, 尼克·诺森 . 2007. 城市尺度空间的塑造——上海世博公园的空间研究 . 中国园林, 23（6）: 49-52

余斌, 曾菊新, 罗静 . 2006. 论城乡地域系统空间组织的微观机制 . 经济地理, 26（3）: 364-368

俞孔坚 . 1998. 景观生态战略点识别方法与理论地理学的表面模型 . 地理学报, 53（S1）: 11-20

俞秀玲 . 2002. 时代精神的滥觞——关于科学精神与人文精神的思考 . 学术探索, 10（6）:

38-42

约翰斯顿．1999a. 地理学与地理学家．唐晓峰，李平等译．北京：商务印书馆

约翰斯顿．1999b. 人文地理学词典．柴彦威等译．北京：商务印书馆

约翰斯顿．2000. 哲学与人文地理学．蔡运龙，江涛译．北京：商务印书馆

岳天祥，刘纪远．2001. 第四代地理信息系统研究中的尺度转换数字模型．中国图象图形学报，6（9）：95-99

岳天祥，刘纪远．2003. 生态地理建模中的多尺度问题．第四纪研究，46（3）：256-261

翟金良，冯仁国．2004. 中国科学院地理科学领域知识创新工作进展与展望．地球科学进展，19（4）：671-680

翟有龙，李传永．2004. 人文地理学新论．成都：西南交通大学出版社

詹姆斯．1982. 地理学思想史．李旭旦译．北京：商务印书馆

詹姆斯，马丁．1989. 地理学思想史（增订本）．李旭旦译．北京：商务印书馆

张芳杰．1988. 牛津现代高级英汉双解词典．北京：商务印书馆，牛津大学出版社

张宏斌，杨桂霞，李刚，等．2009. 基于 MODISNDVI 和 NOAANDVI 数据的空间尺度转换方法研究——以内蒙古草原区为例．草业科学，26（10）：39-45

张华．2007. 人文社会科学研究中科学精神发展的历史趋势．科学学研究，25（4）：619-622

张华，张甘霖．2003. 热带低丘地区农场尺度土壤质量指标的空间变异．土壤通报，47（4）：241-245

张慧芝．2003. 宋代太原城址的迁移及其地理意义．中国历史地理论丛，18（3）：91-99

张济忠．1995. 分形．北京：清华大学出版社

张建．2006. GPS 定位对贵州喀斯特山区县级尺度土壤养分变异与空间格局研究——以务川县为例．西南农业学报，25（3）：414-417

张捷，顾朝林，都金康，等．2000. 计算机网络信息空间（Cyberspace）的人文地理学研究进展与展望．地理科学，20（4）：368-374

张娜，于贵瑞，于振良，等．2003. 基于景观尺度过程模型的长白山地表径流量时空变化特征的模拟．应用生态学报，14（5）：653-658

张强，朱诚，刘春玲，等．2004. 长江三角洲 7000 年来的环境变迁．地理学报，59（4）：534-542

张仁华，孙晓敏．1999. 遥感及其地球表面时空多变要素的区域尺度转换．国土资源遥感，12（3）：51-58

张万昌，钟山，胡少英．2008. 黑河流域叶面积指数（LAI）空间尺度转换．生态学报，28（6）：2495-2503

张伟，金凤君，刘毅．2006. 规划理论和实践中的空间观念辨析．经济地理，26（3）：369-373

张耀光，刘岩，王艳．2003. 中国海疆地理格局形成、演变的初步研究．地理科学，23（3）：257-263

张祖林．1994. 当代西方地理学中的马克思主义．自然辩证法研究，10（3）：9-16

赵成义，王玉潮，李子良，等．2003．田块尺度下土壤水分和盐分的空间变异性．干旱区研究，20（4）：252-256

赵纯一，詹一辉．1991．控制理论基础．北京：清华大学出版社

赵磊，孟淑英．2009．土地利用空间数据尺度转换中的精度损失分析．国土资源遥感，22（2）：45-48，53

赵磊，孟淑英，李瑜．2009．运用 DEM 剖析土地利用空间数据转换的尺度效应．国土资源遥感，22（4）：72-77

赵仁静．2006．高中地理教学中科学与人文融合的基本策略．江苏教育研究，23（6）：24-25

赵荣，王恩涌，张小林，等．2000．人文地理学（第二版）．北京：高等教育出版社

赵松乔，陈传康，牛文元．1979．近 30 年来我国综合自然地理学的进展．地理学报，34（3）：187-199

赵伟文，朱婉丽．2007．地理教学视野中科学与人文素质的培养．文史博览（理论），1（7）：46-47

赵文武，傅伯杰，陈利顶．2002．尺度推绎研究中的几点基本问题．地球科学进展，17（6）：905-911

赵勇，张捷，章锦河．2005．我国历史文化村镇保护的内容与方法研究．人文地理，20（1）：68-74

郑度，蔡运龙．2007．环境伦理应由书斋走向社会．地理教学，（1）：1-3

郑度，陈述彭．2001．地理学研究进展与前沿领域．地球科学进展，16（5）：599-606

郑度，杨勤业．2010．20 世纪的中国地理学//孙鸿烈．20 世纪中国知名科学家学术成就概览·地学卷·地理学分册．北京：科学出版社

郑锋．2002．自组织理论方法对城市地理学发展的启示．经济地理，22（6）：651-654

中国大百科全书总编辑委员会地理学编辑委员会．1990．中国大百科全书·地理学．北京：中国大百科全书出版社

中国地理学会．2009．2008—2009 地理学学科发展报告（自然地理学）．北京：中国科学技术出版社

钟山，张万昌．2008．汉江流域叶面积指数（LAI）空间尺度转换研究．遥感信息，23（2）：25-30

钟晔，金昌杰，裴铁．2005．水文尺度转换探讨．应用生态学报，16（8）：1537-1540

周红章，于晓东，罗天宏，等．2000．物种多样性变化格局与时空尺度．生物多样性，8（3）：325-336

周尚意．2010．人文地理学野外方法．北京：高等教育出版社

周素红，阎小培．2001．基于 GIS 的城市地理学研究方法革新探讨．经济地理，21（6）：700-704

周素卿．2002．台湾人文地理学的研究进程：知识生产特性与学科进步性之探讨．都市与计划，29（2）：265-289

316

周一星 . 1995. 城市地理学 . 北京：商务印书馆

周一星 . 2001. 人文地理研究能为制订国家政策作贡献——以城市发展方针研究为例 . 人文地理, 16 (1)：1-5, 39

周一星，陈彦光等 . 2003. 城市与城市地理 . 北京：人民教育出版社

周忠泽，张小平 . 2000. 孢粉地理学的研究方法 . 地理科学, 20 (2)：172-175

朱晓华，李亚云 . 2008. 土地利用类型结构的多尺度转换特征 . 地理研究, 27 (6)：1235-1242

朱晓华，李加林，杨秀春，等 . 2007. 土地空间分形结构的尺度转换特征 . 地理科学, 27 (1)：58-62

竺可桢 . 1979. 竺可桢文集 . 北京：科学出版社

Abler B, Adams J, Gould P. 1971. Spatial Organization：The Geographer's View of the World. New Jersey：Prentice Hall.

Abler R. 1987. What shall we say? To whom shall we speak? Annals of the Association of American Geographers, 77 (4)：511-524

Adkins H. 1984. Nature//Buchanan M. 2000. Ubiquity：Why The World is Simpler Then We Think. London：Weidenfeld & Nicolson

Albeverio S, Andrey D, Giordano P, et al. 2008. The Dynamics of Complex Urban Systems：An Interdisciplinary Approach. Heidelberg：Physica-Verlag

Allen P M, Sanglier M. 1979. A dynamic model of growth in a central place system. Geographical Analysis, 11：156-272

Allen P M, Sanglier M. 1981. Urban evolution：self-organization and decision-making. Environment and Planning A, 13：167-183

Allen P M. 1982. Self-organization in the urban system//Schieve W C, Allen P M. Self-organization and Dissipative Structures：Applications in the Physical and Social Sciences. Austin：University of Texas Press

Allen P M. 1997. Cities and Regions as Self-organizing Systems：Models of Complexity. Amsterdam：Gordon and Breach Science Pub

Anderson C, Rasmussen S, White R. 2002. Urban settlement transitions. Environment and Planning B：Planning and Design, 29：841-865

Anderson P W. 1972. More is different：Broken symmetry and the nature of the hierarchical structure of science. Science, 177 (4047)：393-396

Anderson P W. 1991. Is complexity physics? Is it science? What is it? Physics Today, 44 (7)：9-11

Anderson P W. 1992. Complexity II：The Santa Fe Institute. Physical Today, 45 (6)：9

Ang K C. 2001. Teaching mathematical modelling in Singapore schools. The Mathematics Educator, 6 (1)：62-74

Arlinghaus S L, Arlinghaus W C. 1989. The fractal theory of central place geometry：a Diophantine analysis of fractal generators for arbitrary Löschian numbers. Geographical Analysis, 21：103-121

317

Arlinghaus S. 1985. Fractals take a central place. Geografiska Annaler B, 67 （2）: 83-88

Armstrong M P. 2000. Geography and computational science. Annals of the Association of American Geographers, 90 （1）: 146-156

Arora M S, Rogerson A. 1991. Future trends in mathematical modelling and applications//Niss M, Blum W, Huntley I. Teaching of Mathematical Modelling and Applications. New York: Ellis Horwood

Atkinson P M, Tate N J. 2000. Spatial scale problems and geostatistical solutions: a review. Professional Geographer, 52 （4）: 607-623

Bak P. 1996. How Nature Works: The Science of Self-organized Criticality. New York: Springer-Verlag

Banks R B. 1994. Growth and Diffusion Phenomena: Mathematical Frameworks and Applications. Berlin Heidelberg: Springer-Verlag

Barabasi A-L, Bonabeau E. 2003. Scale-free networks. Scientific American, 288 （5）: 50-59

Barnes T. 2000. Inventing Anglo-American economic geography, 1889-1960//Sheppard E, Barnes T. Companion to Economic Geography. Oxford: Blackwell

Barnes T. 2001. In the beginning was economic geography: a science studies approach to disciplinary history. Progress in Human Geography, 25 （4）: 521-544

Barrows H. 1923. Geography as human ecology. Annals of the Association of American Geographers, 13 （1）: 1-14

Bartlett A A. 1978. Forgotten fundamentals of the energy crisis. American Journal of Physics, 46: 876-888

Bartlett A A. 2002. Arithmetic, Population and Energy -A Talk by Al Bartlett. Boulder, CO: The University of Colorado

Bartlett A A. 2004. The essential exponential! //Fuller R G, Plano Clark V L, Rogers J A. For the Future of Our Planet. Lincoln, NE: Center for Science, Mathematics and Computer Education, University of Nebraska-Lincoln

Batty M, Couclelis H, Eichen M. 1997. Urban systems as cellular automata (editorial). Environment and Planning B: Planning and Design, 24: 159-164

Batty M, Longley P A. 1994. Fractal Cities: A Geometry of Form and Function. London: Academic Press

Batty M, Xie Y. 1997. Possible urban automata. Environment and Planning B: Planning and Design, 24 （2）: 175-192

Batty M, Xie Y. 1999. Self-organized criticality and urban development. Discrete Dynamics in Nature and Society, 3 （2-3）: 109-124

Batty M. 1991. Cities as fractals: simulating growth and form//Crilly A J, Earnshaw R A, Jones H. Fractals and Chaos. New York: Springer-Verlag

Batty M. 2000. Less is more, more is different: complexity, morphology, cities, and emergence (Ed-

itorial). Environment and Planning B: Planning and Design, 27: 164-168

Batty M. 2005. Cities and Complexity: Understanding Cities with Cellular Automata, Agent- based Models, and Fractals. London: The MIT Press

Beckmann M J. 1958. City hierarchies and distribution of city sizes. Economic Development and Cultural Change, 6: 243-248

Benenson I, Torrens P M. 2004. Geosimulation: Automata-based Modeling of Urban Phenomena. Chichester: John Wiley & Sons

Bergstr M S, Graham L. 1998. On the scale problem in hydrological modelling. Journal of Hydrology, 211 (1-4): 253-265

Bernstein R. 1972. Praxis and Action. London: Duckworth

Berry B J L. 1964. Cities as systems within systems of cities. Papers and Proceedings of the Regional Science Association, 13: 147-164

Berry B J L. 1976. Urbanization and Counterurbanization. Beverly Hills, CA: SAGE Publications

Bertalanffy L von. 1972. General System Theory: Foundations, Development, and Applications. New York: George Breziller

Bishop M P, Shroder J F, Hickman B L, et al. 1998. Scale-dependent analysis of satellite imagery for characterization of glacier surfaces in the Karakoram Himalaya. Geomorphology Amsterdam, 21 (3/4): 217-232

Blaut J. 1970. Geographic models of imperialism. Antipode, 2 (1): 65-85

Blaut J. 1976. Where was capitalism born? Antipode, 8 (2): 1-11

Blaut J. 1979. The dissenting tradition. Annals of the Association of American Geographers, 69 (1): 157-164

Blaut J. 1987. The National Question: Decolonizing the Theory of Nationalism. London: Zed Books

Blaut J. 2000. Eight Eurocentric Historians. New York: Guilford Press

Bloschl G, Sivapalan M. 1995. Scale issues in hydrological modelling: a review. Hydrological processes, 9 (3-4): 251-290

Bossomaier T, Green D. 1998. Patterns in the Sand: Computers, Complexity and Life. Reading, Massachusetts: Perseus Books

Briggs J, Peat F D. 1999. Seven Life Lessons of Chaos: Timeless Wisdom from the Science of Change. London: Harper Collins Publishers

Buchanan M. 2000. Ubiquity: the Science of History or Why the World Is Simpler than We Think. London: Weidenfeld & Nicolson

Bugmann H, Lindner M, Lasch P, et al. 2000. Scaling issues in forest succession modelling. Climatic Change, 44 (3): 265-289

Bunge W. 1979. Fred K. Schaefer and the science of geography. Annals of the Association of American Geographers, 69 (1): 128-132

319

Bunnell F L, Huggard D J. 1999. Biodiversity across spatial and temporal scales: problems and opportunities. Forestecology and Management, 115 (2): 113

Bura S, Guérin-Pace F, Mathian H, et al. 1996. Multiagent systems and the dynamics of a settlement system. Geographical Analysis, 28: 161-178

Burton I. 1963. The quantitative revolution and theoretical geography. Canadian Geographer, 7: 151-162

Bussiere R, Snickers F. 1970. Derivation of the negative exponential model by an entropy maximizing method. Environment and Planning A, 2: 295-301

Buttimer A. 1976. The dynamism of life world. Annals of the Association of American Geographers, 66 (2): 277-292

Casti J L. 1996. Would-be Worlds: How Simulation Is Changing the Frontiers of Science. New York: John Wiley & Sons

Castree N, Derek G. 2006. David Harvey: A Critical Reader. Oxford: Blackwell

Castree N. 2004. David Harvey//Hubbard P, Kitchin R, Valentine G. Key Thinkers on Space and Place. London: SAGE Publications

Chalmers A F. 1976. What Is This Thing Called Science? Buckingham: Open University Press

Chalmers A F. 1999. What Is This Thing Called Science? (3rd edition). Buckingham: Open University Press

Chen Y G, Zhou Y X. 2003. The rank-size rule and fractal hierarchies of cities: mathematical models and empirical analyses. Environment and Planning B: Planning and Design, 30 (6): 799-818

Chen Y G, Zhou Y X. 2006. Reinterpreting central place networks using ideas from fractals and self-organized criticality. Environment and Planning B: Planning and Design, 33 (3): 345-364

Chen Y G. 2008. A wave-spectrum analysis of urban population density: entropy, fractal, and spatial localization. Discrete Dynamics in Nature and Society, vol. 2008, Article ID 728420, 22 pages

Chen Y G. 2009a. Analogies between urban hierarchies and river networks: fractals, symmetry, and self-organized criticality. Chaos, Soliton & Fractals, 40 (4): 1766-1778

Chen Y G. 2009b. Spatial interaction creates period-doubling bifurcation and chaos of urbanization. Chaos, Soliton & Fractals, 42 (3): 1316-1325

Chen Y G. 2009c. Urban chaos and perplexing dynamics of urbanization. Letters in Spatial and Resource Sciences, 2 (2): 85-95

Chen Y G. 2010. Scaling analysis of the cascade structure of the hierarchy of cities//Jiang B, Yao X Geospatial Analysis and Modeling of Urban Structure and Dynamics. New York: Springer-Verlag

Chorley R J, Kennedy B A. 1971. Physical Geography: A System Approach. London: Prentice Hall

Christaller W. 1933. Central Places in Southern Germany. Translated by Baskin C W. Englewood Cliffs: Prentice Hall

Clark C. 1951. Urban population densities. Journal of Royal Statistical Society, 114: 490-496

Clark G, Feldman M, Gertler M. 2000. The Oxford Handbook of Economic Geography. Oxford: Oxford University Press

Clark G. 1998. Stylized facts and close dialogue: methodology in economic geography. Annals of the Association of American Geographers, 88 (1): 73-87

Clifford N J, Valentine G. 2003. Key Methods in Geography. London: SAGE Publications

Cole K C. 1999. First You Build a Cloud: and Other Reflections on Physics as a Way of Life. San Diego: Harcourt Brace

Couch S L. 1996. Topophilia and Chineseminers: Place Attachment in Northcentral Idaho. Idaho: University of Idaho

Couclelis H. 1997. From cellular automata to urban models: new principles for model development and implementation. Environment and Planning B: Planning and Design, 24: 165-174

Cox K R, Golledge R G. 1981. Behavioural Problems in Geography. Chicago: Northmerton University Press

Cox K R. 2001. Classics in human geography revisited. Progress in Human Geography, 25 (1): 71-77

Crang M. 2009. Metholodogy//Gregory D, Johnson R, Pratt G, et al. The Dictionary of Human Geography (5th edition) . Oxford: Wiley-Blackwell

Cullen K E. 2005. Earth Science: The People Behind the Science. New York, NY: Chelsea House

Davies P. 1996. Are We Alone? Philosophical Implications Of The Discovery Of Extraterrestrial Life. New York: Basic Books

Davis K. 1972. World Urbanization: 1950-1970 (Volume II, Analysis of Trends, Relationships, and Development) . Berkeley: Institute of International Studies, University of California

Davis K. 1978. World urbanization: 1950-1970//Bourne I S, Simons J W. Systems of Cities. New York: Oxford University Press

Davis W M. 1889. The Rivers and Valleys of Pennsylvania. National Geographic Magazine, (1): 183-253

Davis W M. 1899. The Geographical Cycle. Geographical Journal, 14 (5): 481-504

Dendrinos D S. 1992. The Dynamics of Cities: Ecological Determinism, Dualism and Chaos. London and New York: Routledge, Chapman and Hall

Dendrinos D S. 1996. Cites as spatial chaotic attractors//kiel L D, Elliott E. Chaos Theory in the Social Sciences: Foundations and Applications. Ann Arbor, MI: The University of Michigan Press

Dewey J. 1938. Logic: the Theory of Inquiry. New York: Holt

Diappi L. 2004. Evolving Cities: Geocomputation in Territorial Planning. Aldershot, Hants: Ashgate

Divers J. 2002. Possible Worlds. London: Routledge

Einstein A. 1948. Quanten-mechanik und wirklichkeit (Quantum mechanics and reality) . Dialectica, 2: 320-324

Einstein A. 1953. A letter to J. E. Switzer of San Mateo California//Crombie A C. 1963. Scientific

Change. London: Heinemann

El Naschie M S. 2000. A very brief history of localization (Foreword) . Chaos, Solitons and Fractals, 11: 1479-1480

Elkie P C, Rempel R S. 2001. Detecting scales of pattern in boreal forest landscapes. Forest Ecology and Management, 147 (2-3): 253-261

Entekhabi D, Eagleson P S, Laboratory M I O T. 1989. Land Surface Hydrology Parameterization for Atmospheric General Circulation Models: Inclusion of Subgrid Scale Spatial Variability and Screening with a Simple Climate Model. Massachusetts: Massachusetts Institute of Technology

Feder J. 1988. Fractals. New York: Plenum Press

Feigenbaum M J. 1978. Quantitative universality for a class of nonlinear transformations. Journal of Statistical Physics, 19: 25-52

Feigenbaum M J. 1979. The universal metric properties of nonlinear transformations. Journal of Statistical Physics, 21: 669-706

Feng J, Chen Y G. 2010. Spatiotemporal evolution of urban form and land use structure in Hangzhou, China: evidence from fractals. Environment and Planning B: Planning and Design, 37 (5): 838-856

Fischer M M, Leung L. 2001. Geocomputational Modelling: Techniques and Applications. Berlin: Springer-Verlag

Fisher J C, Pry R H. 1971. A simple substitution model for technological change. Technological Forecasting and Social Change, 3: 75-88

Forrester J W. 1968. Principles of Systems. Cambridge, MA: Wright-Allen Press Inc.

Forrester J W. 1969. Urban Dynamics. Cambridge, MA: MIT Press

Fotheringham A S, O'Kelly M E. 1989. Spatial Interaction Models: Formulations and Applications. Boston: Kluwer Academic Publishers

Frankhauser P. 1994. La Fractalité des Structures Urbaines (The Fractal Aspects of Urban Structures). Paris: Economica

Frankhauser P. 1998. The fractal approach: a new tool for the spatial Analysis of urban agglomerations. Population: An English Selection, 10 (1): 205-240

Gallagher R, Appenzeller T. 1999. Beyond reductionism. Science, 284: 79

Gell-Mann M. 1994. The Quark and the Jaguar: Adventures in the Simple and the Complex. New York, NY: W. H. Freeman

Gerasimov I P. 1968. Constructive geography: aims, methods and results. Soviet Geography, 9: 735 ~ 755

Gerasimov I P. 1984. The contribution of constructive geography to the problem of optimization of society's impact on the environment. Geoforum, 15: 95-100

Gibson C C, Ostrom E, Ahn T K. 2000. The concept of scale and the human dimensions of global

change: a survey. Ecological Economics: the Journal of the International Society for Ecological Economics, 32 (2): 217

Glacken C. 1967. Traces on the Rhodian Shore: Nature and Culture in Western Thought from Ancient Times to the End of the Eighteenth Century. Berkeley: University of California Press

Gleick J. 1988. Chaos: Making a New Science. New York: Viking Penguin Inc.

Golledge R, Church R, Dozier J, et al. 1982. Commentary on "The highest form of the geographer's Art". Annals of the Association of American Geographers, 72 (4): 557-558

Gollege R G. 1981. Misconceptions, and Misrepresentations of Behavioral Approaches in Human Geography. Environment and Planning, 13 (11): 1325-1344

Goodchild M F. 2001. Models of scale and scales of modelling//Tate N J, Atkinson P M. Modelling Scale in Geographical Information Sciences. Chichester: John Wiley & Sons

Goodchild M F. 2004. GIScience, geography, form, and process. Annals of the Association of American Geographers, 94 (4): 709-714

Gordon K. 2005. The mysteries of mass. Scientific American, 293 (1): 40-46, 48

Grebogi C, Yorke J A. 1997. The Impact of Chaos on Science and Society. New York: United Nations University Press

Gregory D. 1978. Ideology, Science and Human Geography. London: Hutchunson

Gregory K J. 2000. The Changing Nature of Physical Geography. London: Arnold

Griffin D. 1995. The Reenchantment of Science. Beijing: Central Compilation & Translation Press

Gross D J. 1996. The role of symmetry in fundamental physics. Proceedings of the National Academy of Sciences, 93: 14256-14259

Guelke L. 1974. An idealist alternative in human geography. Annals of the Association of American Geographers, 64 (2): 193-202

Guelke L. 1981. Idealism//Harvey M E, Holly B P. Themes in Geographic Thought. London: Croom Helm

Gupta R K, Prasad T S, Rao P V K, et al. 2000. Problems in up scaling of high resolution remote sensing data to coarse spatial resolution over land surface. Advances in Space Research, 26 (7): 1111-1121

Hack J T. 1957. Studies of longitudinal streams profiles in Virginia and Maryland. U. S. Geological Survey Professional Papers B, 294: 45-97

Hagerstrand T. 1968. Innovation Diffusion as a Spatial Process. Chicago: University of Chicago Press

Haggett P, Cliff A, Frey A. 1977. Locational Models (Locational Analysis in Human Geography 2nd eds). London: Edward Arnold

Haken H, Portugali J. 2003. The face of the city is its information. Journal of Environmental Psychology, 23: 385-408

Haken H. 1986. Synergetics: An Introduction (4th edition). Berlin: Springer-Verlag

Haken H. 1995. A synergetic approach to the self- organization of cities and settlements. Environment and Planning B: Planning and Design, 22 (1): 35-46

Hamming R W. 1962. Numerical Methods for Scientists and Engineers. New York: McGraw-Hill

Hansen C D, Johnson C. 2004. Visualization Handbook (Hardcover). London: Academic Press

Hanson S. 1992. Geography and feminism: worlds in collision? Annals of the Association of American Geographers, 82 (4): 569-586

Hanson S. 1997. Ten Geographic Ideas that Changed the World. New Jersey: Rutgers University Press

Hart J. 1982a. The highest form of the geographer's art. Annals of the Association of American Geographers, 72 (1): 1-29

Hart J. 1982b. Comment in reply. Annals of the Association of American Geographers, 72 (4): 559

Hartshorne R. 1954. Comment on "Exceptionalism in Geography". Annals of the Association of American Geographers, 44 (1): 108-109

Hartshorne R. 1955. Exceptionalism in geography reexamined. Annals of the Association of American Geographers, 45 (3): 205-244

Hartshorne R. 1958. The concept of geography as a science of space, from Kant and Humboldt to Hettner. Annals of the Association of American Geographers, 48 (2): 97-108

Harvey D. 1969. Explanation in Geography. London: Edward Arnold

Harvey D. 1973. Social Justice and the City. London: Edward Arnold

Harvey D. 1982a. Marxist geography//Johnston R J. The Dictionary of Human Geography. Oxford: Blackwell

Harvey D. 1982b. The Limits to Capital. Oxford: Blackwell

Harvey D. 1984. On the history and present condition of geography: a historical materialist manifesto. The Professional Geographer, 36 (1): 1-11

Harvey D. 1985. The Urbanization of Capital: Studies in the History and Theory of Capitalist Urbanization. Baltimore: the John Hopkins University Press

Harvey D. 1989a. The Urban Experience. Baltimore: the John Hopkins University Press

Harvey D. 1989b. From models to Marx//Macmillan B. Remodelling Geography. Oxford: Blackwell

Harvey D. 1990. The Condition of Postmodernity: An Enquiry into the Origins of Cultural Change. Oxford: Blackwell

Harvey D. 1996. Justice, Nature and the Geography of Difference. Oxford: Blackwell

Harvey D. 2000. Space of Hope. Edinburgh: Edinburgh University Press

Harvey D. 2001. Spaces of Capital: towards a Critical Geography. Edinburgh: Edinburgh University Press

Harvey D. 2005. For a ruthless criticism of everything existing: Jim Blaut's contribution to geographical knowledge. Antipode, 37 (5): 927-935

Harvey L. 2000. Upscaling in global change research. Climatic Change, 44 (3): 225-263

Hawking S W, Ellis G F R. 1980. The Large Scale Structure of Space- time. Cambridge: Cambridge

University Press

Healey R. 1983. Regional geography in the computer age: a further comment on "The highest form of the geographer's art". Annals of the Association of American Geographers, 73: 439-441

Heim M. 1993. The Metaphysics of Virtual Reality. Oxford: Oxford University Press

Helbing D, Keltsch J, Molnar P. 1997. Modelling the evolution of human trail systems. Nature, 388: 47-50

Henry J. 2002. The Scientific Revolution and the Origins of Modern Science (2nd edition). New York: Palgrave

Hermann R, Montroll E W. 1972. A manner of characterizing the development of countries. Proceeding of the National Academy of Sciences of the United States of America, 69: 3019-3024

Holland J H. 1995. Hidden Order: How Adaptation Builds Complexity. Reading, MA: Addison-Wesley

Holland J H. 1998. Emergence: from Chaos to Order. Cambridge, Massachusetts: Perseus Books

Holt-Jensen A. 1999. Geography: History and Concepts. London: SAGE Publications

Hoosbeek M R. 1998. Incorporating scale in to spatio-temporal variability: applications to soil quality and yield data. Geoderma, 85 (2-3): 113-131

Horton R E. 1945. Erosional development of streams and their drainage basins: hydrophysical approach to quantitative morphology. Bulletin of the Geophysical Society of America, 56: 275-370

Horvath R. 1971. The Detroit Geographical Expedition and institute experience. Antipode, 3 (1): 73-85

Huggett R J. 1985. Earth Surface Systems. Berlin and New York: Springer-Verlag

Johnston R J. 1985. The Future of Geography. London: Methuen

Johnston R J. 2003. Order in space: geography as a discipline in distance//Johnston R, Williams M. A Century of British Geography. Oxford: Oxford University Press

Jungk R 1958. Brighter than a Thousand Suns: A Personal History of the Atomic Scientists. Translated by Cleugh J. New York: Harcourt Brace

Kac M. 1969. Some mathematical models in science. Science, 166: 695-699

Karlin S. 1983. 11th RA Fisher Memorial Lecture, Royal Society//Buchanan M. 2000. Ubiquity: The Science of History or Why the World is Simpler than We Think. London: Weidenfeld & Nicolson

Karmeshu. 1988. Demographic models of urbanization. Environment and Planning B: Planning and Design, 15 (1): 47-54

Katznelson I. 1988. Foreword//Harvey D. Social Justice and the City. Oxford: Blackwell

Kauffman S. 1993. The Origin of Order: Self-organization and Selection in Evolution. New York: Oxford University Press

Kauffman S. 1995. At Home in the Universe: the Search for Laws of Self-organization and Complexity. New York: Oxford University Press

Kaye B H. 1989. A Random Walk through Fractal Dimensions. New York: VCH Publishers

Keyfitz N. 1968. Introduction to the Mathematics of Population. Reading, Massachusetts: Addison-Wesley

King R. 1982. Marxist and radical geographical Literature in English: an introduction//Quaini M. Geography and Marxism. Oxford: Blackwell

Knox P L, Marston S A. 2006. Places and Regions in Global Context: Human Geography (4th edition). Upper Saddle River, NJ: Prentice Hall

Krone R M. 1980. Systems Analysis and Policy Sciences: Theory and Practice. New York: John Wiley & Sons

Krugman P. 1996. Confronting the mystery of urban hierarchy. Journal of the Japanese and International Economies, 10: 399-418

Krugman P. 2000. Where in the world is the "new economic geography"? //Clark G, Feldman M, Gertler M. The Oxford Handbook of Economic Geography. Oxford: Oxford University Press

Lam N, Quattrochi D A. 1992. On the issues of scale, resolution, and fractal analysis in the mapping sciences. The Professional Geographer, 44 (1): 88-98

Langton J. 1988. The two traditions of geography, historical geography and the study of landscapes. Geografiska Annaler. Series B, Human Geography, 70 (1): 17-25

Lau L, Young R A, McKeon G, et al. 1999. Downscaling global information for regional benefit: coupling spatial models at varying space and time scales. Environmental Modelling and Software, 14 (6): 519-529

Lederman L M, Teresi D. 1993. The God Particle: If the Universe is the Answer, What is the Question? London and New York: Bantam Press

Lee T D. 1988. Symmetries, Asymmetries, and the World of Particles. Seattle and London: University of Washington Press

Lefebvre H. 1991. The Production of Space. Translated by Smith D N. Oxford: Blackwell

Leibniz G W. 2009. Theodicy: Essays on the Goodness of God, the Freedom of Man and the Origin of Evil. New York: Cosimo

Leighly J. 1963. Land and Life: Selections from the Writings of Carl Ortwin Sauer. Berkeley, CA: University of California Press

Levin S A, Pacala S W. 1997. Theories of simplification and scaling of spatially distributed processes//Tilman D, Kareiva P. Spatial Ecology: The Role of Space in Population Dynamics and Interspecific Interactions. Princeton: Princeton University Press

Levin S A. 1992. The problem of pattern and scale in ecology. Ecology, 73 (6): 1943-1967

Lewin R. 1999. Complexity: Life at the Edge of Chaos (2nd edition). Chicago: The University of Chicago Press

Lewis P. 1985. Beyond description. Annals of the Association of American Geographers, 75 (4): 465-478

Ley D. 1989. Modernism, postmodernism and the struggle for place//Agnew J, Duncan J. The Power of Place. London: Unwin Hyman

Li T-Y, Yorke J A. 1975. Period three implies chaos. American Mathematical Monthly, 82: 985-992

Liu J S, Chen Y G. 2007. Spatial autocorrelation and localization of urban development. Chinese Geographical Science, 17 (1): 34-39

Liu W D, Lu D D. 2002. Rethinking the development of economic geography in mainland China. Environment and Planning A, 34: 2107-2126

Livingstone D. 2003. A brief history of geography//Rogers A, Viles H, Goudie A. The Student's Companion to Geography. Oxford: Blackwell

Lo C P, Welch R. 1977. Chinese urban population estimates. Annals of the Association of American Geographers, 67: 246-253

Longley P A. 1999. Computer simulation and modeling of urban structure and development//Pacione M. Applied Geography: Principles and Practice. London and New York: Routledge

Lorenz E N. 1995. The Essence of Chaos. London: UCL Press

Lunati I, Bernard D, Giudici M, et al. 2001. A numerical comparison between two upscaling techniques: non-local inverse based scaling and simplified renormalization. Advances in water resources, 24 (8): 913-929

Lyotard J-F. 1992. Postmodern Condition. Manchester: Manchester University Press

Lösch A. 1954. The Economics of Location. New Haven: Yale University Press

Madden C H. 1956. On some indications of stability in the growth of cities in the United States. Economic Development and Culture Change, 4: 236-252

Makse H A, Andrade Jr. J S, Batty M, et al. 1998. Modeling urban growth patterns with correlated percolation. Physical Review E, 58 (6): 7054-7062

Malanson G P, Bulter D, Walsh S J. 1990. Chaos theory in physical geography. Physical Geography, 11 (4): 293-304

Mandelbrot B B. 1967. How long is the coast of Britain? Statistical self-similarity and fractional dimension. Science, 156: 636-638

Mandelbrot B B. 1977. Fractals: Form, Chance, and Dimension. San Francisco: W. H. Freeman

Mandelbrot B B. 1983. The Fractal Geometry of Nature. New York: W. H. Freeman

Manrubia S, Zanette D. 1998. Intermittency model for urban development. Physical Review E, 58 (1): 295-302

Marquet P A. 2000. Invariants, scaling laws, and ecological complexity. Science, 289 (5484): 1487-1488

Marsh G. 1864. Man and Nature: Or Physical Geography as Modified by Human Action. New York: Charles Scribner (reprinted in 1965 by Harvard University Press)

Marshall A. 1890. Principles of Economics. London: Macmillan (reprinted in 1920)

Martin G J. 1989. The Nature of Geography and the Schaefer-Hartshorne Debate//Entrikin J N, Brunn S D. Reflections on Richard Hartshorne's The Nature of Geography. Occasional publications of the Association of American Geographers. Washington D. C. : the Association of American Geographers

Martin G J. 1994. In memoriam: Richard Hartshorne 1899-1992. Annals of the Association of American Geographers, 84 (3): 480-492

Martin G J. 2005. All Possible Worlds: A History of Geographical Ideas (4th revised edition) . New York: Oxford University Press

Martin R L. 2000. Institutional approaches in economic geography//Sheppard E, Barnes T J. A Companion to Economic Geography. Oxford: Blackwell

Maslin M. 2004. Global Warming: A Very Short Introduction. Oxford: Oxford University Press

Maslow A H. 1943. A theory of human motivation. Psychological Review, 50: 370-396

Mathewson K, Stea D. 2003. James M Blaut (1927-2000) . Annals of the Association of American Geographers, 93 (1): 214-222

Mathewson K, Wisner B. 2005. Introduction: the geographical and political vision of J M Blaut. Antipode, 37 (5): 900-910

May R M. 1976. Simple mathematical models with very complicated dynamics. Nature, 261: 459-467

May R M. 1981. Theoretical Ecology: Principles and Applications (2nd edition) . Oxford: Blackwell

May T. 1993. Social Research: Issues, Methods and Process. Buckingham: Open University Press

Mayhew S. 1997. Oxford Dictionary of Geography (2nd edition) . Oxford: Oxford University Press

McDowell L. 1993a. Space, place and gender relations: part I. feminist empiricism and the geography of social relations. Progress in Human Geography, 17 (1): 157-179

McDowell L. 1993b. Space, place and gender relations: part II. identity, difference, feminist geometries and feminist geography. Progress in Human Geography, 17 (3): 305-318

McEvoy P, Richards D. 2006. A critical realist rationale for using a combination of quantitative and qualitative methods. Journal of Research in Nursing, 11 (1): 66-78

Meinig D. 1979. The beholding eye: ten versions of the same scene//Meinig D. The Interpretation of Ordinary Landscapes. Oxford: Oxford University Press

Messel H. 1985. The Study of Population. Oxford: Pergamon Press

Mikkonen K, Luoma M. 1999. The parameters of the gravity model are changing- how and why? Journal of Transport Geography, 7: 277-283

Montroll E W. 1978. Social dynamics and the quantifying of social forces. Proceeding of the National Academy of Sciences of the United States of America, 75: 4633-4637

Morrill R. 1987. A theoretical imperative. Annals of the Association of American Geographers, 77 (4): 535-541

Morris R. 1997. Achilles in the Quantum World: the Definitive History of Infinity. New York: Henry Holt & Co.

Morrison P. 1995. Nothing Is Too Wonderful to Be True. New York: AIP Press

Naroll R S, Bertalanffy L von. 1956. The principle of allometry in biology and social sciences. General Systems Yearbook, 1 (part Ⅱ): 76-89

Nietro M M. 1972. The Titius-bode Law of Planetary Distances, Its History and Theory. New York: Pergamon Press

Northam R M. 1979. Urban Geography. New York: John Wiley & Sons

Papandreou A A. 1994. Externality and Institutions. New York: Oxford University Press

Patersol J L. 1981. David Harvey's Geography. London: Groom Helm

Pattison W D. 1964. The four traditions of geography. Journal of Geography, 63 (5): 211-216

Payn T W, Skinner M F, Hill R B, et al. 2000. Scaling up or scaling down: the use of foliage and soil in formation for optimizing the phosphate nutrition of radiata pine. Forest Ecology and Management, 138 (1-3): 79-89

Peet R. 2005. From Eurocentrism to Americentrism. Antipode, 37 (5): 936-943

Peitgen H-O, Saupe D. 1988. The Science of Fractal Images. New York: Springer-Verlag

Perry D A. 1995. Self-organizing systems across scales. Trends in Ecology & Evolution, 10 (6): 241-244

Peterson D L, Parker V T. 1998. Ecological Scale: Theory and Applications. New York: Columbia University Press

Philo C, Mitchell R, More A. 1998. Reconsidering quantitative geography: things that count (guest editorial). Environment and Planning A, 30 (2): 191-201

Pitman A J. 2005. On the role of geography in earth system science. Geoforum, 36: 137-148

Portugali J. 2000. Self-organization and the City. Berlin: Springer-Verlag

Portugali J. 2006. Complex Artificial Environments: Simulation, Cognition and VR in the Study and Planning of Cities. Berlin: Springer-Verlag

Poveda A, Lara P. 2008. The exo-planetary system of 55 Cancri and the Titius-Bode law. Revista Mexicana de Astronomíay Astrofísica, 44: 243-246

Pratt G. 2009. Subject/subjectivity//Gregory D, Johnson R, Pratt G, et al. The Dictionary of Human Geography (5th edition). Oxford: Wiley-Blackwell

Prigogine I, Allen P M. 1982. The challenge of complexity//Schieve W C, Allen P M. Self-organization and Dissipative Structures: Applications in the Physical and Social Sciences. Austin: University of Texas Press

Prigogine I, Stengers I. 1984. Order Out of Chaos: Man's New Dialogue with Nature. New York: Bantam Book

Prigogine I. 1997. The End of Certainty: Time, Chaos, and the New Laws of Nature. New York: Free Press

Pullan W, Bhadeshia H. 2000. Structure in Science and Art. Cambridge: Darwin College

329

Quaini M. 1982. Geography and Marxism. Oxford: Blackwell

Quattrochi D A, Goodchild M F. 1997. Scale in Remote Sensing and GIS. Boca Raton: Lewis Publishers

Rao C R. 1997. Statistics and Truth: Putting Chance to Work. River Edge, NJ: World Scientific

Rediscovery Geography Committee. 1997. Rediscovering Geography: New Relevance for Science and Society. Washington D. C. : National Academy Press

Relph E C. 1976. Place and Placelessness. London: Pion

Ritchey T. 1991. On scientific method- based on a study by Bernhard Riemann. Systems Research, 8 (4):21-41

Rodriguez-Iturbe I, Rinaldo A. 2001. Fractal River Basins: Chance and Self-organization (paperback edition) . Cambridge: Cambridge University Press

Rogers A. 1968. Matrix Analysis of Interregional Population Growth and Distribution. Berkeley, CA: University of California Press

Rosenau P M. 1992. Postmodernism and the Social Sciences: Insights, Inroads and Intrusions. Princeton: Princeton University Press

Samuels M S. 1981. An existential geography//Harvey M E, Holly B P. Themes in Geographic Thought. London: Croom Helm

Sanders L, Pumain D, Mathian H, et al. 1997. SIMPOP: a multiagent system for the study of urbanism. Environment and Planning B: Planning and Design, 24 (2): 287-305

Santrock J W. 2005. Children (9th edition) . New York: McGraw-Hill

Sauer C O. 1925. The morphology of landscape. University of California Publications in Geography, 2 (2):19-53

Sauer C O. 1956. The education of a geographer. Annals of the Association of American Geographers, 46: 292-293

Sauer C O. 1974. The fourth dimension of geography. Annals of the Association of American Geographers, 64 (2): 189-192

Sayer A. 1985. Realism and geography//Johnston R J. The Future of Geography. London: Methuen

Sayer A. 1992. Method in Social Science: A Realist Approach. London: Routledge

Scafetta N, West B J. 2003. Solar flare intermittency and the earth's temperature anomalies. Physical Review Letters, 90 (24): 1-4

Scafetta N, West B J. 2008. Is climate sensitive to solar variability? Physics Today, March: 48-51

Schaefer F. 1953. Exceptionalism in geography: a methodological examination. Annals of the Association of American Geographers, 43 (3): 226-249

Schulze R. 2001. Transcending scales of space and time in impact studies of climate and climate change on agrohydrological responses. Agriculture, Ecosystems & Environment, 82 (1): 185

Scott A. 2000. Economic geography: the great half-century//Clark G, Feldman M, Gertler M. The Oxford Handbook of Economic Geography. Oxford: Oxford University Press

Selimm H M. 1991. Scaling in soil physics: principles and applications, 1990. Soil Science, 152 (4):313

Semple E C. 1903. American History and Its Geographic Conditions. Boston: Houghton Mifflin

Semple E C. 1911. Influences of Geographic Environment. New York: H. Hold

Sheppard E S, McMaster R B. 2004. Scale and geographic inquiry: contrasts, intersections, and boundaries//Sheppard E S, McMaster R B. Scale and Geographic Inquiry: Nature, Society, and Method. Qxford: Blackwell.

Sheppard E. 2005. Jim Blaut's model of the world. Antipode, 37 (5): 956-962

Smith A. 1985. An Inquiry into the Nature and Causes of the Wealth of Nations. New York: Random House

Smith D. 2001. Geography and ethics: progress, or more of the same? Progress in Human Geography, 25 (2): 261-268

Smith N, O'Keefe P. 1989. Geography, Marx and the concept of nature. Antipode, 12: 30-39

Smith N. 1984. Uneven Development: Nature, Capital and the Production of Space. Oxford: Blackwell

Smith N. 1987. Academic war over the field of geography: the elimination of geography at Harvard, 1947-1951. Annals of the Association of American Geographers, 77 (2): 155-172

Socolow R H. 2005. Can we bury global warming? Scientific American, July: 39-45

Souza A. 1989. Series editor's preface//Entrikin J N, Brunn S D. Reflections on Richard Hartshorne's The Nature of Geography. Occasional publications of the Association of American Geographers. Washington D. C. : the Association of American Geographers

Spate O H K. 1968. Ellsworth Huntington//Stills D L. International Encyclopedia of the Social Sciences. New York: Macmillan & Free Press

Steadman P. 1979. The Evolution of Designs: Biological Analogy in Architecture and the Applied Arts. Cambridge: Cambridge University Press

Stein A, Riley J, Halberg N. 2001. Issues of scale for environmental indicators. Agriculture, Ecosystems & Environment, 87 (2): 215-232

Stewart J Q. 1952. A basis for social physics. Impact of Science and Society, 3: 110-133

Strahler A E. 1952. Hypsometric (area-altitude) analysis of erosional topography. Geological Society of American Bulletin, 63: 1117-1142

Tate N J, Atkinson P M. 2001. Modelling Scale in Geographical Information Science. Chichester: John Wiley & Sons

Taylor P J. 1983. Quantitative Methods in Geography: An Introduction to Spatial Analysis. Illinois: Waveland Press, Inc.

Thompson D W. 1966. On Growth and Form. An abridged end, edited by Bonner J T. Cambridge, England: Cambridge University Press

Thrift N. 2000. Pandora's box? cultural geographies of economies//Clark G, Feldman M, Gertler M. The Oxford Handbook of Economic Geography. Oxford: Oxford University Press

Tickell A, Sheppard E, Peck J, et al. 2007. Politics and Practice in Economic Geography. New York: SAGE Publications.

Tobler W. 1970. A computer movie simulating urban growth in the Detroit region. Economic Geography, 46 (2): 234-240

Tobler W. 2004. On the first law of geography: a reply. Annals of the Association of American Geographers, 94 (2): 304-310

Torrens P M, O'Sullivan D. 2001. Cellular automata and urban simulation: where do we go from here (editorial)? Environment and Planning B: Planning and Design, 28: 163-168

Trefill J. 1996. The Edge of the Unknown: 101 Things You Don't Know about Science and No One Else Does Either. Boston: Houghton Mifflin Co.

Tuan Y F. 1971. Geography, phenomenology, and the study of human nature. Canadian Geographer, 15 (3): 181-192

Tuan Y F. 1976. Humanistic geography. Annals of the Association of American Geographers, 66: 266-276

Turcotte D L. 1997. Fractals and Chaos in Geology and Geophysics (2nd edition). Cambridge, UK: Cambridge University Press

Turner II B L. 2003. Contested identities: human-environment geography and disciplinary implications in a restructuring academy. Annals of the Association of American Geographers, 92 (1): 52-74

Turner M G, O'Nill R V, Gardner R H, et al. 1989. Effects of changing spatial scale on the analysis of landscape pattern. Landscape Ecology, 3 (3/4): 153-162

Ullman E. 1956. The role of transportation and the bases for interaction//Thomas W L Jr. Man's Role in Changing the Face of the Earth. Chicago: The University of Chicago Press

United Nations. 1980. Patterns of Urban and Rural Population Growth. New York: U. N. Department of International Economic and Social Affairs, Population Division

van der Leeuw S E, McGlade J. 1997. Time, Process and Structured Transformation in Archaeology. London and New York: Routledge

van Woesik R. 2001. Coral bleaching: transcending spatial and temporal scales. Trends in Ecology & Evolution, 16 (3): 119-121

Viles H A. 2001. Scale issues in weathering studies. Geomorphology Amsterdam, 41 (1): 63-72

Viles H. 2003. Geography and the natural and physical sciences//Rogers A, Viles H, Goudie A. The Student's Companion to Geography. Oxford: Blackwell

Vining D R Jr. 1977. The rank-size rule in the absence of growth. Journal of Urban Economics, 4: 15-29

von Neumann J. 1961. Collected Works (Vol. 6). New York: Pergamon Press

Voss R F. 1988. Fractals in nature: from characterization to simulation//Peitgen H-O, Saupe D. The Science of Fractal Images. New York: Springer-Verlag

Wagenet R J. 1998. Scale issues in agroecological research chains. Nutrient Cycling in Agroecosystems, 50 (1): 23-34

Waldrop M. 1992. Complexity: The Emerging of Science at the Edge of Order and Chaos. NY: Simon and Schuster

Wallender W W, Grismer M E. 2002. Irrigation hydrology: crossing scales. Journal of Irrigation and Drainage Engineering, 128 (4): 203

Werner B T. 1999. Complexity in natural landform patterns. Science, 284 (2): 102-104

White R, Engelen G. 1993. Cellular automata and fractal urban form: a cellular modeling approach to the evolution of urban land-use patterns. Environment and Planning A, 25 (8): 1175-1199

White R, Engelen G. 1994. Urban systems dynamics and cellular automata: fractal structures between order and chaos. Chaos, Solitons & Fractals, 4 (4): 563-583

Wiens J A. 1989. Spatial scaling in ecology. Functional Ecology, 3 (4): 385-397

Williams G P. 1997. Chaos Theory Tamed. Washington D. C. : Joseph Henry Press

Wilson A G. 1970. Entropy in Urban and Regional Modelling. London: Pion Press

Wilson A G. 1981. Geography and the Environment: Systems Analytical Methods. New York: John Wiley & Sons Ltd.

Wilson A G. 2000. Complex Spatial Systems: The Modelling Foundations of Urban and Regional Analysis. Singapore: Pearson Education Asia Pte Ltd.

Winiwarter P. 1983. The genesis model-part II: frequency distributions of elements in self-organized systems. Speculations in Science and Technology, 6 (2): 103-112

Wright J. 1947. Terrae incognita: the place of the imagination in geography. Annals of the Association of American Geographers, 37 (1): 1-15

Wu J. 1999. Hierarchy and scaling: extrapolating information along a scaling ladder. Canadian journal of remote sensing, 25 (4): 367-380

Yeung H. 2003. Practicing new economic geographies: a methodological examination. Annals of the Association of American Geographers, 93 (2): 442-462

Zanette D, Manrubia S. 1997. Role of intermittency in urban development: a model of large-scale city formation. Physical Review Letters, 79 (3): 523-526

Zipf G K. 1949. Human Behavior and the Principle of Least Effort. Reading, MA: Addison-Wesley